Archiv-Nr. 21 1 202.

Am Schlusse dieses Bandes befindet sich ein „Nachweis wichtiger Gesetzesausgaben", in dem die meisten Bände der jetzt über 260 Nummern umfassenden

Guttentagschen Sammlung Deutscher Reichs- und Preußischer Gesetze

sowie größere und kleinere Kommentare, Lehrbücher, Sammelwerke, Entscheidungssammlungen und Zeitschriften verzeichnet sind.

Guttentagsche Sammlung
Nr. 202 Deutscher Reichsgesetze Nr. 202
Kommentare und erläuterte Textausgaben

Die deutsche Bank- und Kreditgesetzgebung

Zusammengestellt

von

Dr. jur. Johannes C. D. Zahn
Rechtsanwalt in Berlin
Geschäftsführer des Deutschen Instituts für Bankwissenschaft und Bankwesen

Berlin und Leipzig 1937
Walter de Gruyter & Co.
vormals G. J. Göschen'sche Verlagshandlung — J. Guttentag, Verlagsbuchhandlung — Georg Reimer — Karl J. Trübner — Veit & Comp.

Vorwort.

Die vorliegende Sammlung ist entstanden aus dem Wunsche heraus, für die Bedürfnisse der Praxis, der Wissenschaft und des Unterrichts eine Zusammenstellung der Rechtsnormen des deutschen Bank- und Kreditwesens zu schaffen, die dem einzelnen Benutzer die mühevolle und zeitraubende Arbeit erspart, aus zahllosen Fundstellen sich jedesmal alle erforderlichen Grundlagen neu zusammenzutragen. Darüber hinaus soll sie es erleichtern, den Stoff als Ganzes zu sehen und den Überblick über die rechtliche Gestaltung des Kreditwesens zu behalten.

Berlin, im März 1937.

Dr. Jahn.

Inhaltsverzeichnis.

Erster Hauptteil.

Notenbanken.

1. Die Deutsche Reichsbank.

Zweiter Hauptteil.

Auf Grund von Einzelgesetzen errichtete Banken.

I. Nach Reichsrecht.

1. Die Deutsche Golddiskontbank.

2. Die Konversionskasse für deutsche Auslandsschulden.

3. Die Deutsche Verrechnungskasse.

4. Die Deutsche Rentenbank-Kreditanstalt.

5. Die Bank für deutsche Industrieobligationen.

6. Die Deutsche Siedlungsbank.

7. Die Deutsche Zentralgenossenschaftskasse.

II. Nach Landesrecht.

Dritter Hauptteil.

Pfandbriefinstitute.

Vierter Hauptteil.

Die Regelung des Kreditwesens.

Bank- und Kreditgesetzgebung.

Erster Hauptteil: Notenbanken.

1. Die Deutsche Reichsbank.

a) Bankgesetz vom 30. August 1924.[1])

I. Notenprivileg der Reichsbank.

§ 1. Die Reichsbank ist eine juristische Person des öffentlichen Rechts mit der Aufgabe, den Geldumlauf im gesamten Reichsgebiet zu regeln, die Zahlungsausgleichungen zu erleichtern und für die Nutzbarmachung verfügbaren Kapitals zu sorgen.

Die Reichsbank hat ihren Sitz in Berlin. Sie ist berechtigt, allerorten im Reichsgebiet Zweiganstalten (Reichsbankhauptstellen, Reichsbankstellen und Reichsbanknebenstellen) zu unterhalten. Die Bestimmung hierüber und über die Organisation der Zweiganstalten trifft das Reichsbankdirektorium.

§ 2. Die Reichsbank hat auf die Dauer von 50 Jahren das ausschließliche Recht, Banknoten in Deutschland auszugeben.

Die bestehenden Notenausgaberechte der Bayerischen Notenbank, der Württembergischen Notenbank, der Säch-

[1]) RGBl. 1924 II S. 235. Geändert durch die Gesetze zur Änderung des Bankgesetzes vom 8. Juli 1926 (RGBl. II S. 355), vom 13. März 1930 (RGBl. II S. 355), vom 27. Okt. 1933 (RGBl. II S. 827), Sechster Teil Kap. I der Notverordnung vom 1. Dez. 1930 (RGBl. I S. 591), vom 10. Februar 1937 (RGBl. I S. 47).

sischen Bank und der Badischen Bank bleiben unberührt.[1]) Die Höchstgrenze, bis zu welcher die Privatnotenbanken Banknoten auszugeben befugt sind, darf den Betrag von 194 Millionen Reichsmark insgesamt nicht übersteigen.

Die Höhe, bis zu der die einzelnen Privatnotenbanken Banknoten ausgeben dürfen, wird durch ein besonderes Gesetz festgesetzt, das auch die sonstigen Rechtsverhältnisse dieser Banken regelt.

Die Rentenbank darf den Betrag der ausgegebenen Rentenbankscheine nicht erhöhen.

Das der Deutschen Golddiskontbank verliehene Recht der Notenausgabe wird aufgehoben. Die beim Inkrafttreten dieses Gesetzes ausgegebenen Noten sind aufzurufen und einzuziehen. Die näheren Bestimmungen hierüber trifft der Vorstand der Deutschen Golddiskontbank.

§ 3. Die Banknoten lauten auf Reichsmark. Banknoten über kleinere Beträge als 10 Reichsmark dürfen nur mit Zustimmung der Reichsregierung zur Befriedigung eines vorübergehenden Verkehrsbedürfnisses ausgegeben werden.

Die Reichsbanknoten sind außer Reichsgoldmünzen das einzige unbeschränkte gesetzliche Zahlungsmittel in Deutschland.

Die Reichsbank ist verpflichtet, ihren gesamten bisherigen Notenumlauf aufzurufen und gegen Reichsmarknoten umzutauschen. Eine Billion Mark bisheriger Ausgabe ist durch eine Reichsmark zu ersetzen. Die eingezogenen Noten sind zu vernichten. Die näheren Bestimmungen über den Aufruf, die Fristen für die Einlieferung und Kraftloserklärung der alten Noten setzt das Reichsbankdirektorium fest.

§ 4. Ausländische Banknoten oder sonstige auf den Inhaber lautende unverzinsliche Schuldverschreibungen ausländischer Korporationen, Gesellschaften oder Privaten dürfen, wenn sie ausschließlich oder neben anderen Wertbestimmungen in Reichswährung ausgestellt sind, innerhalb des Reichsgebietes zu Zahlungen nicht gebraucht werden.

---

[1]) Die Befugnis zur Ausgabe von Noten durch die Privatnotenbanken ist mit dem 31. Dez. 1935 erloschen. Vgl. § 1 des Privatnotenbankgesetzes in der Fassung des Gesetzes zur Änderung des Privatnotenbankgesetzes vom 18. Dez. 1933 (RGBl. II S. 1034).

II. Kapital der Reichsbank.

§ 5. Die Reichsbank hat das Recht, ihr Grundkapital bis auf 400 Millionen Reichsmark zu erhöhen. Das Reichsbankdirektorium hat die für die Erhöhung erforderlichen Maßnahmen zu treffen, insbesondere die Höhe des Grundkapitals im Rahmen des im Satz 1 bezeichneten Betrages festzustellen.

Für das gesamte Grundkapital werden neue Anteilscheine ausgegeben. Die Inhaber der bisherigen Anteilscheine erhalten im Umtausch gegen dieselben neue Anteilscheine in einem vom Reichsbankdirektorium festzusetzenden Verhältnis; dabei darf das bisherige Grundkapital höchstens mit 100 Millionen Reichsmark in Ansatz gebracht werden.

Jeder Reichsbankanteil lautet über 100 Reichsmark. Die Anteile werden auf den Namen gestellt.

Die nähere Form der Anteile wird durch die Satzung festgesetzt.

Die Anteilseigner haften nicht persönlich für die Verbindlichkeiten der Reichsbank.

III. Organisation der Reichsbank.

A. Verwaltung.

§ 6. Die Bank wird verwaltet durch das Reichsbankdirektorium, das dem Führer und Reichskanzler unmittelbar untersteht; es besteht aus einem Präsidenten als Vorsitzenden und der erforderlichen Anzahl von Mitgliedern. Das Reichsbankdirektorium bestimmt insbesondere die Währungs-, Diskont- und Kreditpolitik der Bank.

Präsident und Mitglieder müssen deutsche Reichsangehörige sein.

Das Reichsbankdirektorium faßt seine Beschlüsse mit einfacher Stimmenmehrheit; bei Stimmengleichheit entscheidet die Stimme des Präsidenten.

Der Präsident wird nach gutachtlicher Äußerung des Reichsbankdirektoriums vom Reichspräsidenten ernannt. Die Mitglieder des Direktoriums werden auf Vorschlag des Reichsbankpräsidenten durch den Reichspräsidenten ernannt.

Der Präsident wird für 4 Jahre, die übrigen Mitglieder des Direktoriums werden auf 12 Jahre ernannt, jedoch mit der Maßgabe, daß jedes Mitglied des Direktoriums mit

Ausnahme des Präsidenten bei Erreichung eines Lebensalters von 65 Jahren ausscheidet.

Die Gehälter, Wartegelder, Ruhegehälter und Hinterbliebenenbezüge für den Präsidenten und die Mitglieder des Direktoriums werden durch den Anstellungsvertrag bestimmt, den die Bank mit dem ernannten Präsidenten oder Mitglied des Reichsbankdirektoriums abschließt. Der Vertrag bedarf der Genehmigung der Reichsregierung.

Aus wichtigen Gründen kann der Reichspräsident den Präsidenten oder ein Mitglied des Direktoriums unter Wahrung der ihnen vertraglich zustehenden Ansprüche jederzeit abberufen.

§ 7. Die Bank wird durch das Reichsbankdirektorium gerichtlich und außergerichtlich vertreten. Seine Legitimation im Reichsverkehr wird durch eine amtliche Bescheinigung des beim Reichsbankdirektorium bestellten Urkundsbeamten (§ 8) nachgewiesen.

Erklärungen des Reichsbankdirektoriums sind für die Reichsbank verbindlich, wenn sie von zwei Mitgliedern abgegeben werden. Die Erklärung von Mitgliedern kann durch die von Stellvertretern ersetzt werden. Erklärungen der Vorstände der Reichsbankhauptstellen und Reichsbankstellen sind für die Reichsbank verbindlich, wenn sie innerhalb des Geschäftskreises der betreffenden Zweiganstalt von beiden Vorstandsmitgliedern oder ihren Stellvertretern abgegeben werden.

Die Vorschriften des § 232 Abs. 1, Satz 2 und 3 des Handelsgesetzbuches finden entsprechende Anwendung.

Gegen die Reichsbankhauptstellen und Reichsbankstellen können alle Klagen, die auf ihren Geschäftsbetrieb Bezug haben, bei dem Gericht des Ortes erhoben werden, an dem die Zweiganstalt errichtet ist.

§ 8. Bei den Reichsbankhauptstellen werden Bankkommissare, bei den Reichsbankstellen Bankjustitiare vom Präsidenten bestellt, deren Geschäftskreis vom Präsidenten des Reichsbankdirektoriums festgesetzt wird.

Bei der Reichsbank und ihren Zweiganstalten können vom Präsidenten des Reichsbankdirektoriums Urkundsbeamte bestellt werden, welche die Fähigkeit zur Bekleidung des Richteramtes besitzen müssen; sie führen ein amtliches Siegel. Zu Urkundsbeamten bei den Zweiganstalten sollen in der Regel die Bankkommissare und Justitiare bestellt werden.

Die von den Urkundsbeamten in Angelegenheiten der Reichsbank aufgenommenen Urkunden haben dieselbe Wirkung, als ob sie von einem Gericht oder Notar aufgenommen wären. Die Urkundsbeamten sind berechtigt, in Angelegenheiten der Reichsbank Unterschriften zu beglaubigen sowie für das Reichsbankdirektorium und die zur gesetzlichen Vertretung der Reichsbank berechtigten Vorstandsbeamten der Zweiganstalten Zeugnisse zur Legitimation im Rechtsverkehr auszustellen.

§ 9. Der Präsident ernennt die Beamten auf Vorschlag des Direktoriums, er ordnet die Verteilung ihrer Arbeiten und Pflichten in der Bank.

Die Rechtsverhältnisse der Beamten der Bank werden durch ein vom Direktorium zu erlassendes besonderes Beamtenstatut geregelt.

Das Beamtenstatut hat den Beamten der Reichsbank die Rechte der Reichsbeamten zu wahren und die Pflichten der Reichsbeamten aufzuerlegen. Abweichungen vom Reichsbeamtenrecht sind nur insoweit zulässig, als es zur Aufrechterhaltung eines geordneten und leistungsfähigen Bankbetriebes notwendig ist.

Verstöße gegen die vom Beamtenstatut festgesetzten Pflichten werden in dem für Reichsbeamte vorgesehenen Disziplinarverfahren nach Maßgabe der für Reichsbeamte geltenden dienststrafrechtlichen Vorschriften verfolgt. Hierbei übt der Präsident des Reichsbankdirektoriums die Befugnisse der obersten Reichsbehörde aus.

Die Bank kann Angestellte und Arbeiter im Vertragswege annehmen; für deren Rechte und Pflichten sind die allgemeinen gesetzlichen Bestimmungen und die bei Inkrafttreten dieses Gesetzes geltenden Tarifverträge maßgebend. Nach einer Kündigung der Tarifverträge sind besondere Haustarifverträge abzuschließen.

§ 10. Für die Beamten der Bank erläßt das Reichsbankdirektorium die Vorschriften über die Gehälter, Wartegelder, Ruhegehälter und Hinterbliebenenbezüge; hierbei sind die reichsrechtlichen Vorschriften zugrunde zu legen.

Eine günstigere Regelung der Dienstbezüge der Beamten der Bank im Vergleich zu den Dienstbezügen gleichzubewertender Reichsbeamten ist nur dann zulässig, wenn diese günstigere Regelung zur Aufrechterhaltung eines geordneten und leistungsfähigen Bankbetriebes notwendig ist.

Die Vorschriften über die Dienstbezüge der Beamten der Bank sowie deren Änderungen und Ergänzungen hat das Reichsbankdirektorium vor Erlaß der Reichsregierung mitzuteilen. Bestehen über die Zulässigkeit (Abs. 2) der Regelung zwischen dem Reichsbankdirektorium und der Reichsregierung Meinungsverschiedenheiten, so kann diese binnen vier Wochen nach Mitteilung die Entscheidung eines Schiedsgerichts anrufen.

Das Schiedsgericht besteht aus drei Mitgliedern. Jede Partei ernennt ein Mitglied; das dritte ständige Mitglied, welches der Vorsitzende des Schiedsgerichts sein soll, wird vom Präsidenten des Reichsgerichts aus geeigneten Persönlichkeiten ernannt, die bekanntermaßen in solchen Angelegenheiten Erfahrung haben.

Der Antrag auf schiedsgerichtliche Entscheidung ist beim Vorsitzenden des Schiedsgerichts zu stellen.

Die Entscheidung des Schiedsgerichts ist für die Reichsregierung und das Reichsbankdirektorium bindend. Bis zur Entscheidung bleiben die bisherigen Vorschriften in Kraft.

Die Bestimmungen in Abs. 2 bis 5 berühren nicht die Befugnis der Reichsbank, im Einzelfalle bei besonderen Leistungen nach Maßgabe der Bedürfnisse der Reichsbank besondere Vergütungen zu gewähren, solange die Vergütungen in ihrem Gesamtbetrag 10 v. H. des gesamten Besoldungsaufwandes für die Reichsbankbeamten nicht übersteigen.

Den in Abs. 1 genannten Personen stehen gegen das Reich Ansprüche aus dem Dienstverhältnis nicht zu.

B. Vertretung der Anteilseigner.

§ 11. Die Generalversammlung ist die Vertretung der Anteilseigner. Zur Teilnahme ist mit den in der Satzung enthaltenen Maßgaben jeder verfügungsberechtigte Anteilseigner berechtigt, der in den Stammbüchern der Reichsbank als Eigner eingetragen ist.

Die Stimmenzahl, die jeder Erschienene hat, bestimmt sich nach dem Nennbetrag der durch ihn vertretenen Bankanteile. Jeder Anteil hat das Recht auf eine Stimme, jedoch dürfen nicht mehr als 300 Stimmen in einer Hand vereinigt sein.

Die einfache Stimmenmehrheit entscheidet, bei Stimmengleichheit entscheidet der Nennbetrag der Anteile.

§ 12. Die Generalversammlung empfängt jährlich den Verwaltungsbericht. Sie beschließt über die Bilanz und Gewinnverteilung nach Maßgabe dieses Gesetzes.

Die Generalversammlung beschließt ferner nach Vorschlag des Reichsbankdirektoriums über die Satzung der Bank und über Satzungsänderungen. Die Satzung und deren Änderungen sind vom Reichsbankdirektorium im Reichsanzeiger zu veröffentlichen.

§ 13. Bei der Reichsbank wird ein ständiger Ausschuß der Anteilseigner (Zentralausschuß) gebildet werden, dessen gutachtliche Äußerung sie in geeigneten Fällen einholen kann. Die Mitglieder des Zentralausschusses sollen auf Vorschlag des Reichsbankdirektoriums von der Generalversammlung aus den Kreisen von Bankgewerbe, Industrie, Handel, Landwirtschaft, Handwerk und Arbeitnehmerschaft, und zwar aus den deutschen Anteilseignern, gewählt werden.

Rechte und Pflichten des Zentralausschusses bestimmt die Satzung.

Deputierte des Zentralausschusses sollen zum Zwecke der Beratung des Reichsbankdirektoriums in besonderen Angelegenheiten gewählt werden; sie können vom Reichsbankdirektorium zu seinen Sitzungen bei solchen Beratungen zugezogen werden. Ihre Rechte und Pflichten bestimmt die Satzung.

In entsprechender Weise sollen bei den größeren selbständigen Zweiganstalten Bezirksausschüsse und aus deren Mitte Beigeordnete gewählt werden. Rechte und Pflichten der Bezirksausschüsse und Beigeordneten bestimmt die Satzung.

C. Generalrat.

§§ 14—19 gestrichen.

§ 20. Sämtliche bei der Bank als Leiter, Beamte oder Angestellte tätigen Personen sowie die Mitglieder des Zentralausschusses und der Bezirksausschüsse sind verpflichtet, über alle zu ihrer Kenntnis gelangenden Angelegenheiten und Einrichtungen der Bank, insbesondere über alle einzelnen Geschäfte der Bank und über den Umfang gewährter Kredite Schweigen zu beobachten, auch nachdem das Dienstverhältnis oder die Zugehörigkeit zum Zentralausschuß oder einem Bezirksausschuß fortgefallen ist.

Die Sitzungen des Reichsbankdirektoriums, des Zentralausschusses und der Generalversammlung finden in Berlin statt.

Zur Aufrechterhaltung einer ständigen Fühlung in den währungs- und finanzpolitischen Angelegenheiten ist das Reichsbankdirektorium verpflichtet, in regelmäßigen Zeitabständen der Reichsregierung sowie jederzeit auf Ersuchen über Angelegenheiten dieser Art Bericht zu erstatten.

IV. Der Geschäftskreis der Bank.

§ 21. Die Bank ist befugt, folgende Geschäfte zu betreiben:

1. Gold und Silber in Barren und Münzen sowie Devisen zu kaufen und zu verkaufen;
2. Wechsel, welche eine Verfallzeit von höchstens drei Monaten haben, und aus welchen drei als zahlungsfähig bekannte Verpflichtete haften, ebenso Schecks, aus welchen drei als zahlungsfähig bekannte Verpflichtete haften, zu diskontieren, zu kaufen und zu verkaufen. Von dem Erfordernis der dritten Unterschrift kann in den Fällen abgesehen werden, wo durch eine Nebensicherheit oder in sonstiger Weise die Sicherheit des Wechsels oder Schecks gewährleistet ist; der Betrag der so diskontierten Wechsel darf 33 v. H. des jeweiligen Gesamtbestandes der diskontierten Wechsel nicht übersteigen. Die von der Bank diskontierten Wechsel sollen nur gute Handelswechsel sein;

2a. vom Reiche begebene Schatzwechsel, welche nach spätestens drei Monaten fällig sind und aus denen außer dem Reiche noch ein weiterer als zahlungsfähig bekannter Verpflichteter haftet, zu diskontieren, zu kaufen und zu verkaufen.

Der jeweilige Bestand der auf Grund dieser Vorschrift durch Diskontierung oder Kauf erworbenen und der gemäß Ziff. 3 g beliehenen Schatzwechsel des Reichs darf zusammen 400 Millionen Reichsmark nicht übersteigen. Er ist in den wöchentlichen Veröffentlichungen (§ 36 Abs. 2) auszuweisen und gilt nicht als Notendeckung im Sinne des § 28;

3. zinsbare Darlehen auf nicht länger als drei Monate gegen bewegliche Pfänder zu erteilen (Lombardverkehr), und zwar:

a) gegen Gold und Silber, gemünzt und ungemünzt,

b) gegen volleingezahlte Stamm- und Stamm-Prioritätsaktien und Prioritätsobligationen deutscher Eisenbahngesellschaften, deren Bahnen in Betrieb befindlich sind, sowie gegen Pfandbriefe landschaftlicher, kommunaler oder anderer unter staatlicher Aufsicht stehender Bodenkreditinstitute Deutschlands und deutscher Hypothekenbanken auf Aktien, zu höchstens drei Viertel des Kurswertes; diesen Pfandbriefen stehen gleich die auf den Inhaber lautenden Schuldverschreibungen öffentlich-rechtlicher Kreditinstitute des Inlandes sowie diejenigen auf den Inhaber lautenden Schuldverschreibungen der übrigen vorbezeichneten Institute und Banken, welche auf Grund von Darlehen ausgestellt werden, die an inländische kommunale Korporationen oder gegen Übernahme der Garantie durch eine solche Korporation gewährt sind,

c) gegen zinstragende oder spätestens nach einem Jahre fällige und auf den Inhaber lautende Schuldverschreibungen des Reiches, eines deutschen Landes oder einer inländischen kommunalen Körperschaft oder gegen zinstragende, auf den Inhaber lautende Schuldverschreibungen, deren Zinsen vom Reiche oder einem deutschen Lande gewährleistet sind, zu höchstens drei Viertel des Kurswertes,

d) gegen zinstragende, auf den Inhaber lautende Schuldverschreibungen nichtdeutscher Staaten sowie gegen staatlich garantierte ausländische Eisenbahn-Prioritätsobligationen zu höchstens 50 v. H. des Kurswertes,

e) gegen Wechsel, welche anerkannt solide Verpflichtete aufweisen, mit einem Abschlage von mindestens 5 v. H. ihres Kurswertes,

f) gegen Verpfändung im Inland lagernder Kaufmannswaren, höchstens bis zu zwei Dritteilen ihres Wertes,

g) innerhalb der in Ziff. 2 a Abs. 2 vorgesehenen Begrenzung gegen vom Reiche begebene Schatzwechsel, welche nach spätestens drei Monaten fällig sind, mit einem Abschlag von mindestens 5 v. H. ihres Kurswerts.

Besteht für Wertpapiere der vorstehend unter b und c bezeichneten Art kein börsenmäßig notierter Kurswert, so ist das Reichsbankdirektorium in besonderen Fällen berechtigt, den einer Beleihung jeweils zugrunde zu legenden Wert unter Berücksichtigung der gesamten Umstände, insbesondere auch der gegebenen Verwertungsmöglichkeit, festzusetzen;

4. zur Regelung des Geldmarktes festverzinsliche, zum amtlichen Börsenhandel zugelassene Wertpapiere der in Ziff. 3 b und c bezeichneten Art zu kaufen und zu verkaufen. Der jeweilige Bestand an solchen Wertpapieren ist in den wöchentlichen Veröffentlichungen (§ 36 Abs. 2) auszuweisen;
5. für Rechnung von Privatpersonen, Anstalten und Behörden Inkassos zu besorgen und nach vorheriger Deckung Zahlungen zu leisten und Anweisungen oder Überweisungen auf ihre Zweiganstalten oder Korrespondenten auszustellen;
6. für fremde Rechnung Effekten aller Art sowie Edelmetalle nach vorheriger Deckung zu kaufen und nach vorheriger Überlieferung zu verkaufen;
7. unverzinsliche Gelder im Depositengeschäft und im Giroverkehr anzunehmen;
8. Wertgegenstände in Verwahrung und in Verwaltung zu nehmen.

Wenn der Schuldner eines im Lombardverkehr gewährten Darlehens im Verzuge ist, ist die Reichsbank berechtigt, ohne gerichtliche Ermächtigung oder Mitwirkung das bestellte Faustpfand durch einen ihrer Beamten oder durch einen zu Versteigerungen befugten Beamten öffentlich verkaufen oder, wenn der verpfändete Gegenstand einen Börsenpreis oder Marktpreis hat, den Verkauf auch nichtöffentlich durch einen ihrer Beamten oder durch einen Handelsmakler oder, in Ermangelung eines solchen, durch einen zu Versteigerungen befugten Beamten zum laufenden Preise bewirken zu lassen und sich aus dem Erlöse wegen Kapital, Zinsen und Kosten bezahlt zu machen. Dieses Recht behält die Bank auch gegenüber anderen Gläubigern und gegenüber der Konkursmasse des Schuldners.

§ 22. Die Reichsbank ist verpflichtet, Barrengold zum festen Satze von 1392 Reichsmark für das Pfund fein gegen ihre Noten umzutauschen.

Die Bank ist berechtigt, auf Kosten des Abgebers solches Gold durch die von ihr zu bezeichnenden Techniker prüfen und scheiden zu lassen.

§ 23. Das Reichsbankdirektorium hat jeweilig die Prozentsätze festzusetzen und öffentlich bekanntzumachen, zu welchen die Reichsbank diskontiert oder zinsbare Darlehen erteilt.

§ 24. Der Bank ist unbeschadet der Vorschrift des § 21 Ziff. 3 b untersagt, Wechsel zu akzeptieren, Grundstücke oder Bergwerkseigentum, Ölfelder oder Aktien zu beleihen, es sei denn, daß es sich lediglich um Nebensicherheiten handelt, ferner Grundstücke, Aktien oder Waren zu kaufen oder zu verkaufen, soweit es sich nicht um Anschaffungen für Betriebszwecke der Bank oder um die Realisierung vorhandener Aktiva handelt.

Die Bank ist berechtigt, Aktien der Bank für Internationalen Zahlungsausgleich zu erwerben und zu veräußern sowie die Garantie für die Zeichnung solcher Aktien zu übernehmen.

§ 25. Die Reichsbank ist verpflichtet, für das Reich durch ihre sämtlichen hierzu ihrer Natur nach geeigneten Niederlassungen auf Verlangen der Reichsbehörden Zahlungen anzunehmen oder zu leisten und den bargeldlosen Verkehr zwischen den Kassen des Reichs zu besorgen.

Die Bank darf dem Reiche unbeschadet der Vorschrift des Abs. 4 Betriebskredite gewähren, jedoch jeweils höchstens auf drei Monate und nur bis zum Höchstbetrage von 100 Millionen Reichsmark. Am 15. Juli jeden Jahres darf keinerlei Verschuldung des Reichs bei der Bank vorhanden sein.

Das Reich wird seine sämtlichen die allgemeine Reichsverwaltung betreffenden Bankgeschäfte, soweit sie nach den Bestimmungen dieses Gesetzes für die Reichsbank zugelassen sind, durch diese besorgen lassen. Die Reichsbank ist verpflichtet, diese Geschäfte auszuführen. Die Freiheit des Reiches bei der Auswahl der für die Placierung von Anleihen oder Schatzanweisungen geeigneten Wege soll gewahrt bleiben, jedoch sollen solche Anleihen und Schatzanweisungen in erster Linie durch die Reichsbank placiert werden; in jedem Falle soll das Reich seine Absichten über alle derartigen Angelegenheiten der Reichsbank rechtzeitig mitteilen.

Die Reichsbank darf auch der Deutschen Reichspost und der Deutschen Reichsbahn angemessene Betriebskredite bis zum Höchstbetrage von zusammen 200 Millionen Reichsmark für beide Unternehmen geben. In diesem Falle findet auf Verlangen der Reichsbank die Vorschrift des Abs. 3 sinngemäß Anwendung. Die unmittelbaren finanziellen Beziehungen zwischen der Reichspost und der Reichsfinanzverwaltung werden durch diese Vorschriften nicht berührt.

Die Erledigung der im Abs. 1 genannten Aufgaben sowie die Einlösung von Zinsscheinen und Anleihen des Reichs erfolgt für die allgemeine Reichsverwaltung kosten- und gebührenfrei. Für die übrigen Bankgeschäfte des Reichs dürfen von der Reichsbank höchstens die für die übrigen Kunden der Bank geltenden Sätze berechnet werden. Die Reichsbank ist jedoch ermächtigt, Ermäßigungen der Gebühren vertraglich mit dem Reiche zu vereinbaren.

Im übrigen darf die Bank dem Reiche oder den Ländern oder Gemeinden (Gemeindeverbänden) sowie ausländischen Regierungen weder mittelbar noch unmittelbar Kredite einräumen.

§ 26. (Gestrichen.)

V. Notenausgabe, -deckung und Kommissar für die Notenausgabe.

§ 27. Die An- und Ausfertigung, die Ausgabe, Einziehung und Vernichtung der Banknoten erfolgt unter der Kontrolle des jeweiligen Präsidenten des Rechnungshofes des Deutschen Reiches als Kommissar.

Die Kontrolle der Notenausgabe besteht in der zahlenmäßigen Feststellung des Vorhandenseins der vorgeschriebenen Notendeckung. Die Prüfung ist für die Tage vorzunehmen, für die die Bank nach § 36 Abs. 1 ihre Ausweise regelmäßig veröffentlicht. Die Berichte hierüber sind monatlich dem Reichsbankdirektorium einzureichen, das sie den Deputierten des Zentralausschusses vorzulegen hat. Eine Prüfung oder Erörterung der Kredit-, Diskont- und Währungspolitik der Bank ist mit der Kontrolle nicht verbunden.

Dem Kommissar sind täglich Nachweisungen über die Notendeckung und über die im Umlauf befindlichen Noten vorzulegen.

Die Mitwirkung des Kommissars an der An- und Ausfertigung der Noten wird durch einen besonderen Ausfertigungskontrollstempel beurkundet, der nach Anweisung des Kommissars angebracht werden soll. Jede Note, die die Bank in Umlauf setzt, muß diesen Stempel tragen.

Der Kommissar und dessen Hilfsarbeiter sind in bezug auf alle zu ihrer Kenntnis gelangenden Angelegenheiten und Einrichtungen der Bank zur völligen Verschwiegenheit verpflichtet.

§ 28. Die Bank ist verpflichtet, für den Betrag ihrer im Umlauf befindlichen Noten jederzeit zu halten:

a) eine Deckung von mindestens 40 v. H. in Gold oder Devisen (Golddeckung); diese Deckung muß zu mindestens drei Vierteln aus Gold bestehen.

Gold im Sinne dieser Vorschrift ist Barrengold sowie in- und ausländische Goldmünzen, das Pfund fein zu 1392 Reichsmark berechnet, soweit sie sich entweder in den Kassen der Bank oder zu ihrer jederzeitigen freien Verfügung bei einer ausländischen Zentralnotenbank befinden.

Devisen sind Banknoten, Wechsel mit einer Laufzeit von höchstens 14 Tagen, Schecks und täglich fällige Forderungen, die bei einer als zahlungsfähig bekannten Bank an einem ausländischen zentralen Finanzplatz in ausländischer Währung zahlbar sind. Sie sind mit ihrem jeweiligen Goldwert einzusetzen.

b) für den Restbetrag diskontierte Wechsel oder Schecks, welche den im § 21 aufgestellten Erfordernissen genügen, sowie Wertpapiere der im § 21 Ziff. 4 bezeichneten Art und täglich fällige Forderungen auf Grund von Lombarddarlehen.

§ 29. Unter ausnahmsweisen Umständen darf die im § 28 unter a genannte Deckung durch übereinstimmenden

Beschluß des Direktoriums und des Zentralausschusses[1]) unter 40 v. H. herabgesetzt werden.

§ 30 gestrichen.

§ 31.[2]) Die Bank ist verpflichtet, ihre Noten

a) bei ihrer Hauptkasse in Berlin sofort auf Präsentation,

b) bei ihren Zweiganstalten, soweit es deren Barbestände und Geldbedürfnisse gestatten,

dem Inhaber einzulösen.

Die Einlösung erfolgt nach Wahl der Bank in:

1. deutschen Goldmünzen zum jeweiligen gesetzlichen Gewicht und Feingehalt zu pari;
2. Goldbarren in Stücken von nicht weniger als 1000 Reichsmark und nicht mehr als 35 000 Reichsmark zu ihrem Reingoldwert in deutschen Goldstücken zum jeweiligen gesetzlichen Gewicht und Feingehalt;
3. Schecks oder Auszahlung in ausländischer Währung in Höhe des in Gold umgerechneten jeweiligen Marktwertes der betreffenden Währung; die Satzung bezeichnet diejenigen ausländischen Banken, auf die die Schecks oder Auszahlungen lauten müssen. Die Reichsbank kann hierbei eine Vergütung in Rechnung stellen. Diese darf jedoch den Betrag nicht übersteigen, der sich aus dem dem Einlösungsbetrage entsprechenden Anteile an den Versendungsspesen nebst Zinsen für größere Goldtransporte nach dem betreffenden ausländischen Bankplatze ergibt.

§ 32. Die Bank hat für beschädigte Noten Ersatz zu leisten, sofern der Inhaber entweder einen Teil der Note präsentiert, welcher größer ist als die Hälfte, oder den Nachweis führt, daß der Rest der Note, von welcher er nur die Hälfte oder einen geringeren Teil als die Hälfte präsentiert, vernichtet sei.

Für vernichtete oder verlorene Noten Ersatz zu leisten, ist die Bank nicht verpflichtet.

---

[1]) Erstmalig durch Beschluß vom 7. Juli 1931. Verwaltungsbericht der Reichsbank für 1931 S. 9.

[2]) Vgl. hierzu § 52.

§ 33. Banknoten, welche in die Kasse der Bank oder eine ihrer Zweiganstalten oder in eine von ihr bestellte Einlösungskasse in beschädigtem oder beschmutztem Zustande zurückkehren, dürfen nicht wieder ausgegeben werden.

§ 34. Der Aufruf und die Einziehung der Noten erfolgt durch das Direktorium, das hierüber sowie über die Vernichtung der eingezogenen Noten die näheren Bestimmungen erläßt. Diese sind im Reichsanzeiger öffentlich bekanntzumachen.

§ 35. Neben der im § 28 vorgesehenen Deckung der in Umlauf befindlichen Noten hat die Bank jederzeit für ihre täglich fälligen Verbindlichkeiten eine besondere Deckung von mindestens 40 v. H. zu halten; diese Deckung muß bestehen aus sofort verfügbaren Depositen (tägliches Geld) in Deutschland oder im Ausland, Schecks auf andere Banken, Wechseln von einer Laufzeit von höchstens 30 Tagen oder täglich fälligen Forderungen auf Grund von Lombarddarlehen.

§ 36. Die Bank hat den Stand ihrer Aktiva und Passiva nach folgenden Bestimmungen regelmäßig zu veröffentlichen.

Die wöchentliche Veröffentlichung muß angeben:

1. auf seiten der Passiva:
   das Grundkapital,
   die Reservefonds,
   den Betrag der umlaufenden Noten,
   die sonstigen täglich fälligen Verbindlichkeiten,
   die an eine Kündigungsfrist gebundenen Verbindlichkeiten,
   die sonstigen Passiva;
2. auf seiten der Aktiva:[1]
   den Goldbestand (Barrengold) sowie in- und ausländische Goldmünzen, das Pfund fein zu 1392 Reichsmark berechnet,
   den Bestand:
      an deckungsfähigen Devisen,
      an sonstigen Wechseln und Schecks,
      an deutschen Scheidemünzen,

[1]) Vgl. hierzu auch § 21 Ziff. 2a Abs. 2 letzter Satz.

an Noten anderer Banken,
an Lombardforderungen,
an Wertpapieren, die gemäß § 21 Ziff. 4 angekauft worden sind,
an sonstigen Wertpapieren,
an sonstigen Aktiven.

Außerdem sind die aus weiterbegebenen, im Inland zahlbaren Wechseln entsprungenen eventuellen Verbindlichkeiten ersichtlich zu machen.

Sie hat ferner spätestens sechs Monate nach dem Schlusse jedes Geschäftsjahres eine genaue Bilanz ihrer Aktiva und Passiva sowie den Jahresabschluß des Gewinn- und Verlustkontos im Reichsanzeiger auf ihre Kosten zu veröffentlichen. Die näheren Bestimmungen über die Aufstellung der Bilanz trifft die Satzung.

VI. Gewinnverteilung.

§ 37. Von dem jährlichen Reingewinne sollen 10 v. H. so lange einem Reservefonds zugeführt werden, bis dieser die Höhe des eingezahlten Grundkapitals erreicht.

Die Anteilseigner haben Anspruch auf eine jährliche Dividende von 8 v. H. Wird diese Dividende in einem Jahr nicht erreicht, so ist der daran fehlende Betrag aus dem Reingewinn der folgenden Jahre nach Abzug der dem Reservefonds gesetzlich zufließenden Beträge vorweg zu entnehmen, es sei denn, daß er aus einer vorhandenen Dividendenreserve entnommen werden kann.

Der nach Ausschüttung dieser Dividende verbleibende Restbetrag des Reingewinns wird wie folgt verteilt: Von den ersten 25 Millionen Reichsmark erhalten das Reich 75 v. H., die Anteilseigner 25 v. H. Von den nächsten 20 Millionen erhalten das Reich 90 v. H., die Anteilseigner 10 v. H. Von dem dann noch etwa verbleibenden Restbetrag erhalten das Reich 95 v. H., die Anteilseigner 5 v. H. Die hiernach den Anteilseignern zufließenden Beträge werden nach Vorschlag des Direktoriums entweder als Zuschlag zu der Dividende gezahlt oder einem Spezialreservefonds für künftige Dividendenzahlung zwecks Aufrechterhaltung einer gleichmäßigen Dividende zugeführt.

Ein bei der Begebung von Anteilscheinen etwa zu gewinnendes Aufgeld fließt dem Reservefonds zu.

VII. Liquidation.

§ 38. Nach dem Fortfall des Rechtes der Reichsbank, Banknoten in Deutschland auszugeben, ist das Reich berechtigt, mit einjähriger Ankündigungsfrist die Reichsbank aufzuheben und ihre Grundstücke zu übernehmen.

Der Übernahmepreis für die Grundstücke, die am 1. Januar 1925 im Eigentum der Reichsbank stehen, entspricht dem Verkaufswert dieser Grundstücke am 1. Januar 1925. Dieser Preis ist im Laufe des Jahres 1925 durch Vereinbarung zwischen dem Reichsminister der Finanzen und der Reichsbank festzustellen. Falls es zu einer Vereinbarung nicht kommt, wird der Preis durch ein Schiedsgericht bestimmt. Dieses Schiedsgericht besteht aus je zwei Vertretern des Reichsministers der Finanzen und der Reichsbank und einem von diesen Vertretern zu bestimmenden Obmann. Einigen sich die Vertreter nicht über die Person des Obmanns, so wird dieser von dem Präsidenten des Reichsgerichts benannt.

Für nach dem 1. Januar 1925 von der Reichsbank erworbene Grundstücke ist der Übernahmepreis der Erwerbspreis der Reichsbank, mangels eines solchen der Verkaufswert der Grundstücke zur Zeit des Erwerbs. Für die Bestimmung dieses Verkaufswertes gelten die Vorschriften des Abs. 2 entsprechend.

Während der Dauer des Notenprivilegs kann die Reichsbank nur mit Zustimmung der Reichsregierung in Liquidation treten. Bevor sie in einem späteren Zeitpunkt in Liquidation tritt, hat sie die Reichsregierung hiervon rechtzeitig zu benachrichtigen.

VIII. Strafvorschriften.

§ 39. Wer unbefugt Banknoten oder sonstige auf den Inhaber lautende unverzinsliche Schuldverschreibungen ausgibt, wird mit Geldstrafe von fünftausend bis zu einhunderttausend Reichsmark bestraft.

§ 40. Mit Geldstrafe nicht unter fünfzig Reichsmark wird bestraft, wer der Verbotsbestimmung im § 4 zuwider ausländische Banknoten oder sonstige auf den Inhaber lautende unverzinsliche Schuldverschreibungen ausländischer Korporationen, Gesellschaften oder Privaten, welche ausschließlich oder neben anderen Wertbestimmungen in Reichswährung ausgestellt sind, zur Leistung von Zahlungen verwendet.

Geschieht die Verwendung gewerbsmäßig, so tritt neben der Geldstrafe Gefängnis bis zu einem Jahr ein. Der Versuch ist strafbar.

§ 41. Die Mitglieder des Reichsbankdirektoriums werden:

1. wenn sie in den durch die Bestimmungen des § 36 vorgeschriebenen Veröffentlichungen den Stand der Verhältnisse der Bank unwahr darstellen oder verschleiern, mit Gefängnis bis zu drei Monaten bestraft;
2. wenn die Bank mehr Noten ausgibt, als sie auszugeben befugt ist, mit Geldstrafe von fünftausend bis zu einhunderttausend Reichsmark bestraft.

§§ 42—43 gestrichen.

IX. Schluß- und Übergangsbestimmungen.

§ 44. Die Satzung [1]) der Reichsbank hat Bestimmungen zu treffen:

1. über die Form der Anteilscheine der Reichsbank und der dazugehörigen Dividendenscheine und Talons;
2. über die bei Übertragung oder Verpfändung von Anteilscheinen zu beachtenden Formen;
3. über Aufgebot und Kraftloserklärung verlorener oder vernichteter Anteilscheine sowie über das Verfahren in betreff abhanden gekommener Dividendenscheine und Talons;
4. über die Grundsätze, nach denen die Jahresbilanz der Reichsbank aufzunehmen ist;
5. über Termine und Modalitäten der Erhebung der Dividende;
6. über die Form, in welcher die Einberufung der Generalversammlung geschieht, sowie über die Bedingungen und die Art der Ausübung des Stimmrechts der Anteilseigner;
7. über die Wahl des Zentralausschusses und seiner Deputierten, der Bezirksausschüsse und der Beigeordneten bei den Reichsbankanstalten;
8. über die Form, in welcher die von der Gesellschaft ausgehenden Bekanntmachungen erfolgen, sowie über die

---

[1]) S. 21.

öffentlichen Blätter, in welche dieselben aufzunehmen sind;

9. über diejenigen ausländischen Banken, auf welche die im § 31 Abs. 2 Ziff. 3 genannten Schecks und Auszahlungen lauten müssen.

§ 45. Die Reichsbank und ihre Anstalten sind im gesamten Reichsgebiet frei von allen Körperschafts-, Einkommen- und Gewerbesteuern.

Soweit auf dem Gebiete der Kapitalverkehrssteuer steuerliche Vergünstigungen für die Reichsbank oder für Geschäfte mit ihr vorgesehen sind, gelten diese Vergünstigungen auch weiterhin. Die Einlösung der Noten (§ 31) unterliegt nicht der Börsenumsatzsteuer.

Soweit Anteilscheine sich im Eigentum von Ausländern ohne Wohnsitz im Deutschen Reiche befinden, wird für die Dividenden oder sonstigen Vermögensvorteile, die den Anteilseignern als solchen zustehen, eine Steuer vom Einkommen mit Einschluß der Steuer vom Kapitalertrag nicht erhoben.

§ 46. Soweit der Reichsbank und ihren Organen bisher auf Grund gesetzlicher Bestimmungen eine bevorrechtete Stellung eingeräumt ist, wird ihr diese auch weiterhin durch die Reichsregierung gewährleistet. Insbesondere gelten für sie die nachstehenden Vorschriften:

In Wohnungs- und Mietangelegenheiten finden die auf Grund gesetzlicher Bestimmungen den Reichsbehörden jeweils eingeräumten Vergünstigungen auf die Reichsbank mit der Maßgabe entsprechende Anwendung, daß an Stelle der nach diesen Gesetzen zur Entscheidung berufenen obersten Reichsbehörde die Reichsregierung entscheidet. Soweit die Reichsregierung zur Entscheidung in Wohnungs- und Mietangelegenheiten von Behörden berufen ist, hat sie auch für den Bereich der Reichsbank zu entscheiden. Von Wohnungsbehörden angeordnete Vollstreckungen auf Räumung von Geschäftsräumen der Reichsbank oder Dienstwohnungen und Mietdienstwohnungen von Reichsbankbeamten dürfen nur durchgeführt werden, wenn die Reichsregierung ihre Zustimmung vorher erklärt hat.

Die Reichsregierung bestimmt, in welchem Umfang das Reichsbankdirektorium im Interesse seines Geschäftsverkehrs befugt ist, Behörden um Auskünfte, insbesondere um Übersendung von Akten und Strafregisterauszügen, zu ersuchen.

Eine Beteiligung der Reichsbank an den Industrie- und Handelskammern findet nicht statt.

Die als Leiter, Beamte und Angestellte bei der Reichsbank tätigen Personen können zu Beisitzern der Kammern für Handelssachen nicht berufen werden.

Auf dem Gebiete der Schwerbeschädigtenfürsorge, der Einstellung der Versorgungsanwärter, der Regelung der Arbeitszeit, der Gewerbeaufsicht und der sonstigen sozialen Fürsorge sind die für Reichsbehörden geltenden Bestimmungen auf die Reichsbank sinngemäß anzuwenden.

Die Bestimmungen des § 359 des Reichsstrafgesetzbuches sowie der §§ 54, 76 und 96 der Strafprozeßordnung und 376 und 408 der Zivilprozeßordnung sowie das Gesetz über die Haftung des Reichs für seine Beamten vom 22. Mai 1910 (RGBl. S. 798) finden auf die Reichsbank, ihre Leiter und ihre Beamten sinngemäß Anwendung.

§ 47. Die Bestimmungen des Handelsgesetzbuches über die Eintragungen in das Handelsregister und die rechtlichen Folgen derselben finden auf die Reichsbank keine Anwendung.

§ 48. Die Vorschriften des Börsengesetzes über den Prospektzwang finden auf Reichsbankanteile keine Anwendung.

§ 49. Die Reichsbank hat, solange ihre bisherigen Noten noch nicht zurückgezogen sind, für diese die gleichen Deckungsvorschriften einzuhalten, wie sie für die neu auszugebenden Noten vorgesehen sind, wobei eine Billion Mark bisheriger Ausgabe gleich eine Reichsmark gilt.

§ 50. Den Personen, die bis zum Inkrafttreten dieses Gesetzes die Eigenschaft von Reichsbankbeamten besitzen, bleiben die ihnen zustehenden vermögensrechtlichen Ansprüche vorbehalten.

§ 51. Die erste Wahl des Präsidenten auf Grund dieses Gesetzes soll innerhalb sechs Monaten nach seinem Inkrafttreten erfolgen.

§ 52. Den Zeitpunkt des Inkrafttretens dieses Gesetzes bestimmt die Reichsregierung. Für das Inkrafttreten der Vorschrift des § 31 bedarf es außerdem eines übereinstimmenden Beschlusses des Reichsbankdirektoriums und des Generalrates.[1]) Dieser Beschluß ist im Reichsgesetzblatt

[1]) Auf Grund der Bekanntmachung des Reichsbankdirektoriums vom 15. April 1930 (RGBl. II S. 691) hatten Reichsbank-

bekanntzumachen. Bis dahin bewendet es bei der Bestimmung des § 2 des Gesetzes, betreffend die Reichskassenscheine und die Banknoten, vom 4. August 1914 (RGBl. S. 347), soweit sich diese Bestimmung auf Reichsbanknoten bezieht.

§ 53. Das Bankgesetz vom 14. März 1875 und die dazu ergangenen Änderungsgesetze mit Ausnahme des Gesetzes vom 19. März 1924 (RGBl. II S. 73)[1]) treten unbeschadet der Bestimmung des § 52 außer Kraft. Zugleich treten die Bestimmungen der Rentenbankverordnung vom 15. Oktober 1923 (RGBl. I S. 963) und des Gesetzes über die Deutsche Golddiskontbank vom 19. März 1924 (RGBl. II S. 71) insoweit außer Kraft, als sie mit dem vorliegenden Gesetz in Widerspruch stehen.[2])

b) Satzung der Reichsbank vom 11. Oktober 1924.[3])

§ 1. Die Reichsbankanteile sind unteilbar und vorbehaltlich der Bestimmungen im § 38 des Bankgesetzes unkündbar. Sie werden mit Angabe der Eigentümer nach Namen, Stand und Wohnort in die Stammbücher der

---

direktorium und Generalrat übereinstimmend beschlossen, den § 31 des Bankgesetzes in Kraft zu setzen. Der Beschluß wurde gleichzeitig mit dem Neuen Plan durch Bekanntmachung vom 19. Mai 1930 (RGBl. II S. 777) mit Wirkung vom 17. Mai 1930 in Kraft gesetzt. Für die praktische Durchführung ergeben sich Abweichungen aus der Devisengesetzgebung.

[1]) Gemäß Sechster Teil Kap. II Art. 2 der Verordnung vom 1. Dez. 1930 (RGBl. I S. 592) sind jedoch die §§ 2 und 3 des Gesetzes zur Änderung des Bankgesetzes vom 19. März 1924 (RGBl. II S. 73) nicht anzuwenden.

[2]) Gemäß Sechster Teil Kap. II Art. 1 § 7 der Verordnung vom 1. Dez. 1930 (RGBl. I S. 592) sind die Vorschriften des Gesetzes über die Deutsche Golddiskontbank vom 19. März 1924 (RGBl. II S. 71) nicht anzuwenden.

[3]) RAnz. 1924 Nr. 243; in der Fassung der Bekanntmachungen betr. die Änderung der Satzung der Reichsbank vom 4. Mai 1931 (RAnz. Nr. 105), vom 16. März 1932 (RAnz. Nr. 69), 27. Okt. 1933 (RAnz. Nr. 255) und 16. März 1935 (RAnz. Nr. 67).

Reichsbank eingetragen. Über jeden Anteil wird ein Anteilschein nach den beiliegenden Mustern ausgefertigt. Die Unterschriften des Reichsbankdirektoriums sind im Wege mechanischer Vervielfältigung herzustellen. Mit dem Anteilscheine erhält der Eigentümer zugleich die Dividendenscheine für die nächsten zehn Jahre und einen Talon zur Abhebung neuer Dividendenscheine nach Ablauf des zehnjährigen Zeitraumes. Die Dividendenscheine und Talons lauten auf den Inhaber und sind nach den beiliegenden Mustern auszufertigen.

Die Reichsbank ist auf Antrag berechtigt, Anteilscheine über je zehn Anteile in einer Urkunde, über 1000 Reichsmark lautend, zusammenzufassen. Zusammengefaßte Anteilscheine können auf Antrag des Eigentümers und gegen Ersatz der Kosten in Einzelanteilscheine umgewandelt werden.

§ 2. Wenn das Eigentum eines Bankanteils auf einen andern übergeht, so ist dies unter Vorlegung des Anteilscheines bei der Reichsbank anzumelden und in den Stammbüchern sowie auf dem Anteilscheine zu vermerken.

Im Verhältnis zur Reichsbank wird nur derjenige als Anteilseigner angesehen, welcher als solcher in den Stammbüchern eingetragen ist.

Zur Prüfung der Legitimation ist die Reichsbank berechtigt, aber nicht verpflichtet.

§ 3. Die Übertragung der Bankanteile kann durch Indossament erfolgen.

Für die Form des Indossaments kommen die Bestimmungen der Art. 12, 13 und 14 Abs. 2 des Wechselgesetzes zur Anwendung.

§ 4. Wenn ein Bankanteil verpfändet ist, so ist dies unter Vorlegung des Anteilscheines und der schriftlichen Erklärung des Anteilseigners bei der Reichsbank anzumelden; auf Grund dieser Anmeldung ist die Verpfändung in den Stammbüchern und auf dem Anteilscheine zu vermerken.

Im Verhältnis zur Reichsbank wird nur derjenige als Pfandgläubiger angesehen, welcher als solcher in den Stammbüchern eingetragen ist.

Zur Prüfung der Echtheit und der Rechtsgültigkeit der Erklärung ist die Reichsbank berechtigt, aber nicht verpflichtet.

Der Eigentümer kann ohne Zustimmung des Pfandgläubigers keine neuen Dividendenscheine und im Falle der Liquidation keine Zahlung auf den Bankanteil erhalten, wird aber im übrigen in seinen ihm nach dem Bankgesetze und dieser Satzung zustehenden Rechten nicht beschränkt.

Die Löschung des Pfandrechts erfolgt auf Vorlegung des Anteilscheines und beglaubigter Einwilligung des Pfandgläubigers.

§ 5. Die auf den Anteilscheinen anzubringenden Vermerke über Übertragung oder Verpfändung der Bankanteile (§§ 2 und 4) werden von dem Archiv der Reichsbank unterzeichnet.

Die für die Vermerkung von Übertragungen oder von Verpfändungen der Bankanteile sowie für die Umwandlung der Anteilscheine (§ 1 Abs. 2) zu entrichtende Gebühr bestimmt das Reichsbankdirektorium.

§ 6. Verlorene oder vernichtete Anteilscheine können im Wege des Aufgebotsverfahrens für kraftlos erklärt werden. Hierbei finden die Vorschriften des § 799 Abs. 2 und § 800 des Bürgerlichen Gesetzbuches sowie die Vorschriften der Zivilprozeßordnung über das Aufgebotsverfahren zum Zwecke der Kraftloserklärung einer Urkunde Anwendung.

Für das Aufgebotsverfahren ist das Amtsgericht Berlin ausschließlich zuständig.

§ 7. Wegen abhanden gekommener oder vernichteter Dividendenscheine und Talons ist ein Aufgebotsverfahren nicht zulässig, und ebensowenig ist die Reichsbank verpflichtet, bei Nachweis des Verlustes neue Dividendenscheine und Talons auszugeben oder den entsprechenden Geldbetrag zu zahlen.

§ 8. Der Ankauf von Effekten für fremde Rechnung darf erst erfolgen, nachdem der dazu erforderliche Geldbetrag bei der Bank wirklich eingegangen oder lombardmäßig sichergestellt ist. Ebenso muß bei Verkaufsaufträgen der Eingang der Effekten abgewartet werden.

§ 9. Das Geschäftsjahr der Bank ist das Kalenderjahr. Für den 31. Dezember jeden Jahres ist von dem Reichsbankdirektorium die Bilanz aufzustellen.

Für die Aufstellung der Jahresbilanz sind folgende Vorschriften maßgebend:

1. Kurshabende Papiere dürfen höchstens zu dem Kurswerte, welchen sie zur Zeit der Bilanzaufstellung haben, angesetzt werden.

2. Von den Kosten der Organisation und Verwaltung dürfen nur die Ausgaben für die Herstellung der Banknoten auf mehrere Jahre verteilt werden. Alle übrigen Kosten sind ihrem vollen Betrage nach in der Jahresrechnung unter den Ausgaben aufzuführen.

3. Der Betrag des Grundkapitals und des Reservefonds ist unter die Passiva aufzunehmen.

4. Der aus der Vergleichung sämtlicher Aktiva und sämtlicher Passiva sich ergebende Gewinn oder Verlust muß am Schlusse der Bilanz besonders angegeben werden.

§ 10. Die Dividende wird spätestens vom 1. Juni des folgenden Jahres ab bei der Reichsbankhauptkasse und sämtlichen Reichsbankhauptstellen und Bankstellen gegen Einreichung der Dividendenscheine gezahlt.

Mit Zustimmung des Zentralausschusses können auf die Dividende Abschlagszahlungen bis zu 6 v. H. jeweils am 1. Oktober — im Jahre 1933 am 1. November — geleistet werden.

Die Auszahlung der Abschlagsdividende für die Jahre 1933 und 1934 erfolgt gegen Rückgabe der auf die betreffenden Jahre lautenden Dividendenscheine. Dem Einreicher dieser Dividendenscheine werden auf die Jahre 1933 und 1934 lautende Restdividendenscheine ausgehändigt.

Die in § 37 Abs. 2 Satz 2 des Bankgesetzes vorgesehene Nachzahlung ist in der Weise zu leisten, daß der nachzuzahlende Betrag auf den Dividendenschein des Jahres zur Ausschüttung gelangt, aus dessen Gewinn die Nachzahlung erfolgt.

§ 11. Die Sitzungen des Reichsbankdirektoriums finden regelmäßig wöchentlich am Freitag vormittag statt.

§ 12. Zur Teilnahme an der Generalversammlung ist jeder Anteilseigner berechtigt, welcher durch eine spätestens am Tage vor der Generalversammlung im Archiv der Reichsbank abzuhebende Bescheinigung nachweist, mit welchem Nennbetrage von Anteilen er in den Stammbüchern der Reichsbank als Eigner eingetragen ist.

Eintragungen, welche nicht mindestens 14 Tage vor dem Tage der Generalversammlung geschehen sind, werden nicht berücksichtigt.

Als Bevollmächtigte werden nur in den Stammbüchern der Bank eingetragene Anteilseigner zugelassen, welche sich durch eine gerichtliche oder notarielle Vollmacht ihres Auftraggebers legitimieren. Ein und derselbe Bevollmächtigte darf nicht mehrere Anteilseigner vertreten.

In den Fällen, in denen für die Ausübung des Wahlrechts die Reichsangehörigkeit gesetzlich vorgeschrieben ist, bedarf es zur Ausübung des Stimmrechts eines vom Archiv der Reichsbank ausgestellten Zeugnisses.

§ 13. Die Generalversammlung findet alljährlich spätestens im Mai statt, kann aber auch jederzeit außerordentlich berufen werden. Die Berufung geschieht durch das Reichsbankdirektorium mittels einer mindestens 14 Tage vorher gemäß § 28 der Satzung erfolgenden öffentlichen Bekanntmachung.

§ 14. In der Generalversammlung führt der Präsident des Reichsbankdirektoriums oder dessen Vertreter den Vorsitz. Die Mitglieder des Reichsbankdirektoriums können derselben beiwohnen und sich an der Beratung beteiligen, ohne jedoch stimmberechtigt zu sein.

§ 15. Über die Verhandlungen und Beschlüsse der Generalversammlung wird von dem vom Präsidenten des Reichsbankdirektoriums zu bestellenden Protokollführer ein Protokoll aufgenommen und von dem Vorsitzenden, einem Mitgliede des Zentralausschusses sowie von zwei Reichsbankanteilseignern und dem Protokollführer unterschrieben.

§ 16. Außerordentliche Generalversammlungen können nur über Gegenstände beschließen, welche in der Berufung ausdrücklich erwähnt sind.

§ 17. Der Zentralausschuß soll aus 42 Mitgliedern bestehen. Wählbar sind nur solche Anteilseigner, welche die deutsche Reichsangehörigkeit besitzen und als Inhaber von mindestens je 30 Reichsbankanteilen in den Stammbüchern eingetragen sind. Die zu wählenden Personen müssen ferner im Reichsgebiet und wenigstens 12 von ihnen in Berlin oder dessen näherer Umgebung ihren Wohnsitz haben.

Die Wahl der Mitglieder des Zentralausschusses erfolgt, wenn nicht widersprochen wird, durch Zuruf, andernfalls mittels verdeckter Stimmzettel für jede Stelle besonders.

§ 18. Ein Drittel der Mitglieder scheidet jährlich aus, und zwar entsprechend der Dauer der Mitgliedschaft.

§ 19. Die Mitglieder des Zentralausschusses beziehen keine Besoldung.

Wenn ein Ausschußmitglied das Bankgeheimnis verletzt, die durch sein Amt erlangten Aufschlüsse gemißbraucht oder sonst das öffentliche Vertrauen verloren hat, oder wenn durch dasselbe überhaupt das Interesse des Instituts gefährdet erscheint, so ist die Generalversammlung berechtigt, seine Ausschließung zu beschließen.

Ein Ausschußmitglied, welches in Konkurs gerät, während eines halben Jahres den Versammlungen nicht beigewohnt oder eine der Voraussetzungen seiner Wählbarkeit verloren hat, wird für ausgeschieden erachtet.

§ 20. Die Mitglieder des Zentralausschusses haben gleiches Stimmrecht. Für Wahlen finden die Bestimmungen des § 17 Anwendung.

§ 21. Die Protokolle über die Verhandlungen und Beschlüsse des Zentralausschusses werden von dem Vorsitzenden, zwei Ausschußmitgliedern und dem vom Präsidenten des Reichsbankdirektoriums zu bestellenden Protokollführer unterzeichnet.

§ 22. Die Mitglieder des Reichsbankdirektoriums nehmen an den Beratungen des Zentralausschusses, nicht aber an den Abstimmungen teil.

§ 23. Zu Deputierten des Zentralausschusses soll die Generalversammlung 6 Mitglieder des Zentralausschusses bestimmen. Für die Wahl sind die Vorschriften des § 17 maßgebend.

Die Deputierten sollen dem Reichsbankdirektorium auf dessen Ersuchen in besonderen Angelegenheiten beratend zur Seite stehen.

§ 24. Die Bezirksausschüsse sollen aus wenigstens vier und höchstens zehn Mitgliedern bestehen, von denen jährlich die Hälfte nach der Dauer der Mitgliedschaft ausscheidet. Die Ausscheidenden sind wieder wählbar.

Von den Bezirksausschüssen sollen zwei bis drei Beigeordnete aus ihrer Mitte gewählt werden. Wo ein Bezirksausschuß nicht besteht, kann die Ernennung von Beigeordneten durch das Reichsbankdirektorium erfolgen.

Die Zweiganstalten können die gutachtliche Äußerung der Bezirksausschüsse in geeigneten Fällen einholen. Die Beigeordneten sollen den Zweiganstalten auf deren Ersuchen in besonderen Angelegenheiten beratend zur Seite stehen.

§ 25. Zu Mitgliedern der Bezirksausschüsse und zu Beigeordneten können Anteilseigner nicht ausgewählt werden, welche zum Zentralausschuß nicht wählbar sind.

§ 26. Die Wahl der Mitglieder der Bezirksausschüsse erfolgt durch das Reichsbankdirektorium aus den am Platze der Zweiganstalt oder in deren Nähe wohnhaften Anteilseignern deutscher Reichsangehörigkeit, welche als Inhaber von mindestens je 30 Reichsbankanteilen in den Stammbüchern der Bank eingetragen sind.

Für die Wahl der Beigeordneten, insofern dieselbe durch die Bezirksausschüsse erfolgt, sind die Bestimmungen im § 17 maßgebend.

Die Bestimmung des § 19 Abs. 3 gilt entsprechend für die Mitglieder der Bezirksausschüsse und für die Beigeordneten.

§ 27. Die im § 31 Abs. 2 Ziff. 3 des Bankgesetzes genannten Schecks und Auszahlungen müssen auf eine ausländische Zentralnotenbank lauten.

§ 28. Die für die Anteilseigner bestimmten Bekanntmachungen werden in dem Deutschen Reichsanzeiger sowie am Sitze einer jeden Reichsbankhauptstelle in einem durch Bekanntmachung zu bestimmenden Blatte veröffentlicht. Besonderer Benachrichtigung für die einzelnen Anteilseigner bedarf es nicht.

Die gleichen Blätter sind auch für andere öffentliche Bekanntmachungen des Reichsbankdirektoriums zu benutzen, soweit der Zweck derselben nicht lokal beschränkt ist.

Falls durch die Veröffentlichung einer Bekanntmachung eine Frist zu wahren ist oder ein sonstiger Rechtserfolg erstrebt wird, gilt die Bekanntmachung als bewirkt, wenn sie im Deutschen Reichsanzeiger erfolgt ist.

§ 29. Die Liquidation der Reichsbank (§ 38 des Bankgesetzes) erfolgt durch das Reichsbankdirektorium.

c) Bekanntmachung über die Tätigkeit des Notenkommissars bei der Reichsbank vom 28. Juni 1930.[1])

Zur Klarlegung der Aufgaben, die dem Notenkommissar bei der Reichsbank durch Art. I Ziff. XIV des Gesetzes zur Änderung des Bankgesetzes vom 13. März 1930 (RGBl. II

---

[1]) RAnz. 1930 Nr. 151; geändert durch die Bekanntmachung vom 21. Dez. 1933 (RAnz. 1933 Nr. 299).

S. 355) zugewiesen sind, sind unter Mitwirkung des Reichsbankdirektoriums und im Benehmen mit dem Präsidenten des Rechnungshofs des Deutschen Reichs Grundlagen festgelegt worden, die hiermit bekanntgegeben werden.

Der Reichswirtschaftsminister.

Der Reichsminister der Finanzen.

Grundlagen für die Tätigkeit des Notenkommissars bei der Reichsbank.

Die Kontrolltätigkeit des Notenkommissars bei der Reichsbank wird nach den Vorschriften des § 27 des Bankgesetzes vom 30. August 1924 in der Fassung der Gesetze vom 13. März 1930 (RGBl. II S. 355) und vom 27. Oktober 1933 (RGBl. II S. 827) auf folgender Grundlage ausgeübt:

1. Bei der An- und Ausfertigung der Reichsbanknoten.

Die Mitwirkung des Kommissars an der An- und Ausfertigung der Noten wird durch einen besonderen Ausfertigungskontrollstempel beurkundet, der nach Anweisung des Kommissars angebracht werden soll. Jede Note, die die Bank in Umlauf setzt, muß diesen Stempel tragen (§ 27 Abs. 4).

Der Ausfertigungskontrollstempel steht zur ausschließlichen Verfügung des Kommissars, der die Verwendung dieses Stempels seinen Hilfsarbeitern übertragen kann.

Die Kontrolle der An- und Ausfertigung der Noten, die im Auftrage der Reichsbank durch die Reichsdruckerei hergestellt werden, wird in der Reichsdruckerei in der Weise ausgeübt, daß die Abstempelung der sonst fertig gedruckten Noten mit dem Ausfertigungskontrollstempel unter ständiger Anwesenheit von Hilfsarbeitern des Kommissars erfolgt.

Der Kommissar oder dessen Hilfsarbeiter machen der Reichsbank täglich Mitteilung von der Anzahl der Noten, die mit dem Ausfertigungskontrollstempel versehen worden sind, sowie von der Anzahl der Noten, die derjenigen Dienststelle der Reichsdruckerei übergeben worden sind, die die Noten fertigmacht und an die Reichsbank abliefert. Die Reichsbank teilt andererseits dem Notenkommissar zwecks

Kontrolle den Betrag der von der Reichsdruckerei an die Reichsbank zur Ablieferung gelangten Noten mit.

Von allen Neubestellungen von Noten wird das Reichsbankdirektorium dem Kommissar Durchschläge zuleiten.

2. Bei der Ausgabe der Reichsbanknoten.

Die Kontrolle der Notenausgabe besteht in der zahlenmäßigen Feststellung des Vorhandenseins der vorgeschriebenen Notendeckung. Die Prüfung ist für die Tage vorzunehmen, für die die Bank nach § 36 Abs. 1 ihre Ausweise regelmäßig veröffentlicht (§ 27 Abs. 2 Satz 1 und 2). Die Kontrolle findet in der Weise statt, daß an Hand der vom Reichsbankdirektorium gelieferten und von ihm unterschriftlich vollzogenen Nachweisungen das Vorhandensein der vorgeschriebenen Deckung zahlenmäßig festgestellt wird. Zu diesem Zwecke ist dem Kommissar täglich eine Nachweisung zu liefern, die die Deckungsmittel gemäß § 28 a und b und den Notenumlauf angibt; ihm sind ferner wöchentlich die Bankausweise sowie ebenfalls vom Reichsbankdirektorium unterschriebene Einzelnachweisungen über die Bestände der Deckungsmittel, über die Notenbestände der Bank, über die neu in Betrieb genommenen und die vernichteten Noten und über die Zusammensetzung des Notenumlaufs vorzulegen.

3. Bei der Einziehung und Vernichtung der Reichsbanknoten.

Die Vernichtung findet in der Banknotenvernichtungsanstalt der Reichsbank unter Überwachung durch den Kommissar oder dessen Hilfsarbeiter statt. Über jede Vernichtung wird eine Niederschrift mit einer Einzelnachweisung in zweifacher Ausfertigung aufgenommen, die von dem Kommissar oder dessen Hilfsarbeiter mitunterzeichnet wird. Der Kommissar erhält eine dieser Ausfertigungen.

4. Berichterstattung.

Über das Ergebnis der Prüfungen sind Berichte monatlich dem Reichsbankdirektorium einzureichen, das sie den Deputierten des Zentralausschusses vorzulegen hat (§ 27 Abs. 2 Satz 3).

Falls der Kommissar auf Grund der Ziffern eines Wochenausweises eine Unterschreitung der gesetzlich vorgeschriebenen Notendeckung feststellt, teilt er diese Feststellung unverzüglich den Deputierten des Zentralausschusses mit; ebenso benachrichtigt er sie, sobald die Unterschreitung beseitigt ist. Andererseits wird das Reichsbankdirektorium dem Kommissar von einem nach § 29 gefaßten übereinstimmenden Beschluß des Reichsbankdirektoriums und des Zentralausschusses Kenntnis geben.

5. Hilfsarbeiter.

Der Kommissar kann sich zur Durchführung seiner Aufgaben Hilfsarbeiter bedienen, die er ernennt, und die ihm verantwortlich sind. Die Hilfsarbeiter erhalten ihre Dienstanweisung von dem Kommissar, die dieser im Benehmen mit der Reichsbank aufstellt.

6. Schweigepflicht.

Der Kommissar und dessen Hilfsarbeiter sind in bezug auf alle zu ihrer Kenntnis gelangenden Angelegenheiten und Einrichtungen der Bank zur völligen Verschwiegenheit verpflichtet (§ 27 Abs. 5).

2. Privatnotenbanken.

Die Rechtsverhältnisse der Privatnotenbanken waren geregelt durch das Privatnotenbankgesetz vom 30. August 1924 (RGBl. 1924 II S. 246; Berichtigung: RGBl. 1925 II S. 114), geändert durch die Gesetze zur Änderung des Privatnotenbankgesetzes vom 18. Dezember 1933 (RGBl. II S. 1034) und vom 29. Dezember 1934 (RGBl. II S. 1399).

Die Befugnis zur Notenausgabe ist mit dem 31. Dezember 1935 erloschen. Die Einziehung der umlaufenden Noten ist nach Maßgabe der Verordnung über den Aufruf, die Einziehung und die Vernichtung von Noten der Privatnotenbanken vom 26. Mai 1928 (RAnz. 1928 Nr. 125) und der Verordnung über den Aufruf, die Einziehung und die Vernichtung von Noten der Privatnotenbanken vom 21. Dezember 1935 (RAnz. 1935 Nr. 298) erfolgt und dem Reichs- und Preußischen Wirtschaftsminister bis zum 30. September 1936 nachgewiesen worden.

3. Die Deutsche Rentenbank.

a) Die Verordnung über die Errichtung der Deutschen Rentenbank vom 15. Oktober 1923.[1])

Auf Grund des Ermächtigungsgesetzes vom 13. Oktober 1923 (RGBl. I S. 943) verordnet die Reichsregierung:

§ 1. Von Vertretern der Landwirtschaft, der Industrie, des Gewerbes und des Handels einschließlich der Banken wird die Deutsche Rentenbank errichtet. Die Deutsche Rentenbank hat ihren Sitz in Berlin. Sie hat die Eigenschaft einer juristischen Person des Privatrechts.[2])

§ 2 inhaltlich neu geregelt durch §§ 2, 3 LiquG.

§ 3. (1) Die Satzung [3]) der Deutschen Rentenbank wird von den Gründern festgestellt. Sie bedarf der Genehmigung der Reichsregierung.

(2) Ist bis zum 1. November 1923 die Satzung nach Maßgabe des Abs. 1 nicht zustande gekommen, so wird sie von der Reichsregierung erlassen.

§ 4. Die Deutsche Rentenbank ist, soweit nicht in dieser Verordnung oder in der Satzung etwas anderes bestimmt ist, in der Verwaltung und Geschäftsführung selbständig, desgleichen in der Anstellung des Personals. Die Wahl des Präsidenten der Bankverwaltung bedarf der Genehmigung der Reichsregierung. Die Gründer haben der Reichsregierung drei Personen für das Amt des Präsidenten vorzuschlagen. Werden sämtliche Vorschläge abgelehnt, so ernennt die Reichsregierung den Präsidenten mit Zustimmung des Reichsrats.

§ 5. Die Deutsche Rentenbank ist von allen Steuern des Reiches, der Länder und Gemeinden (Gemeindeverbände)

---

[1]) RGBl. 1923 I S. 963; geändert durch das Gesetz über die Liquidierung des Umlaufs an Rentenbankscheinen vom 30. Aug. 1924 (RGBl. II S. 252), die Verordnung zur Änderung der Rentenbankverordnung vom 13. Febr. 1924 (RGBl. I S. 66), die Verordnung des Reichspräsidenten zur Sicherung von Wirtschaft und Finanzen vom 1. Dez. 1930 Kap. III, Liquidierung der Rentenbankscheine, Art. 3 (RGBl. I S. 592).

[2]) Vgl. die Änderungen durch § 3 des Gesetzes über die Liquidierung des Umlaufs an Rentenbankscheinen (LiquG.) S. 49.

[3]) Vgl. S. 57.

vom Vermögen und Einkommen sowie vom Grundvermögen und vom Gewerbebetriebe befreit. Aus Anlaß ihrer Gründung, einer Kapitalerhöhung, der Ausgabe ihrer Rentenbriefe und des Umtausches der Rentenbankscheine gegen solche Rentenbriefe dürfen vom Reiche, den Ländern und Gemeinden (Gemeindeverbänden) Abgaben und Kosten irgendwelcher Art nicht erhoben werden. Das gleiche gilt für die Eintragung und Löschung der Grundschulden, die Ausstellung und die Übereignung der Schuldverschreibungen sowie die Übereignung von Gold und ausländischen Zahlungsmitteln an sie.

§ 6.[1]) (1) Die Deutsche Rentenbank erwirbt an den Grundstücken, die dauernd land-, forstwirtschaftlichen oder gärtnerischen Zwecken dienen und der Besteuerung nach dem Gesetz über die Besteuerung der Betriebe vom 11. August 1923 (RGBl. I S. 769) und den dazu ergangenen Durchführungsbestimmungen unterliegen, in Höhe von 5 (früher 4) v. H. des Wehrbeitragswertes eine auf Goldmark lautende Grundschuld. Die Grundschuld geht, soweit nicht mit anderen Staaten getroffene Vereinbarungen entgegenstehen, allen anderen Lasten im Range vor.

(2) Goldmark im Sinne des Abs. 1 ist der Wert von $^{1}/_{2790}$ Kilogramm Feingold.

(3) Wehrbeitragswert ist der Wert, der auf Grund des Wehrbeitragsgesetzes oder des Gesetzes über Steuernachsicht für das Grundstück ohne Abzug von Schulden und Lasten endgültig zugrunde gelegt worden ist oder, wenn eine Veranlagung zum Wehrbeitrag nicht stattgefunden hat, zugrunde zu legen gewesen wäre.

(4) Das Kapital der Grundschuld ist mit 5 (früher 6) v. H. jährlich zu verzinsen.[2]) Die Zinsen sind vom 1. Oktober 1923 ab am 1. April und 1. Oktober jedes Jahres, zum erstenmal am 1. April 1924, innerhalb einer Woche nach Fälligkeit zu entrichten. Die Deutsche Rentenbank bestimmt die Zahlungsstelle.

(5) Das Kapital der Grundschuld ist für die Deutsche Rentenbank unkündbar. Dem Eigentümer steht die Kündigung nicht vor Ablauf von fünf Jahren frei.

(6) Die Zinsen (Abs. 4) und das Kapital (Abs. 5) sind nach dem Goldwert zur Zeit der Zahlung nach näherer Be-

[1]) Vgl. die Änderungen durch § 4 LiquG.

[2]) Zur Zeit außer Hebung; vgl. § 4 Abs. III LiquG.

stimmung der Durchführungsbestimmungen in Rentenmark zu zahlen. Die Deutsche Rentenbank ist nicht verpflichtet, Zahlungen vor Fälligkeit entgegenzunehmen.

(7) Wegen der Ansprüche aus der Grundschuld findet auf Antrag der Deutschen Rentenbank die sofortige Zwangsvollstreckung [1]) statt. Der Antrag ersetzt den vollstreckbaren Titel. Auf Ersuchen der Deutschen Rentenbank hat die örtlich zuständige landschaftliche oder ritterschaftliche Kreditanstalt oder, falls eine solche nicht vorhanden ist, eine andere von der Reichsregierung im Benehmen mit der Landesregierung zu bezeichnende Stelle die Zwangsverwaltung zu übernehmen.

§ 7. (1) Steht für mehrere Grundstücke eines Eigentümers lediglich ein Gesamtwehrbeitragswert fest, so sind die Grundstücke mit einer Gesamtgrundschuld belastet.

(2) Auf Antrag des Grundstückseigentümers ist die Gesamtgrundschuld auf die einzelnen Grundstücke nach Maßgabe ihres Wehrbeitragsteilwerts in der Weise zu verteilen, daß jedes Grundstück nur mit dem zugeteilten Betrage haftet.

(3) Gehen Teile eines Grundstücks auf einen anderen Eigentümer über, so ist auf Antrag eines der beteiligten Grundstückseigentümer eine gleiche Verteilung vorzunehmen.

(4) Im Falle der Abtrennung eines unbedeutenden Teiles eines Grundstücks kann mit Zustimmung der Deutschen Rentenbank dieser Teil von der Belastung der Grundschuld befreit werden.

§ 8.[2]) (1) Soweit das mit der Grundschuld belastete Grundstück verpachtet ist, haften für die an die Deutsche Rentenbank zu leistenden Zinsen der Eigentümer und der Pächter wie Gesamtschuldner.

(2) Im Verhältnis zueinander ist der Eigentümer zur Zahlung von einem Viertel, der Pächter zur Zahlung von drei Vierteln der Zinsen verpflichtet.

(3) Soweit die Verteilung der Zinslast nach Abs. 2 einen Teil gegenüber dem anderen übermäßig belastet, hat das Pachteinigungsamt auf Antrag eine anderweite Festsetzung des Pachtpreises vorzunehmen.

---

[1]) Vgl. die Allgemeine Verfügung des Justizministers vom 11. Dez. 1926 S. 64.

[2]) Vgl. § 20 Abs. 2 LiquG. und § 11 Durchführungsbestimmungen zum LiquG.

§ 9 betrifft Belastung der industriellen, gewerblichen und Handelsbetriebe einschließlich der Banken.

Aufgehoben durch § 3 LiquG.

§ 10. (1) Die Grundschuld bedarf zu ihrer Entstehung sowie zur Wirksamkeit gegenüber Dritten nicht der Eintragung.

(2) Die Grundschuld ist auf Ersuchen der Deutschen Rentenbank oder auf Antrag des Grundstückseigentümers in das Grundbuch einzutragen. § 5 Satz 3 gilt entsprechend.

(3) Ist oder wird ein Grundstück von der Belastung mit der Grundschuld befreit, so ist dies auf Antrag des Grundstückseigentümers im Grundbuch zu vermerken.

§ 11.[1]) (1) An dem Kapital der Deutschen Rentenbank sind die Eigentümer der belasteten Grundstücke und die Unternehmer der belasteten Betriebe in dem Verhältnis der von ihnen eingebrachten Grundschulden, Schuldverschreibungen, Goldbeträge und Zahlungsmittel in ausländischer Währung beteiligt.

(2) Anteilscheine werden nicht ausgefertigt. Die Anteile sind nur mit Genehmigung der Deutschen Rentenbank übertragbar.[2]) Die Vertretung der Anteilsrechte wird in der Satzung der Deutschen Rentenbank geregelt.

§ 12.[3]) (1) Die Deutsche Rentenbank stellt auf Grund der für sie begründeten Grundschulden und der ihr zu übergebenden Schuldverschreibungen Rentenbriefe aus. Die Rentenbriefe lauten auf 500 Goldmark oder ein Vielfaches davon.

(2) Die Rentenbriefe sind mit 5 v. H. jährlich verzinslich und können nach Ablauf von fünf Jahren von der Deutschen Rentenbank zur Rückzahlung zu ihrem Nennwert im ganzen oder in Serien aufgekündigt werden. Eine frühere Aufkündigung ist nur im Falle der Liquidation zulässig.

(3) In Ansehung der Befriedigung aus den für die Deutsche Rentenbank begründeten Grundschulden und den der Deutschen Rentenbank ausgehändigten Schuldverschreibungen gehen die Forderungen der Rentenbrief-

---

[1]) Vgl. § 3 LiquG.

[2]) Vgl. § 10 der Satzung.

[3]) Vgl. aber hierzu und zu den folgenden Paragraphen das Notenprivileg der Reichsbank im Bankgesetz.

gläubiger den Forderungen aller anderen Gläubiger der Deutschen Rentenbank vor.

(4) Verringert sich die Deckung, so ist der entsprechende Betrag von Rentenbriefen zu vernichten.

§ 13. (1) Die Rentenbriefe dienen als Deckung für die von der Deutschen Rentenbank auszugebenden Rentenbankscheine.[1])

(2) Die Werteinheit dieser Rentenbankscheine ist die Rentenmark, die in 100 Rentenpfennige eingeteilt ist.

§ 14.[2]) (1) Auf Grund je eines über 500 Goldmark lautenden Rentenbriefes dürfen unter der Bezeichnung Rentenbankscheine besondere Wertzeichen im Betrage von 500 Rentenmark, insgesamt nicht mehr als der Betrag des Kapitals und der Grundrücklage,[3]) ausgegeben werden.

(2) Soweit die im Abs. 1 vorgesehene Deckung nicht vorhanden ist, ist die Ausgabe von Rentenbankscheinen nicht gestattet.

(3) Die Rentenbankscheine sind an den öffentlichen Kassen als Zahlungsmittel anzunehmen; die näheren Bestimmungen erläßt der Reichsminister der Finanzen.

(4) Auf die Rentenbankscheine finden die Vorschriften über Geldzeichen sowie die Vorschriften der § 4 Abs. 2, 3, § 5 und § 59 Abs. 1 Ziff. 3 des Bankgesetzes entsprechende Anwendung.

§ 15 gestrichen.

§ 16.[4]) Abs. 1 gestrichen.

(2) Sie (d. i. die Deutsche Rentenbank) wird während der nächsten zwei Jahre dem Reiche auf Rentenmark lautende und, vorbehaltlich der Bestimmung im § 17, verzinsliche Kredite bis zum Betrage von insgesamt 1200 Millionen Rentenmark zum festen Zinssatz von 6 v. H. gewähren. Die Zinsen sind am 1. April und 1. Oktober jedes Jahres zahlbar. Bürgschaften darf die Deutsche Rentenbank für das Reich nicht übernehmen.

(3) Die Deutsche Rentenbank ist ferner nach Maßgabe der Satzung berechtigt, der Reichsbank und den Privatnoten-

---

[1]) Vgl. § 2 Abs. 4 des Bankgesetzes.

[2]) Vgl. §§ 1, 6, 11 LiquG.

[3]) Abgeschafft.

[4]) Vgl. § 6 LiquG.

banken zum Zwecke der Kreditversorgung der Privatwirtschaft bis zum Betrage von 1200 Millionen Rentenmarkkredite zu gewähren. An diesen Krediten sind beteiligt die Reichsbank mit 94 v. H., die Bayerische Notenbank und die Sächsische Bank mit je 2,25 v. H., die Württembergische Notenbank und die Badische Bank mit je 0,75 v. H.

Satz 3 gestrichen.

§ 17. (1) In Anrechnung auf den im § 16 Abs. 2 bestimmten Höchstbetrag stellt die Deutsche Rentenbank dem Reiche sofort ein zinsloses Darlehen von 300 Millionen Rentenmark zur Verfügung. Das Reich verwendet diese Summe zur Einlösung oder Teileinlösung seiner bei der Reichsbank diskontierten Schatzanweisungen.

(2) Reicht die Summe von 300 Millionen Rentenmark nicht aus, um sämtliche bei der Reichsbank diskontierten Schatzanweisungen einzulösen, so ist auf Verlangen des Reichs gemäß § 16 Abs. 2 ein verzinsliches Zusatzdarlehn nachzusuchen und zu gewähren. Die Höhe des Zusatzdarlehns bleibt der Vereinbarung zwischen dem Reiche und der Deutschen Rentenbank vorbehalten.

§ 18.[1]) Der bilanzmäßige Reingewinn der Deutschen Rentenbank wird wie folgt verwandt:

1. Vorweg wird ein Betrag von 40 v. H. des Reingewinns einem Tilgungskonto zugeführt; nach Tilgung des dem Reiche gemäß § 17 Abs. 1 zugeführten Darlehns von 300 Millionen Rentenmark ermäßigt sich der dem Tilgungskonto zuzuführende Betrag auf 30 v. H. des Reingewinns;
2. alsdann wird ein Betrag bis zur Höhe von 6 v. H. des Wertes der eingebrachten Grundschulden, Schuldverschreibungen, Goldbeträge und Zahlungsmittel in ausländischer Währung den Anteilseignern zugeführt; soweit die Einlagen in Grundschulden und Schuldverschreibungen bestehen, wird der verfügbare Betrag aus dem Reingewinn eines Jahres auf die erste Halbjahreszinsleistung des folgenden Jahres verrechnet;
3. der Restbetrag wird zur Verstärkung des Tilgungskontos verwendet.

---

[1]) Vgl. § 9 LiquG.

§ 19. Sobald die Deutsche Rentenbank mit der Ausgabe von Rentenbankscheinen begonnen hat, dürfen bei der Reichsbank Schatzanweisungen nicht mehr diskontiert werden. Bis zum Ablauf der Einlösung der bis dahin von seiten des Reichs bei der Reichsbank diskontierten Schatzanweisungen sind Prolongationen in solchen Schatzanweisungen zulässig.

§ 20.[1]) (1) Das Recht der Deutschen Rentenbank zur Ausgabe von Rentenbankscheinen kann ohne Entschädigung durch Reichsgesetz aufgehoben werden. In diesem Falle hat das Reich die ihm von der Deutschen Rentenbank gewährten Darlehen zurückzuzahlen und die Deutsche Rentenbank ihre umlaufenden Rentenbankscheine einzuziehen.

(2) Erlischt das Recht zur Ausgabe von Rentenbankscheinen, so wird die Auseinandersetzung zwischen dem Reiche, der Deutschen Rentenbank und den sonstigen Beteiligten durch Reichsgesetz geregelt.

(3) Im Falle der Auflösung der Deutschen Rentenbank sind vorweg die auf das Kapital und die Grundrücklagen gemachten Einlagen zurückzuzahlen.

§ 21. Der Reichsregierung bleibt vorbehalten, die zur Durchführung dieser Verordnung und für den Übergang, insbesondere für das Verfahren mit Einschluß des Rechtsmittelverfahrens, erforderlichen Verwaltungs- und Rechtsvorschriften zu erlassen. Sie kann Kleinbetriebe von der Belastung ausnehmen und mit Zustimmung der Deutschen Rentenbank bestimmen, ob und inwieweit die Grundstückseigentümer und die Unternehmer berechtigt sind, sich von der Belastung mit Grundschuld, der Verpflichtung zur Aushändigung der Schuldverschreibungen sowie der Verpflichtung aus der ausgehändigten Schuldverschreibung durch Leistung von Gold oder Zahlungsmitteln in ausländischer Währung zu befreien. Die Reichsregierung kann ferner bestimmen, daß Zuwiderhandlungen gegen die Durchführungs- oder Übergangsvorschriften mit Geldstrafe und Gefängnis bis zu sechs Monaten oder mit einer dieser Strafen bestraft werden.

§ 22. Diese Verordnung tritt mit dem auf die Verkündung folgenden Tage in Kraft.

---

[1]) Vgl. §§ 6, 19 LiquG.

b) Vorläufige Durchführungsbestimmungen zur Verordnung über die Errichtung der Deutschen Rentenbank vom 15. Oktober 1923 (Erste Durchführungsbestimmung). Vom 14. November 1923.[1])

Auf Grund des § 21 der Verordnung über die Errichtung der Deutschen Rentenbank vom 15. Oktober 1923 (Rentenbankverordnung) (RGBl. I S. 963) verordnet die Reichsregierung:

Erster Abschnitt.

Die rechtliche Stellung der Deutschen Rentenbank und ihrer Organe.

§ 1. Auf die Deutsche Rentenbank finden, soweit sich nicht aus der Rentenbankverordnung, diesen Durchführungsbestimmungen oder der Satzung etwas anderes ergibt, die Vorschriften der §§ 25 bis 32, § 33 Abs. 1, §§ 34 bis 36, § 40, § 42 Abs. 1, § 43 Abs. 1, 4 des Bürgerlichen Gesetzbuchs über Vereine entsprechende Anwendung, § 43 mit der Maßgabe, daß die Entscheidung über die Entziehung der Rechtsfähigkeit durch die Reichsregierung erfolgt.

Die Vorschriften des Handelsgesetzbuchs über die Eintragung in das Handelsregister finden auf die Deutsche Rentenbank keine Anwendung.

§ 2. Die Befugnis zur Vertretung der Deutschen Rentenbank sowie die Form für Willenserklärungen der vertretungsberechtigten Personen werden durch die Satzung geregelt.

Der Nachweis der Befugnis zur Vertretung der Deutschen Rentenbank wird durch ein mit Abdruck des Dienststempels versehenes Zeugnis des Kommissars der Reichsregierung (§ 7) geführt.

§ 3. Die Deutsche Rentenbank ist berechtigt, ein Dienstsiegel zu führen.

§ 4. Ersuchen der Deutschen Rentenbank um Eintragungen in das Grundbuch gelten als Ersuchen im Sinne des § 39[2]) der Grundbuchordnung.

---

[1]) RGBl. 1923 I S. 1092; geändert durch Art. IV des Gesetzes zur Abänderung strafrechtlicher Vorschriften vom 26. Mai 1933 (RGBl. I S. 295 ff.).

[2]) Entspricht § 38 der jetzt geltenden Fassung vom 5. Aug. 1935 (RGBl. I S. 1073).

Erklärungen oder Ersuchen der Deutschen Rentenbank, auf Grund deren eine Eintragung in das Grundbuch erfolgen soll, sind ordnungsmäßig zu unterschreiben und mit Abdruck des Dienststempels zu versehen.

Ordnungsmäßig unterschriebene und mit einem Abdruck des Dienststempels versehene Erklärungen und Ersuchen der Deutschen Rentenbank bedürfen zum Gebrauche gegenüber Behörden keiner Beglaubigung.

§ 5. Die Mitglieder des Vorstandes, des Aufsichtsrats und des Verwaltungsrats der Deutschen Rentenbank haben bei ihrer Geschäftsführung die Sorgfalt eines ordentlichen Geschäftsmanns anzuwenden.

Mitglieder, die ihre Obliegenheiten verletzen, haften der Deutschen Rentenbank als Gesamtschuldner für den daraus entstehenden Schaden. Die Ansprüche auf Grund dieser Bestimmung verjähren in fünf Jahren.

§ 6. Die Mitglieder des Vorstandes, des Aufsichtsrats und des Verwaltungsrats sowie die Prokuristen und Angestellten der Deutschen Rentenbank sind verpflichtet, Verhältnisse der auf Grund der Rentenbankverordnung belasteten Personen, die sie bei der Wahrnehmung ihrer Obliegenheiten erfahren haben, strengstens geheimzuhalten und Geschäfts- und Betriebsgeheimnisse, die sie in gleicher Weise erfahren haben, nicht unbefugt zu verwerten.

Die im Abs. 1 genannten Personen gelten im Sinne des Strafgesetzbuchs als Beamte.

Die durch Abs. 1 vorgeschriebenen Pflichten werden durch Ausscheiden aus der Stellung oder Beendigung der Tätigkeit nicht berührt.

Zweiter Abschnitt.

Reichskommissar.

§ 7 neu geregelt durch § 17 LiquG. und § 18 Durchführungsbestimmungen zum LiquG.

Dritter Abschnitt.

Berechnung des Feingoldwertes.

§ 8. Der Feingoldwert (§ 6 Abs. 2 der Rentenbankverordnung) bemißt sich nach dem im Reichsanzeiger gemäß § 2 der Verordnung zur Durchführung des Gesetzes über wertbeständige Hypotheken vom 29. Juni 1923 (RGBl. I

S. 482) bekanntgegebenen Londoner Goldpreise. Auf dieser Grundlage bestimmt der Reichsminister der Finanzen den Maßstab für die Umrechnung dieses Wertes. Der Reichsminister der Finanzen bestimmt auch das Wertverhältnis, zu dem Rentenmark bei der Entrichtung von Kapital und Zinsen in Zahlung zu nehmen ist.

Vierter Abschnitt.

Die Belastung der land-, forstwirtschaftlichen und gärtnerischen Grundstücke.

§ 9. Von der Grundschuld (§ 6 der Rentenbankverordnung) sind Grundstücke befreit, wenn im Zeitpunkt des Inkrafttretens der Rentenbankverordnung die Voraussetzungen des Art. III § 2 des Gesetzes über die Besteuerung der Betriebe vom 11. August 1923 [1]) für den Eigentümer vorgelegen haben.

§ 10. Ist oder wird für die Landabgabe ein geringerer als der durch § 6 Abs. 3 der Rentenbankverordnung bestimmte Wert zugrunde gelegt, so ist für die Belastung auf Grund der Rentenbankverordnung der geringere Wert maßgebend. Eine Berichtigung des Wehrbeitragswerts bleibt vorbehalten, wenn bei der Veranlagung zur Vermögenssteuer 1924 eine Berichtigung erfolgt.

---

[1]) RGBl. 1923 I S. 769.

Artikel II.

§ 2. Von der Abgabe sind befreit:

1. öffentliche Körperschaften,
2. inländische Personenvereinigungen und Vermögensmassen, die nach der Satzung, Stiftung oder sonstigen Verfassung ausschließlich gemeinnützigen oder mildtätigen Zwecken dienen,
3. rechtsfähige Pensions-, Waisen-, Sterbe-, Unterstützungs- oder sonstige Hilfskassen für Fälle der Not oder der Arbeitslosigkeit,
4. Personen, denen unter Wahrung der Gegenseitigkeit nach allgemeinen völkerrechtlichen Grundsätzen oder nach besonderen mit anderen Staaten getroffenen Vereinbarungen ein Anspruch auf Befreiung von den persönlichen Steuern zusteht.

Artikel III.

§ 2. Auf die Befreiung von der Abgabe finden die Vorschriften des Art. II § 2 entsprechende Anwendung.

§ 11. Haben mehrere Grundstücke, für die lediglich ein Gesamtwehrbeitragswert feststeht, beim Inkrafttreten der Rentenbankverordnung nicht mehr eine wirtschaftliche Einheit gebildet, so ist die Gesamtgrundschuld auf die einzelnen Grundstücke nach Maßgabe ihres Wehrbeitragswerts von Amts wegen unter entsprechender Anwendung des § 7 Abs. 2 der Rentenbankverordnung zu verteilen.

§ 12. Der sich aus der Berechnung von 4 v. H. des Wehrbeitragswerts ergebende Grundschuldbetrag ist auf den nächsten durch 10 teilbaren Goldmarkbetrag nach unten abzurunden.

§ 13. Die Befreiung von der Grundschuldbelastung nach § 7 Abs. 4 der Rentenbankverordnung darf nur erfolgen, wenn die Abtrennung den Wert des Grundstücks nur unwesentlich mindert.

§ 14. Freigestellt sind Eigentümer von Grundstücken, sofern die Wehrbeitragswerte der Grundstücke insgesamt 4000 [1]) Mark nicht übersteigen. Grundstücke, welche Ehegatten gehören, gelten im Sinne dieser Bestimmung als Grundstücke eines Eigentümers, sofern die Ehegatten zur Zeit des Inkrafttretens der Rentenbankverordnung nicht dauernd voneinander getrennt gelebt haben.

§ 15. Soweit nach reichs- und landesrechtlichen Vorschriften oder den Satzungen von öffentlichen oder unter Staatsaufsicht stehenden Kreditanstalten Hypotheken, Grundschulden, Rentenschulden oder Reallasten sich innerhalb einer bestimmten Sicherheitsgrenze halten müssen, bleibt die der Deutschen Rentenbank zustehende Grundschuld außer Betracht.

§ 16. Für die während der Dauer seines Eigentums fällig werdenden Zinsen der Grundschuld haftet der Eigentümer des belasteten Grundstücks auch persönlich. Wird das Grundstück geteilt, so haften die Eigentümer der einzelnen Teile als Gesamtschuldner.

§ 17. Der Eigentümer kann, soweit er die Deutsche Rentenbank über die ihm nach § 8 Abs. 2 der Rentenbankverordnung obliegende Verpflichtung hinaus befriedigt, vom Pächter Ausgleichung verlangen. Entsprechendes gilt für den Pächter; die Grundschuld geht auf den Pächter nicht über, auch kann er nicht die Übertragung der Grundschuld verlangen.

---

[1]) § 3 Abs. 1 der Durchführungsbestimmungen zum LiquG. vom 31. Jan. 1925 (RGBl. II S. 29) bestimmt: „Von der Grund-

Fünfter Abschnitt.

Die Belastung der industriellen, gewerblichen und Handelsbetriebe einschließlich der Banken.

Inhaltlich aufgehoben durch § 3 LiquG.

Sechster Abschnitt.

Gemeinsame Bestimmungen über die Belastungen.

§ 26 bis **28** betreffen Zinsen. Diese sind durch § 4 LiquG. außer Hebung gesetzt.

§ 29. Die Deutsche Rentenbank kann auf die ihr nach §§ 6, 9 der Rentenbankverordnung zustehenden Grundschulden und Umlagen, soweit nichts anderes vorgeschrieben ist, nicht verzichten; die Zinsbeträge dürfen nicht erlassen werden.

§ 30. Die nach § 6, § 9 Abs. 2 der Rentenbankverordnung entstandenen Grundschulden sowie die Freiheit von solchen Grundschulden werden in das Grundbuch vorläufig nicht eingetragen. Die Erteilung eines Grundschuldbriefes ist ausgeschlossen. Der Reichsminister der Finanzen bestimmt den Zeitpunkt, von dem ab die Eintragung zulässig ist.

Bestimmungen über die Kündigung gemäß § 6 Abs. 5 Satz 2, § 9 Abs. 2 Satz 3 der Rentenbankverordnung sowie über die Ablösung der Belastung durch Leistung von Gold oder Zahlungsmitteln in ausländischer Währung bleiben vorbehalten.

Siebenter Abschnitt.

Zuständigkeit und Verfahren bei der Durchführung der Belastungen.

§ 31. Soweit nichts anderes vorgeschrieben ist, finden auf die Durchführung der Belastungen der Grundstücke und Betriebe, insbesondere auf das Ermittlungs- und Festsetzungsverfahren, das Erhebungs- und Beitreibungsverfahren einschließlich des Stundungsverfahrens, das Erstattungs-

---

schuld sind Grundstücke befreit, sofern die Werte aller am 31. Dez. 1923 in der Hand eines Eigentümers vereinigten belasteten Grundstücke insgesamt 6000 Reichsmark nicht erreicht haben. Für die Bemessung der Freigrenze sind die belasteten Grundstücke auch dann zusammenzurechnen, wenn sie zur Vermögenssteuer 1924 zusammen veranlagt worden sind."

verfahren, auf die Bestrafung von Zuwiderhandlungen gegen § 56 dieser Durchführungsbestimmungen, auf das Strafverfahren auf Grund des § 56, sowie auf die Verteilung von Gesamtgrundschulden und die Befreiung gemäß § 7 Abs. 4 der Rentenbankverordnung die Vorschriften der Reichsabgabenordnung sinngemäße Anwendung.

Sachlich zuständig sind die Finanzbehörden des Reichs.

Die Mitwirkung der Ausschüsse gemäß § 25[1]) der Reichsabgabenordnung ist ausgeschlossen.

Der Höchstbetrag der Erzwingungsstrafe nach § 202 der Reichsabgabenordnung beträgt fünfhundert Goldmark. Maßgebend für die Umrechnung ist der für Reichssteuern jeweils geltende Goldumrechnungssatz.

Insoweit nach diesen Durchführungsbestimmungen die Zuständigkeit der Finanzbehörden des Reichs begründet ist, ist der ordentliche Rechtsweg ausgeschlossen.

§ 32. Örtlich zuständig ist das Finanzamt, das für die Veranlagung des Eigentümers des belasteten land-, forstwirtschaftlichen oder gärtnerischen Grundstücks oder des Unternehmers des belasteten Betriebs zur Vermögenssteuer zuständig sein würde.

§ 33. Das Finanzamt setzt bei Grundstücken den Betrag der Grundschuld, bei Betrieben den Betrag der Umlage in Goldmark vorläufig fest.

Über die vorläufige Festsetzung ist dem Verpflichteten ein Festsetzungsbescheid zu erteilen. Kommt die Ausstellung einer Schuldverschreibung in Frage, so enthält der Bescheid zugleich die Aufforderung, innerhalb einer Frist von zwei Wochen nach Zustellung oder Bekanntgabe des Bescheids eine Schuldverschreibung nach Maßgabe dieser Bestimmungen auszustellen und dem Finanzamt zu übergeben.

Ist oder wird der für die Landabgabe maßgebende Wehrbeitragswert oder das für den ersten Teilbetrag der Brotversorgungsabgabe maßgebende Betriebsvermögen anderweitig festgesetzt, so ist der Festsetzungsbescheid (Abs. 2) zu berichtigen.

§§ 34 bis 36. Inhaltlich aufgehoben durch § 3 LiquG.

§ 37. Gegen den Festsetzungsbescheid (§ 33), den die Erstattung von Zinsen oder Zinseszinsen ablehnenden Bescheid sowie den Bescheid, durch den erstattete Beträge zurück-

[1]) Entspricht dem § 30 RAO. in der jetzt geltenden Fassung vom 22. Mai 1931.

gefordert werden, ist nur die Beschwerde an den Vorsitzenden des Finanzgerichts, gegen dessen Entscheidung die Rechtsbeschwerde an den Reichsfinanzhof gegeben.

Auf die Beschwerde finden, soweit nichts anderes bestimmt ist, die für die Berufung geltenden Vorschriften der Reichsabgabenordnung einschließlich der Kostenvorschriften sinngemäße Anwendung. Die Frist für die Einlegung der Beschwerde und der Rechtsbeschwerde sowie die Frist für die Begründung der Rechtsbeschwerde beträgt jedoch zwei Wochen.

Abs. 3 inhaltlich aufgehoben durch § 3 LiquG.

§ 38. Soweit Grundstücke zur Landabgabe herangezogen worden sind, kann die Beschwerde gegen den Festsetzungsbescheid nur darauf gestützt werden, daß der der Festsetzung der Grundschuld zugrunde gelegte Wert nicht dem der Landabgabe zugrunde liegenden Wehrbeitragswert entspreche. Soweit die Unternehmer von Betrieben der Brotversorgungsabgabe unterliegen, kann die Beschwerde gegen den Festsetzungsbescheid nur darauf gestützt werden, daß der der Festsetzung der Umlage (§ 9 der Rentenbankverordnung) zugrunde gelegte Wert nicht dem Werte des Betriebsvermögens entspreche, das für den ersten Teilbetrag der Brotversorgungsabgabe maßgebend ist.

Werden andere Grundstücke oder Betriebe als die im Abs. 1 bezeichneten auf Grund der Rentenbankverordnung herangezogen, so gelten für die Zulässigkeit der Beschwerde die Vorschriften der Reichsabgabenordnung über die Berufung sinngemäß.

§ 39. Dem Finanzamt haben unverzüglich anzuzeigen:

1. der bisherige Eigentümer des belasteten Grundstücks oder der bisherige Unternehmer des belasteten Betriebs den Wechsel in der Person des Eigentümers oder des Unternehmers; die gleiche Pflicht hat im Falle des Erbfalls der Rechtsnachfolger;
2. und 3. inhaltlich aufgehoben.

§ 40. Für die Beitreibung trifft der Reichsminister der Finanzen die erforderlichen Bestimmungen über die Umrechnung des geschuldeten Goldmarkbetrages in die gesetzliche Währung.

Die Beitreibung im Wege der Zwangsvollstreckung in das unbewegliche Vermögen ist nur mit Zustimmung der Deutschen Rentenbank zulässig.

§ 41. Im Falle des § 6 Abs. 7 der Rentenbankverordnung ist die Einleitung einer Zwangsverwaltung durch die Anstalt ausgeschlossen, solange eine gerichtliche Zwangsverwaltung anhängig ist. Eine durch die Anstalt eingeleitete Zwangsverwaltung endigt, wenn wegen des Anspruchs eines anderen Gläubigers die gerichtliche Zwangsverwaltung angeordnet wird.

Im übrigen wird das Verfahren der Zwangsverwaltung durch die Landesregierungen oder nach Maßgabe der Landesgesetzgebung durch die Satzung der mit der Zwangsverwaltung betrauten Kreditanstalt geregelt. Die Regelung soll im Anschluß an die Vorschriften über die Zwangsversteigerung und die Zwangsverwaltung erfolgen.

§ 42.[1]) In dem Verfahren der Zwangsversteigerung oder der Zwangsverwaltung eines zugunsten der Deutschen Rentenbank belasteten Grundstücks gilt die Deutsche Rentenbank als Beteiligte ohne Rücksicht auf die Eintragung oder Anmeldung des Rechtes.

§ 43. Die Verteilung einer Gesamtgrundschuld (§ 7 Abs. 2, 3 der Rentenbankverordnung, § 11 dieser Durchführungsbestimmungen) sowie die Befreiung eines Trennstücks von der Grundschuld (§ 7 Abs. 4 der Rentenbankverordnung) erfolgt durch Verfügung des Finanzamts.

Ist für die Verteilung der Gesamtgrundschuld ein Antrag erforderlich, so kann das Finanzamt dem Antragsteller aufgeben, die für die Ermittlung der Teilwerte erforderlichen Unterlagen und Nachweise zu beschaffen. Kommt der Antragsteller dem Ersuchen nicht nach, so kann sein Antrag als erledigt angesehen werden. Die Verfügung über die Verteilung einer Gesamtgrundschuld ist jedem der beteiligten Grundstückseigentümer zuzustellen oder bekanntzugeben.

Gegen die Verfügung (Abs. 1) ist die Beschwerde nach den §§ 224, 281 der Reichsabgabenordnung gegeben, und zwar im Falle des Abs. 2 jedem der beteiligten Grundstückseigentümer.

§ 44. Soweit die Deutsche Rentenbank berechtigt ist, eine belastete Person aus der Verpflichtung zu entlassen,

---

[1]) Vgl. die AV. des Justizministers vom 11. Dez. 1926 (JMinBl. Nr. 46) über die Beteiligung der Deutschen Rentenbank in Zwangsversteigerungs- und Zwangsverwaltungsverfahren S. 64.

kann sie die Finanzämter um Ermittlungen ersuchen. Den Finanzämtern stehen hierbei die gleichen Befugnisse zu wie bei der Durchführung des Festsetzungsverfahrens. Die Finanzämter sind berechtigt und auf Verlangen der Deutschen Rentenbank verpflichtet, sich über die Frage der Entlassung gutachtlich zu äußern.

Achter Abschnitt.

Auskunftspflicht der Finanzämter.

§ 45. Die Finanzämter haben auf Ersuchen den für die Führung von Grundstücksverzeichnissen zuständigen Landesbehörden, den mit der Durchführung der Zwangsvollstreckung betrauten Behörden und Beamten sowie Notaren über die Höhe der Grundschulden Auskunft zu geben.

Neunter Abschnitt.

Geschäfte der Deutschen Rentenbank.

§ 46. Die Zinsen der Rentenbriefe (§ 12 der Rentenbankverordnung) sind halbjährlich nachträglich zahlbar. Der Zinsenlauf beginnt mit dem 1. Januar 1924; der erste Zinsschein ist am 1. Juli 1924 fällig. Dem Erwerber von Rentenbriefen werden die Zinsscheine mit Ausnahme des Zinsscheins ausgehändigt, der am nächsten Fälligkeitstermine fällig wird.

§ 47. Den Zeitpunkt der erstmaligen Ausgabe der Rentenbankscheine gemäß § 19 der Rentenbankverordnung bestimmt der Reichsminister der Finanzen.

§ 48. Der Aufruf und die Einziehung der Rentenbankscheine darf nur auf Anordnung oder mit Genehmigung der Reichsregierung erfolgen. § 6 des Bankgesetzes gilt entsprechend.

§ 49. Fällt eine Belastung fort oder verringert sie sich, so ist die Deutsche Rentenbank verpflichtet, für je fünfhundert Goldmark fortgefallener oder verringerter Belastung einen Rentenbrief zu vernichten.

§ 50. Über einen dem Reiche von ihr gewährten Kredit kann die Deutsche Rentenbank die Ausstellung einer Schuldurkunde verlangen; die Schuldurkunde wird von dem Reichsminister der Finanzen ausgestellt.

Zehnter Abschnitt.
Private Rechtsverhältnisse.

§ 51. Abs. 1 inhaltlich neu geregelt durch § 22 der Durchführungsbestimmungen zum LiquG.

Im übrigen finden auf Schulden, die auf Rentenmark lauten, die Vorschriften über Geldschulden entsprechende Anwendung. Dies gilt insbesondere von den Vorschriften über Verzugszinsen und die Übermittlungspflicht des Schuldners.

§ 52. Wechsel und Schecks können auch in der Weise ausgestellt werden, daß die zu zahlende Geldsumme in Rentenmark ausgedrückt wird.

Auf Wechsel, die auf Rentenmark lauten, findet die Vorschrift des Art. 37 der Wechselordnung entsprechende Anwendung.

Elfter Abschnitt.
Strafbestimmungen.

§ 53. Mitglieder des Vorstandes, des Aufsichtsrats oder des Verwaltungsrats der Deutschen Rentenbank werden, wenn sie absichtlich zum Nachteil der Deutschen Rentenbank handeln, mit Gefängnis und mit Geldstrafe bestraft.

Neben Gefängnis kann auf Verlust der bürgerlichen Ehrenrechte erkannt werden.

In besonders schweren Fällen tritt an die Stelle der Gefängnisstrafe Zuchthaus bis zu zehn Jahren; ein besonders schwerer Fall liegt insbesondere dann vor, wenn die Tat das Wohl des Volkes geschädigt oder einen anderen besonders großen Schaden zur Folge gehabt oder der Täter besonders arglistig gehandelt hat.

§ 54. Mitglieder des Vorstandes, des Aufsichtsrats oder des Verwaltungsrats der Deutschen Rentenbank werden mit Gefängnis bis zu einem Jahr und mit Geldstrafe bestraft, wenn sie wissentlich in ihren Übersichten über den Vermögensstand der Deutschen Rentenbank oder in den in der Generalversammlung gehaltenen Vorträgen den Stand der Verhältnisse der Deutschen Rentenbank unwahr darstellen oder verschleiern.

Neben Gefängnis kann auf Verlust der bürgerlichen Ehrenrechte erkannt werden.

Sind mildernde Umstände vorhanden, so tritt ausschließlich Geldstrafe ein.

§ 55. Wer der Bestimmung des § 6 dieser Durchführungsbestimmungen vorsätzlich zuwiderhandelt, wird mit Geldstrafe oder mit Gefängnis bis zu sechs Monaten bestraft.

Ist die Handlung aus Eigennutz oder in der Absicht begangen, einen anderen zu schädigen, so kann auf Gefängnis bis zu sechs Monaten und Geldstrafe oder auf eine dieser Strafen erkannt werden.

Im Falle des Abs. 1 tritt die Strafverfolgung nur auf Antrag ein. Antragsberechtigt sind der Vorstand der Deutschen Rentenbank, der Kommissar der Reichsregierung (§ 7) und derjenige, dessen Interesse verletzt ist.

§ 56. Wer zum eigenen Vorteil oder zum Vorteil eines anderen vorsätzlich bewirkt, daß Geldleistungen, die auf Grund der Rentenbankverordnung zu bewirken sind, verkürzt werden, wird mit Gefängnis bis zu sechs Monaten und mit Geldstrafe oder mit einer dieser Strafen bestraft.

Zwölfter Abschnitt.

Schlußbestimmung.

§ 57. Diese Verordnung tritt mit dem Tage in Kraft, der auf ihre Verkündigung im Reichsgesetzblatt folgt.

c) Zweite Durchführungsbestimmung zur Rentenbankverordnung vom 17. Dezember 1923. [1]

Auf Grund des § 21 der Rentenbankverordnung vom 15. Oktober 1923 (RGBl. I S. 963) verordnet die Reichsregierung:

§§ 1 und 2 inhaltlich aufgehoben durch §§ 3, 4 Abs. 4 LiquG. und § 20 Durchführungsbestimmungen zum LiquG.

§§ 3 bis 5 gestrichen.

§ 6. Wer öffentlich vor einer Menschenmenge oder durch Verbreitung von Schriften oder anderen Darstellungen dazu auffordert oder anreizt, die Annahme der Rentenmark zu verweigern oder die Durchführung der Vorschriften über die Rentenmark zu hindern, wird, sofern nicht eine schwerere

---

[1]) RGBl. 1923 I S. 1243; geändert durch die Zweite Verordnung zur Durchführung der Verordnung über Goldbilanzen vom 28. März 1924 (RGBl. I S. 385) insbesondere § 60 Abs. 1.

Strafe verwirkt ist, mit Gefängnis bis zu sechs Monaten und mit Geldstrafe bestraft.

Sind mildernde Umstände vorhanden, so kann ausschließlich auf Geldstrafe erkannt werden.

§ 7. Diese Verordnung tritt mit dem Tage in Kraft, der auf ihre Verkündung im Reichsgesetzblatt folgt.

d) Gesetz über die Liquidierung des Umlaufs an Rentenbankscheinen vom 30. August 1924.[1])

Der Reichstag hat das folgende Gesetz beschlossen, das mit Zustimmung des Reichsrats hiermit verkündet wird.

§ 1. Die Deutsche Rentenbank darf über den Betrag der beim Inkrafttreten dieses Gesetzes von ihr ausgegebenen Rentenbankscheine hinaus Rentenbankscheine nicht mehr ausgeben.

Die noch nicht ausgegebenen Rentenbankscheine, die sich in ihrem Besitz befinden, hat sie der Reichsbank zur Vernichtung zu übergeben.

Der Betrag der beim Inkrafttreten des Gesetzes ausgegebenen Rentenbankscheine und Rentenbriefe wird vom Reichsminister der Finanzen bekanntgemacht.

§ 2. Das Kapital der Deutschen Rentenbank wird, entsprechend der Veränderung der Belastungen auf Grund dieses Gesetzes, auf 2000 Millionen Rentenmark herabgesetzt. Der Betrag wird lediglich von der Landwirtschaft (§ 6 der Rentenbankverordnung vom 15. Oktober 1923 — RGBl. I S. 963 — / 13. Februar 1924 — RGBl. I S. 66 —) aufgebracht. Die im § 2 der Rentenbankverordnung vorgesehene Rücklage fällt weg.

Der Satz 2 des § 2 der Rentenbankverordnung wird aufgehoben.

§ 3. Die im § 9 der Rentenbankverordnung vorgesehene Belastung der industriellen, gewerblichen und Handelsbetriebe einschließlich der Banken wird aufgehoben. Die

[1]) RGBl. 1924 II S. 252; geändert durch Kap. III der Verordnung des Reichspräsidenten zur Sicherung von Wirtschaft und Finanzen vom 1. Dez. 1930 (RGBl. I S. 517 ff., 592) und das Gesetz über die Verwendung des Anteils des Reichs am Reingewinn der Reichsbank vom 7. März 1934 (RGBl. I S. 177).

Grundschulden erlöschen; die Schuldverschreibungen sind zu vernichten oder den Unternehmern auf Antrag zurückzugeben. Gleichzeitig erlöschen die Anteilsrechte dieser Unternehmer (§ 11 der Rentenbankverordnung).

Die bis zum Inkrafttreten dieser Vorschriften aufgelaufenen Zinsen für die Grundschulden und Schuldverschreibungen haben die Unternehmer an die Deutsche Rentenbank abzuführen.

§ 4. Die Belastung der Eigentümer der dauernd land-, forstwirtschaftlichen oder gärtnerischen Zwecken dienenden Grundstücke bleibt in der in den §§ 6 bis 8, 10 der Rentenbankverordnung vorgesehenen Weise bestehen.

Die Höhe, in welcher die Deutsche Rentenbank Grundschulden an diesen Grundstücken erwirbt, wird auf 5 v. H. des Wehrbeitragswertes festgesetzt. Soweit der Wehrbeitragswert auf Grund des Art. II der Zweiten Steuernotverordnung für die Vermögenssteuer berichtigt oder nachträglich ermittelt worden ist, ist dieser Wert maßgebend.

Das Kapital der Grundschuld ist mit 5 v. H. jährlich zu verzinsen. Die Zahlung der Zinsen kann auch in gesetzlichen Zahlungsmitteln erfolgen. Die am 1. April 1930 und später gesetzlich fällig werdenden Zinsen werden außer Hebung gesetzt. Die Reichsregierung ist jedoch mit Zustimmung des Reichsrats und eines Ausschusses des Reichstags ermächtigt, die Erhebung der Zinsen vom nächstfolgenden gesetzlichen Fälligkeitstage weiter anzuordnen.

Im Falle der Zwangsversteigerung des belasteten Grundstücks bleibt die Grundschuld auch dann bestehen, wenn sie bei der Feststellung des geringsten Gebots nicht berücksichtigt ist. Die Grundschulden können von der Deutschen Rentenbank nicht abgetreten werden; sie sind jedoch der Pfändung unterworfen. Das Kapital der Grundschuld ist auch für die Eigentümer unkündbar.

§ 5. Die Reichsbank hat den Gesamtbetrag der ausgegebenen Rentenbankscheine gemäß den Bestimmungen dieses Gesetzes spätestens bis 31. Dezember 1942 zu liquidieren.

Die Deutsche Rentenbank hat, sobald dem Tilgungsfonds seit dem 1. April 1930 ein Betrag zugeflossen ist, der dem gemäß § 7 Abs. 4 dieses Gesetzes vom Reichsminister der Finanzen bekanntgemachten Betrage der umlaufenden Rentenbankscheine gleichkommt, spätestens jedoch am 1. Januar 1943, die etwa noch im Umlauf befindlichen Rentenbankscheine mit einer Frist von sechs Monaten zur Einziehung und zum Umtausch in gesetzliche Zahlungsmittel aufzurufen. Die Reichsbank hat den Umtausch aus den ihr auf Grund des § 7 zur Verfügung gestellten Mitteln an ihren Kassen vorzunehmen.

§ 6. Bei der Reichsbank wird ein besonderer Tilgungsfonds gebildet, den die Reichsbank verwaltet und zur Einziehung der umlaufenden Rentenbankscheine bis zum Betrage von 1200 Millionen Rentenmark zu verwenden hat.

Die in diesen Fonds fließenden Rentenbankscheine sind von der Reichsbank zu vernichten. Die in den Fonds fließenden gesetzlichen Zahlungsmittel hat die Reichsbank dazu zu verwenden, um damit Rentenbankscheine aus dem Verkehr zu ziehen; dabei hat sie eine Rentenmark gleich einer Reichsmark zu bewerten. Die aus dem Verkehr gezogenen Rentenbankscheine hat sie gleichfalls zu vernichten.

§ 7. In den Tilgungsfonds fließt der dem Reiche auf Grund des § 37 des Bankgesetzes jährlich anfallende Gewinnanteil so lange, bis die sämtlichen am 1. April 1930 im Umlauf befindlich gewesenen Rentenbankscheine getilgt sind, längstens jedoch bis zum 31. Dezember 1942.[1])

Für den Fall, daß auf Grund der im § 4 Abs. 3 Satz 4 erteilten Ermächtigung die Erhebung der Zinsen wieder angeordnet wird, hat die Deutsche Rentenbank alle die auf Grund des § 4 dieses Gesetzes von den Grundschuldverpflichteten zufließenden Einnahmen an den Tilgungsfonds abzuführen. Diese Zahlungen sind von den Zahlungsstellen (Finanzämtern) unmittelbar dem Tilgungsfonds bei der Reichsbank zuzuführen.

Reicht der Gesamtbetrag der dem Tilgungsfonds bis zum 31. Dezember 1942 zugeflossenen Beträge zur Tilgung des Gesamtumlaufs an Rentenbankscheinen nicht aus, so wird das Reich der Reichsbank jeweilig auf Anfordern die erforderlichen Mittel zur Verfügung stellen, soweit die Deutsche Rentenbank hierzu nicht in der Lage ist.

---

[1]) Abs. I, der durch den Sechsten Teil Kap. III Art. 1 Ziff. 3 Abs. 1 der Verordnung des Reichspräsidenten zur Sicherung von Wirtschaft und Finanzen vom 1. Dez. 1930 (RGBl. I S. 517, 592) eingeführt ist, ist durch das Gesetz über die Verwendung des Anteils des Reichs am Reingewinn der Reichsbank vom 7. März 1934 (RGBl. I S. 177) bis auf weiteres außer Anwendung gesetzt.

Der Betrag der am 1. April 1930 in Umlauf befindlich gewesenen Rentenbankscheine wird vom Reichsminister der Finanzen bekanntgemacht.

§ 8 gestrichen.

§ 9. Die Deutsche Rentenbank ist berechtigt, mit Zustimmung der Reichsregierung ihr Vermögen oder Teile davon auf die Deutsche Rentenbankkreditanstalt zu übertragen.

§ 10 gestrichen.

§ 11. Die Gesamtheit der auf Grund von Darlehen gemäß § 16 der Rentenbankverordnung von der Reichsbank und den Privatnotenbanken gegebenen Kredite im Betrage von etwa 870 Millionen Rentenmark soll mit tunlichster Beschleunigung, jedoch unter angemessener Rücksichtnahme auf die wirtschaftliche Lage des Schuldners, abgewickelt werden. Die Abwicklung soll unter allen Umständen binnen drei Jahren beendet sein; am Schlusse des ersten Jahres soll mindestens ein Drittel, am Schlusse des zweiten Jahres mindestens ein weiteres Drittel des übernommenen Kreditbestandes abgewickelt sein; die dreijährige Frist beginnt am 1. Dezember 1924.

Soweit diese Kredite von der Deutschen Rentenbank an Privatnotenbanken gegeben sind, erfolgt ihre Abwicklung durch die Deutsche Rentenbank nach den von der Reichsbank hierfür zu gebenden Richtlinien und im Einvernehmen mit dem Kommissar der Reichsbank (§ 17).

Die Abwicklung der auf Grund des Darlehns der Deutschen Rentenbank an die Reichsbank von dieser gegebenen Kredite kann auch in der Weise erfolgen, daß die Reichsbank einen entsprechenden Betrag an auf Rentenmark lautenden Wechseln der Deutschen Rentenbank übergibt; soweit solche Wechsel von der Deutschen Rentenbank übernommen werden, erlischt die Darlehnsschuld der Reichsbank gegenüber der Deutschen Rentenbank. Die Abwicklung dieser Kredite erfolgt alsdann durch die Deutsche Rentenbank nach dem in Abs. 1 und 2 enthaltenen Bestimmungen.

Die Deutsche Rentenbank hat von den bei der Abwicklung der Rentenmarkkredite (Abs. 2 und 3) aufkommenden Zinsen an die Reichsbank einen Anteil abzuführen, der von den betreffenden Kapitalbeträgen jährlich $^7/_{10}$ des Reichsbankdiskonts, höchstens jedoch 7 v. H. für das Jahr ausmacht.

Die Deutsche Rentenbank hat alle aus den abgewickelten Krediten vereinnahmten Rentenbankscheine an die Reichsbank zur Vernichtung abzuführen. Soweit die Rückzahlung der Kredite nicht in Rentenbankscheinen erfolgt, hat die Deutsche Rentenbank den entsprechenden Betrag in gesetzlichen Zahlungsmitteln an die Reichsbank abzuliefern. Die Reichsbank hat dafür Rentenbankscheine im Verhältnis von 1 Rentenmark gleich 1 Reichsmark aus dem Verkehr zu ziehen und zu vernichten.

§ 12 gestrichen.

§ 13. Ein nach Ablauf der Aufrufspflicht (§ 5 Abs. 2) etwa im Tilgungsfonds verbleibender Rest fließt dem Reiche zu.

§ 14. Bis zum Ablauf der Aufrufspflicht der Rentenbankscheine haftet das gesamte Vermögen der Deutschen Rentenbank, einschließlich der auf Grund der Rentenbankverordnung bestehenden Grundschulden und Zinszahlungsverpflichtungen der Grundschuldverpflichteten, an erster Stelle für die Verbindlichkeiten aus den Rentenbankscheinen und aus den Rentenbriefen.

Nach Ablauf der Aufrufspflicht (§ 5 Abs. 2) tritt die Deutsche Rentenbank in Liquidation. Mit Beendigung der Liquidation erlöschen die Grundschulden der Grundschuldverpflichteten. Das nach Beendigung der Liquidation vorhandene Vermögen der Deutschen Rentenbank fällt dem Reiche zu. Die näheren Bestimmungen über die Durchführung der Liquidation erläßt die Reichsregierung. Sie wird den Zeitpunkt der Beendigung der Liquidation bekanntgeben.

§ 15. Die Reichsbank hat am Ende jedes Jahres den Betrag der eingezogenen und der noch im Umlauf befindlichen Rentenbankscheine öffentlich bekanntzumachen.

§ 16. § 16 Nr. 1 der Rentenbankverordnung wird aufgehoben.

Die Geschäftstätigkeit der Deutschen Rentenbank ist auf die Abwicklung der Rentenmarkkredite zu beschränken; das ihr im § 9 gegebene Recht, sich an der darin in Aussicht genommenen landwirtschaftlichen Kreditanstalt zu beteiligen, bleibt von dieser Bestimmung unberührt.

§ 17. Die Reichsregierung und die Reichsbank entsenden je einen Kommissar zur Deutschen Rentenbank, denen über alle Angelegenheiten und Geschäfte der Deutschen Rentenbank Aufschluß zu geben ist; jeder dieser Kommissare hat ein Einspruchsrecht gegen alle Maßnahmen der Deutschen Rentenbank, die nach seiner Ansicht die Interessen des Reiches oder der Reichsbank beeinträchtigen können.

§ 18. Die Satzung der Deutschen Rentenbank ist in einer den Vorschriften dieses Gesetzes Rechnung tragenden Weise abzuändern; die Änderung bedarf der Genehmigung der Reichsregierung.

Ist binnen zwei Monaten nach Inkrafttreten dieses Gesetzes die Abänderung der Satzung nicht zustande gekommen, so wird sie von der Reichsregierung vorgenommen.

§ 19. Über die nach Liquidation der Deutschen Rentenbank verbleibenden Vermögenswerte wird durch ein besonderes Gesetz Bestimmung getroffen, desgleichen über das Erlöschen der Grundschuld nach Beendigung der Liquidation der Deutschen Rentenbank. Dieses Gesetz bestimmt auch darüber, ob nach Beendigung der Liquidation der Deutschen Rentenbank die im § 7 vorgesehenen Leistungen weiter zu bewirken sind, und wie hierüber verfügt werden soll.

§ 20. Die Verordnung über die Errichtung der Deutschen Rentenbank tritt insoweit außer Kraft, als sie den Vorschriften dieses Gesetzes entgegensteht.

Die Vorschriften des § 21 der Rentenbankverordnung finden auf dieses Gesetz sinngemäß Anwendung. Die Reichsregierung ist befugt, unbeschadet der Bestimmungen des § 8 der Rentenbankverordnung für Fälle, in denen die Nutzung des Grundstückes nicht dem Eigentümer zusteht, Bestimmungen über die Verteilung der Zinslast im Verhältnis zwischen dem Eigentümer und dem Nutzungsberechtigten zu treffen.

§ 21. Die Reichsregierung bestimmt, wann die Vorschriften dieses Gesetzes in Kraft treten.

§ 22. Die nach dem 1. April 1930 noch eingehenden rückständigen Grundschuldzinsen fließen in den Tilgungsfonds.

e) Durchführungsbestimmungen zum Gesetz über die Liquidierung des Umlaufs an Rentenbankscheinen. Vom 31. Januar 1925.[1]

Auf Grund des § 20 des Gesetzes über die Liquidierung des Umlaufs an Rentenbankscheinen (Liquidierungsgesetz) vom 30. August 1924 (RGBl. II S. 252), des § 21 der

---

[1]) RGBl. 1925 II S. 29.

Rentenbankverordnung vom 15. Oktober 1923 (RGBl. I S. 963) und des § 215 der Reichsabgabenordnung wird hiermit verordnet:

Erster Abschnitt

regelt die Durchführung der Belastung der land-, forstwirtschaftlichen und gärtnerischen Grundstücke nach dem Liquidierungsgesetze.

Zweiter Abschnitt.

regelt die Abwicklung der aufgehobenen Belastung der industriellen, gewerblichen und Handelsbetriebe einschließlich der Banken.

Dritter Abschnitt.

Rechtsstellung der Deutschen Rentenbank.

§ 18. (1) Die Reichsregierung und die Reichsbank bestimmen auf Grund des § 17 des Liquidierungsgesetzes je einen Kommissar und einen Vertreter dieses Kommissars. Die Kommissare führen die Amtsbezeichnungen „Kommissar der Reichsregierung bei der Deutschen Rentenbank“ und „Kommissar der Reichsbank bei der Deutschen Rentenbank“.

(2) Den Kommissaren ist gemäß § 17 des Liquidierungsgesetzes über alle Angelegenheiten und Geschäfte der Deutschen Rentenbank Aufschluß zu geben. Sie sind zu den Sitzungen des Verwaltungsrats, des Aufsichtsrats und der Generalversammlung rechtzeitig zu laden; auf ihr Verlangen sind sie in der Sitzung jederzeit zu hören. Das Einspruchsrecht gegen Maßnahmen der Deutschen Rentenbank wird von ihnen in den Sitzungen des Verwaltungsrats, des Aufsichtsrats oder der Generalversammlung mündlich, außerhalb dieser Sitzungen schriftlich ausgeübt. Die Organe der Deutschen Rentenbank sind verpflichtet, die Maßnahmen, gegen die Einspruch erhoben wird, zu unterlassen oder rückgängig zu machen; entgegenstehende Anweisungen des Verwaltungsrats oder des Aufsichtsrats sowie entgegenstehende Beschlüsse der Generalversammlung treten außer Kraft.

§ 19. Bei der Entrichtung der Rentenbankzinsen und der Vollstreckung wegen solcher Zinsen ist eine Rentenmark oder eine Goldmark einer Reichsmark gleichzusetzen.

§ 20. Die Ablösungsbefugnis gemäß § 2 der Zweiten Durchführungsbestimmungen zur Rentenbankverordnung vom 17. Dezember 1923 wird aufgehoben.

§ 21. Außer im Falle des § 12 des Liquidierungsgesetzes darf die Deutsche Rentenbank die Rentenbankscheine nur mit Genehmigung der Reichsregierung aufrufen oder einziehen.

Vierter Abschnitt.
Private Rechtsverhältnisse.

§ 22. (1) Lautet eine Schuld auf Rentenmark, so kann die Zahlung auch dann in gesetzlichen Zahlungsmitteln erfolgen, wenn Zahlung in Rentenmark ausdrücklich bedungen ist. Bei der Zahlung ist eine Rentenmark einer Reichsmark gleichzusetzen.

(2) Die Bestimmungen des § 51 Abs. 2 der Vorläufigen Durchführungsbestimmungen zur Rentenbankverordnung bleiben unberührt.

§ 23. Die Bestimmung des § 22 findet auf Wechsel und Schecks, die auf Rentenmark lauten, auch dann Anwendung, wenn der Aussteller durch den Gebrauch des Wortes „effektiv" oder eines ähnlichen Zusatzes die Zahlung in Rentenmark ausdrücklich bestimmt hat.

Fünfter Abschnitt.
Schlußbestimmungen.

§ 24. Erstattungen in Rentenbanksachen unterbleiben, wenn der zu erstattende Betrag fünf Reichsmark voraussichtlich nicht überschreitet und die Erstattung nicht beantragt wird.

§ 25. Soweit sich nicht aus dem Liquidierungsgesetz oder dieser Verordnung ein anderes ergibt, bleiben die Vorläufigen Durchführungsbestimmungen zur Rentenbankverordnung und die Zweiten Durchführungsbestimmungen zur Rentenbankverordnung in Kraft. Sie gelten für die Durchführung des Liquidierungsgesetzes entsprechend.

§ 26. Diese Verordnung tritt, soweit sie die Belastung der land-, forstwirtschaftlichen oder gärtnerischen Grundstücke nach dem Liquidierungsgesetze regelt, mit Wirkung vom 1. April 1924 in Kraft. Im übrigen tritt sie mit dem Tage in Kraft, der auf ihre Verkündigung im Reichsgesetzblatt folgt.

f) Satzung der Deutschen Rentenbank.[1])

I. Organisation und Verwaltung.

§ 1. Organe der Deutschen Rentenbank sind:
1. der Vorstand,
2. der Verwaltungsrat,
3. die Generalversammlung.

1. Der Vorstand.

§ 2. (1) Der Vorstand besteht aus mindestens zwei Mitgliedern. Er wird vom Verwaltungsrat bestellt; der Verwaltungsrat kann stellvertretende Vorstandsmitglieder bestellen.

(2) Der Vorsitzende des Verwaltungsrats schließt die Anstellungsverträge mit den Vorstandsmitgliedern und den stellvertretenden Vorstandsmitgliedern namens der Deutschen Rentenbank ab.

(3) Die Namen der Vorstandsmitglieder und der stellvertretenden Vorstandsmitglieder sind bei jedem Wechsel der Personen vom Vorstande unverzüglich in den für öffentliche Bekanntmachungen bestimmten Blättern zu veröffentlichen.

(4) Zur Herbeiführung einer einheitlichen Geschäftsführung sollen die Vorstandsmitglieder der Deutschen Rentenbank jeweils nach Anhörung des Verwaltungsrats der Deutschen Rentenbankkreditanstalt bestellt werden.

§ 3. (1) Dem Vorstand obliegt die Geschäftsführung und Vermögensverwaltung der Deutschen Rentenbank, soweit sie nicht durch Gesetz oder Satzung anderen Organen zugewiesen sind.

(2) Der Vorstand vertritt die Deutsche Rentenbank gerichtlich und außergerichtlich. Erklärungen sind für die Deutsche Rentenbank verbindlich, wenn sie entweder von zwei Vorstandsmitgliedern oder von einem Vorstandsmitglied gemeinschaftlich mit einem Prokuristen oder von zwei Prokuristen oder von einem Vorstandsmitglied oder von einem Prokuristen in Gemeinschaft mit einem Handlungsbevollmächtigten abgegeben werden. Stellvertretende Vorstandsmitglieder stehen hinsichtlich der Vertretungsmacht ordent-

---

[1]) RAnz. 1934 Nr. 157; in Kraft getreten am 10. Juli 1934.

lichen Vorstandsmitgliedern gleich. Eine Beschränkung der Vertretungsbefugnis ist Dritten gegenüber unwirksam.

(3) Für die Deutsche Rentenbank verbindliche Urkunden sind in der Weise zu zeichnen, daß die Zeichnenden zu dem Namen der Deutschen Rentenbank ihre Unterschrift hinzufügen.

(4) Ist eine Willenserklärung der Deutschen Rentenbank gegenüber abzugeben, so genügt die Abgabe gegenüber einem Mitglied des Vorstandes.

(5) Für öffentliche Bekanntmachungen des Vorstandes gelten die Vorschriften des Abs. 3 entsprechend.

§ 4. Der Vorstand ist mit Zustimmung des Verwaltungsrats befugt, Prokura zu erteilen und Handlungsbevollmächtigte zu bestellen.

2. Der Verwaltungsrat.

§ 5. (1) Der Verwaltungsrat besteht aus:

1. dem Vorsitzenden,
2. elf von der Generalversammlung der Deutschen Rentenbank berufenen Personen, deren Berufung aus den Personen vorzunehmen ist, die von den in der Generalversammlung vertretenen Hauptabteilungen des Reichsnährstandes vorgeschlagen werden, und zwar gemäß dem Zahlenverhältnis, nach dem die Hauptabteilungen in der Generalversammlung vertretungsberechtigt sind,
3. fünf vom Reichsminister der Finanzen berufenen Personen.

(2) Außerdem kann der Verwaltungsrat bis zu drei Sachverständige auf dem Gebiete des Kreditwesens als Mitglieder des Verwaltungsrats berufen; er kann die so Berufenen abberufen.

(3) Die Amtsdauer des Vorsitzenden und der Mitglieder des Verwaltungsrats beträgt fünf Jahre. Sie endet bei den Mitgliedern des Verwaltungsrats mit dem Schlusse der auf die Berufung folgenden fünften ordentlichen Generalversammlung, bei dem Vorsitzenden des Verwaltungsrats mit dem Schlusse der Verwaltungsratssitzung, die nach der auf die Bestätigung des Vorsitzenden durch die Reichsregierung folgenden fünften ordentlichen Generalversammlung anberaumt wird.

(4) Die von der Generalversammlung berufenen Mitglieder können von der Hauptabteilung, die diese Personen

zu Mitgliedern des Verwaltungsrats vorgeschlagen hat, vorzeitig abberufen werden. Die im Abs. 1 Nr. 3 bezeichneten Mitglieder können vom Reichsminister der Finanzen vorzeitig abberufen werden.

§ 6. (1) Der Vorsitzende des Verwaltungsrats führt die Amtsbezeichnung „Präsident der Deutschen Rentenbank". Er wird durch den Verwaltungsrat berufen. Die Berufung bedarf der Bestätigung durch die Reichsregierung.

(2) Der Verwaltungsrat beruft aus seiner Mitte einen oder mehrere Stellvertreter des Vorsitzenden.

§ 7. Der Vorsitzende des Verwaltungsrats kann aus dessen Mitgliedern Ausschüsse bilden und diesen bestimmte Befugnisse übertragen. Die Bestellung der Ausschüsse ist dem Verwaltungsrat zur Kenntnis zu bringen. Die dem Gesamtverwaltungsrat obliegende Aufsichts- und Prüfungspflicht wird durch die Bildung der Ausschüsse nicht berührt.

§ 8. (1) Der Verwaltungsrat versammelt sich so oft, wie die Geschäfte es erfordern, an dem bei der Einberufung zu bestimmenden Orte. Die Einberufung erfolgt durch den Vorsitzenden oder einen seiner Stellvertreter oder in deren Auftrag durch den Vorstand. Die Einberufung hat innerhalb einer Woche zu erfolgen, wenn dies von vier Mitgliedern des Verwaltungsrats oder vom Vorstand beantragt wird. Der Verwaltungsrat ist beschlußfähig, wenn wenigstens acht Mitglieder einschließlich des Vorsitzenden oder eines seiner Stellvertreter vertreten sind. Den Vorsitz führt der Vorsitzende oder im Falle seiner Verhinderung einer seiner Stellvertreter. In eiligen Fällen können die Beschlüsse durch schriftliche oder telegraphische Abstimmung gefaßt werden. Die Art der Abstimmung bestimmt der Vorsitzende.

(2) Die Beschlüsse werden mit einfacher Stimmenmehrheit gefaßt, und zwar auch im Falle schriftlicher oder telegraphischer Abstimmung. Im Falle der Stimmengleichheit, und zwar auch bei Wahlen, entscheidet die Stimme des Vorsitzenden der betreffenden Sitzung, bei schriftlicher oder telegraphischer Abstimmung die des Vorsitzenden des Verwaltungsrats. Mitglieder, die an der Teilnahme an einer Sitzung behindert sind, können ihr Stimmrecht auf andere Mitglieder des Verwaltungsrats durch schriftliche Vollmacht übertragen. Die erschienenen Mitglieder einer Hauptabteilung gelten im Zweifel als bevollmächtigte Vertreter der abwesenden Mitglieder derselben Hauptabteilung. Im übrigen gibt sich der Verwaltungsrat seine Geschäftsordnung selbst.

§ 9. (1) Dem Verwaltungsrat steht die laufende Überwachung der gesamten Geschäftsführung der Deutschen Rentenbank zu. Er kann dem Vorstande allgemeine und besondere Anweisungen für die Geschäftsführung erteilen. Seiner Genehmigung bedürfen die Anstellungsverträge der Vorstandsmitglieder. Der Verwaltungsrat hat die Befugnis, die Bestellung jedes Vorstandsmitgliedes, stellvertretenden Vorstandsmitgliedes und Prokuristen der Deutschen Rentenbank jederzeit zu widerrufen.

(2) Der Verwaltungsrat hat die Bilanz sowie die Gewinn- und Verlustrechnung zu prüfen. Zu diesem Zwecke hat der Vorstand ihm innerhalb der ersten vier Monate nach Ablauf jedes Geschäftsjahres die Bilanz und die Gewinn- und Verlustrechnung sowie einen den Vermögensstand und die Geschäftslage der Deutschen Rentenbank darlegenden Bericht vorzulegen.

(3) Der Verwaltungsrat hat im Juni und Dezember eines jeden Jahres unter Mitwirkung eines von der Reichsregierung und eines vom Präsidenten des Rechnungshofes des Deutschen Reiches zu bestellenden Kommissars einen Bericht darüber zu veröffentlichen, daß die durch Verordnung vorgeschriebene Deckung der Rentenbriefe und der Rentenbankscheine vorhanden ist.

§ 10. Die Zustimmung des Verwaltungsrats ist erforderlich

1. zur Bestellung von Prokuristen, Handlungsbevollmächtigten und zur Anstellung von solchen Angestellten, welche mit einem 10 000 RM übersteigenden Jahresgehalt oder auf länger als zwei Jahre angestellt werden sollen,
2. zum Erwerb oder zur Veräußerung von Grundeigentum, abgesehen vom Falle der Zwangsversteigerung,
3. zur Veröffentlichung der Monatsausweise der Deutschen Rentenbank (§ 23 dieser Satzung),
4. zur Übertragung von Anteilen an der Deutschen Rentenbank (§ 11 Abs. 2 der Verordnung über die Errichtung der Deutschen Rentenbank vom 15. Oktober 1923).

§ 11. Urkunden und Erklärungen des Verwaltungsrats sind mit dem Namen der Deutschen Rentenbank, den Worten „Der Verwaltungsrat" zu versehen und von dem Vorsitzenden des Verwaltungsrats oder einem seiner Stellvertreter zu unterzeichnen.

§ 12. (1) Der Vorsitzende und die Mitglieder des Verwaltungsrats erhalten Ersatz der ihnen erwachsenen Fahrkosten und eine Aufwandsentschädigung nach Maßgabe der vom Verwaltungsrat festzustellenden Grundsätze.

(2) Dem Vorsitzenden und solchen Mitgliedern des Verwaltungsrats, die eine außerordentliche besondere Tätigkeit im Interesse der Deutschen Rentenbank übernehmen, kann auf Beschluß des Verwaltungsrats eine besondere Vergütung bewilligt werden.

3. Die Generalversammlung.

§ 13. (1) Die Generalversammlung ist die Vertretung der Anteilseigner der Deutschen Rentenbank (§ 11 der Verordnung über die Errichtung der Deutschen Rentenbank vom 15. Oktober 1923). Sie besteht aus 55 Mitgliedern, die von den Hauptabteilungen I bis III des Reichsnährstandes berufen werden, und zwar von der Hauptabteilung I 25 Mitglieder, von der Hauptabteilung II 10 Mitglieder, von der Hauptabteilung III 20 Mitglieder.

(2) Die Mitglieder der Generalversammlung werden jeweils für fünf Geschäftsjahre berufen. Die Hauptabteilungen können die von ihnen berufenen Mitglieder der Generalversammlung jederzeit abberufen.

(3) Die vertretungsberechtigten Hauptabteilungen haben die Namen und Anschriften der von ihnen berufenen Mitglieder dem Vorsitzenden des Verwaltungsrats schriftlich mitzuteilen. Die Mitteilung über die Berufung ist spätestens einen Monat vor Beginn der Amtsperiode zu machen. Die vertretungsberechtigten Hauptabteilungen sind befugt, Ersatzmänner zu bezeichnen, die an die Stelle etwa ausscheidender Mitglieder für den Rest ihrer Amtszeit treten.

§ 14. (1) Die innerhalb der ersten sechs Monate nach Ablauf des Geschäftsjahres stattfindende, die Bilanz und die Gewinn- und Verlustrechnung feststellende Generalversammlung ist die ordentliche Generalversammlung.

(2) Außerordentliche Generalversammlungen werden auf besonderen Beschluß des Verwaltungsrats einberufen.

(3) Ferner steht den Mitgliedern der Generalversammlung, sofern mindestens 20 von ihnen den Antrag stellen, das Recht zu, durch eine schriftliche Eingabe unter Angabe des Zweckes und der Gründe die Einberufung einer außerordentlichen Generalversammlung oder die Ankündigung

von Gegenständen zur Beschlußfassung für die Generalversammlung zu verlangen.

(4) Die Einberufung der Generalversammlung erfolgt durch den Vorsitzenden des Verwaltungsrats oder im Falle seiner Verhinderung durch einen seiner Stellvertreter unter Angabe von Zeit, Ort und Tagesordnung durch Bekanntmachung im Reichsanzeiger. Die Bekanntmachung muß wenigstens 15 Tage vor dem anberaumten Termin — den Tag der Veröffentlichung und der Generalversammlung nicht mitgerechnet — im Deutschen Reichsanzeiger veröffentlicht sein. Die Mitglieder der Generalversammlung sollen außerdem schriftlich eingeladen werden.

(5) Die Generalversammlung findet am Sitz der Deutschen Rentenbank statt, sofern nicht bei der Einberufung ein anderer Ort bestimmt wird.

§ 15. (1) Den Vorsitz in der Generalversammlung führt der Vorsitzende des Verwaltungsrats oder im Falle seiner Verhinderung einer seiner Stellvertreter. Ist keiner derselben erschienen oder zur Eröffnung der Versammlung bereit, so eröffnet der an Lebensjahren älteste Teilnehmer die Versammlung und läßt von dieser einen Vorsitzenden wählen.

(2) Der Vorsitzende leitet die Verhandlungen und bestimmt die Reihenfolge der Gegenstände der Tagesordnung sowie die Art der Abstimmung.

§ 16. (1) Die Beschlüsse der Generalversammlung werden durch einfache Mehrheit der bei der Abstimmung anwesenden Mitglieder gefaßt.

(2) Im Falle der Stimmengleichheit gilt der Antrag als abgelehnt.

§ 17. Wenn bei Wahlen im ersten Wahlgang keine absolute Mehrheit erzielt wird, so findet die engere Wahl zwischen den beiden Kandidaten statt, welche die meisten Stimmen erhalten haben. Bei Stimmengleichheit entscheidet das Los.

§ 18. Falls Ersatzberufungen für ausgeschiedene Mitglieder des Verwaltungsrats erforderlich werden, ist auf Antrag der Hauptabteilungen, denen das Vorschlagsrecht für die neu zu berufenden Mitglieder zusteht, die Wahl durch schriftliche Abstimmung vorzunehmen.

§ 19. (1) In der ordentlichen Generalversammlung hat der Vorstand einen mit den Bemerkungen des Verwaltungsrats (§ 9 Abs. 2) versehenen Bericht über den Vermögensstand und die Geschäftslage der Deutschen Rentenbank nebst der Jahresbilanz und der Gewinn- und Verlustrechnung für das verflossene Geschäftsjahr vorzulegen, nachdem diese Vorlagen gleichzeitig mit der Einladung zur ordentlichen Generalversammlung mitgeteilt worden sind und 15 Tage lang in den Geschäftsräumen der Deutschen Rentenbank zur Einsicht für die Anteilseigner ausgelegen haben.

(2) Danach hat die Generalversammlung über die Genehmigung der Bilanz und der Gewinn- und Verlustrechnung sowie über die Entlastung des Vorstandes und des Verwaltungsrats zu beschließen.

§ 20. (1) Über die Verhandlungen in der Generalversammlung wird eine Niederschrift aufgenommen, die von einem durch den Vorsitzenden zu bestellenden Schriftführer, der nicht Mitglied der Generalversammlung zu sein braucht, gefertigt wird. Die Niederschrift ist von dem Vorsitzenden, dem Schriftführer und drei Teilnehmern der Generalversammlung zu unterzeichnen.

(2) Der Niederschrift ist ein Verzeichnis der erschienenen Mitglieder der Generalversammlung mit Angabe ihres Namens und Wohnortes beizufügen.

(3) In der Niederschrift werden nicht die Erörterungen, sondern nur die Art und das Ergebnis der Beschlußfassung aufgenommen.

II. Allgemeine Bestimmungen.

§ 21. Das Geschäftsjahr ist das Kalenderjahr.

§ 22. (1) Öffentliche Bekanntmachungen der Deutschen Rentenbank erfolgen im Deutschen Reichsanzeiger und außerdem in den vom Verwaltungsrat jeweils bestimmten Zeitungen.

(2) Zur Gültigkeit der Bekanntmachungen genügt einmalige Veröffentlichung im Reichsanzeiger.

§ 23. Die Deutsche Rentenbank hat einmal im Monat einen Ausweis über den Stand ihrer Geschäfte zu veröffentlichen.

§ 24. (1) Die Generalversammlung beschließt über Satzungsänderungen; sie bedürfen der Genehmigung der Reichsregierung.

(2) Die Satzungsänderungen sind nach erteilter Genehmigung der Reichsregierung unter Hinweis auf diese Genehmigung vom Vorstand unverzüglich in den für öffent-

liche Bekanntmachungen bestimmten Blättern zu veröffentlichen. Sie treten am Tage nach der Veröffentlichung im Deutschen Reichsanzeiger in Kraft.

III. Übergangsbestimmungen.

§ 25. (1) Die Amtsdauer der bisherigen Mitglieder der Generalversammlung, des Aufsichtsrats und des Verwaltungsrats endet mit dem Inkrafttreten der neuen Satzung.

(2) Von der Bestimmung in Abs. 1 wird der bisherige Vorsitzende des Aufsichtsrats nicht betroffen. Er gilt mit dem Inkrafttreten der Satzung als gemäß §§ 6 Abs. 1, 5 Abs. 3 für die dort vorgesehene Dauer neu berufen; einer besonderen Bestätigung durch die Reichsregierung bedarf es nicht.

(3) Die berufungsberechtigten Hauptabteilungen haben die Mitteilung gemäß § 13 Abs. 3 erstmalig binnen zwei Wochen nach Inkrafttreten der neuen Satzung zu machen. Die neuen Mitglieder der Generalversammlung werden erstmalig für die Geschäftsjahre 1934 bis 1938 berufen.

(4) Mit der Mitteilung nach Abs. 3 haben die vorschlagsberechtigten Hauptabteilungen zugleich Vorschläge für die Berufung der neuen Verwaltungsratsmitglieder einzureichen. Für die erstmalige Berufung der Verwaltungsratsmitglieder nach den Vorschriften der neuen Satzung gilt § 18 der Satzung entsprechend.

(5) Bis zur Berufung des neuen Verwaltungsrats werden die diesem zustehenden Befugnisse durch den Vorsitzenden wahrgenommen.

g) Allgemeine Verfügung des Preußischen Justizministers vom 11. Dezember 1926 über die Beteiligung der Deutschen Rentenbank in Zwangsversteigerungs- und Zwangsverwaltungsverfahren.[1]

Nach § 42 der Vorläufigen Durchführungsbestimmungen zur Rentenbankverordnung vom 14. November 1923 (RGBl. I S. 1092) gilt die Deutsche Rentenbank in dem Verfahren

[1]) Pr. JMinBl. Ausgabe A Nr. 46 vom 17. Dez. 1926 S. 423.

der Zwangsversteigerung oder der Zwangsverwaltung eines zu ihren Gunsten belasteten Grundstücks als Beteiligte ohne Rücksicht auf die Eintragung oder Anmeldung des Rechtes. Diese Vorschrift ist durch das Gesetz über die Liquidierung des Umlaufs an Rentenbankscheinen vom 30. August 1924 (RGBl. II S. 252; vgl. dazu § 2 der Verordnung vom 10. Oktober 1924, RGBl. II S. 383) und durch die Durchführungsbestimmungen zu diesem Gesetz vom 31. Januar 1925 (RGBl. II S. 29) nicht berührt worden und gilt noch gegenwärtig (§ 25 der Durchführungsbestimmungen vom 31. Januar 1925). Mit der Rentenbankgrundschuld belastet sind gegenwärtig nur noch solche Grundstücke, die dauernd land-, forstwirtschaftlichen oder gärtnerischen Zwecken dienen. Im einzelnen gelten dafür folgende Vorschriften:

1. §§ 6 bis 8 und § 10 der Rentenbankverordnung vom 15. Oktober 1923 (RGBl. I S. 963) in der Fassung der Verordnung vom 13. Februar 1924 (RGBl. I S. 66), § 4 des Liquidierungsgesetzes vom 30. August 1924 und § 1 Abs. 1 der Durchführungsbestimmungen zu diesem Gesetz vom 31. Januar 1925 in Verbindung mit Art. II § 2, Art. III § 2 des Gesetzes über die Besteuerung der Betriebe vom 11. August 1923 (RGBl. I S. 769) und den §§ 13 bis 18 der Durchführungsbestimmungen zu diesem Gesetz vom 23. August 1923 (Reichssteuerblatt S. 283). Danach sind grundsätzlich alle diejenigen Grundstücke mit der Grundschuld belastet, die im Zeitpunkt des Inkrafttretens der Rentenbankverordnung (18. Oktober 1923) nach näherer Maßgabe der §§ 15 bis 18 der zuletzt erwähnten Durchführungsbestimmungen vom 23. August 1923 als dauernd landwirtschaftlichen, forstwirtschaftlichen oder gärtnerischen Zwecken dienend anzusehen waren; mit Rücksicht auf die Person des Eigentümers sind jedoch Grundstücke dann befreit, wenn in demselben Zeitpunkt die Voraussetzungen des Art. III § 2, Art. II § 2 des Gesetzes über die Besteuerung der Betriebe oder der §§ 13, 14 der Durchführungsbestimmungen zu diesem Gesetz für den Eigentümer vorgelegen haben.
2. § 3 der Durchführungsbestimmungen zum Liquidierungsgesetz vom 31. Januar 1925, der an die Stelle des § 14 der Vorläufigen Durchführungsbestimmungen zur Rentenbankverordnung vom 13. November 1923 ge-

treten ist. Danach sind insbesondere Grundstücke befreit, sofern die Werte aller am 31. Dezember 1923 in der Hand eines Eigentümers vereinigten belasteten Grundstücke insgesamt 6000 RM nicht erreicht haben.

3. § 4 Abs. 4 der Rentenbankverordnung und § 13 der Vorläufigen Durchführungsbestimmungen dazu, nach welchen im Falle der Abtrennung eines unbedeutenden Teiles eines belasteten Grundstücks eine Befreiung erfolgen kann.

Die Frage, ob ein zur Zwangsversteigerung oder zur Zwangsverwaltung gelangendes Grundstück nach diesen Vorschriften mit der Rentenbankgrundschuld belastet ist oder nicht, wird für die Gerichte häufig nicht ohne weiteres zu beantworten sein. Um weitläufige Ermittelungen zu vermeiden, empfiehlt es sich daher, in allen Fällen der Zwangsversteigerung oder Zwangsverwaltung von land-, forst- oder gartenwirtschaftlichen Grundstücken, soweit nicht die Freiheit des Grundstücks von der Grundschuld ohne weiteres festgestellt werden kann, mit der Möglichkeit einer Beteiligung der Deutschen Rentenbank (Berlin W 8, Wilhelmstraße 67) von vornherein zu rechnen und ihr insbesondere die im ZVG. für Beteiligte vorgeschriebenen Zustellungen und Benachrichtigungen (vgl. insbesondere §§ 41, 146 ZVG.) zukommen zu lassen.

h) Verweisungen.

Über die Tätigkeit der Deutschen Rentenbank im Rahmen der Osthilfe und der landwirtschaftlichen Schuldenregelung vergleiche:

1. Verordnung des Reichspräsidenten zur beschleunigten Durchführung der landwirtschaftlichen Entschuldung im Osthilfegebiet (Entschuldungsverordnung) vom 6. Februar 1932 (RGBl. I S. 59),

2. Verordnung zur Durchführung des Osthilfegesetzes vom 31. März 1931, der Sicherungsverordnung vom 17. November 1931 und der Entschuldungsverordnung vom 6. Februar 1932 (Osthilfedurchführungsverordnung) vom 12. März 1932 (RGBl. I S. 130) §§ 9 bis 30,

3. Zweite Verordnung zur Durchführung des Osthilfegesetzes vom 31. März 1931, der Sicherungsverordnung

vom 17. November 1931 und der Entschuldungsverordnung vom 6. Februar 1932 (Zweite Osthilfedurchführungsverordnung) vom 30. Mai 1932 (RGBl. I S. 252),

4. Gesetz zur Regelung der landwirtschaftlichen Schuldverhältnisse vom 1. Juni 1933 (RGBl. I S. 331) § 62,

5. Verordnung über die Ablösungsschuldverschreibungen nach dem Gesetz zur Regelung der landwirtschaftlichen Schuldverhältnisse vom 12. März 1935 (RGBl. I S. 366),

6. Verordnung zur Durchführung der Entschuldungsverordnung vom 6. Februar 1932 und der Zweiten Entschuldungsverordnung vom 21. Oktober 1932 (7. Osthilfedurchführungsverordnung) vom 12. August 1933 (RGBl. I S. 590).

Zweiter Hauptteil:
Auf Grund von Einzelgesetzen errichtete Banken.

I. Nach Reichsrecht.

1. Die Deutsche Golddiskontbank.

a) Verordnung.[1])

Artikel 1.

Für die Rechtsverhältnisse der durch das Gesetz über die Deutsche Golddiskontbank vom 19. März 1924 (RGBl. II S. 71) errichteten Deutschen Golddiskontbank gelten fortan die nachfolgenden Vorschriften:

§ 1. Die Deutsche Golddiskontbank hat den Zweck, Kreditbedürfnisse der heimischen Wirtschaft, insbesondere auf dem Gebiete der Ausfuhrförderung,[2]) zu befriedigen. Die Deutsche Golddiskontbank hat ihren Sitz in Berlin. Sie hat die Eigenschaft einer juristischen Person des Privatrechts und unterliegt den für Aktiengesellschaften geltenden Vorschriften, soweit nicht in diesem Gesetz etwas anderes bestimmt ist. Die Satzung [3]) und deren Änderungen werden öffentlich bekanntgemacht. Änderungen der Satzung bedürfen der Genehmigung der Reichsregierung.

---

[1]) Verordnung des Reichspräsidenten zur Sicherung von Wirtschaft und Finanzen vom 1. Dez. 1930 Sechster Teil Kap. II (RGBl. I S. 591).

[2]) Vgl. § 1 der Verordnung des Reichspräsidenten über die Schaffung einer Wirtschaftsgarantie vom 8. Juli 1931 (RGBl. I S. 351) in der Fassung der Verordnung des Reichspräsidenten über Wirtschaft und Finanzen vom 23. Dez. 1932 (RGBl. I S. 571). Vgl. S. 75.

[3]) Vgl. S. 70.

§ 2. Die Deutsche Golddiskontbank kann zur Beschaffung von Mitteln zur Kreditgewährung verzinsliche Schuldverschreibungen auf den Inhaber bis zum fünffachen Betrag ihres Grundkapitals zuzüglich ihrer Reserven ausgeben.

Die allgemeinen Vorschriften über die nach Abs. 1 auszustellenden Schuldverschreibungen werden von der Reichsregierung erlassen.

Die Zinsen der Schuldverschreibungen sind dem Steuerabzuge vom Kapitalertrage nicht unterworfen.

§ 3. Die Legitimation des Vorstandes sowie anderer zur Vertretung der Bank befugter Personen im Rechtsverkehre kann durch eine amtliche Bescheinigung des nach § 8 des Bankgesetzes vom 30. August 1924 (RGBl. II S. 235) bei der Reichsbank bestellten Urkundsbeamten geführt werden. Durch diesen Urkundsbeamten können auch die Beschlüsse der Generalversammlung protokolliert werden.

Die Generalversammlung faßt ihre Beschlüsse in allen Fällen mit einfacher Mehrheit der bei der Beschlußfassung vertretenen Stimmen.

Die Vorschriften des Handelsgesetzbuchs, die sich auf das Handelsregister beziehen, finden auf die Deutsche Golddiskontbank keine Anwendung.

Ebenso finden die Vorschriften über die Gründung und die Gründerhaftung, ferner die Vorschriften in den §§ 40 Abs. 1, 180, 182, 227, 246 Abs. 4, 252 Abs. 3 Satz 2, 259, 266, 267, 281 Abs. 1 Nr. 4, 295 Abs. 2, 302 Abs. 1 bis 3, 309, 314 Abs. 1 Nr. 4, 319 des Handelsgesetzbuchs sowie die Vorschriften der Verordnung über Goldbilanzen vom 28. Dezember 1923 (RGBl. I S. 1253) auf die Deutsche Golddiskontbank keine Anwendung. Die Befreiung von den Vorschriften des § 40 Abs. 1 und des § 180 des Handelsgesetzbuchs wird bis zum 31. Dezember 1931 befristet.

§ 4. Bei der Deutschen Golddiskontbank wird ein aus Sachverständigen des Exportwesens bestehender Beirat gebildet, dessen gutachtliche Äußerung die Bank hinsichtlich der Grundsätze ihrer Tätigkeit einholen muß und den sie sonst jederzeit hören kann. Die Richtlinien über die Zusammensetzung und die Zuständigkeit des Beirats werden vom Aufsichtsrat der Bank festgesetzt.

§ 5. Sämtliche bei der Deutschen Golddiskontbank als Leiter oder Angestellte tätigen sowie an der Aufsicht beteiligten Personen, ebenso die Mitglieder des Beirats, sind verpflichtet, über die Geschäfte der Bank Schweigen zu beobachten, auch nachdem ihre Tätigkeit bei der Deutschen Golddiskontbank beendet ist. Entgegenstehende Bestimmungen anderer Gesetze finden auf die Deutsche Golddiskontbank keine Anwendung. Die Vorschriften der Strafprozeßordnung und der Reichsabgabenordnung bleiben unberührt.

§ 6. Die Deutsche Golddiskontbank ist alljährlich vor Feststellung der Bilanz durch eine vom Aufsichtsrate zu bezeichnende unabhängige Stelle zu revidieren. Der Aufsichtsrat teilt der Generalversammlung das Ergebnis der Revision mit. Auf die mit der Revision befaßten Personen finden die Vorschriften des § 5 dieser Verordnung entsprechende Anwendung.

§ 7. Die Vorschriften des Gesetzes über die Deutsche Golddiskontbank vom 19. März 1924 (RGBl. II S. 71) sind nicht anzuwenden. Für die Vorschrift des § 11 Abs. 1 Satz 1 gilt dies jedoch erst vom 1. Januar 1931 ab.

Artikel 2.

Die §§ 2 und 3 des Gesetzes zur Änderung des Bankgesetzes vom 19. März 1924 [1]) (RGBl. II S. 73) sind nicht anzuwenden.

Artikel 3.

Im § 9 Abs. 1 Nr. 2 des Körperschaftssteuergesetzes vom 10. August 1925 (RGBl. I S. 208) und im § 4 Abs. 1 Nr. 1 des Vermögensteuergesetzes vom 10. August 1925 (RGBl. I S. 233) sind die Steuerbefreiungsvorschriften vom 1. Januar 1931 ab auf die Deutsche Golddiskontbank nicht anzuwenden.

b) Satzung der Deutschen Golddiskontbank. [2])

§ 1. Die Deutsche Golddiskontbank hat den Zweck, Kreditbedürfnisse der heimischen Wirtschaft, insbesondere auf dem Gebiete der Ausfuhrförderung, zu befriedigen.

Gegenstand des Unternehmens ist der Betrieb von Bankiergeschäften.

---

[1]) Regelte die Verkopplung der Golddiskontbank mit der Reichsbank.

[2]) RAnz. Nr. 87 vom 11. April 1924.

§ 2. Die Bekanntmachungen der Bank erfolgen durch einmalige Einrückung im „Deutschen Reichsanzeiger". Sonstige Blätter, in denen die Bekanntmachungen zu veröffentlichen sind, kann der Vorstand bestimmen.

§ 3. Das Grundkapital der Deutschen Golddiskontbank beträgt 600 Millionen Reichsmark; es ist eingeteilt in Aktien über je 200 Reichsmark und zerfällt in drei Gruppen, A, B und C.

Für die Aktien können Urkunden in Höhe eines mehrfachen Betrages von 200 Reichsmark ausgestellt werden; es genügt auch, wenn über den Aktienbetrag der Gruppen A und C Kollektivtitel ausgefertigt werden. Der Inhaber einer zusammengefaßten Aktie A oder C kann Ausfertigung einzelner Aktien über je 200 Reichsmark verlangen.

§ 4. Die Aktien der Gruppe A in Höhe von 300 Millionen Reichsmark und der Gruppe C über 200 Millionen Reichsmark lauten auf Namen und sind auf den Namen des Eigentümers im Aktienbuche der Gesellschaft einzutragen. Die Aktien der Gruppe B von insgesamt 100 Millionen Reichsmark lauten auf den Inhaber.

§ 4 a. Hinsichtlich der Aktien Gruppe C gelten folgende Bestimmungen:

1. Für die auf diese Aktien festzusetzende Dividende ist lediglich der Reingewinn zugrunde zu legen, welcher der Deutschen Golddiskontbank aus der Verwendung der ihr durch die Kapitalerhöhung zugeführten Mittel erwächst. An diesem Reingewinn haben die Aktionäre der Gruppen A und B keinen Anteil.
2. Aus dem etwa unverteilt verbleibenden Rest des Reingewinns nach Ziff. 1 soll ein Fonds gebildet werden, der zur späteren Gewinnausschüttung auf die Aktien der Gruppe C oder zur Einziehung von solchen Aktien oder im Falle der Liquidation zur Ausschüttung auf sie zu verwenden ist.
3. Bei einer späteren Herabsetzung des Grundkapitals durch Einziehung von Aktien der Gruppe C sowie bei einer Liquidation der Deutschen Golddiskontbank können die Aktionäre dieser Gruppe nur in derjenigen Höhe Ansprüche gegen die Deutsche Golddiskontbank erheben, in welcher dieser durch Verwertung der von ihr auf Grund der Ausgabe der Aktien Gruppe C gemachten Vermögensanlage einschließlich des nach Ziff. 2 ge-

bildeten Fonds hierfür Deckungsmittel zugeflossen sind. An dieser Vermögensanlage sowie an diesem Fonds haben lediglich die Aktionäre der Gruppe C Anteil.

4. § 214 Abs. 2 HGB. findet keine Anwendung.

§ 5. Die Organe der Bank sind:

a) der Vorstand,
b) der Aufsichtsrat,
c) die Generalversammlung.

§ 6. Die Bank wird durch den Vorstand gerichtlich und außergerichtlich vertreten.

Der Vorstand besteht nach näherer Bestimmung des Aufsichtsrats aus einer oder zwei Personen.

Falls der Vorstand aus einem Mitglied besteht, ist dieses allein zur Vertretung berechtigt. Falls der Vorstand aus zwei Mitgliedern besteht, so sind zwei Vorstandsmitglieder gemeinsam zur Vertretung berechtigt. Der Aufsichtsrat kann in diesem Fall bestimmen, daß die Gesellschaft auch durch ein Vorstandsmitglied in Gemeinschaft mit einem Prokuristen vertreten werden kann.

Die ordentlichen Mitglieder des Vorstandes werden durch den Aufsichtsrat bestellt. Der Aufsichtsrat kann stellvertretende Vorstandsmitglieder bestellen; diese stehen hinsichtlich der Vertretungsmacht ordentlichen Vorstandsmitgliedern gleich.

§ 7. Der Aufsichtsrat besteht aus mindestens sieben von der Generalversammlung auf die Dauer von drei Jahren gewählten Mitgliedern. Die Ausscheidenden sind wieder wählbar. Bei der Wahl der Aufsichtsratsmitglieder wählt die Generalversammlung gleichzeitig den Vorsitzenden des Aufsichtsrats und dessen Stellvertreter. Die Bestellung zum Mitglied des Aufsichtsrats kann auch vor dem Ablauf des Zeitraumes, für den das Mitglied gewählt ist, durch die Generalversammlung widerrufen werden.

Der Aufsichtsrat faßt seine Beschlüsse mit einfacher Stimmenmehrheit. Bei Stimmengleichheit entscheidet die Stimme des Vorsitzenden, gegebenenfalls seines Stellvertreters. Die Mitglieder des Aufsichtsrats können in den Sitzungen kraft einer schriftlichen oder telegraphischen, für die besondere Sitzung gegebenen Vollmacht durch ein anderes Mitglied sich vertreten, insbesondere ihr Stimmrecht ausüben lassen.

Die Einberufung der Aufsichtsratssitzungen erfolgt nach Bedarf durch den Vorsitzenden oder den stellvertretenden

Vorsitzenden. Der Aufsichtsrat muß einberufen werden, wenn zwei Mitglieder des Aufsichtsrats oder ein Mitglied des Vorstandes die Einberufung verlangen.

Der Aufsichtsrat überwacht die Geschäftsführung der Gesellschaft und setzt deren allgemeine Grundsätze fest. Der Vorstand hat ihm auf Verlangen jederzeit über seine Geschäftsführung Auskunft zu erteilen. Der Aufsichtsrat ist berechtigt, den Bestand der Gesellschaftskasse zu untersuchen. Im übrigen gelten die Bestimmungen des § 246 HGB.

Die Mitglieder des Aufsichtsrats haben Anspruch auf die Vergütung gemäß § 16 der Satzung.

§ 8. Die Bestellung des Vorstandes und Aufsichtsrats und das Erlöschen ihres Amtes sind öffentlich bekanntzumachen.

§ 9. Der Beirat besteht aus 15 bis 30 Mitgliedern. Die Mitglieder des Beirats werden vom Aufsichtsrat auf fünf Jahre aus den Kreisen der Exportwirtschaft gewählt. Die Mitglieder sind berufen, die Leitung der Deutschen Golddiskontbank auf Ersuchen gutachtlich zu beraten. Sie verwalten ihr Amt als unentgeltliches Ehrenamt; für die Teilnahme an Sitzungen erhalten sie Vergütung der Reisekosten und Tagegelder, deren Höhe vom Aufsichtsrat einheitlich festgesetzt wird.

§ 10. Die Generalversammlung vertritt die Gesamtheit der Aktionäre. Sie faßt ihre Beschlüsse in allen Fällen mit einfacher Mehrheit der bei der Beschlußfassung vertretenen Stimmen. Auf je 200 Reichsmark Aktienbesitz entfällt eine Stimme.

§ 11. Alljährlich — und zwar innerhalb der ersten sechs Monate nach Ablauf des Geschäftsjahres — findet die ordentliche Generalversammlung statt, in der die Bilanz, die Gewinn- und Verlustrechnung und der Jahresbericht des Vorstandes, ferner die Vorschläge für die Gewinnverteilung zur Beschlußfassung vorgelegt und die erforderlichen Wahlen vorgenommen werden.

Die Generalversammlung entscheidet, soweit nicht zwingende gesetzliche Vorschriften oder die Vorschriften des § 4 a entgegenstehen, nach freiem Ermessen über die Ausschüttung des Reingewinns; sie ist insbesondere befugt, über das im Gesetz vorgesehene Maß hinaus Rückstellungen vorzunehmen.

§ 12. Die Generalversammlung wird durch den Vorsitzenden des Aufsichtsrats oder den Vorstand unter Angabe der Tagesordnung mit einer Frist von mindestens drei Wochen durch öffentliche Bekanntmachung einberufen.

§ 13. Zur Teilnahme an der Generalversammlung ist jeder Aktionär berechtigt, der durch eine Bescheinigung des Vorstandes oder der vom Vorstand bezeichneten Stelle nachweist, mit welchem Nennbetrage der Aktien er bei der Deutschen Golddiskontbank als Aktionär beteiligt ist.

Für die Aktien der Gruppe A und der Gruppe C wird diese Bescheinigung auf Grund der Eintragung im Aktienbuche ausgestellt. Für die übrigen Aktien bedarf es dazu der Vorlage der Aktien oder des Nachweises, daß die Aktien für den Aktionär bei der Deutschen Golddiskontbank, bei einer Reichsbankanstalt oder bei der Bank des Berliner Kassenvereins oder bei einem deutschen Notar hinterlegt sind.

Die Bescheinigungen sind spätestens am dritten Werktag vor dem Tage der Generalversammlung bei der im Abs. 1 bezeichneten Stelle nachzusuchen.

Bevollmächtigte haben sich durch schriftliche Vollmacht, die bis zu dem im Abs. 3 genannten Zeitpunkt bei der im Abs. 1 bezeichneten Stelle eingereicht wird, auszuweisen.

§ 14. Den Vorsitz in der Generalversammlung führt der Vorsitzende des Aufsichtsrats oder im Falle seiner Behinderung der stellvertretende Vorsitzende, falls auch dieser verhindert ist, ein vom Aufsichtsrate bestimmtes Mitglied des Aufsichtsrates.

Die Art und Weise der Abstimmung bestimmt der Vorsitzende. Die Wahlen finden jedoch, sofern sie nicht durch Zuruf einstimmig erfolgen, mittels Abgabe von Stimmzetteln mit einfacher Stimmenmehrheit statt. Ist diese bei der ersten Wahlhandlung nicht zu erreichen, so findet eine engere Wahl unter denjenigen statt, welchen die beiden höchsten Stimmenzahlen zugefallen sind. Bei gleicher Stimmenzahl in der engeren Wahl entscheidet das Los.

§ 15. Das Protokoll ist außer vom Protokollführer vom Vorsitzenden der Generalversammlung, einem Mitglied des Vorstandes und zwei Teilnehmern der Versammlung zu unterzeichnen.

§ 16. Das Geschäftsjahr der Bank ist das Kalenderjahr.

Für den 31. Dezember jeden Jahres ist von dem Vorstand die Bilanz aufzustellen. Diese ist mit Gewinn- und Verlustrechnung und mit einem den Vermögensstand darlegenden Berichte des Vorstandes dem Aufsichtsrate zur Prüfung vorzulegen. Der Aufsichtsrat legt sie mit dem Prüfungsbericht und mit seinen Bemerkungen alljährlich zur Beschlußfassung der Generalversammlung vor; diese setzt auch die Vergütung des Aufsichtsrats fest.

§ 17. Die Auflösung der Bank wird durch die Generalversammlung beschlossen.

§ 18. Nach dem Abschluß der Liquidation erfolgt die Hinterlegung der Bücher und Papiere der liquidierten Bank bei der Reichsbank.

c) Verweisungen.

1.

a) Verordnung des Reichspräsidenten über die Schaffung einer Wirtschaftsgarantie vom 8. Juli 1931 (RGBl. I S. 351).

b) Verordnung zur Durchführung der Verordnung des Reichspräsidenten über die Schaffung einer Wirtschaftsgarantie vom 8. Juli 1931 (RGBl. I S. 353).

c) Zweite Verordnung des Reichspräsidenten über die Schaffung einer Wirtschaftsgarantie vom 9. September 1931 (RGBl. I S. 491).

d) Verordnung des Reichspräsidenten über Wirtschaft und Finanzen vom 23. Dezember 1932 (RGBl. I S. 571) Zweiter Teil.

e) Zweite Durchführungsverordnung zur Verordnung des Reichspräsidenten über die Schaffung einer Wirtschaftsgarantie vom 3. Januar 1933 (RGBl. I S. 9).

f) Erste Verordnung über die Umlagen nach dem Wirtschaftsgarantiegesetz vom 2. Juli 1934 (RGBl. I S. 538).

2. Die Konversionskasse für deutsche Auslandsschulden.

a) Gesetz über Zahlungsverbindlichkeiten gegenüber dem Ausland vom 9. Juni 1933.[1])

In der Fassung der Verordnung über die Einführung der Gesetzgebung über die Devisenbewirtschaftung und den Zahlungsverkehr mit dem Ausland im Saarland vom 23. Februar 1935.[2])

Die Reichsregierung hat das folgende Gesetz beschlossen, das hiermit verkündet wird:

---

[1]) RGBl. 1933 I S. 349. — [2]) RGBl. 1935 I S. 278.

§ 1. (1) Zinsen, Gewinnanteile und regelmäßige Tilgungsbeträge, ferner Mietzinsen, Pachtzinsen und ähnliche regelmäßig wiederkehrende Leistungen aus Guthaben, Krediten, Anleihen, Hypotheken, Grundschulden, Beteiligungen und anderen Vermögensanlagen von Ausländern hat der Schuldner bei vertragsmäßiger Fälligkeit in Reichsmark zugunsten des ausländischen Gläubigers an die Konversionskasse für deutsche Auslandsschulden (§ 2) zu zahlen. Die nach den devisenrechtlichen Vorschriften erforderlichen Genehmigungen sind zu erteilen, wenn die Voraussetzungen des Satz 1 vorliegen. Hat der Schuldner in ausländischer Währung zu leisten, so ist der Betrag zum amtlichen Berliner Mittelkurs der betreffenden Währung an dem der Zahlung vorangehenden Werktage in Reichsmark umzurechnen. Wird die Währung an der Berliner Börse amtlich nicht notiert, so gelten für die Umrechnung die von einem Ausschuß der Berliner Bedingungsgemeinschaft für den Wertpapierverkehr als Mittelkurse festgestellten und in der Presse veröffentlichten Kurse. Erfolgt für eine Währung weder eine amtliche Notierung an der Berliner Börse noch eine Feststellung von Kursen durch die Berliner Bedingungsgemeinschaft, so sind die Umrechnungskurse auf der Grundlage einerseits eines letztbekannten ausländischen Kurses der ausländischen Währung und andererseits des letztbekannten amtlich an der Berliner Börse notierten oder von der Berliner Bedingungsgemeinschaft festgestellten Mittelkurses des ausländischen Börsenplatzes zu berechnen; als im Sinne dieser Bestimmung errechnete Kurse gelten von der Reichsbank festgesetzte Kurse.

(2) Soweit der Schuldner an die Konversionskasse für deutsche Auslandsschulden zahlt, wird er von seiner Verpflichtung frei. Die Verpflichtung der Konversionskasse für deutsche Auslandsschulden gegenüber dem Gläubiger bestimmt sich nach den Vorschriften des § 3.

(3) Die Bestimmung des Abs. 1 gilt nicht, soweit die Guthaben, Kredite, Anleihen, Hypotheken, Grundschulden, Beteiligungen und andere Vermögensanlagen aus Mitteln stammen, die nach dem 15. Juli 1931 in ausländischen Zahlungsmitteln oder freier Reichsmark in das Inland geflossen sind.

§ 2. (1) Es wird eine Konversionskasse für deutsche Auslandsschulden errichtet. Die Konversionskasse ist eine

Körperschaft des öffentlichen Rechts; sie steht unter Aufsicht des Reichsbankdirektoriums und führt ihr Konto bei der Reichsbank. Das Reichsbankdirektorium bestellt die verantwortlichen Organe.

(2) Die übrigen Rechtsverhältnisse der Konversionskasse regelt die Satzung, die der Reichswirtschaftsminister im Einvernehmen mit dem Reichsbankdirektorium feststellt.

(3) Von den Steuern, die das Reich, die Länder und die Gemeinden (Gemeindeverbände) vom Einkommen, vom Vermögen sowie vom Gewerbebetrieb erheben, ist die Konversionskasse befreit.

§ 3. Die eingezahlten Beträge (§ 1 Abs. 1) werden den ausländischen Gläubigern gutgeschrieben. Die Ansprüche der Gläubiger aus der Gutschrift bestimmen sich nach Grundsätzen, die in der Satzung der Konversionskasse festgelegt werden. Zu welchem Zeitpunkt Zahlungen auf die Guthaben geleistet werden dürfen, bestimmt die Reichsbank.

§ 4. Den Vorschriften dieses Gesetzes unterliegen nicht die Verbindlichkeiten der Reichsbank und der Deutschen Golddiskontbank sowie solche Verbindlichkeiten, die den Gegenstand einer Vereinbarung zwischen Gruppen ausländischer Gläubiger und inländischer Schuldner mit Zustimmung der Reichsbank (sogenannte Stillhalteabkommen) bilden.

§ 5. Begriffsbestimmungen der Verordnung über die Devisenbewirtschaftung oder zu ihrer Durchführung erlassener Verordnungen und Richtlinien gelten auch für dieses Gesetz, soweit sich aus Wortlaut oder Inhalt einer Vorschrift nichts anderes ergibt.

§ 6 enthielt Abänderungen der Verordnung über die Devisenbewirtschaftung vom 23. Mai 1932.

§ 7. (1) Die Reichsregierung erläßt die zur Durchführung dieses Gesetzes erforderlichen Rechtsverordnungen und Verwaltungsvorschriften. Sie kann ferner anordnen, daß und in welchem Umfange auf die von ihr erlassenen Bestimmungen die Vorschriften der Verordnung über die Devisenbewirtschaftung und auf Zuwiderhandlungen gegen diese Bestimmungen die in §§ 36 bis 41 der Verordnung über die Devisenbewirtschaftung[1]) angedrohten Strafen und sonstigen Maßnahmen Anwendung finden.

---

[1]) Jetzt: §§ 42—49 DevG.

(2) Der Reichswirtschaftsminister kann im Einvernehmen mit dem Reichsbankdirektorium Ausnahmen von diesem Gesetz zulassen.

§ 8. Das Gesetz tritt am 1. Juli 1933 in Kraft; es erfaßt jedoch auch solche Leistungen aus am 1. Juli 1933 oder später fällig werdenden Verpflichtungen der in § 1 bezeichneten Art, die vor diesem Zeitpunkt bewirkt werden.

b) Satzung der Konversionskasse für deutsche Auslandsschulden vom 3. Juli 1933.[1])

I. Sitz.

§ 1. Die Konversionskasse für deutsche Auslandsschulden (im nachfolgenden mit „Kasse" bezeichnet) hat ihren Sitz in Berlin.

II. Vertretung.

§ 2. (1) Die Kasse wird gerichtlich und außergerichtlich durch den Vorstand vertreten.

(2) Der Vorstand wird vom Reichsbankdirektorium bestellt. Das Reichsbankdirektorium ist ermächtigt, auch die erforderlichen stellvertretenden Vorstandsmitglieder und Bevollmächtigten zu ernennen.

(3) Der Vorstand besteht aus mindestens zwei Mitgliedern.

(4) Zur Vertretung der Kasse sind zwei Vorstandsmitglieder gemeinsam oder an Stelle eines jeden Vorstandsmitgliedes ein stellvertretendes Vorstandsmitglied oder ein Bevollmächtigter befugt.

(5) Die Zeichnung des Vorstandes erfolgt in der Weise, daß die Zeichnenden zu dem Namen „Konversionskasse für deutsche Auslandsschulden" ihre Namensunterschrift hinzufügen, gegebenenfalls mit einem das Vollmachtverhältnis kennzeichnenden Zusatz.

III. Geschäftskreis.

§ 3. (1) Die Kasse hat die bei ihr gemäß dem Gesetz über Zahlungsverbindlichkeiten gegenüber dem Auslande vom 9. Juni 1933 zugunsten ausländischer oder saarländischer

---

[1]) RAnz. Nr. 152 vom 3. Juli 1933; geändert durch die Bekanntmachungen vom 11. Aug., 18. Sept. und 9. Nov. 1933,

Gläubiger eingezahlten Reichsmarkbeträge sorgfältig zu verwalten.

(2) Insoweit Reichsmarkbeträge bei der Kasse in Erfüllung von Verpflichtungen aus einer deutschen Auslandsanleihe eingezahlt werden, sind die eingezahlten Beträge von der Kasse für die Inhaber dieser Anleihe auf ein lediglich die Bezeichnung dieser Anleihe tragendes Konto zu verbuchen.

§ 4. (1) Die Kasse darf über die bei ihr eingezahlten Beträge auf Reichsmark lautende, unverzinsliche Schuldscheine ausstellen. Die Bestimmungen über die Einlösung der Schuldscheine trifft das Reichsbankdirektorium.

(2) Die gemäß Abs. 1 ausgestellten Schuldscheine lauten auf den Inhaber und werden in Beträgen von 5, 10, 30, 40, 50, 100 Reichsmark und einem Vielfachen von 100 Reichsmark ausgefertigt. Sie tragen die Faksimileunterschrift des Vorstandes der Kasse.

§ 5. (1) Soweit die bei der Kasse eingezahlten Reichsmarkbeträge in Erfüllung von Verpflichtungen geleistet werden, die nicht die Leistung regelmäßiger Tilgungsbeträge zum Gegenstand haben, darf die Kasse in Höhe des Nennbetrages oder seines gemäß § 1 des Gesetzes über Zahlungsverbindlichkeiten gegenüber dem Ausland vom 9. Juni 1933 (RGBl. I S. 349) berechneten Gegenwertes der geschuldeten Forderung verzinsliche Schuldverschreibungen ausstellen.

(2) Die Ausstattung der Schuldverschreibungen erfolgt im Einvernehmen mit dem Reichsbankdirektorium und dem Reichswirtschaftsminister. Die Bestimmungen über das Tilgungsverfahren, die Fälligkeit der Zinszahlungen sowie die sonstige Ausstattung, insbesondere die Stückelung der Schuldverschreibungen, hat der Vorstand der Kasse bekanntzugeben.

(3) Mit der Aushändigung der Schuldverschreibung an den Gläubiger oder Zinsscheininhaber erlischt die aus der Gutschrift entstandene Reichsmarkforderung gegen die Kasse.

§ 6. (1) Die Kasse ist berechtigt, Zinsscheine und ausgeloste oder in anderer Weise rückzahlbar gewordene Stücke von deutschen Auslandsanleihen, für deren Dienst Zahlung

---

9. Juni 1934 und 6. Febr. 1935, RAnz. Nr. 187, 219, 264 vom 12. Aug., 19. Sept., 10. Nov. 1933, Nr. 135 vom 13. Juni 1934 und Nr. 31 vom 6. Febr. 1935.

an sie geleistet ist, zu dem Kurse anzukaufen, zu dem der Schuldner den Betrag für den Dienst der Anleihe angeschafft hat. Die Zahlung an inländische Einreicher erfolgt in Reichsmark.

(2) Die Kasse darf Wertpapiere kaufen, verkaufen und in Verwaltung nehmen.

(3) Sie darf im Rahmen ihrer satzungsmäßigen Aufgaben Devisen kaufen und verkaufen.

(4) Sie darf von Ausländern Einzahlungen, die aus Sperr- oder Registerguthaben herrühren, entgegennehmen und auf Konto gutschreiben.

§ 6 a. Die Kasse ist berechtigt, ihre Zahlungen an die Gläubiger der von ihr nach § 1 Abs. 1, § 3 Satz 1 des Gesetzes über Zahlungsverbindlichkeiten gegenüber dem Ausland gutgeschriebenen Beträge sowie die Übersendung der Schuldscheine auch an diejenige Stelle zu bewirken, an die der bisherige Schuldner nach den ihm von dem Gläubiger erteilten Weisungen Zahlungen leisten konnte.

IV. Geschäftsjahr und Bilanz.

§ 7. (1) Das Geschäftsjahr ist das Kalenderjahr. Das erste Geschäftsjahr endet mit dem 31. Dezember 1933.

(2) Am Schluß jedes Kalendermonats hat die Kasse einen Status aufzustellen.

(3) Für den 31. Dezember jedes Jahres hat der Vorstand die Bilanz aufzustellen und mit Gewinn- und Verlustrechnung sowie unter Erstattung eines ausführlichen Geschäftsberichts innerhalb eines Vierteljahres der Reichsregierung und dem Reichsbankdirektorium vorzulegen.

(4) Der monatliche Status und die Bilanz werden im Deutschen Reichsanzeiger veröffentlicht.

V. Liquidation.

§ 8. (1) Die Auflösung der Kasse geschieht auf Antrag des Reichsbankdirektoriums durch die Reichsregierung.

(2) Das Reichsbankdirektorium kann für die Liquidation besondere Liquidatoren bestellen.

(3) Die Liquidation erfolgt nach den Anweisungen der Reichsregierung.

§ 9. Nach Abschluß der Liquidation erfolgt die Hinterlegung der Bücher und Papiere der Kasse bei der Reichsbank.

c) Gesetz über die Gewährleistung für den Dienst von Schuldverschreibungen der Konversionskasse für deutsche Auslandsschulden vom 26. Februar 1935.[1])

§ 1. Die Reichsregierung übernimmt namens des Reichs die Gewähr für die Erfüllung der Verpflichtungen zur Zahlung der Zinsen, der Tilgungsraten und des Restkapitals aus den Schuldverschreibungen, welche die Konversionskasse für deutsche Auslandsschulden nach Maßgabe des § 5 ihrer Satzung in der Fassung der Bekanntmachung vom 6. Februar 1935 (Deutscher RAnz. und Preußischer Staatsanz. Nr. 31) für bei ihr auf Fälligkeiten aus der Zeit vom 1. Juli 1934 bis zum 30. Juni 1936 eingehende Beträge ausgibt.

§ 2. Auf die Gewähr finden die Beschränkungen und Verbote des Gesetzes über die Devisenbewirtschaftung vom 4. Februar 1935 (RGBl. I S. 106) und die Vorschriften des Gesetzes über Zahlungsverbindlichkeiten gegenüber dem Auslande vom 9. Juni 1933 (RGBl. I S. 349) keine Anwendung.

§ 3. Das Gesetz über die Gewährleistung für den Dienst der Schuldverschreibungen der Konversionskasse für deutsche Auslandsschulden vom 27. Juni 1934 (RGBl. I S. 709) tritt außer Kraft.

d) Zweites und drittes Gesetz über die Gewährleistung für den Dienst von Schuldverschreibungen der Konversionskasse für deutsche Auslandsschulden vom 3. Juli 1936[2]) und 4. Februar 1937.[3])

Diese Gesetze dehnen die Gewährleistung des Reiches auch auf Fälligkeiten aus, die aus der Zeit vom 1. Juli 1936 bis 31. Dezember 1936 und aus der Zeit vom 1. Januar 1937 bis zum 30. Juni 1937 stammen.

---

[1]) RGBl. 1935 I S. 286.

[2]) RGBl. 1936 I S. 536.

[3]) RGBl. 1937 I S. 178.

3. Die Deutsche Verrechnungskasse.

a) Gesetz über die Errichtung einer Deutschen Verrechnungskasse vom 16. Oktober 1934.[1])

§ 1. (1) Zur Durchführung von Abkommen mit ausländischen Regierungen, Zentralnotenbanken oder im Auslande amtlicherseits zugelassenen Verrechnungsstellen, welche den Zahlungsverkehr ganz oder teilweise auf der Grundlage der Verrechnung regeln, wird die Deutsche Verrechnungskasse (Kasse) errichtet.

(2) Die Kasse ist eine Körperschaft des öffentlichen Rechts; sie untersteht der Aufsicht des Reichswirtschaftsministers.

(3) Die Geschäftsführung unterliegt der Überwachung durch den Verwaltungsrat. Der Verwaltungsrat besteht aus fünf Mitgliedern, die vom Reichswirtschaftsminister ernannt werden.

(4) Die übrigen Rechtsverhältnisse der Kasse regelt die vom Reichswirtschaftsminister aufzustellende Satzung.

(5) Die Kasse ist von den Steuern, die Reich, Länder und Gemeinden (Gemeindeverbände) vom Einkommen, Vermögen und Gewerbebetriebe erheben, befreit.

§ 2. Für die Verbindlichkeiten der Kasse haftet das Deutsche Reich.

§ 3. Die gemäß den Verrechnungsabkommen, welche die deutsche Regierung mit ausländischen Regierungen oder die Reichsbank mit ausländischen Zentralnotenbanken geschlossen hat, der Reichsbank zustehenden Rechte und ihr obliegenden Verpflichtungen gehen auf die Kasse über. Die Kasse hat die nach diesen Abkommen der Reichsbank obliegende Führung der Konten zu übernehmen.

§ 4. Zahlungen, welche Schuldner auf Grund der im § 3 genannten Abkommen an die Reichsbank zu leisten haben, sind an die Kasse zu bewirken.

§ 5. Die Kasse führt die Zahlungsaufträge so aus, wie sie sie von den einzelnen ausländischen Verrechnungsstellen oder den deutschen Schuldnern erhält. Pfändungen, Verpfändungen und Abtretungen bleiben unberücksichtigt, es

---

[1]) RGBl. 1934 I S. 997.

sei denn, daß ihnen in dem Zahlungsauftrag Rechnung getragen ist.

§ 6. Der Reichswirtschaftsminister kann Ausnahmen von diesem Gesetz zulassen. Er erläßt die zur Durchführung des Gesetzes erforderlichen Rechts- und Verwaltungsvorschriften.

b) Satzung der Deutschen Verrechnungskasse vom 1. November 1934.[1])

I. Sitz.

§ 1. Sitz der Deutschen Verrechnungskasse (Kasse) ist Berlin.

II. Geschäftskreis.

§ 2. (1) Die Kasse hat die Aufgabe, die zur Durchführung der Verrechnung von Zahlungsverbindlichkeiten gemäß den darüber abgeschlossenen oder abzuschließenden Abkommen der deutschen Verrechnungsstelle obliegenden Handlungen und Rechtsgeschäfte zu tätigen und die dieser Stelle den ausländischen Verrechnungsstellen gegenüber zustehenden Rechte wahrzunehmen.

(2) Die Kasse hat insbesondere die erforderlichen Verrechnungskonten zu führen, die vorgesehenen Verrechnungen vorzunehmen und die zugunsten der Verrechnungsstellen eingezahlten Reichsmarkbeträge sorgfältig zu verwalten.

(3) Eine Verzinsung der von der Kasse zu führenden Konten findet nicht statt. Die Kasse ist berechtigt, nach Anweisung des Verwaltungsrates Gebühren zu erheben.

III. Verwaltung.

§ 3. Organe der Kasse sind Verwaltungsrat und Vorstand.

§ 4. (1) Der Verwaltungsrat hat die Geschäfte der Kasse zu überwachen.

(2) Auf Vorschlag des Reichsbankdirektoriums bestellt er den Vorstand und ernennt die erforderlichen stellvertretenden Vorstandsmitglieder und Bevollmächtigten. Mitglieder des Verwaltungsrats können nicht zu Mitgliedern oder stellvertretenden Mitgliedern des Vorstands bestellt werden.

---

[1]) RAnz. Nr. 258 vom 3. Nov. 1934.

§ 5. (1) Der Vorstand besteht aus zwei Mitgliedern.

(2) Er vertritt die Kasse gerichtlich und außergerichtlich. Zur Vertretung sind zwei Vorstandsmitglieder gemeinsam oder an Stelle eines jeden Vorstandsmitglieds ein stellvertretendes Vorstandsmitglied oder ein Bevollmächtigter befugt.

(3) Die Zeichnung des Vorstands erfolgt in der Weise, daß die Zeichnenden zu dem Namen „Deutsche Verrechnungskasse" ihre Namensunterschrift hinzufügen, gegebenenfalls mit einem das Vollmachtsverhältnis kennzeichnenden Zusatz.

(4) Die Namen der Zeichnungsberechtigten werden im Deutschen Reichsanzeiger bekanntgemacht.

§ 6. Die Unkosten der Kasse, soweit sie nicht aus etwaigen Einnahmen bestritten werden können, werden von der Reichsbank getragen, der bei Auflösung der Kasse auch ein verbleibendes Vermögen zufällt.

IV. Geschäftsjahr und Geschäftsabschluß.

§ 7. (1) Das Geschäftsjahr ist das Kalenderjahr. Das erste Geschäftsjahr endet mit dem 31. Dezember 1934.

(2) Für den 31. Dezember jedes Jahres hat der Vorstand den Geschäftsabschluß aufzustellen und unter Erstattung des Geschäftsberichts dem Verwaltungsrat vorzulegen. Der Verwaltungsrat legt den Bericht mit Bemerkungen dem Reichswirtschaftsminister vor.

V. Auflösung.

§ 8. Die Auflösung der Kasse erfolgt nach Anordnung des Reichswirtschaftsministers.

c) Bekanntmachung betr. Gebührenerhebung der Deutschen Verrechnungskasse vom 21. Februar 1935.[1]

Auf Grund des § 2 Abs. 3 der Satzung der Deutschen Verrechnungskasse (Deutscher Reichs- und Preußischer Staatsanzeiger Nr. 258 vom 3. November 1934) hat der Verwaltungsrat der Deutschen Verrechnungskasse beschlossen, zur Deckung der Unkosten mit Wirkung vom 1. März 1935 ab für alle Ein- und Auszahlungen, die über die Deutsche

---

[1] RAnz. Nr. 45 vom 22. Febr. 1935.

Verrechnungskasse geleitet werden, folgende Gebühren zu erheben:

1 vom Tausend, mindestens 0,30 Reichsmark für jede Überweisung.

4. Die Deutsche Rentenbank-Kreditanstalt.

a) Gesetz über die Errichtung der Deutschen Rentenbank-Kreditanstalt vom 18. Juli 1925 unter Berücksichtigung der Änderungen nach den Gesetzen vom 28. November 1925, 31. März 1928, 4. März 1931, die Verordnung vom 4. September 1932 und das Gesetz vom 31. Oktober 1933.[1])

Der Reichstag hat das folgende Gesetz beschlossen, das mit Zustimmung des Reichsrats hiermit verkündet wird:

§ 1. Zur Beschaffung und Gewährung von Krediten für Zwecke der deutschen Landwirtschaft wird unter dem Namen

Deutsche Rentenbank-Kreditanstalt (Landwirtschaftliche Zentralbank)

eine Anstalt mit dem Sitze in Berlin errichtet. Die Anstalt ist eine juristische Person des öffentlichen Rechtes.

§ 2. Aufgabe der Deutschen Rentenbank-Kreditanstalt ist die Beschaffung und Gewährung von Krediten für Zwecke der deutschen Landwirtschaft in allen ihren Zweigen unter Einschluß der Förderung der Bodenkultur und landwirtschaftlichen Siedlung. Die Kreditgewährung darf nur an die im § 3 Abs. 1 Ziff. 1 und § 4 bezeichneten Kreditinstitute und Stellen erfolgen.

Die Kredite sollen zum Zwecke der Förderung der landwirtschaftlichen Produktion gewährt werden. Bei der Kreditgewährung sind die Verhältnisse und Bedürfnisse der einzelnen Länder und Landesteile sowie die verschiedenen Größenklassen der landwirtschaftlichen Betriebe angemessen zu berücksichtigen.

---

[1]) RGBl. 1925 I S. 145, 156 und 391; 1928 I S. 134; 1931 I S. 29; 1932 I S. 430; 1933 I S. 793.

§ 3. Die Deutsche Rentenbank-Kreditanstalt ist befugt, nach näherer Bestimmung der Satzung folgende Geschäfte zu betreiben:

1. zinsbare Darlehen zu gewähren
   a) an die im § 4 Abs. 1 bezeichneten Kreditinstitute zum Zwecke der Versorgung der deutschen Landwirtschaft mit Realkredit,
   b) an die im § 4 Abs. 2 bezeichneten Kreditinstitute zum Zwecke der Versorgung der deutschen Landwirtschaft mit Personalkredit,
   c) an die Länder und an die von der Reichsregierung oder von den Landesregierungen bezeichneten Organisationen für Zwecke der Förderung der Bodenkultur und landwirtschaftlichen Siedlung,
   d) an private und öffentliche Unternehmungen, deren Geschäftsbetrieb für die Förderung des Absatzes landwirtschaftlicher Erzeugnisse von allgemeiner Bedeutung ist, wenn der Verwaltungsrat mit Zweidrittelmehrheit der Gesamtstimmen der Eröffnung der Geschäftsverbindung zustimmt. Ausgeschlossen sind hierbei Unternehmungen, die unmittelbar oder mittelbar mit einem der im § 4 Abs. 1 und Abs. 2 Ziff. 1 genannten oder nach § 4 Abs. 2 Ziff. 2 zugelassenen Kreditinstitute in Geschäftsverbindung stehen.

   Die Geschäftstätigkeit zu Nr. 1 b ist auf die Zeit bis zum 31. Dezember 1937 [1]) beschränkt. Die Reichsregierung kann diese Frist mit Zustimmung des Reichsrats und eines vom Reichstag zu bestimmenden Ausschusses des Reichstags verlängern; die jeweils zugelassene Verlängerung darf die Dauer von zwei Jahren nicht übersteigen.
2. Schuldverschreibungen auf den Inhaber nach näherer Vorschrift des § 12 auszugeben,
3. Darlehen für die in Ziff. 1 bezeichneten Zwecke unter Ausschluß des Depositengeschäfts und der Inanspruchnahme des offenen Geldmarkts aufzunehmen; soweit Darlehen für die in Ziff. 1 a, b und d bezeichneten Zwecke

---

[1]) Verordnung über die zeitliche Verlängerung des Personalkreditgeschäfts der Deutschen Rentenbank-Kreditanstalt. RAnz. Nr. 303 vom 30. Dez. 1935.

mit einer kürzeren Laufzeit als einem Jahre aufgenommen werden, darf ihr Gesamtbetrag 10 v. H. des Kapitals nicht übersteigen,

3a. sich an privaten und öffentlichen Unternehmungen, deren Geschäftsbetrieb für die Förderung des Absatzes landwirtschaftlicher Erzeugnisse von allgemeiner Bedeutung ist, zu beteiligen, wenn der Verwaltungsrat es mit Zweidrittelmehrheit der Gesamtstimmen beschließt. Der Gesamtbetrag der Beteiligungen darf 5 v. H. des Kapitals nicht übersteigen. Ausgeschlossen von einer Beteiligung sind Unternehmungen, die unmittelbar oder mittelbar mit einem der im § 4 Abs. 1 und Abs. 2 Ziff. 1 genannten oder nach § 4 Abs. 2 Ziff. 2 zugelassenen Kreditinstitute in Geschäftsverbindung stehen,

3b. sich an der Preußischen Zentralgenossenschaftskasse und an anderen, den landwirtschaftlichen Kredit pflegenden Anstalten von zentralem Charakter zu beteiligen, wenn der Verwaltungsrat es mit Zweidrittelmehrheit der Gesamtstimmen beschließt. Diese Beteiligung darf 8 v. H. des Kapitals nicht übersteigen,

4. Devisen im Einvernehmen mit der Reichsbank zu kaufen und zu verkaufen, soweit dies zur Erfüllung ihrer Aufgaben erforderlich ist,

5. verfügbare Kassenbestände durch kurzfristige Anlage bei sicheren Bankfirmen nutzbar zu machen.

Bei der Gewährung von Darlehen an die Personalkreditanstalten sind die Zinsbedingungen so zu gestalten, daß die letzten Kreditnehmer grundsätzlich den gleichen Zinssatz zu zahlen haben; zu diesem Zwecke ist denjenigen Kreditnehmern der Deutschen Rentenbank-Kreditanstalt, die die Kredite nicht unmittelbar, sondern durch eine oder mehrere Zwischenstellen weiterleiten, gegenüber anderen ein angemessener Zinsnachlaß zu gewähren.

§ 4. Die Gewährung von Darlehen zwecks Versorgung der Landwirtschaft mit Realkredit kann erfolgen:

1. an die öffentlich-rechtlichen oder unter Staatsaufsicht stehenden privatrechtlichen Realkreditinstitute, welche das landwirtschaftliche Realkreditgeschäft pflegen und die im § 12 Abs. 2 bezeichneten Sicherheiten stellen;

2. an die Spitzenorganisationen von öffentlich-rechtlichen, das landwirtschaftliche Realkreditgeschäft pflegenden Spar-

kassen, welche die im § 12 Abs. 2 bezeichneten Sicherheiten stellen.

Bei Gewährung von Darlehen zwecks Versorgung der Landwirtschaft mit Personalkredit sind unter der Voraussetzung der Stellung der erforderlichen Kreditunterlagen zu berücksichtigen:

1. folgende Kreditinstitute:
   a) Preußische Zentralgenossenschaftskasse,
   b) Preußische Centrallandschaftsbank,
   c) Deutsche Landesbankenzentrale A.-G.,
   d) die Staatsbanken der Länder,
   e) die Privatnotenbanken der Länder Bayern, Sachsen, Württemberg und Baden,
   f) Deutsche Girozentrale,
   g) ein Kreditinstitut der landwirtschaftlichen Arbeitnehmer, das vorwiegend den landwirtschaftlichen Kreditverkehr pflegt, und die Zentrale der Getreidekreditbanken A.-G.,
   h) folgende Anstalten:
      Bank für Landwirtschaft A.-G., Berlin,
      Landmannbank A.-G., Berlin,
      die Aktienbanken des Reichsverbandes der deutschen landwirtschaftlichen Genossenschaften,
      Deutsche Bauernbank A.-G., Berlin,
      ein Zentralbankinstitut der im Reichsverbande landwirtschaftlicher Kleinbetriebe, im Deutschen Bauernbund und im Bayerischen Bauernbunde zusammengeschlossenen landwirtschaftlichen Klein- und Mittelbetriebe,

   mit der Maßgabe, daß die Gesamtquote dieser Gruppen nicht mehr als 10 v. H. der Gesamtpersonalkredite betragen darf; die fünf Gruppen sind dabei in möglichst gleicher Höhe zu berücksichtigen,
2. solche vorwiegend den landwirtschaftlichen Kreditverkehr pflegende Anstalten zentralen Charakters, die von dem Verwaltungsrate mit Zweidrittelmehrheit der Gesamtstimmen bestimmt werden.

Die Personalkredite werden gegen die in der Satzung bestimmten Sicherheiten gewährt.

§ 5. Die Deutsche Rentenbank-Kreditanstalt steht nach näherer Bestimmung der Durchführungsvorschriften unter Aufsicht der Reichsregierung. Die Aufsichtsbehörde ist insbesondere befugt, alle Anordnungen zu treffen, die erforderlich sind, um den Geschäftsbetrieb der Deutschen Rentenbank-Kreditanstalt mit den Gesetzen, der Satzung und den sonst in verbindlicher Weise getroffenen Bestimmungen in Einklang zu erhalten. Im übrigen ist die Deutsche Rentenbank-Kreditanstalt in der Verwaltung und Geschäftsführung selbständig, desgleichen in der Anstellung des Personals.

Die Reichsregierung hat den Reichsrat über den Geschäftsbetrieb der Deutschen Rentenbank-Kreditanstalt auf dem laufenden zu halten.

§ 6. Das Kapital der Deutschen Rentenbank-Kreditanstalt wird aus den ihr bei der Errichtung gemäß § 9 des Gesetzes über die Liquidierung des Umlaufs an Rentenbankscheinen überwiesenen Mitteln der Deutschen Rentenbank gebildet.

Es erhöht sich um die Beträge, die der Deutschen Rentenbank-Kreditanstalt gemäß § 9 des vorgenannten Gesetzes seitens der Reichsbank und der Deutschen Rentenbank jährlich überwiesen werden.

§ 7. Die Deutsche Rentenbank-Kreditanstalt hat einen Vorstand, einen Verwaltungsrat und eine Anstaltsversammlung.

Der Vorstand wird vom Verwaltungsrate bestellt. Ihm liegt die Geschäftsführung und Vermögensverwaltung der Deutschen Rentenbank-Kreditanstalt ob, soweit sie nicht durch Gesetz oder Satzung anderen Organen zugewiesen ist.

Der Vorstand vertritt die Deutsche Rentenbank-Kreditanstalt gerichtlich und außergerichtlich. Erklärungen sind für die Deutsche Rentenbank-Kreditanstalt verbindlich, wenn sie entweder von zwei Vorstandsmitgliedern oder von einem Vorstandsmitgliede gemeinschaftlich mit einem Prokuristen abgegeben werden. Zur Verpflichtung der Deutschen Rentenbank-Kreditanstalt genügt auch die Erklärung von zwei Prokuristen. Stellvertretende Vorstandsmitglieder stehen hinsichtlich der Vertretungsmacht ordentlichen Vorstandsmitgliedern gleich. Eine Beschränkung der Vertretungsbefugnis ist Dritten gegenüber unwirksam.

Für die Deutsche Rentenbank-Kreditanstalt verbindliche Urkunden sind in der Weise zu zeichnen, daß die Zeichnenden zu dem Namen der Anstalt ihre Namensunterschrift hinzufügen.

Ist eine Willenserklärung der Anstalt gegenüber abzugeben, so genügt die Abgabe gegenüber einem Mitglied des Vorstandes.

§ 8. Die Anstaltsversammlung besteht aus 70 Mitgliedern, die von den Hauptabteilungen des Reichsnährstandes berufen werden, und zwar

von der Hauptabteilung I . . 25 Mitglieder,
von der Hauptabteilung II . . 10 Mitglieder,
von der Hauptabteilung III . . 20 Mitglieder,
von der Hauptabteilung IV . . 15 Mitglieder.

Die Mitglieder der Anstaltsversammlung werden jeweils für 5 Geschäftsjahre berufen. Die Hauptabteilungen können die von ihnen berufenen Mitglieder der Anstaltsversammlung jederzeit abberufen.

§ 9. Der Verwaltungsrat besteht aus:

1. dem Vorsitzenden,
2. 14 von der Anstaltsversammlung der Deutschen Rentenbank-Kreditanstalt berufenen Personen, deren Berufung aus den Personen vorzunehmen ist, die von den in der Anstaltsversammlung vertretenen Gruppen vorgeschlagen werden, und zwar gemäß dem Zahlenverhältnis, nach dem die Gruppen in der Anstaltsversammlung vertretungsberechtigt sind,
3. elf von der Reichsregierung berufenen Personen, von denen zehn auf dem Gebiet des landwirtschaftlichen Kreditwesens in den einzelnen Teilen des Reichs besonders bewandert und von denen mindestens drei Landwirte sein müssen,
4. zwei von der Hauptabteilung I des Reichsnährstandes berufenen Vertretern der Landarbeiter.

Außerdem kann der Verwaltungsrat bis zu sechs Sachverständige auf dem Gebiete des Kreditwesens berufen; er kann die so Berufenen abberufen.

Die Amtsdauer der Mitglieder des Verwaltungsrats beträgt fünf Jahre. Die im Abs. 1 Nr. 2 und 4 bezeichneten Mitglieder können von der Gruppe, die diese Personen zu Mitgliedern des Verwaltungsrats vorgeschlagen oder berufen hat, vorzeitig abberufen werden. Die im Abs. 1 Nr. 3 bezeichneten Mitglieder können von der Reichsregierung vorzeitig abberufen werden.

Vorsitzender des Verwaltungsrats ist bis zur Beendigung der Liquidation der Deutschen Rentenbank der Präsident der Deutschen Rentenbank, alsdann wird der Vorsitzende vom Verwaltungsrate gewählt; die Wahl bedarf der Genehmigung der Reichsregierung.

Der Verwaltungsrat kann mit Zweidrittelmehrheit seiner Gesamtstimmen aus seinen Mitgliedern Ausschüsse bilden und diesen mit der gleichen Mehrheit bestimmte Befugnisse übertragen.

Dem Verwaltungsrat steht die laufende Überwachung der gesamten Geschäftsführung der Deutschen Rentenbank-Kreditanstalt zu; er hat dem Vorstand die erforderlichen allgemeinen und besonderen Anweisungen zu erteilen. Der Verwaltungsrat hat durch allgemeine und besondere Anweisungen zu bestimmen, welche Geschäfte vor dem Abschluß seiner Genehmigung bedürfen. Der Genehmigung bedürfen insbesondere die Anstellungsverträge der Vorstandsmitglieder. Der Verwaltungsrat hat die Befugnis, die Bestellung jedes Vorstandsmitglieds, stellvertretenden Vorstandsmitglieds und Prokuristen der Deutschen Rentenbank-Kreditanstalt jederzeit zu widerrufen.

Im übrigen wird die Organisation der Deutschen Rentenbank-Kreditanstalt einschließlich der Stellvertretung der Verwaltungsratsmitglieder durch die Satzung geregelt.

§ 10. Die Anstaltsversammlung hat innerhalb der ersten sechs Monate nach Ablauf eines jeden Geschäftsjahrs über die Bilanz sowie die Gewinn- und Verlustrechnung, die ihr innerhalb dieser Frist vom Vorstand und Verwaltungsrate mit einem den Vermögensstand und die Geschäftslage der Deutschen Rentenbank-Kreditanstalt darlegenden Berichte vorzulegen ist, sowie über die Entlastung des Vorstandes und des Verwaltungsrats Beschluß zu fassen.

Nach Feststellung durch die Anstaltsversammlung sind die Bilanz sowie die Gewinn- und Verlustrechnung nebst einem Auszug aus dem Geschäftsbericht im Deutschen Reichsanzeiger sowie in den für die Veröffentlichungen der Deutschen Rentenbank-Kreditanstalt bestimmten Blättern bekanntzumachen.

§ 11. Der aus der festgestellten Bilanz nach Vornahme sämtlicher Abschreibungen und Rückstellungen sich ergebende Überschuß aller Aktiva über alle Passiva bildet den Reingewinn der Deutschen Rentenbank-Kreditanstalt.

Von dem jährlichen Reingewinn ist mindestens ein Viertel einer Hauptrücklage so lange zuzuführen, bis diese den zehnten Teil des Kapitals erreicht. Die Erhöhung der Hauptrücklage ist zulässig.

Werden gemäß § 3 Ziff. 2 und § 12 Schuldverschreibungen ausgegeben, so ist zur besonderen Sicherung der Inhaber von Schuldverschreibungen eine Sonderrücklage zu bilden. Dieser ist mindestens ein Drittel des Reingewinns zuzuführen. Soweit die Sonderrücklage 5 v. H. des Betrags der jeweils ausgegebenen Schuldverschreibungen erreicht hat, dürfen ihr weitere Beträge nicht mehr zugeführt werden. Soweit für eine bestimmte Gattung von Schuldverschreibungen eine gesonderte Deckungsmasse vorgesehen ist (§ 12 Abs. 2 Satz 5), kann mit Genehmigung der Reichsregierung eine getrennte Sonderrücklage für diese Gattung von Schuldverschreibungen gebildet werden. Die Anlegung der Sonderrücklage darf nur nach näherer Bestimmung der Satzung erfolgen.

Der Rest des Reingewinns wird, soweit nicht weitere Rücklagen beschlossen werden, der Hauptrücklage zugeführt oder zur Erhöhung des Kapitals der Deutschen Rentenbank-Kreditanstalt verwendet; er kann auch für landwirtschaftliche Zwecke im Sinne des § 2 verwendet oder bis zum Betrage der Grundschuldzinsen, die von der Reichsbank für das jeweils abgelaufene Geschäftsjahr gemäß § 9 Satz 1 des Gesetzes über die Liquidierung des Umlaufs an Rentenbankscheinen vom 30. August 1924 (RGBl. II S. 252) der Rentenbank-Kreditanstalt überwiesen sind, der Reichsbank zwecks Speisung des Rentenbankschein-Tilgungsfonds (§ 6 ff. a. a. O.) zur Verfügung gestellt werden.

Soweit der Reingewinn nicht zur Erhöhung des Kapitals, zu Rücklagen, für die Sonderrücklage oder zur Überweisung an den Rentenbankschein-Tilgungsfonds verwendet wird, bedarf die Bestimmung über die Verwendung des Reingewinns der Genehmigung der Reichsregierung und der Zustimmung des Reichsrats. Wird die Genehmigung oder die Zustimmung versagt, so entscheidet über die Verwendung des Reingewinns ein Ausschuß aus sechs Mitgliedern, von denen je zwei die Reichsregierung, der Reichsrat und die Anstaltsversammlung bestellt.

Sobald das Kapital zuzüglich der Rücklagen, aber ausschließlich der Sonderrücklage zur Sicherung der Inhaber von Schuldverschreibungen (Abs. 3) den Betrag von 500 Millionen Reichsmark erreicht hat, dürfen weitere Beträge aus dem Reingewinn — abgesehen von der Speisung der Sonderrücklage bis zur Höhe von 5 v. H. des Betrags der jeweils ausgegebenen Schuldverschreibungen (Abs. 3) — dem Kapital oder den Rücklagen nur auf Grund eines besonderen Gesetzes zugeführt werden.

Soweit der Reingewinn nicht zur Erhöhung des Kapitals, der Rücklagen und der Sonderrücklage dient, darf er nur für landwirtschaftliche Zwecke im Sinne des § 2 oder zur Überweisung an den Rentenbankschein-Tilgungsfonds der Reichsbank gemäß Abs. 4 verwendet werden.

§ 12. Die Deutsche Rentenbank-Kreditanstalt kann mit Genehmigung der Reichsregierung zur Beschaffung von Mitteln zur Kreditgewährung für die Landwirtschaft verzinsliche Schuldverschreibungen [1]) auf den Inhaber bis zum sechsfachen — mit Zustimmung des Reichsrats bis zum achtfachen — Betrag ihres Kapitals ausgeben. Der Erlös ist zur Gewährung von Krediten zur wirtschaftlicheren Gestaltung der landwirtschaftlichen Betriebe zu verwenden.

Die Schuldverschreibungen müssen in voller Höhe gedeckt sein durch Pfandbriefe staatlicher, landschaftlicher, kommunaler oder anderer unter staatlicher Aufsicht stehender Bodenkreditinstitute Deutschlands und deutscher Hypothekenbanken oder durch Hypotheken, die für die vorbezeichneten Kreditinstitute oder für öffentlich-rechtliche Sparkassen an inländischen land- und forstwirtschaftlichen Grundstücken bestellt und an die Deutsche Rentenbank-Kreditanstalt verpfändet oder abgetreten sind. Die Hypotheken müssen mindestens den Anforderungen des Hypothekenbankgesetzes entsprechen. Die Deckung kann auch in Schuldverschreibungen oder Schuldurkunden von inländischen juristischen Personen des öffentlichen Rechtes oder von Personen des privaten Rechtes bestehen; in dem letzteren Falle jedoch nur dann, wenn für die Schuldverschreibungen oder die ihnen zugrunde liegenden Forderungen oder die Schuldurkunden eine inländische juristische Person des öffentlichen Rechtes die Gewährleistung übernimmt. Ist infolge der Rückzahlung von Hypotheken oder aus anderen Gründen die in Satz 1 bis 3 vorgeschriebene Deckung nicht vollständig vorhanden und ist eine Ergänzung nicht sofort ausführbar, so hat die Deutsche Rentenbank-Kreditanstalt die fehlende Deckung einstweilen durch Geld zu ersetzen. Bei der Ausgabe von Schuldverschreibungen kann mit Genehmigung der Reichsregierung vorgesehen werden, daß für eine bestimmte Gattung von Schuldverschreibungen eine gesonderte Deckungsmasse gebildet wird.

Die allgemeinen Vorschriften über die nach Abs. 1 auszustellenden Schuldverschreibungen auf den Inhaber werden

[1]) Allgemeine Vorschriften hierüber vgl. S. 103.

von der Reichsregierung mit Zustimmung des Reichsrats erlassen.

§ 13. Innerhalb des zweiten Monats eines jeden Kalenderhalbjahres hat die Deutsche Rentenbank-Kreditanstalt den Gesamtbetrag der ausgegebenen Schuldverschreibungen, welche am letzten Tage des vorangegangenen Halbjahrs im Umlauf waren, und den nach Abzug aller Rückzahlungen oder sonstigen Minderungen sich ergebenden Gesamtbetrag der nach dem Stande des letzten Tages des vorangegangenen Halbjahrs hereingenommenen Deckungen an Hypotheken und Pfandbriefen sowie den Betrag des zur Deckung der umlaufenden Schuldverschreibungen an Stelle von Pfandbriefen und Hypotheken vorhandenen Geldes im Deutschen Reichsanzeiger und in den für die Veröffentlichungen der Anstalt bestimmten Blättern bekanntzumachen.

Sind als Deckung für die ausgegebenen Schuldverschreibungen Pfandbriefe oder solche Hypotheken angenommen, die nicht ihrem vollen Betrage nach zur Deckung geeignet sind, so ist in der Bekanntmachung anzugeben, mit welchem Betrage die Pfandbriefe oder Hypotheken als Deckung nicht in Ansatz kommen.

Soweit für einzelne Gattungen von Schuldverschreibungen gesonderte Deckungsmassen gebildet sind, sind die nach Abs. 1 und 2 vorgeschriebenen Veröffentlichungen hiernach getrennt vorzunehmen.

§ 14. Die erste Satzung der Deutschen Rentenbank-Kreditanstalt wird von dem Aufsichtsrate der Deutschen Rentenbank festgestellt. Sie bedarf der Genehmigung der Reichsregierung.

Ist binnen sechs Wochen nach Inkrafttreten dieses Gesetzes eine Satzung gemäß dem vorstehenden Absatz nicht zustande gekommen, so kann sie von der Reichsregierung erlassen werden.

Änderungen der Satzung beschließt die Anstaltsversammlung.

Sie bedürfen der Genehmigung der Reichsregierung.

Zu Satzungsänderungen ist die Zustimmung des Reichsrats erforderlich.

§ 15. Auf die Deutsche Rentenbank-Kreditanstalt finden die Vorschriften der Konkursordnung entsprechende Anwendung.

Im Falle des Konkurses gehen in Ansehung der Befriedigung aus denjenigen Rechten, die der Deutschen

Rentenbank-Kreditanstalt auf Grund der Kreditgewährung aus dem Erlöse der Schuldverschreibungen zustehen, und in Ansehung der Befriedigung aus der gemäß § 12 Abs. 2 bestellten Deckung die Forderungen der Inhaber der Schuldverschreibungen einschließlich ihrer seit Eröffnung des Konkursverfahrens laufenden Zinsforderungen den Forderungen der anderen Konkursgläubiger vor. Die Inhaber der Schuldverschreibungen haben untereinander den gleichen Rang. Soweit für eine bestimmte Gattung von Schuldverschreibungen eine gesonderte Deckungsmasse gebildet ist (§ 12 Abs. 2 Satz 5), gehen in Ansehung der Befriedigung aus dieser gesonderten Deckungsmasse die Forderungen der Inhaber der Schuldverschreibungen dieser Gattung den Forderungen der Inhaber der Schuldverschreibungen anderer Gattungen vor. In betreff des Anspruchs der Inhaber der Schuldverschreibungen auf Befriedigung aus dem sonstigen Vermögen der Deutschen Rentenbank-Kreditanstalt finden die für die Absonderungsberechtigten geltenden Vorschriften der §§ 64, 153, 155, 156 und des § 168 Nr. 3 der Konkursordnung entsprechende Anwendung.

§ 16. Von den Steuern, die das Reich, die Länder und die Gemeinden (Gemeindeverbände) vom Einkommen, vom Vermögen sowie vom Gewerbebetrieb erheben, ist die Deutsche Rentenbank-Kreditanstalt befreit. Von den Steuern, die die Länder und Gemeinden (Gemeindeverbände) vom Grundbesitz erheben, ist sie insoweit befreit, wie es die Landschaften (die landschaftlichen Kreditanstalten) nach den jeweils geltenden Vorschriften sind.

Aus Anlaß der Gründung der Deutschen Rentenbank-Kreditanstalt dürfen vom Reiche, den Ländern und Gemeinden (Gemeindeverbänden) Abgaben und Kosten irgendwelcher Art nicht erhoben werden. Das gleiche gilt für die Überweisungen von der Reichsbank, der Deutschen Rentenbank (§ 6) und der Treuhandstelle für die Deutsche Rentenbank.

Die im § 12 bezeichneten Schuldverschreibungen der Deutschen Rentenbank-Kreditanstalt werden hinsichtlich der Wertpapiersteuer des Kapitalverkehrssteuergesetzes den Schuldverschreibungen inländischer Hypothekenbanken gleichgestellt.

Wird für die Schuldverschreibungen (Abs. 3) eine Wertpapiersteuer erhoben, so sind Pfandbriefe der im § 12 Abs. 2 bezeichneten Bodenkreditinstitute und Hypothekenbanken von der Wertpapiersteuer befreit, falls die Pfandbriefe lediglich zur Deckung der Schuldverschreibungen der Deutschen Rentenbank-Kreditanstalt gemäß § 12 Abs. 2 bestimmt sind und ihre Unveräußerlichkeit hinreichend gesichert ist. Der Reichsminister der Finanzen wird ermächtigt, nähere Bestimmungen über die Förmlichkeiten zu treffen; er kann weitere Voraussetzungen für die Befreiung festsetzen.

§ 17. Über das Vermögen, das der Deutschen Rentenbank-Kreditanstalt nach Beendigung ihrer Liquidation, die nur auf Grund eines Gesetzes erfolgen darf, verbleibt, beschließt die Anstaltsversammlung mit Genehmigung der Reichsregierung unter Zustimmung des Reichstags und des Reichsrats. Das Vermögen darf nur für landwirtschaftliche Zwecke im Sinne des § 2 verwendet werden.

§ 18 im Hinblick auf die Neufassung des § 14 Abs. 2 des Liquidierungsgesetzes außer Anwendung gesetzt.

§ 19. Der Reichsregierung bleibt vorbehalten, die zur Durchführung dieses Gesetzes erforderlichen Verwaltungsvorschriften zu erlassen.

b) Erste Durchführungsvorschriften zum Gesetz über die Errichtung der Deutschen Rentenbank-Kreditanstalt, betr. die Bestellung von Kommissaren der Reichsregierung, vom 1. August 1925.[1])

Auf Grund der §§ 15 und 19 des Gesetzes über die Errichtung der Deutschen Rentenbank-Kreditanstalt vom 18. Juli 1925 (RGBl. I S. 145) wird folgendes bestimmt:

I.

Zur Wahrnehmung der Aufsicht über die Deutsche Rentenbank-Kreditanstalt werden zwei Kommissare der Reichsregierung bestellt, von denen der eine von dem Reichsminister für Ernährung und Landwirtschaft, der zweite von dem Reichsminister der Finanzen ernannt wird. Die Amtsbezeichnung der Kommissare lautet: „Komissar der Reichsregierung bei der Deutschen Rentenbank-Kreditanstalt"; sie sind berechtigt, ein Dienstsiegel zu führen.

Jeder der genannten Minister kann einen Vertreter des Kommissars bestellen.

[1]) RAnz. Nr. 184 vom 8. Aug. 1925.

II.

Die Kommissare haben das öffentliche Interesse wahrzunehmen und darüber zu wachen, daß der Geschäftsbetrieb der Deutschen Rentenbank-Kreditanstalt mit den Gesetzen, der Satzung und den sonst in verbindlicher Weise getroffenen Bestimmungen in Einklang erhalten wird.

Sie haben namentlich darüber zu wachen, daß die Kreditgewährung durch die Deutsche Rentenbank-Kreditanstalt in einer Weise erfolgt, die die Landwirtschaft befähigt, die ihr aus dem Gesetz über die Liquidierung des Umlaufs an Rentenbankscheinen vom 30. August 1924 (RGBl. II S. 252), namentlich aus §§ 4 und 11 erwachsene Verpflichtung zu erfüllen.

Sie haben darüber zu wachen, daß die in den Durchführungsvorschriften vorgesehenen Bestimmungen über die Treuhandschaft eingehalten werden.

III.

Jeder Kommissar ist befugt:

a) jederzeit die Bücher und Schriften der Bank einzusehen sowie den Bestand der Kasse und die Bestände an Wertpapieren zu untersuchen,

b) von den Organen der Deutschen Rentenbank-Kreditanstalt Auskunft über alle Geschäftsangelegenheiten zu verlangen,

c) an den Sitzungen des Verwaltungsrats und der Anstaltsversammlung teilzunehmen und Anträge zu stellen; ihm ist auf Verlangen jederzeit das Wort zu erteilen.

Die Kommissare sind gemeinsam befugt:

a) die Berufung des Verwaltungsrats und der Anstaltsversammlung, die Anberaumung von Sitzungen der Verwaltungsorgane sowie die Ankündigung von Gegenständen zur Beschlußfassung zu verlangen und, wenn dem Verlangen nicht entsprochen wird, die Berufung, Anberaumung oder Ankündigung auf Kosten der Deutschen Rentenbank-Kreditanstalt selbst vorzunehmen,

b) die Ausführung von Beschlüssen oder Anordnungen zu untersagen, die gegen das Gesetz, die Satzung oder die sonst in verbindlicher Weise getroffenen Bestimmungen verstoßen,

c) die Maßnahmen zu treffen, die geboten sind, eine Schädigung des öffentlichen Interesses zu verhindern.

IV.

Der Nachweis der Befugnis zur Vertretung der Deutschen Rentenbank-Kreditanstalt (Landwirtschaftliche Zentralbank) wird durch ein mit dem Abdruck des Dienststempels versehenes Zeugnis eines der Kommissare der Reichsregierung bei der Deutschen Rentenbank-Kreditanstalt geführt.

c) Zweite Durchführungsvorschriften zum Gesetz über die Errichtung der Deutschen Rentenbank-Kreditanstalt, betreffend Treuhandschaft, vom 16. Mai 1929.[1])

Auf Grund der §§ 5 und 19 des Gesetzes über die Errichtung der Deutschen Rentenbank-Kreditanstalt vom 18. Juli 1925 (RGBl. I S. 145, 156) in der Fassung vom 28. November 1925 (RGBl. I S. 391) und vom 31. März 1928 (RGBl. I S. 134) wird folgendes bestimmt:

§ 1. Pfandbriefe, Hypotheken und Schuldurkunden, die gemäß § 12 Abs. 2 des Gesetzes über die Errichtung der Deutschen Rentenbank-Kreditanstalt die Deckung für die von der Deutschen Rentenbank-Kreditanstalt ausgegebenen Schuldverschreibungen bilden, sind von der Deutschen Rentenbank-Kreditanstalt einzeln in ein Register einzutragen.

Soweit auf Grund des § 12 Abs. 2 Satz 5 des Gesetzes für eine bestimmte Gattung von Schuldverschreibungen eine gesonderte Deckungsmasse gebildet wird, ist für sie ein gesondertes Register zu führen.

§ 2. Die Reichsregierung bestellt bei der Deutschen Rentenbank-Kreditanstalt einen oder mehrere Treuhänder (Haupttreuhänder) sowie die erforderliche Anzahl von Stellvertretern. Werden mehrere Haupttreuhänder bestellt, so bestimmt die Reichsregierung, wie die Zuständigkeit der Haupttreuhänder und der Stellvertreter untereinander geregelt wird.

Die Bestellung erfolgt nach Anhörung der Deutschen Rentenbank-Kreditanstalt. Sie kann jederzeit widerrufen werden.

Soweit nach § 5 Abs. 2 dieser Vorschriften Deckungsunterlagen sich unter dem Mitverschluß der in § 3 Abs. 1

[1]) RAnz. Nr. 113 vom 17. Mai 1929.

Ziff. 1 des Gesetzes bezeichneten Kreditinstitute und Stellen (Zwischenstellen) befinden, können bei diesen Zwischenstellen besondere Treuhänder (Bezirkstreuhänder) sowie die erforderlichen Stellvertreter bestellt werden. Für die Bezirkstreuhänder gelten die Bestimmungen in Abs. 1 und 2 entsprechend.

§ 3. Die Haupttreuhänder haben darauf zu achten, daß die vorschriftsmäßige Deckung (§ 12 Abs. 2 des Gesetzes) für die Schuldverschreibungen jederzeit vorhanden ist, und daß die Deckung den gesetzlichen und von der Reichsregierung erlassenen allgemeinen und besonderen Vorschriften entspricht.

§ 4. Die Haupttreuhänder haben darauf zu achten, daß die als Deckung bestimmten Pfandbriefe, Hypotheken und Schuldurkunden in das Deckungsregister (§ 1 Abs. 1 dieser Vorschrift) eingetragen werden. Werden gesonderte Deckungsregister gemäß § 1 Abs. 2 dieser Vorschriften angelegt, so haben sie ferner darauf zu achten, daß die zur Sonderdeckungsmasse gehörigen Pfandbriefe, Hypotheken und Schuldurkunden in die gesonderten Deckungsregister eingetragen werden.

Soweit auf Grund von besonderen Vorschriften der Reichsregierung eine Deckung nur befristet zugelassen ist, haben sie dafür zu sorgen, daß nach Ablauf dieser Frist eine anderweitige vorschriftsmäßige Deckung bestellt wird.

Die Haupttreuhänder haben durch einen in dem Deckungsregister in der hierfür vorgesehenen Spalte anzubringenden Vermerk zu bescheinigen, daß die eingetragenen Pfandbriefe, Hypotheken und Schuldurkunden den gesetzlichen und den von der Reichsregierung vorgeschriebenen Bedingungen für die Deckung entsprechen.

Soweit sich die Deckungsunterlagen in eigener Verwahrung der Haupttreuhänder befinden, haben sie die erforderlichen Prüfungen selbst vorzunehmen. Soweit die Deckungsunterlagen von den Bezirkstreuhändern zu verwahren sind (§ 5 dieser Vorschriften), haben diese die Prüfung vorzunehmen und auf einer von ihnen auszustellenden Nachweisung den Haupttreuhändern zu bescheinigen, daß die in ihrer Verwahrung befindlichen Unterlagen den über die Deckung erlassenen Vorschriften entsprechen; in diesem Falle haben die Haupttreuhänder die Bescheinigung in dem Deckungsregister auf Grund der ihnen von den Bezirkstreuhändern vorgelegten Nachweisung auszustellen.

Die in das Deckungsregister eingetragenen Pfandbriefe, Hypotheken und Schuldurkunden können nur mit Zustimmung der Haupttreuhänder in dem Register gelöscht werden. Die Zustimmung bedarf der schriftlichen Form. Sie kann in der Weise erfolgen, daß der Haupttreuhänder seine Namensunterschrift dem Löschungsvermerk im Deckungsregister beifügt.

§ 5. Die Haupttreuhänder haben die Hypothekenbriefe und Schuldurkunden über die in das Deckungsregister eingetragenen Hypotheken und Forderungen (§ 12 Abs. 2 Satz 3 des Gesetzes) sowie die in das Register eingetragenen Pfandbriefe unter dem Mitverschluß der Deutschen Rentenbank-Kreditanstalt zu verwahren.

Die Reichsregierung kann bei der Genehmigung der Ausgabe der Schuldverschreibungen bestimmen, daß die Bezirkstreuhänder die in Abs. 1 genannten Urkunden unter dem Mitverschluß der in § 3 Abs. 1 Ziff. 1 des Gesetzes bezeichneten Kreditinstitute und Stellen (Zwischenstellen) verwahren. In diesem Fall haben sie den Haupttreuhändern eine Aufstellung über die Urkunden unverzüglich, nachdem sie sie in Verwahrung genommen haben, einzusenden.

Das gemäß § 12 Abs. 2 Satz 4 des Gesetzes zur Deckung der Schuldverschreibungen bestimmte Geld ist bei von der Reichsregierung bestimmten Banken dergestalt anzulegen, daß darüber ausschließlich der von der Reichsregierung hierzu bestellte Haupttreuhänder verfügen kann.

Die Haupttreuhänder dürfen die Herausgabe der in Abs. 1 genannten Urkunden sowie die Freigabe des gemäß Abs. 3 ihrer Verfügung unterliegenden Geldes nur nach Maßgabe der nachfolgenden Bestimmungen vornehmen. Die Bezirkstreuhänder bedürfen zur Herausgabe der schriftlichen Genehmigung des zuständigen Haupttreuhänders, die nur bei Vorliegen der in Satz 1 genannten Voraussetzungen erteilt werden darf.

§ 6. Die Haupttreuhänder sind verpflichtet, Pfandbriefe, Hypotheken und Schuldurkunden, die sie in Verwahrung haben, auf Verlangen der Deutschen Rentenbank-Kreditanstalt herauszugeben und zur Löschung im Deckungsregister mitzuwirken, soweit die übrigen in das Register eingetragenen Pfandbriefe, Hypotheken und Schuldurkunden zur Deckung der Schuldverschreibungen genügen oder die Deutsche Rentenbank-Kreditanstalt eine andere vorschriftsmäßige Deckung beschafft. Entsprechendes gilt für die Freigabe von Geld, das als Deckung für die Schuldverschreibungen dient. Befinden sich die Urkunden in Verwahrung eines Bezirkstreuhänders, so tritt an Stelle der Herausgabe durch die Haupttreuhänder die schriftliche Anweisung des zuständigen Haupttreuhänders an den Bezirkstreuhänder zur Herausgabe.

Soweit gesonderte Deckungsregister eingerichtet werden, darf eine Herausgabe (Freigabe) und Löschung nur erfolgen, wenn für die Sonderdeckungsmasse, für die das Register angelegt ist, die in Abs. 1 genannten Voraussetzungen zutreffen.

Bedarf die Deutsche Rentenbank-Kreditanstalt einer Hypotheken- oder Schuldurkunde nur zum vorübergehenden Gebrauch, so haben die Haupttreuhänder sie herauszugeben, ohne daß die Deutsche Rentenbank-Kreditanstalt verpflichtet ist, eine andere Deckung zu beschaffen. Die Haupttreuhänder haben dafür zu sorgen, daß in diesem Falle die Urkunden innerhalb einer angemessenen Frist wieder in ihre Verwahrung zurückgelangen. Befinden sich die Urkunden in Verwahrung eines Bezirkstreuhänders, so hat dieser der Aufforderung der Zwischenstelle gegenüber, in deren Mitbesitz sich die Urkunden befinden, die gleichen Rechte und Pflichten wie ein Haupttreuhänder; jede Herausgabe und Wiederhereinnahme der Urkunden hat er dem zuständigen Haupttreuhänder anzuzeigen.

§ 7. Die Haupttreuhänder sind befugt, jederzeit die Bücher und Schriften der Deutschen Rentenbank-Kreditanstalt einzusehen, soweit sie sich auf die Schuldverschreibungen und auf die in das Register eingetragenen Pfandbriefe, Hypotheken und Schuldurkunden sowie auf das als Deckung angelegte Geld beziehen. Das gleiche gilt für Bücher und Schriften der Zwischenstellen, soweit sie sich auf die in das Deckungsregister eingetragenen Pfandbriefe, Hypotheken und Schuldurkunden beziehen, die von den Bezirkstreuhändern unter Mitverschluß der Zwischenstellen verwahrt werden. Den Bezirkstreuhändern stehen hier die gleichen Rechte und Pflichten wie den Haupttreuhändern zu. Die Deutsche Rentenbank-Kreditanstalt ist verpflichtet, den Zwischenstellen bei Gewährung von Darlehen eine Bindung dahingehend aufzuerlegen, daß sie die Einsicht in ihre Bücher und Schriften in dem erwähnten Umfange gestattet.

Die Deutsche Rentenbank-Kreditanstalt ist verpflichtet, von Kapitalrückzahlungen auf die in das Deckungsregister eingetragenen Pfandbriefe, Hypotheken und Schuldurkunden sowie von sonstigen erheblichen Änderungen, welche die Hypotheken und die in den Schuldurkunden verbrieften Forderungen betreffen, den Haupttreuhändern fortlaufend Mitteilung zu machen. Sie hat die gleiche Verpflichtung den Zwischenstellen gegenüber den Bezirkstreuhändern hinsichtlich der Pfandbriefe, Hypotheken und Schuldurkunden aufzuerlegen, die sich im Mitbesitz der Zwischenstellen befinden. Die Bezirkstreuhänder sind verpflichtet, die ihnen zugehenden Mitteilungen unverzüglich an den zuständigen Haupttreuhänder weiterzuleiten.

§ 8. Zur Entscheidung von Streitigkeiten zwischen den Bezirkstreuhändern und den Zwischenstellen sind die Haupttreuhänder zuständig. Streitigkeiten zwischen den Haupttreuhändern sowie Bezirkstreuhändern einerseits und der Deutschen Rentenbank-Kreditanstalt andererseits entscheidet der Reichsminister für Ernährung und Landwirtschaft endgültig.

§ 9. Die Haupttreuhänder und Bezirkstreuhänder sind verpflichtet, Verhältnisse der Hypothekenschuldner oder der mit einer Hypothek belasteten Grundstücke sowie Verhältnisse von natürlichen und juristischen Personen, deren Schuldurkunden als Deckung hinterlegt sind, die sie bei Wahrnehmung ihrer Obliegenheiten erfahren haben, Außenstehenden gegenüber geheimzuhalten und Geschäfts- und Betriebsgeheimnisse der genannten Personen, der Deutschen Rentenbank-Kreditanstalt und der Zwischenstellen, die sie in gleicher Weise erfahren haben, nicht unbefugt zu verwerten. Dies gilt auch nach Beendigung der Treuhandschaft.

§ 10. Der von der Reichsregierung hierzu bestellte Haupttreuhänder hat die auszugebenden Schuldverschreibungen mit einer Bescheinigung zu versehen, daß die vorschriftsmäßige Deckung für sie vorhanden und in das Deckungsregister eingetragen ist.

§ 11. Die Haupttreuhänder sowie die Bezirkstreuhänder haben Anspruch auf angemessene Vergütung durch die Deutsche Rentenbank-Kreditanstalt. Die Vergütung wird, wenn eine Einigung zwischen ihnen und der Deutschen Rentenbank-Kreditanstalt nicht erzielt wird, durch den Reichsminister für Ernährung und Landwirtschaft festgesetzt.

Die Deutsche Rentenbank-Kreditanstalt ist verpflichtet, den Haupttreuhändern angemessene Arbeitsräume, die notwendigen Hilfskräfte und den erforderlichen Sachbedarf bereitzustellen und für die Bereitstellung von Arbeitsräumen, Arbeitskräften und Sachbedarf an die Bezirkstreuhänder bei den Zwischenstellen zu sorgen. Die Haupttreuhänder und Bezirkstreuhänder haben ferner gegenüber der Deutschen Rentenbank-Kreditanstalt, soweit Dienstreisen erforderlich werden, Anspruch auf Ersatz der Reisekosten und auf angemessene Tagegelder. Die Bestimmungen in Abs. 1 Satz 2 gelten entsprechend.

§ 12. Werden bei Abschluß von Anleihen von der Deutschen Rentenbank-Kreditanstalt Bestimmungen über die Bestellung von Treuhändern und über die Beschaffenheit der für die Anleihe zu stellenden Deckung vereinbart, so kann die Reichsregierung anordnen, daß die vereinbarten Bestimmungen an die Stelle der vorstehenden Bestimmungen treten.

d) Allgemeine Vorschriften über die nach § 12 des Gesetzes über die Errichtung der Deutschen Rentenbank-Kreditanstalt auszustellenden Schuldverschreibungen vom 1. August 1925 und Änderung vom 12. Oktober 1927.[1])

Mit Zustimmung des Reichsrats werden folgende Allgemeine Vorschriften über die nach § 12 des Gesetzes über die Errichtung der Deutschen Rentenbank-Kreditanstalt vom 18. Juli 1925 auszustellenden Schuldverschreibungen erlassen:

Es dürfen Schuldverschreibungen nur bis zu dem Betrage ausgegeben werden, bis zu welchem die Genehmigung der Reichsregierung vorliegt.

Die Schuldverschreibungen werden ausgestellt von der Deutschen Rentenbank-Kreditanstalt (Landwirtschaftliche Zentralbank).

Sie müssen die Unterschrift des Vorstandes der Deutschen Rentenbank-Kreditanstalt (Landwirtschaftliche Zentralbank) tragen, die vervielfältigt werden kann.

Die Schuldverschreibungen können lauten auf Reichsmark, Goldmark (eine Goldmark = Wert von $^1/_{2790}$ Kilogramm Feingold), Feingold oder auf folgende ausländische Währungen: nordamerikanischer Dollar, englisches Pfund, Schweizer Franken, holländischer Gulden, schwedische Krone.

---

[1]) RAnz. Nr. 184 vom 8. Aug. 1925.

Die Schuldverschreibungen müssen Angaben enthalten über den Aufbau und die Mittel der Deutschen Rentenbank-Kreditanstalt, die Deckung, Verzinsung, Rückzahlungsverpflichtung und die Möglichkeit einer früheren Tilgung durch Rückkauf oder Auslosung.

Von den Angaben über den Aufbau und die Mittel der Anstalt kann mit Zustimmung der Reichsregierung dann abgesehen werden, wenn sie bereits in dem über die fraglichen Schuldverschreibungen ausgegebenen Prospekt enthalten sind.

Die Schuldverschreibungen sind mit Zinsscheinbogen auszustatten, auf denen die Termine für die Zinszahlungen und die Zahlstellen zu bezeichnen sind.

e) Satzung der Deutschen Rentenbank-Kreditanstalt (Landwirtschaftliche Zentralbank).[1])

I. Geschäfte der Anstalt.

§ 1. (1) Die Gewährung von Personalkrediten und von Krediten zur Förderung der Bodenkultur und der landwirtschaftlichen Siedlung erfolgt gegen folgende Sicherheiten:

1. Wechsel, welche eine Verfallzeit von höchstens neun Monaten haben und aus welchen in der Regel drei, mindestens aber zwei als zahlungsfähig bekannte Verpflichtete haften,
2. bewegliche Pfänder (Lombardunterlagen), und zwar
   a) Pfandbriefe staatlicher, landschaftlicher, kommunaler oder anderer unter staatlicher Aufsicht stehender Bodenkreditinstitute Deutschlands und deutscher Hypothekenbanken zu höchstens drei Viertel des Kurswertes. Diesen Pfandbriefen stehen gleich die auf den Inhaber lautenden Schuldverschreibungen der Deutschen Rentenbank-Kreditanstalt und öffentlich-rechtlicher Bodenkreditinstitute des Inlandes sowie diejenigen auf den Inhaber lautenden Schuldverschreibungen der übrigen vorbezeichneten Institute und Banken, welche auf Grund von Darlehen ausgestellt werden, die an

[1]) RAnz. Nr. 179 vom 3. Aug. 1925; geändert durch Beschluß vom 30. März 1926, genehmigt durch die Reichsregierung am 16. Juni 1926.

inländische kommunale Korporationen oder gegen Übernahme der Garantie durch eine solche Korporation gewährt sind,

b) die Auslosungsrechte der Anleiheablösungsschuld des Deutschen Reichs, ferner zinstragende oder spätestens nach einem Jahre fällige auf den Inhaber lautende Schuldverschreibungen des Reichs, deutscher Länder oder deutscher Kommunalverbände, die nach dem 1. Januar 1925 ausgegeben sind, sowie zinstragende auf den Inhaber lautende nach dem 1. Januar 1925 ausgegebene Schuldverschreibungen, deren Zinsen vom Reich oder einem Lande garantiert sind, zu höchstens drei Viertel des Kurswertes,

c) dinglich gesicherte Sachwertanleihen, die von der Reichsbank als lombardfähig anerkannt sind, sowie Sachwertanleihen der Länder zu höchstens drei Viertel des Kurswertes,

d) zinstragende auf den Inhaber lautende Schuldverschreibungen nichtdeutscher Staaten sowie staatlich garantierte ausländische Eisenbahn-Prioritätsobligationen zu höchstens 50 v. H. des Kurswertes,

e) Reichsbankanteile zu höchstens 60 v. H. des Kurswertes,

f) sonstige von der Reichsbank zugelassene Lombardunterlagen zum Beleihungssatze der Reichsbank,

g) bei Darlehen gemäß § 3 Abs. 1 Ziff. 1 c des Gesetzes Schuldurkunden von inländischen Körperschaften des öffentlichen Rechts, soweit sie Träger von Meliorationsunternehmungen sind oder soweit ihr Geschäftsbetrieb auf Gewährung von Meliorationskredit gerichtet ist, desgleichen Landeskulturrentenbriefe bis höchstens drei Viertel des Kurswertes, sowie grundbuchmäßige Sicherheiten, die an Grundstücken von Siedlungsunternehmungen bestellt sind.

(2) In besonderen Fällen kann die Garantie des Reichs, eines Landes oder eines Provinzialverbandes als Sicherheit angesehen werden.

§ 2. (1) Den Pfandbriefen, die als Deckung für ausgegebene Schuldverschreibungen und als Sicherheiten bei Darlehen zum Zwecke der Versorgung der Landwirtschaft mit Realkredit hereingenommen werden, müssen gegenüberstehen Hypotheken, die aus den von der Anstalt herrührenden

Mitteln an inländischen land- und forstwirtschaftlichen Grundstücken bestellt werden.

(2) Soweit die Schuldverschreibungen durch Hypotheken gedeckt werden, muß die Deckung in Hypotheken von mindestens gleicher Höhe und mit mindestens gleichem Zinsertrage bestehen.

(3) Die Deckungshypotheken (Abs. 2) dürfen 50 v. H. der für die Vermögenssteuer vom Jahre 1924 berichtigten Wehrbeitragswerte der belasteten Grundstücke nicht übersteigen. Ist ein berichtigter Wehrbeitragswert nicht festgestellt oder feststellbar oder erscheint er im Einzelfalle oder im allgemeinen nicht mehr als geeignete Grundlage für die Berechnung der Grundstückswerte, so kann an seine Stelle ein anderer amtlicher Wertmesser oder derjenige Wert treten, der sich nach den gesetzlichen oder statutarischen Beleihungssätzen der im § 4 Abs. 1 des Gesetzes über die Errichtung der Deutschen Rentenbank-Kreditanstalt angeführten Institute ergibt.

II. Organisation und Verwaltung der Anstalt.

§§ 3 bis 19 behandeln den Vorstand, der nur nach Anhörung des Verwaltungsrats der Deutschen Rentenbank bestellt werden soll, den Verwaltungsrat und die Anstaltsversammlung.

III. Allgemeine Bestimmungen.

§ 20. Die Anstalt dient gemeinnützigen Zwecken.

§ 21. Das Geschäftsjahr ist das Kalenderjahr. Das erste Geschäftsjahr endet am 31. Dezember 1925.

§ 22. Öffentliche Bekanntmachungen der Anstalt erfolgen im Deutschen Reichsanzeiger und außerdem in den von dem Verwaltungsrat jeweils bestimmten Zeitungen.

§ 23. Die Kommissare der Reichsregierung sind zu allen Sitzungen des Verwaltungsrats und der Anstaltsversammlung einzuladen. Soweit auf der Tagesordnung des Verwaltungsrats oder der Anstaltsversammlung Gegenstände angekündigt sind, die Fragen des Geschäftsverkehrs mit Realkreditinstituten oder Auslandskredite betreffen, ist von den Sitzungen dem Reichswirtschaftsminister Nachricht zu geben; dieser ist befugt, zu den Sitzungen Vertreter zu entsenden. Das gleiche gilt hinsichtlich des Reichsarbeitsministers, sofern es sich um Gegenstände der Tagesordnung handelt, die Kredite gemäß § 3 Abs. 1 Ziff. 1 c des Gesetzes betreffen.

5. Die Bank für deutsche Industrieobligationen.

a) Gesetz zur Aufbringung der Industriebelastung (Aufbringungsgesetz) vom 30. August 1924.[1])

(Auszug.)

I. Der Kreis der Belasteten.

§ 2. (1) Aufbringungspflichtig sind die Unternehmer sämtlicher industriellen und gewerblichen Betriebe mit Einschluß des Bergbaues, des Verkehrs-, Bank-, Versicherungs-, Gast-, Schank- und Beherbergungsgewerbes sowie des Handels. Unternehmer von landwirtschaftlichen, forstwirtschaftlichen oder gärtnerischen Betrieben, von Viehzucht-, Weinbau- oder Fischereibetrieben sind nicht aufbringungspflichtig; auch Nebenbetriebe landwirtschaftlichen, forstwirtschaftlichen oder gärtnerischen Charakters, die zu industriellen und gewerblichen Betrieben gehören, sind nicht aufbringungspflichtig.

(2) Industrielle oder gewerbliche Betriebe im Sinne dieses Gesetzes sind auch die werbenden Betriebe des Reichs, der Länder und der Gemeinden (Gemeindeverbände) sowie solche werbenden Betriebe, deren Erträge ausschließlich dem Reiche, den Ländern oder den Gemeinden (Gemeindeverbänden) zufließen. Der Begriff der werbenden Betriebe bestimmt sich nach § 4 Abs. 2, 3 der Verordnung zur Ausführung des § 60 des Finanzausgleichsgesetzes vom 21. Juli 1923 (RGBl. I S. 731); öffentliche oder dem öffentlichen Verkehre dienende Sparkassen gelten jedoch als werbende Betriebe, wenn sie sich nicht auf die Pflege des eigentlichen Sparkassenverkehrs beschränken. Die Vorschrift des Abs. 1 Satz 2 gilt entsprechend. Der Betrieb der Reichspost gilt nicht als werbender Betrieb im Sinne dieses Gesetzes.

(3) Die Vorschriften des § 1 Abs. 2, 3 des Industriebelastungsgesetzes finden entsprechende Anwendung.

(4) Die Reichsregierung kann die Unternehmer bestimmter Arten von Betrieben von der Aufbringungspflicht

---

[1]) RGBl. 1924 II S. 269; für das Saarland mit Wirkung vom 1. Jan. 1936 in Kraft gesetzt durch § 21 der VO. über die Einführung von Reichssteuern im Saarland vom 12. Dez. 1935 (RGBl. I S. 1517, 1521).

befreien, sofern diese Betriebe lediglich gemeinnützigen Zwecken dienen oder sofern zwingende Billigkeitsgründe vorliegen.[1])

II. Umlegung der aufzubringenden Beträge.

§ 4. (1) Der Betrag, den ein aufbringungspflichtiger Unternehmer jährlich zu entrichten hat, bemißt sich nach einem Kapitalbetrage, der auf Grund des zur Vermögenssteuer veranlagten Betriebsvermögens festgestellt wird. Nach Maßgabe der Veranlagung zu späteren Vermögenssteuern werden die auf die einzelnen Unternehmer entfallenden Jahresbeträge neu umgelegt. Soweit eine Veranlagung nicht vorgenommen worden ist, wird das Vermögen nach den Vorschriften des Vermögenssteuergesetzes festgestellt.

(2) Bei den Umlegungen (Abs. 1) kann nach näherer Bestimmung der Reichsregierung auf die Ertragsfähigkeit der einzelnen Betriebsvermögen Rücksicht genommen werden.

(3) Die Reichsregierung bestimmt nach den Grundsätzen der Abs. 1, 2 die für die Berechnung der Jahresleistungen maßgeblichen Sätze. Die Bestimmung der Sätze ist für die Verwaltungsbehörden und die Gerichte bindend.

III. Verfahren.

§ 6. (1) Bei der Durchführung dieses Gesetzes finden, soweit nicht in ihm oder in den dazu ergehenden Durchführungsbestimmungen etwas anderes vorgeschrieben ist, die Vorschriften der Reichsabgabenordnung und der Art. VII und VIII der Dritten Steuernotverordnung sinngemäße Anwendung; dies gilt insbesondere für das Ermittlungs- und Festsetzungsverfahren, das Rechtsmittelverfahren, das Erhebungs- und Beitreibungsverfahren einschließlich des Stundungsverfahrens sowie das Erstattungsverfahren.

(2) Sachlich zuständig sind die Finanzbehörden des Reichs.

(3) Die Vorschriften der §§ 23 a, 245 Abs. 2 der Reichsabgabenordnung finden keine Anwendung. Die Mitwirkung der Ausschüsse gemäß § 25 der Reichsabgabenordnung ist ausgeschlossen.

§ 7. Über den Betrag der Jahresleistungen wird ein schriftlicher Bescheid erteilt.

---

[1]) Vgl. Zweiten Abschnitt Kap. II Erster Teil der VO. vom 23. Dez. 1931 (RGBl. I S. 779, 780) und VO. vom 6. Juli 1933 (RGBl. I S. 460).

§ 8. Wird die Bemessungsgrundlage durch Rechtsmittelentscheidung, Neuveranlagung, Berichtigung oder eine andere Verfügung geändert, so ist der Bescheid (§ 7) von Amts wegen entsprechend zu berichtigen.

§ 9. Gegen den Bescheid sind die Berufung und die Rechtsbeschwerde nach der Reichsabgabenordnung gegeben. Das Rechtsmittel kann nicht darauf gestützt werden, daß das der Veranlagung zur Vermögensteuer zugrunde gelegte Betriebsvermögen zu hoch bewertet worden sei; jedoch kann nach näherer Bestimmung der Reichsregierung geltend gemacht werden, daß ein Gegenstand nicht zum Betriebsvermögen gehöre.[1])

VI. Steuerbefreiungen.

§ 14.[2]) (2) Aus Anlaß ihrer (d. i. der Bank für deutsche Industrieobligationen) Errichtung sowie von Eintragungen in das Handelsregister werden vom Reiche und den Ländern Gesellschaftssteuer, Stempelabgaben und Kosten nicht erhoben.

VII. Schlußvorschriften.

§ 15. Die Reichsregierung ist ermächtigt, zur Durchführung dieses Gesetzes Rechtsverordnungen und allgemeine Verwaltungsvorschriften zu erlassen; sie kann auch Abrundungsbestimmungen treffen.

b) Gesetz über die Abwicklung der Aufbringungsumlage und die Neugestaltung der Bank für deutsche Industrieobligationen (Industriebankgesetz) vom 31. März 1931.[3])

§ 1. (1) Die Aufbringungsumlage (Aufbringungsgesetz vom 30. August 1924, RGBl. II S. 269) wird außer für das Rechnungsjahr 1931 (§ 4 des Gesetzes über die Erhebung

---

[1]) Vgl. Zweiten Abschnitt Kap. II Erster Teil der VO. vom 23. Dez. 1931 (RGBl. I S. 779, 780), VO. vom 6. Juli 1933 (RGBl. I S. 460) und VO. vom 2. Juli 1934 (RGBl. I S. 536).

[2]) Die ursprüngliche Steuerbefreiung ist durch § 45 Abs. 3 des Steueranpassungsgesetzes vom 16. Okt. 1934 (RGBl. I S. 925, 941) beseitigt.

[3]) RGBl. 1931 I S. 124; unter Berücksichtigung der VO. des Reichspräsidenten zur Belebung der Wirtschaft vom 4. Sept.

der Aufbringungsumlage für das Rechnungsjahr 1930 vom 15. April 1930, RGBl. I S. 141) nur noch für die Rechnungsjahre 1932 bis 1936 erhoben. Vom Rechnungsjahr 1937 ab wird eine Umlage nicht mehr erhoben.[1])

(2) Für die Zwecke des Reichshaushalts wird die Aufbringungsumlage für das Rechnungsjahr 1931 in Höhe von 180 Millionen Reichsmark und für das Rechnungsjahr 1932 in Höhe von 80 Millionen Reichsmark in Anspruch genommen. Der Restbetrag der Aufbringungsumlage für das Rechnungsjahr 1931 in Höhe von 50 Millionen Reichsmark und für das Rechnungsjahr 1932 in Höhe von 120 Millionen Reichsmark [2]) sowie das gesamte Aufkommen der Aufbringungsumlagen für die Rechnungsjahre 1933 bis 1936 wird gemäß § 8 Abs. 1 Satz 1 ausschließlich zugunsten der deutschen Wirtschaft, insbesondere der Landwirtschaft in den östlichen Landesteilen, verwendet.

§ 2. (1) Die Aufbringungsumlage beträgt für die Rechnungsjahre 1933 bis 1936 je 100 Millionen Reichsmark.

(2) Der Betrag von 80 Millionen Reichsmark, um den sich der Gesamtbetrag der Aufbringungsumlagen 1933 bis 1936 nach der Regelung des Abs. 1 gegenüber der Regelung im § 2 Abs. 1 des Gesetzes vom 31. März 1931 (RGBl. I S. 124) ermäßigt, wird durch eine Aufbringungsumlage für das Rechnungsjahr 1937 dann nacherhoben, wenn sich ergibt, daß die der Bank für deutsche Industrieobligationen zugewiesenen Finanzierungsaufgaben die Nacherhebung dieses Betrages erforderlich machen. Die Bestimmung hierüber trifft der Reichsminister der Finanzen im Benehmen mit dem Reichswirtschaftsminister.

(3) Der Umlagesatz der Aufbringungsumlage für das Rechnungsjahr 1933 wird auf 4 vom Tausend (für 1936 ebenfalls 4 vom Tausend) des aufbringungspflichtigen Betriebsvermögens festgesetzt. Für die späteren Aufbringungs-

---

1932 (RGBl. I S. 425, 429), des Gesetzes über die Höhe der Aufbringungsumlage vom 30. Mai 1933 (RGBl. I S. 315), des Gesetzes zur Gleichschaltung des Aufsichtsrats der Bank für deutsche Industrieobligationen und zur Abänderung des Industriebankgesetzes vom 15. Juli 1933 (RGBl. I S. 489) und des Gesetzes zur Abänderung des vorigen vom 11. Dez. 1935 (RGBl. I S. 1431).

[1]) Vgl. unten c und d.

[2]) Vgl. jedoch VO. vom 14. Juni 1932 in der das Aufkommen für 1932 auf 100 Millionen Reichsmark herabgesetzt ist.

umlagen bestimmt der Reichsminister der Finanzen den Umlagesatz.

§ 3. (1) Aus den Aufbringungsumlagen für die Rechnungsjahre 1933 bis 1936 fließt der Bank für deutsche Industrieobligationen der Betrag von je 100 Millionen Reichsmark zu;[1]) von ihm werden je 80 Millionen Reichsmark für die Zwecke der landwirtschaftlichen Entschuldung im Osthilfegebiet und je 20 Millionen Reichsmark für Kredite an gewerbliche Betriebe, insbesondere kleinen und mittleren Umfanges, zur Verfügung gestellt. Die Bank für deutsche Industrieobligationen kann auf Grund dieser ihr künftig zufließenden Leistungen Kredite aufnehmen.

(2) Beträgt das tatsächliche Aufkommen aus der Aufbringungsumlage für das Rechnungsjahr 1933 weniger als 100 Millionen Reichsmark, so wird der Unterschiedsbetrag aus Mitteln des Reichshaushalts der Bank für deutsche

---

[1]) Art. 1 des Gesetzes zur Gleichschaltung des Aufsichtsrats der Bank für deutsche Industrieobligationen und zur Abänderung des Industriebankgesetzes vom 15. Juli 1933 (RGBl. I S. 489) lautet:

„Die Mittel, die der Bank für deutsche Industrieobligationen nach Maßgabe des § 3 des Gesetzes über die Abwicklung der Aufbringungsumlage und die Neugestaltung der Bank für deutsche Industrieobligationen vom 31. März 1931 (RGBl. I S. 124) zufließen, sind Einkünfte, die im Sinne

a) des § 8 Abs. 1 des Kapitels I des Zweiten Teils der Zweiten Verordnung des Reichspräsidenten zur Sicherung von Wirtschaft und Finanzen vom 5. Juni 1931 (RGBl. I S. 279, 283) in der Fassung der Vorschrift im Abschnitt II Nr. 4 des Kapitels II des Ersten Teils der Dritten Verordnung des Reichspräsidenten zur Sicherung von Wirtschaft und Finanzen und zur Bekämpfung politischer Ausschreitungen vom 6. Okt. 1931 (RGBl. I S. 537, 539),

b) des § 9 Abs. 1 des Kapitels VI des Siebenten Teils der Vierten Verordnung des Reichspräsidenten zur Sicherung von Wirtschaft und Finanzen und zum Schutze des inneren Friedens vom 8. Dez. 1931 (RGBl. I S. 699, 740) und

c) des § 15 Abs. 1 des Kapitels V Abschnitt I des Dritten Teils der Dritten Verordnung des Reichspräsidenten zur Sicherung von Wirtschaft und Finanzen usw. vom 6. Okt. 1931 (RGBl. I S. 537, 548)

von einer Körperschaft des öffentlichen Rechts herrühren."

Industrieobligationen gezahlt. Beträgt das tatsächliche Aufkommen mehr als 100 Millionen Reichsmark, so verbleibt der übersteigende Betrag der Reichskasse; Rückstände aus den Aufbringungsumlagen für das Rechnungsjahr 1932 und der Vorjahre fließen in die Reichskasse.

§ 4. (1) Die Bank für deutsche Industrieobligationen bleibt zur Wahrnehmung der im § 7 bezeichneten Aufgaben als Aktiengesellschaft bestehen.

(2) Auf die Gesellschaft finden die Vorschriften des Handelsgesetzbuchs Anwendung, soweit sich nicht aus den Bestimmungen dieses Gesetzes oder der Satzung etwas Abweichendes ergibt.

§ 5. (1) Das Grundkapital der Gesellschaft beträgt 50 (jetzt 100) Millionen Reichsmark. Der Sitz der Gesellschaft ist Berlin.

(2) Zur Erhöhung des bisherigen Grundkapitals von 10 Millionen Goldmark auf 50 Millionen Reichsmark werden die bei der Bank für deutsche Industrieobligationen gebildeten Reserven verwendet.

§ 6. (1) Die auf Grund der Kapitalerhöhung ausgegebenen neuen Aktien werden den Aktionären nach Maßgabe eines Beschlusses des Aufsichtsrats zugeteilt.

(2) Die Aktien der Gesellschaft lauten auf Namen und können nur mit Zustimmung der Gesellschaft übertragen oder verpfändet werden. Arreste und Zwangsvollstreckungen in die Aktien finden nicht statt.

(3) Die Inhaber der Aktien sind Treuhänder der Gesamtheit der Unternehmer, die nach dem Aufbringungsgesetze vom 30. August 1924 (RGBl. II S. 269) bisher zu Leistungen verpflichtet waren oder nach diesem Gesetze künftig verpflichtet sind (aufbringungspflichtige Wirtschaft).

(4) Der Inhaber verliert seine Stellung als Treuhänder und seine Rechte aus der Aktie:

a) durch Verzicht,
b) mit der Eröffnung des Konkurses über sein Vermögen,
c) mit dem Tode oder dem Eintritt der Geschäftsunfähigkeit,
d) mit der Aberkennung der bürgerlichen Ehrenrechte,
e) bei juristischen Personen mit deren Auflösung.

(5) In den Fällen des Abs. 4 kann der Aufsichtsrat die Aktie einem Dritten mit dessen Zustimmung übertragen. Bis zur Übertragung stehen die Rechte aus der Aktie der Gesellschaft zu; sie werden vom Vorsitzenden des Aufsichtsrats ausgeübt.

§ 7.[1]) (1) Die Bank für deutsche Industrieobligationen hat nach näherer Bestimmung der Satzungen folgende Aufgaben zu erfüllen:

1. a) gemäß dem Gesetz über Hilfsmaßnahmen für die notleidenden Gebiete des Ostens (Osthilfegesetz vom 31. März 1931 — RGBl. I S. 117 —) an der Entschuldung der deutschen Landwirtschaft mitzuwirken und die damit in Zusammenhang stehenden Geschäfte vorzunehmen,

   b) zur Förderung der landwirtschaftlichen Gütererzeugung und des Absatzes landwirtschaftlicher Erzeugnisse Kredite zu gewähren, die in der Regel langfristig und hypothekarisch gesichert sein sollen; für die Aufnahme dieser Tätigkeit bedarf die Bank der Genehmigung der Reichsregierung und des Reichsrats;

2. zur Förderung der Ertragsfähigkeit der deutschen Wirtschaft Kredite an gewerbliche Betriebe, insbesondere kleinen und mittleren Umfanges, zu gewähren und die damit in Zusammenhang stehenden Geschäfte vorzunehmen. Die Kredite sollen in der Regel langfristig und hypothekarisch gesichert sein. Die Satzung hat zu bestimmen, in welchem Ausmaß und unter welchen Bedingungen auch nicht hypothekarisch gesicherte Kredite gewährt werden können.[2])

---

[1]) Erweiterung vgl. VO. des Reichspräsidenten über die Schaffung einer Wirtschaftsgarantie vom 8. Juli 1931 (RGBl. I S. 351), geändert durch die VO. des Reichspräsidenten über Wirtschaft und Finanzen vom 23. Dez. 1932 (RGBl. I S. 571); für das Saargebiet mit Wirkung vom 1. Jan. 1936 in Kraft gesetzt durch § 21 der VO. über die Einführung von Reichssteuern im Saarland vom 12. Dez. 1935 (RGBl. I S. 1517, 1521), vgl. S. 126.

[2]) Verordnung des Reichspräsidenten zur Belebung der Wirtschaft vom 4. Sept. 1932 (RGBl. I S. 425, 429):

Dritter Teil.

Kreditpolitische Maßnahmen.

§ 1. Der Reichsminister der Finanzen wird ermächtigt,

3. der Bank für deutsche Industrieobligationen zur Vorfinanzierung der in den Rechnungsjahren 1933 und 1934 für die Gewährung von Krediten an gewerbliche Betriebe, insbesondere kleinen und mittleren Umfangs, vorgesehenen Beträge aus der Aufbringungsumlage (§ 7 Abs. 1 Nr. 2 des

(2) Die Bank soll sich bei der Gewährung von Krediten gemäß Abs. 1 Nr. 1 b und Nr. 2 in der Regel der Vermittlung der örtlichen Kreditinstitute bedienen.

(3) Im Rahmen der Erfüllung ihrer Aufgaben ist die Bank befugt,

a) verfügbare Kassenbestände durch Anlage nutzbar zu machen,
b) Wechsel und Devisen zu kaufen und zu verkaufen,
c) inländische Pfandbriefe zu erwerben,
d) Darlehen auf die Dauer von mindestens einem Jahre, im Einvernehmen mit dem Vertreter der Reichsbank im Aufsichtsrat auch auf kürzere Frist, aufzunehmen,
e) Bürgschaften und sonstige Gewährleistungen zu übernehmen,
f) treuhänderische Aufgaben wahrzunehmen,
g) nach Maßgabe des § 8 Abs. 1 Satz 2 Schuldverschreibungen auf den Inhaber auszugeben,
h) mit Zustimmung des Aufsichtsrats und des Kommissars Kredite für allgemeine Zwecke der Wirtschaft zu gewähren und Beteiligungen zu übernehmen; die Zustimmung des Aufsichtsrats bedarf einer Mehrheit von zwei Dritteln der gesamten Stimmen des Aufsichtsrats.

(4) Andere Geschäfte als die in Abs. 1 und 3 aufgeführten Geschäfte, insbesondere Depositengeschäfte, darf die Bank nicht betreiben.

§ 8. (1) Die Bank für deutsche Industrieobligationen hat die ihr nach § 3 zufließenden Beträge für die im § 7 Abs. 1 bezeichneten Zwecke bereitzustellen. Sie kann zur Beschaffung weiterer Mittel für die im § 7 Abs. 1 bezeichneten Zwecke mit Zustimmung der Reichsregierung Schuldverschreibungen auf den Inhaber bis zum sechsfachen Betrag ihres Grundkapitals ausgeben.

(2) Die Satzung bestimmt, in welcher Weise diese Schuldverschreibungen gedeckt werden. Bei der Ausgabe von Schuldverschreibungen kann mit Zustimmung der Reichsregierung vorgesehen werden, daß für eine bestimmte Gattung von Schuldverschreibungen eine gesonderte Deckungsmasse gebildet wird.

Industriebankgesetzes vom 31. März 1931 — RGBl. I S. 124 —) Reichsschatzanweisungen in Höhe von insgesamt 40 Millionen Reichsmark zur Verfügung zu stellen.

(3) Gibt die Bank für deutsche Industrieobligationen Schuldverschreibungen auf den Inhaber aus, so kann die Reichsregierung einen Treuhänder und einen Stellvertreter bestellen. Der Treuhänder hat darauf zu achten, daß die Ausgabe, Verwaltung und Deckung der Schuldverschreibungen den gesetzlichen, satzungsmäßigen oder sonst in verbindlicher Form ergangenen Bestimmungen sowie den Anleihebedingungen entspricht.

§ 9. (1) Die Bank für deutsche Industrieobligationen steht unter Aufsicht der Reichsregierung. Diese bestellt zur Wahrnehmung ihrer Aufsichtsrechte bei der Bank einen Kommissar. Der Kommissar hat insbesondere darüber zu wachen, daß die Geschäftstätigkeit der Bank mit den Gesetzen, der Satzung und den sonst in verbindlicher Weise getroffenen Bestimmungen in Einklang erhalten wird; er kann zu diesem Zwecke gegen Beschlüsse der Organe der Bank Einspruch erheben. Im übrigen ist die Bank in der Verwaltung und Geschäftsführung selbständig, desgleichen in der Anstellung des Personals.

(2) Der Kommissar ist befugt, mit der Durchführung seiner Aufgaben Stellvertreter zu betrauen.

(3) Die Reichsregierung hat den Reichsrat über den Geschäftsbetrieb der Bank auf dem laufenden zu halten.

§ 10. Organe der Gesellschaft sind der Vorstand, der Aufsichtsrat und die Generalversammlung.

§ 11. (1) Der Aufsichtsrat besteht einschließlich des Vorsitzenden aus 21 Mitgliedern, von denen 20 von der Reichsregierung, eins vom Reichsbankdirektorium ernannt werden.

(2) Von den von der Reichsregierung zu ernennenden Mitgliedern sollen je 1 auf Vorschlag der Deutschen Rentenbank-Kreditanstalt und der Deutschen Zentralgenossenschaftskasse, 10 aus den Kreisen der aufbringungspflichtigen Wirtschaft auf Vorschlag der Reichswirtschaftskammer, 3 aus den Kreisen der Landwirtschaft unter Berücksichtigung der verschiedenen Betriebsgrößen und Arbeitsformen, 2 auf Vorschlag der Deutschen Arbeitsfront ernannt werden.

(3) . . .

(4) Fallen die nach Abs. 2 vorschlagsberechtigten Stellen oder Verbände ohne Rechtsnachfolger fort oder vermindert sich ihr Mitgliederbestand in außerordentlicher Weise, so bestimmt die Reichsregierung, wer an ihrer Stelle vorschlagsberechtigt sein soll.

(5) Die Mitglieder des Aufsichtsrats wählen aus ihrer Mitte mit mindestens zwei Dritteln der gesamten Stimmen einen Vorsitzenden und einen Stellvertreter auf drei Jahre. Wiederwahl ist zulässig.

(6) Die Mitglieder des Aufsichtsrats werden auf drei Jahre ernannt; am Ende des ersten und des zweiten Geschäftsjahres scheiden je 7 durch das Los zu bestimmende Mitglieder aus. Wiederernennung ist zulässig. Auf die Ernennung der an Stelle der ausscheidenden neu zu ernennenden Mitglieder finden die Vorschriften der Abs. 1 bis 4 Anwendung.

(7) Die Vorsitzenden und die Mitglieder des Aufsichtsrates üben ihr Amt ehrenamtlich aus.

§ 12. (1) Die Generalversammlung hat innerhalb der ersten sechs Monate nach Ablauf eines jeden Geschäftsjahrs über die Bilanz, die Gewinn- und Verlustrechnung und die Entlastung des Vorstandes und des Aufsichtsrats Beschluß zu fassen.

(2) Die Generalversammlung beschließt über die Verwendung des jährlichen Reingewinns. Dividende wird nicht ausgeschüttet. Soweit der Reingewinn nicht den Rücklagen zugeführt wird, bedarf die Bestimmung über seine Verwendung der Genehmigung der Reichsregierung unter Zustimmung des Reichsrats.

§ 13. Die näheren Bestimmungen über die Form und Ausgabe der Aktien, über die Verfassung der Gesellschaft und über die Form, in der Erklärungen und Bekanntmachungen der Gesellschaft erfolgen, trifft die Satzung.

§ 14. (1) Die Satzung vom 30. September 1924 wird durch Beschluß der Generalversammlung den Vorschriften dieses Gesetzes angepaßt. Die Satzung bedarf der Genehmigung der Reichsregierung.

(2) Die Satzung kann nur auf Vorschlag des Aufsichtsrats durch Beschluß der Generalversammlung mit Genehmigung der Reichsregierung geändert werden.

§ 15. (1) Hat die Bank für deutsche Industrieobligationen die ihr nach § 7 Abs. 1 Nr. 1 a übertragene Aufgabe durchgeführt, so wird durch Reichsgesetz bestimmt, ob der Bank für deutsche Industrieobligationen neue Aufgaben zugewiesen werden sollen oder ob sie aufgelöst werden soll. Auch im übrigen erfolgt eine Auflösung der Bank für deutsche Industrieobligationen, abgesehen von dem Falle der Eröffnung des Konkurses über ihr Vermögen, nur auf Grund eines Reichsgesetzes.

(2) Die Verwendung des Vermögens, das im Falle der Auflösung der Bank für deutsche Industrieobligationen nach der Berichtigung der Schulden verbleibt, wird durch Reichsgesetz geregelt.

§ 16. Im Falle des Konkurses der Bank für deutsche Industrieobligationen gehen in Ansehung der Befriedigung aus denjenigen Rechten, die der Bank für deutsche Industrieobligationen auf Grund der Kreditgewährung aus dem Erlöse der nach § 8 Abs. 1 Satz 2 ausgestellten Schuldverschreibungen zustehen, und in Ansehung der Befriedigung aus der nach § 8 Abs. 2 bestellten Deckung die Forderungen der Inhaber der Schuldverschreibungen einschließlich ihrer seit Eröffnung des Konkursverfahrens laufenden Zinsforderungen den Forderungen der anderen Konkursgläubiger vor. Die Inhaber der Schuldverschreibungen haben untereinander gleichen Rang. Soweit für eine bestimmte Gattung von Schuldverschreibungen eine gesonderte Deckungsmasse gebildet ist (§ 8 Abs. 2 Satz 2), gehen in Ansehung der Befriedigung aus dieser gesonderten Deckungsmasse die Forderungen der Inhaber der Schuldverschreibungen dieser Gattung den Forderungen der Inhaber der Schuldverschreibungen anderer Gattungen vor. Für die Ansprüche der Inhaber der Schuldverschreibungen auf Befriedigung aus dem sonstigen Vermögen der Bank für deutsche Industrieobligationen finden die für die Absonderungsberechtigten geltenden Vorschriften der §§ 64, 153, 155, 156 und 168 Nr. 3 der Konkursordnung entsprechende Anwendung.

§ 17. Auf die Erhebung der Aufbringungsumlagen finden, soweit sich nicht aus § 18 dieses Gesetzes und den zu diesem Gesetze von der Reichsregierung zu erlassenden Bestimmungen etwas anderes ergibt, die §§ 2, 3 Abs. 1, §§ 4, 6 bis 9, 14, 15 des Aufbringungsgesetzes [1]) und die hierzu erlassenen Durchführungsbestimmungen entsprechende Anwendung.

§ 18. Von den vom Rechnungsjahr 1932 ab zu erhebenden Aufbringungsumlagen sind befreit Unternehmer, deren Betriebsvermögen an dem für die Vermögensfeststellung maßgebenden Stichtag 500 000 Reichsmark nicht übersteigt.

---

[1]) S. 107.

§ 19. Beträge, die aus dem ersten Teilbetrage der Aufbringungsleistungen für das Kalenderjahr 1930 und aus der Aufbringungsumlage für das Rechnungsjahr 1930 aufkommen, fließen auch weiterhin in ihrer vollen Höhe in die Reichskasse (Gesetz über die Verwendung des ersten Teilbetrags der Aufbringungsleistungen 1930 vom 3. April 1930, RGBl. II S. 679; Gesetz über die Erhebung der Aufbringungsumlage für das Rechnungsjahr 1930 vom 15. April 1930, RGBl. I S. 141).

§ 20. Durch dieses Gesetz werden aufgehoben:

1. das Gesetz über die Industriebelastung (Industriebelastungsgesetz) vom 30. August 1924 (RGBl. II S. 257), soweit es nicht bereits mit der Ingangsetzung des Neuen Planes am 17. Mai 1930 (RGBl. II S. 39 und S. 776) außer Kraft getreten ist, mit Ausnahme des § 1 Abs. 2 und 3,[1])
2. das Gesetz über die Liquidierung der Bank für deutsche Industrieobligationen vom 4. Juni 1930 (RGBl. II S. 783).

§ 21. Die Reichsregierung ist ermächtigt, zur Durchführung dieses Gesetzes Rechtsverordnungen[2]) und allgemeine Verwaltungsvorschriften zu erlassen. Sie bedarf hierzu, soweit es sich nicht um Vorschriften über die Erhebung der Aufbringungsumlage handelt, der Zustimmung des Reichsrats.

---

[1]) Gesetz über die Industriebelastung (Industriebelastungsgesetz) vom 30. Aug. 1924 (RGBl. II S. 257) (Auszug):

1. Der Kreis der Belasteten.

§ 1. (2) Dem Unternehmer steht der Eigentümer eines verpachteten oder mit einem Nießbrauch belasteten Betriebes gleich. Neben dem Eigentümer haftet der Pächter oder der Nießbraucher für die Zins- und Tilgungsbeträge als Gesamtschuldner. Die Bank für deutsche Industrieobligationen kann eine dieser Personen ganz oder zum Teil aus der Verpflichtung entlassen.

(3) Die Reichsregierung kann Bestimmungen über die Verteilung der Last zwischen dem Eigentümer einerseits und dem Pächter oder Nießbraucher andererseits treffen.

[2]) Vgl. die Durchführungsverordnungen vom 20. Jan. 1933 (RGBl. I S. 26), 6. Juli 1933 (RGBl. I S. 460), 2. Juli 1934 (RGBl. I S. 536), 5. Juli 1935 (RGBl. I S. 852).

§ 22. Dieses Gesetz tritt gleichzeitig mit den §§ 7 und 14 bis 29 des Gesetzes über Hilfsmaßnahmen für die notleidenden Gebiete des Ostens (Osthilfegesetz) in Kraft.

c) Gesetz über die Weitererhebung der Aufbringungsumlage vom 17. Juni 1936.[1])

Die Reichsregierung hat das folgende Gesetz beschlossen, das hiermit verkündet wird:

Der Reichsminister der Finanzen ist ermächtigt, im Einvernehmen mit dem Reichswirtschaftsminister anzuordnen, daß die Aufbringungsumlage (Aufbringungsgesetz vom 30. August 1924, RGBl. II S. 269) für das Rechnungsjahr 1937 und die folgenden Rechnungsjahre weiter erhoben wird. Der Reichsminister der Finanzen kann im Einvernehmen mit dem Reichswirtschaftsminister über den Kreis der aufbringungspflichtigen Unternehmer, die Höhe und den Verwendungszweck der Aufbringungsumlage Bestimmungen treffen.

d) Durchführungsverordnung zu der Aufbringungsumlage 1936 vom 23. Juni 1936.[2])

Auf Grund der Ermächtigungsvorschriften des Aufbringungsgesetzes vom 30. August 1924 (RGBl. II S. 269), des Industriebankgesetzes vom 31. März 1931 (RGBl. I S. 124) in der Fassung des Gesetzes über die Höhe der Aufbringungsumlagen vom 30. Mai 1933 (RGBl. I S. 315) und des Gesetzes über die Weitererhebung der Aufbringungsumlage vom 17. Juni 1936 (RGBl. I S. 511) wird hierdurch verordnet:

Persönliche Aufbringungspflicht.

§ 1. (1) Die persönliche Aufbringungspflicht bestimmt sich bei der Aufbringungsumlage für das Rechnungsjahr 1936 nach dem Stand vom Beginn des 1. Januar 1936.

---

[1]) RGBl. 1936 I S. 511, vgl. ferner Runderlaß des Reichsfinanzministers vom 23. Juni 1936, RStBl. 1935 vom 1. Juli 1936.

[2]) RGBl. I S. 511.

(2) Unternehmer, deren persönliche Aufbringungspflicht erst im Lauf des Kalenderjahrs 1936 eintritt, haben die Aufbringungsumlage 1936 nicht zu entrichten.

(3) Unternehmer, deren persönliche Aufbringungspflicht bei Beginn des 1. Januar 1936 bestanden hat, haben den ganzen Jahresbetrag der Aufbringungsumlage 1936 auch dann zu entrichten, wenn die persönliche Aufbringungspflicht nach diesem Zeitpunkt weggefallen ist.

Bemessungsgrundlage.

§ 2. (1) Die Aufbringungsumlage für das Rechnungsjahr 1936 wird nach dem Einheitswert bemessen, der auf den Beginn des 1. Januar 1935 für den gewerblichen Betrieb festgestellt worden ist. Ist der Einheitswert auf den Beginn des 1. Januar 1936 neu oder nachträglich festgestellt worden, so ist der hierbei festgestellte Einheitswert maßgebend. Vom Einheitswert des gewerblichen Betriebs ist der Wert derjenigen Betriebsteile abzuziehen, die auf Grund des Aufbringungsgesetzes und der dazu erlassenen Durchführungsverordnungen von der Aufbringungspflicht befreit sind; abzuziehen ist auch der Wert von Anteilen an offenen Handelsgesellschaften, Kommanditgesellschaften und ähnlichen Gesellschaften, soweit die Anteile im Einheitswert des gewerblichen Betriebs enthalten sind.

(2) Ist ein Einheitswert für den gewerblichen Betrieb nicht festzustellen, so ist der Wert des gewerblichen Betriebs auf den Beginn des 1. Januar 1935 nach den Vorschriften des Reichsbewertungsgesetzes und der dazu erlassenen Durchführungsbestimmungen vom Finanzamt besonders zu ermitteln und der Aufbringungsumlage zugrunde zu legen. Liegen in einem solchen Fall die Voraussetzungen für eine Neufeststellung oder eine Nachfeststellung im Sinn des Reichsbewertungsgesetzes auf den Beginn des 1. Januar 1936 vor, so ist der Wert maßgebend, der auf diesen Zeitpunkt ermittelt worden ist. Absatz 1 Schlußsatz gilt entsprechend.

(3) Für die Aufbringungsumlage der Eigentümer von typischen Geschäftshäusern (z. B. Fabrikgrundstücken, Lagerhäusern, Warenhäusern, Kontorhäusern und dgl.; Erster Teil Kapitel II Zweiter Abschnitt der Anpassungsverordnung vom 23. Dezember 1931, RGBl. I S. 779) ist der Einheitswert maßgebend, der für das Grundstück auf den Beginn des 1. Januar 1935 festgestellt worden ist. Absatz 1 Satz 2 gilt entsprechend. Schulden und Lasten sind, soweit sie mit

dem Grundstück in wirtschaftlichem Zusammenhang stehen, vom Einheitswert abzuziehen.

Bemessungsgrundlage im Saarland.

§ 3. (1) Im Saarland wird die Aufbringungsumlage für das Rechnungsjahr 1936 nach dem Einheitswert bemessen, der auf den Beginn des 1. Januar 1936 festgestellt worden ist (§ 2 Absätze 1 und 3).

(2) In den Fällen des § 2 Absatz 2 ist im Saarland der Wert des gewerblichen Betriebs auf den Beginn des 1. Januar 1936 besonders zu ermitteln und der Aufbringungsumlage zugrunde zu legen.

Schätzung der Bemessungsgrundlage.

§ 4. Ist bis zur Bekanntgabe des Aufbringungsbescheids ein Einheitswert noch nicht festgestellt worden, so ist die Aufbringungsumlage vorläufig festzusetzen (§ 100 der Reichsabgabenordnung). Dabei ist das aufbringungspflichtige Vermögen an Hand der vorhandenen Unterlagen (z. B. Vermögenserklärung, Handelsbilanz) zu schätzen.

Abrundung.

§ 5. Der Vermögenswert, der der Aufbringungsumlage zugrunde zu legen ist, wird auf volle 1000 Reichsmark abgerundet. Beträge bis zu 500 Reichsmark werden nach unten, Beträge über 500 Reichsmark nach oben abgerundet.

Besteuerungsgrenze.

§ 6. Die Aufbringungsumlage für das Rechnungsjahr 1936 wird nur erhoben, wenn der Vermögenswert, der der Aufbringungsumlage zugrunde zu legen ist, vor seiner Abrundung nach § 5 den Betrag von 500 000 Reichsmark übersteigt (§ 18 des Industriebankgesetzes).

Umlagesatz.

§ 7. Der Umlagesatz für das Rechnungsjahr 1936 wird auf vier vom Tausend des maßgebenden Vermögenswerts festgesetzt.

Entrichtung der Jahressteuerschuld.

§ 8. Die Aufbringungsumlage für das Rechnungsjahr 1936 wird in zwei gleichen Teilbeträgen am 10. August 1936 und 10. Februar 1937 fällig.

Vorauszahlungen.

§ 9. Bis zum 10. August und 10. Februar eines jeden Rechnungsjahrs haben die aufbringungspflichtigen Unternehmer, die bis dahin den Bescheid über die Höhe der Aufbringungsumlage für das jeweilige Rechnungsjahr noch nicht erhalten haben, als Vorauszahlung auf die Aufbringungsumlage für dieses Rechnungsjahr die Hälfte des zuletzt festgestellten Jahresbetrags der Aufbringungsumlage zu entrichten.

Abrechnung über die Vorauszahlungen.

§ 10. (1) Ist die Summe der Vorauszahlungen, die bis zur Bekanntgabe des Steuerbescheids für das Rechnungsjahr 1936 zu entrichten waren, kleiner als die Steuerschuld, die sich nach dem bekanntgegebenen Steuerbescheid über die Aufbringungsumlage für das Rechnungsjahr 1936 für die vorangegangenen Fälligkeitstage ergibt (§ 8), so ist der Unterschiedsbetrag innerhalb eines Monats nach Bekanntgabe des Steuerbescheids zu entrichten (Nachzahlung). Die Verpflichtung, rückständige Vorauszahlungen schon früher zu entrichten, bleibt unberührt.

(2) Ist die Summe der Vorauszahlungen, die bis zur Bekanntgabe des Steuerbescheids entrichtet worden sind, größer als die Steuerschuld, die sich nach dem bekanntgegebenen Steuerbescheid für die vorangegangenen Fälligkeitstage ergibt (§ 8), so wird der Unterschiedsbetrag nach Bekanntgabe des Steuerbescheids durch Aufrechnung oder Zurückzahlung ausgeglichen.

(3) Die Absätze 1 und 2 gelten entsprechend, wenn die Veranlagung durch einen neuen Bescheid (z. B. Berichtigungsveranlagung, Rechtsmittelentscheidung) mit rückwirkender Kraft geändert wird.

Nachentrichtung der Steuer.

§ 11. Hatte der Steuerpflichtige bis zur Bekanntgabe der Steuerschuld keine Vorauszahlungen zu entrichten, so hat er die Steuerschuld, die sich nach dem bekanntgegebenen Steuerbescheid für die vorangegangenen Fälligkeitstage ergibt (§ 8), innerhalb eines Monats nach Bekanntgabe des Steuerbescheids zu entrichten.

Aufkommen.

§ 12. Beträgt das tatsächliche Aufkommen aus der Aufbringungsumlage für das Rechnungsjahr 1936 weniger als 100 Millionen Reichsmark, so wird der Unterschiedsbetrag aus Mitteln des Reichshaushalts der Bank für deutsche Industrieobligationen gezahlt. Beträgt das tatsächliche Aufkommen mehr als 100 Millionen Reichsmark, so verbleibt der übersteigende Betrag der Reichskasse. Rückstände aus den Aufbringungsumlagen für das Rechnungsjahr 1935 und die Vorjahre fließen in die Reichskasse.

Fortgeltung älterer Vorschriften.

§ 13. Die Vorschriften des § 2 der Dritten Durchführungsverordnung zum Aufbringungsgesetz vom 12. Januar 1926 (RGBl. II S. 101), der §§ 4, 7 Absatz 1 und des § 8 der Zehnten Durchführungsverordnung zum Aufbringungsgesetz vom 19. Dezember 1928 (RGBl. II S. 648) sowie § 3 der Ersten Durchführungsverordnung zur Aufbringungsumlage 1931 vom 28. Juli 1931 (RGBl. I S. 413) gelten entsprechend für die Aufbringungsumlage des Rechnungsjahrs 1936.

Abgabe einer Vermögenserklärung für die werbenden Betriebe.

§ 14. (1) Die werbenden Betriebe, die der Aufbringungspflicht unterliegen (§ 2 Absatz 2 des Aufbringungsgesetzes, § 6), haben in der Zeit bis zum 20. Juli 1936 für die Zwecke der Aufbringungsumlage eine besondere Vermögenserklärung abzugeben. In dieser Erklärung ist das Vermögen auf den Zeitpunkt anzugeben, der sich nach den §§ 2 und 3 für die Bemessung der Aufbringungsumlage des Betriebs ergibt.

(2) Für jeden einzelnen Betrieb ist eine Vermögenserklärung abzugeben, auch wenn dieselbe öffentlich-rechtliche Körperschaft Unternehmerin mehrerer Betriebe ist. Die Vermögenserklärung gilt als Steuererklärung im Sinn der Reichsabgabenordnung.

(3) Die Abgabe einer Vermögenserklärung nach diesen Bestimmungen entfällt, soweit eine Vermögenserklärung auf den gleichen Zeitpunkt entweder schon auf Grund anderer Vorschriften abzugeben war oder bereits abgegeben ist.

(4) Für die Vermögenserklärungen sind Vordrucke nach dem Muster zu verwenden, das für die Vermögenserklärung 1935 (im Saarland für die Vermögenserklärung 1936) vorgesehen ist.

(5) Örtlich zuständig zur Entgegennahme der Vermögenserklärung ist das Finanzamt, in dessen Bezirk sich die Geschäftsleitung des Betriebs befindet.

Inkrafttreten.

§ 15. Die Verordnung tritt mit Wirkung ab 1. April 1936 in Kraft.

e) Erste Durchführungverordnung zum Gesetz über die Abwicklung der Aufbringungsumlage und die Neugestaltung der Bank für deutsche Industrieobligationen (Industriebankgesetz) vom 21. April 1931.[1])

Auf Grund des § 21 des Gesetzes über die Abwicklung der Aufbringungsumlage und die Neugestaltung der Bank für deutsche Industrieobligationen (Industriebankgesetz) vom 31. März 1931 (RGBl. I S. 124) verordnet die Reichsregierung mit Zustimmung des Reichsrats:

§ 1. (1) Die Reichsregierung verleiht nach Anhörung der Bank für deutsche Industrieobligationen einem oder mehreren Angestellten der Bank, die die Fähigkeit zur Bekleidung des Richteramts besitzen müssen, den Charakter als Urkundspersonen. Diese Urkundspersonen führen ein amtliches Siegel.

(2) Die von den Urkundspersonen in Angelegenheiten der Bank für deutsche Industrieobligationen aufgenommenen Urkunden haben dieselbe Wirkung, als ob sie von einem Gericht oder Notar aufgenommen wären. Die Urkundspersonen sind berechtigt, in Angelegenheiten der Bank Unterschriften zu beglaubigen sowie für die zur gesetzlichen Vertretung der Bank berechtigten Personen Zeugnisse zur Legitimation im Rechtsverkehr auszustellen.

§ 2. Die Bank für deutsche Industrieobligationen ist im Verkehr mit den Grundbuchämtern und Registerbehörden von allen Gebühren, Stempelabgaben und sonstigen Kosten befreit.

§ 3. (1) Eintragungen und Vermerke über die öffentliche Last des Industriebelastungsgesetzes vom 30. August 1924 (RGBl. II S. 257) können von Amts wegen gelöscht werden.

(2) Löschungen, die sich auf die öffentliche Last beziehen, sowie die dazu erforderlichen gerichtlichen Beurkundungen und Beglaubigungen sind von Gebühren und sonstigen Kosten befreit.

---

[1]) RGBl. II S. 401; geändert durch die VO. vom 8. April 1935 (RGBl. II S. 411).

§ 4. Wer bei der Durchführung des Industriebelastungsgesetzes vom 30. August 1924 (RGBl. II S. 257) oder des Industriebankgesetzes tätig geworden ist oder tätig wird und hierbei Kenntnis von Verhältnissen der auf Grund des Industriebelastungsgesetzes, des Aufbringungsgesetzes vom 30. August 1924 (RGBl. II S. 269) oder des Industriebankgesetzes belasteten Personen erlangt hat, ist zur Geheimhaltung dieser Verhältnisse verpflichtet; er darf Geschäfts- oder Betriebsgeheimnisse, die er dabei erfahren hat, nicht unbefugt verwerten.

§ 5. (1) Wer den Bestimmungen des § 4 vorsätzlich zuwiderhandelt, wird mit Geldstrafe oder mit Gefängnis bis zu sechs Monaten bestraft.

(2) Die Strafverfolgung tritt nur auf Antrag des Vorstandes der Bank für deutsche Industrieobligationen, des Vorstehers des für die Belastung des Unternehmers zuständigen Finanzamts oder des Unternehmers ein, dessen Interesse verletzt ist.

§ 6. Die Vorschriften der §§ 4 und 5 gelten entsprechend für die bei der Durchführung der im § 7 Abs. 1 des Industriebankgesetzes genannten Aufgaben erlangten Kenntnisse von Verhältnissen der Kreditnehmer und für die Verpflichtung zur Geheimhaltung dieser Verhältnisse mit der Maßgabe, daß die Strafverfolgung nur auf Antrag des Vorstandes der Bank für deutsche Industrieobligationen eintritt.

f) Gesetz zur Regelung der landwirtschaftlichen Schuldverhältnisse vom 1. Juni 1933.[1]

(Auszug.)

§ 101. Vorbehaltlich einer anderweiten Regelung erstreckt sich das Arbeitsgebiet der Bank für deutsche Industrieobligationen von der Beendigung ihrer Arbeit auf dem Gebiet der Entschuldung ab in erster Linie auf die gewerbliche Kreditgewährung. Sie bildet in gleicher Weise die Spitze der wirtschaftlichen Selbstverwaltung des Gewerbes, wie dies auf dem Gebiete der Landwirtschaft für die Rentenbank-Kreditanstalt gilt.

---

[1]) RGBl. 1933 I S. 331.

g) Verordnung des Reichspräsidenten über die Schaffung einer Wirtschaftsgarantie vom 8. Juli 1931.[1])

Auf Grund des Art. 48 Abs. 2 der Reichsverfassung wird entsprechend der Anregung namhafter Träger des deutschen Wirtschaftslebens folgendes verordnet:

§ 1. Die Reichsregierung wird ermächtigt, durch Rechtsverordnung in Anlehnung an die Vorschriften des Aufbringungsgesetzes vom 30. August 1924 (RGBl. II S. 269) die danach aufbringungspflichtigen Unternehmer, deren Betriebsvermögen 5 Millionen Reichsmark übersteigt, anteilig zu verpflichten, die Haftung bis zum Gesamtbetrage von 500 Millionen Reichsmark zu übernehmen, und zwar bis zum Betrage von 470 Millionen Reichsmark für etwaige Ausfälle aus Kreditgeschäften, welche die Deutsche Golddiskontbank im Interesse der Aufrechterhaltung des deutschen Auslandskredits tätigt, und bis zum Betrage von 30 Millionen Reichsmark für Zahlungen, welche die am 23. Dezember 1932 gegründete Tilgungskasse für gewerbliche Kredite nach Maßgabe der Satzung, auf Grund derer ihr der Preußische Minister für Wirtschaft und Arbeit am gleichen Tage Rechtsfähigkeit verliehen hat, nach Verwendung ihres Tilgungsfonds zu leisten hat. Die Reichsregierung erläßt die näheren Vorschriften; sie kann mit der Durchführung treuhänderischer Aufgaben die Bank für deutsche Industrieobligationen in Ergänzung der ihr im § 7 des Industriebankgesetzes vom 31. März 1931 (RGBl. I S. 124) zugewiesenen Aufgaben betrauen.

§ 2. Diese Verordnung tritt mit dem Tage der Verkündung in Kraft.

---

[1]) RGBl. 1931 I S. 351; geändert durch die Verordnung des Reichspräsidenten über Wirtschaft und Finanzen vom 23. Dez. 1932 (RGBl. I S. 571); für das Saargebiet mit Wirkung vom 1. Jan. 1936 in Kraft gesetzt durch § 21 der VO. über die Einführung von Reichssteuern im Saarland vom 12. Dez. 1935 (RGBl. I S. 1517, 1521).

h) Verordnung zur Durchführung der Verordnung des Reichspräsidenten über die Schaffung einer Wirtschaftsgarantie vom 8. Juli 1931.[1])

Auf Grund der Verordnung des Reichspräsidenten über die Schaffung einer Wirtschaftsgarantie vom 8. Juli 1931 (RGBl. I S. 351) wird verordnet:

§ 1. Die Unternehmer aufbringungspflichtiger Betriebe im Sinne des § 2 des Aufbringungsgesetzes vom 30. August 1924 (RGBl. II S. 269), deren Betriebsvermögen 5 Millionen Reichsmark übersteigt, haften anteilig bis zum Gesamtbetrage von 500 Millionen Reichsmark nach Maßgabe der folgenden Bestimmungen, und zwar bis zum Betrage von 470 Millionen Reichsmark für etwaige Ausfälle aus Kreditgeschäften, welche die Deutsche Golddiskontbank im Interesse der Aufrechterhaltung des deutschen Auslandskredits tätigt, und bis zum Betrage von 30 Millionen Reichsmark für Zahlungen, welche die am 23. Dezember 1932 gegründete Tilgungskasse für gewerbliche Kredite nach Maßgabe der Satzung, auf Grund derer ihr der Preußische Minister für Wirtschaft und Arbeit am gleichen Tage Rechtsfähigkeit verliehen hat, nach Verwendung ihres Tilgungsfonds zu leisten hat.

§ 2. (1) Die Haftung für die in § 1 bezeichneten Kreditgeschäfte der Deutschen Golddiskontbank tritt nur für solche Kreditgeschäfte ein, die innerhalb von zwei Jahren nach Inkrafttreten der Verordnung des Reichspräsidenten über die Schaffung einer Wirtschaftsgarantie vom 8. Juli 1931 (RGBl. I S. 351) mit Zustimmung des im § 3 genannten Ausschusses abgeschlossen werden.

(2) Die Haftung tritt nur ein, soweit eine Zwangsvollstreckung gegen den Schuldner ohne Erfolg versucht worden ist oder soweit der im § 3 genannte Ausschuß die Uneinbringlichkeit der Forderung feststellt.

§ 2a. (1) Die Haftung zugunsten der Tilgungskasse für gewerbliche Kredite ist auf diejenigen Beträge beschränkt,

---

[1]) RGBl. 1931 I S. 353; geändert durch die Zweite Durchführungsverordnung des Reichspräsidenten über die Schaffung einer Wirtschaftsgarantie vom 3. Jan. 1933 (RGBl. 1933 I S. 9).

welche diese bis zum 1. Januar 1958 bei der Bank für deutsche Industrieobligationen anfordert.

(2) Beträge, welche die Kasse auf Grund dieser Haftung erhält, sind der Bank für deutsche Industrieobligationen oder deren Rechtsnachfolgerin aus späteren Eingängen des bei der Kasse zu bildenden Tilgungsfonds zurückzuerstatten.

§ 3. (1) Der Reichsbankpräsident beruft im Benehmen mit dem Vorsitzenden des Aufsichtsrats der Bank für deutsche Industrieobligationen einen Ausschuß von sieben Mitgliedern, der als Vertretung der nach § 1 haftenden Unternehmer in den im § 2 Abs. 1 und 2, § 4 Abs. 2, § 5 Abs. 1 genannten Fällen mitzuwirken hat.

(2) Der Ausschuß tagt unter dem Vorsitz eines Mitglieds des Aufsichtsrats der Deutschen Golddiskontbank; der Vorsitzende hat kein Stimmrecht.

(3) Der Ausschuß gibt sich seine Geschäftsordnung selbst und kann darin die Möglichkeit von Stellvertretungen vorsehen; die Auswahl der Stellvertreter bedarf der Zustimmung des Reichsbankpräsidenten.

(4) Auf die Mitglieder des Ausschusses und ihre Stellvertreter finden die Vorschriften des § 5 des Gesetzes über die Deutsche Golddiskontbank in der Fassung der Verordnung des Reichspräsidenten vom 1. Dezember 1930 (RGBl. I S. 517) entsprechende Anwendung.

(5) Auf Verlangen von mindestens einhundert Unternehmern, die zusammen mindestens 20 v. H. der Haftsumme von 500 Millionen Reichsmark vertreten, ist der Ausschuß von den nach § 1 haftenden Unternehmern neu zu wählen. Das Verfahren regelt der Reichswirtschaftsminister.

§ 4. (1) Bemessungsgrundlage für die Haftung ist für ein Rechnungsjahr jeweils das der Aufbringungsumlage für dieses Rechnungsjahr zugrunde gelegte Betriebsvermögen. Sollte die Haftung bis zum Ablauf des Rechnungsjahrs, für das die Aufbringungsumlage letztmalig erhoben wird, noch nicht abgewickelt sein, so ist Bemessungsgrundlage für ein Rechnungsjahr der jeweils auf den vorangehenden Feststellungszeitpunkt festgestellte Einheitswert oder in Ermangelung eines solchen der nach den Vorschriften des Reichsbewertungsgesetzes festzustellende Wert des Betriebsvermögens.

(2) Der Betrag, für den der einzelne Unternehmer gemäß § 1 auf Grund der sich aus Abs. 1 ergebenden Bemessungsgrundlage haftet, wird nach einem vom Reichs-

minister der Finanzen im Einvernehmen mit dem Reichswirtschaftsminister nach Anhörung des Ausschusses (§ 3) festzusetzenden Verteilungsschlüssel festgestellt.

§ 5. (1) Die Deutsche Golddiskontbank teilt jeweils zum 1. Januar und 1. Juli der Bank für deutsche Industrieobligationen mit, ob und inwieweit Ausfälle eingetreten sind. Ebenso fordert die Tilgungskasse für gewerbliche Kredite alsbald nach Eintritt ihrer Zahlungsverpflichtung bei der Bank für deutsche Industrieobligationen einen bei ihr entstehenden Fehlbetrag an. Die Gesamtsumme wird nach einem Umlegungsschlüssel, den der Reichsminister der Finanzen im Einvernehmen mit dem Reichswirtschaftsminister nach Anhörung des Ausschusses (§ 3) auf der Grundlage der Haftungsbeträge festsetzt, auf die haftenden Unternehmer umgelegt und von ihnen erhoben.

(2) Die umgelegten Beträge sind nach ihrer Erhebung an die Bank für deutsche Industrieobligationen abzuführen, die aus ihnen der Deutschen Golddiskontbank die Ausfälle im Sinne des § 2 vergütet und der Tilgungskasse für gewerbliche Kredite Fehlbeträge zur Verfügung stellt.

§ 6. Auf die Festsetzung der Haftungsbeträge (§ 4) und das Umlegungs- und Erhebungsverfahren zum Ersatz der Ausfälle (§ 5) finden, soweit sich nicht aus der Verordnung des Reichspräsidenten über die Schaffung einer Wirtschaftsgarantie vom 8. Juli 1931 und den dazu erlassenen Bestimmungen etwas anderes ergibt, die §§ 2 Abs. 1 bis 3, 4, 6 bis 9, 14 des Aufbringungsgesetzes vom 30. August 1924 und die hierzu erlassenen Durchführungsbestimmungen entsprechende Anwendung.

§ 7. Diese Verordnung tritt mit dem Tage der Verkündung in Kraft.

i) Satzung der Bank für deutsche Industrieobligationen vom 24. April 1931.[1])

I. Firma und Gegenstand des Unternehmens.

§ 1. Unter der Firma Bank für deutsche Industrieobligationen ist auf Grund des Reichsgesetzes über die Industriebelastung (Industriebelastungsgesetz) vom 30. August

[1]) Unter Berücksichtigung der Änderungen vom 12. Sept. 1933 und 5. Okt. 1936.

1924 eine Aktiengesellschaft errichtet worden. Diese Aktiengesellschaft bleibt nach Maßgabe des Gesetzes über die Abwicklung der Aufbringungsumlage und die Neugestaltung der Bank für deutsche Industrieobligationen (Industriebankgesetz) vom 31. März 1931 bestehen. Der Sitz der Gesellschaft ist Berlin. Das Geschäftsjahr beginnt mit dem 1. April und endet mit dem 31. März.

§ 2. Das Grundkapital der Gesellschaft beträgt 100 Millionen Reichsmark. Die Gesellschaft kann ihr zufließende Mittel zur Erhöhung des Grundkapitals verwenden. Über die Zuteilung von Aktien an Aktionäre entscheidet der Aufsichtsrat.

§ 3. (1) Gegenstand des Unternehmens ist die Wahrnehmung folgender der Bank für deutsche Industrieobligationen (Bank) im Industriebankgesetz zugewiesener Aufgaben:

1. a) gemäß dem Gesetz über Hilfsmaßnahmen für die notleidenden Gebiete des Ostens (Osthilfegesetz) vom 31. März 1931 (RGBl. I S. 117) an der Entschuldung der deutschen Landwirtschaft mitzuwirken und die damit in Zusammenhang stehenden Geschäfte vorzunehmen,
   b) zur Förderung der landwirtschaftlichen Gütererzeugung und des Absatzes landwirtschaftlicher Erzeugnisse Kredite zu gewähren; für die Aufnahme dieser Tätigkeit bedarf die Bank der Genehmigung der Reichsregierung;
2. zur Förderung der Ertragsfähigkeit der deutschen Wirtschaft Kredite an gewerbliche Betriebe, insbesondere kleinen und mittleren Umfangs, zu gewähren und die damit in Zusammenhang stehenden Geschäfte vorzunehmen.

(2) Im Rahmen der Erfüllung ihrer Aufgaben ist die Bank befugt,

a) verfügbare Kassenbestände durch Anlage nutzbar zu machen,
b) Wechsel und Devisen zu kaufen und zu verkaufen,
c) inländische Pfandbriefe zu erwerben,
d) Darlehen auf die Dauer von mindestens einem Jahr, im Einvernehmen mit dem Vertreter der Reichsbank im Aufsichtsrat auch auf kürzere Frist, aufzunehmen,

e) Bürgschaften und sonstige Gewährleistungen zu übernehmen,

f) treuhänderische Aufgaben wahrzunehmen,

g) nach Maßgabe des Abs. 3 Schuldverschreibungen auf den Inhaber auszugeben,

h) mit Zustimmung des Aufsichtsrats und des Kommissars Kredite für allgemeine Zwecke der Wirtschaft zu gewähren und Beteiligungen zu übernehmen; die Zustimmung des Aufsichtsrats bedarf einer Mehrheit von zwei Dritteln der gesamten Stimmen des Aufsichtsrats.

(3) Die Bank ist befugt, Ablösungsscheine nach Maßgabe des § 17 des Osthilfegesetzes sowie zur Beschaffung von Mitteln für die im Abs. 1 bezeichneten Zwecke mit Zustimmung der Reichsregierung Schuldverschreibungen auf den Inhaber bis zum sechsfachen Betrag ihres Grundkapitals auszugeben.

(4) Andere Geschäfte als die im Abs. 1, 2 und 3 aufgeführten Geschäfte, insbesondere Depositengeschäfte, darf die Bank nicht betreiben.

(5) Die Bank hat die ihr nach § 3 des Industriebankgesetzes zufließenden Beträge nur für die im Abs. 1 bezeichneten Zwecke, jedoch mindestens 500 Millionen Reichsmark für die Entschuldung der deutschen Landwirtschaft, zu verwenden.[1])

§ 4. (1) Bei der Gewährung von Darlehen für die Entschuldung der deutschen Landwirtschaft hat die Bank die Vorschriften des Osthilfegesetzes und die hierzu erlassenen Ausführungsbestimmungen zu beachten; die Kredite sollen nach kaufmännischen Grundsätzen vergeben werden.

(2) Die zur Förderung der landwirtschaftlichen Gütererzeugung und des Absatzes landwirtschaftlicher Erzeugnisse zu gewährenden Kredite sollen in der Regel langfristig und hypothekarisch gesichert sein.

(3) Die zur Förderung der Ertragsfähigkeit der deutschen Wirtschaft an gewerbliche Betriebe, insbesondere kleinen und mittleren Umfangs, zu gewährenden Kredite sollen in der Regel langfristig und hypothekarisch gesichert sein, jedoch

---

[1]) Verwendungszweck durch spätere Gesetze und Verordnungen mehrfach geändert. Vgl. im übrigen Art. 2 der VO. vom 14. Juni 1932 (RGBl. I S. 273, 283) und Art. 1 Ziff. 2 des Gesetzes vom 30. Mai 1933 (RGBl. I S. 315).

können in einzelnen Fällen auch hypothekarisch nicht gesicherte Kredite vergeben werden, wenn andere nach kaufmännischen Grundsätzen für lang- oder mittelfristige Kredite ausreichende Sicherheiten gestellt werden. Die Summe der nicht hypothekarisch gesicherten Kredite an gewerbliche Betriebe sowie der auf weniger als ein Jahr an gewerbliche Betriebe gewährten Kredite darf zusammen 50 Millionen Reichsmark nicht übersteigen. Die Übernahme von Akzept- oder Giroverbindlichkeiten durch die Bank bleibt hiervon unberührt.

(4) Die Bank soll sich bei der Gewährung der im Abs. 2 und 3 erwähnten Kredite in der Regel der Vermittlung der örtlichen Kreditinstitute bedienen; aus den für die gewährten Kredite gestellten Sicherheiten soll sie jedoch stets unmittelbar berechtigt sein.

§ 5. Die gemäß § 3 Abs. 3 (§ 8 des Industriebankgesetzes) auszugebenden Schuldverschreibungen müssen dinglich gesichert oder durch das Vermögen der Bank gedeckt sein. Die Ausgabebedingungen bedürfen der Zustimmung des Aufsichtsrats und der Genehmigung der Reichsregierung.

§ 6. Die Bank für deutsche Industrieobligationen hat sich, soweit ihre Geschäfte geeignet sind, einen Einfluß auf den Geld- und Kapitalmarkt auszuüben, in Übereinstimmung mit den Grundsätzen der Reichsbank zu halten.

II. Grundkapital und Aktien.

§ 7. (1) Das Grundkapital der Gesellschaft ist eingeteilt in Aktien im Betrage von je 10 000 Reichsmark.

(2) Die Aktien der Gesellschaft lauten auf Namen und können nur mit Zustimmung des Aufsichtsrats übertragen oder verpfändet werden. Arreste und Zwangsvollstreckungen in die Aktien finden nicht statt.

(3) Die Inhaber der Aktien sind Treuhänder der Gesamtheit der Unternehmer, die nach dem Aufbringungsgesetz vom 30. August 1924 (RGBl. II S. 269) bisher zu Leistungen verpflichtet waren oder nach dem Industriebankgesetz künftig verpflichtet sind (aufbringungspflichtige Wirtschaft).

(4) Der Inhaber verliert seine Stellung als Treuhänder und seine Rechte aus der Aktie:

a) durch Verzicht,

b) mit der Eröffnung des Konkurses über sein Vermögen,

c) mit dem Tode oder mit dem Eintritt der Geschäftsunfähigkeit,
d) mit der Aberkennung der bürgerlichen Ehrenrechte,
e) bei juristischen Personen mit deren Auflösung.

(5) In den Fällen des Abs. 4 kann der Aufsichtsrat die Aktien einem Dritten mit dessen Zustimmung übertragen. Bis zur Übertragung stehen die Rechte aus der Aktie der Gesellschaft zu; sie werden vom Vorsitzenden des Aufsichtsrats ausgeübt.

(6) Die Form und den Inhalt der Aktie bestimmt der Aufsichtsrat.

III. Organe der Gesellschaft.

§ 8. Organe der Gesellschaft sind:
1. der Vorstand,
2. der Aufsichtsrat,
3. die Generalversammlung.

1. Der Vorstand.

§ 9. (1) Der Vorstand besteht aus einem oder mehreren Mitgliedern, die dem Aufsichtsrat nicht angehören dürfen. Besteht der Vorstand aus mehreren Mitgliedern, so führt ein Mitglied, das vom Aufsichtsrat ernannt wird, den Vorsitz.

(2) Der Vorsitzende des Vorstandes wird vom Aufsichtsrat mit einer Mehrheit von drei Vierteln der abgegebenen Stimmen ernannt. Die Ernennung der übrigen Mitglieder erfolgt durch den Aufsichtsrat auf Vorschlag des Vorsitzenden des Vorstandes mit einfacher Stimmenmehrheit.

(3) Der Vorstand führt die Geschäfte der Gesellschaft unter der Aufsicht und nach den Weisungen des Aufsichtsrats.

§ 10. Die Art und die Grundsätze der Geschäftsführung werden durch die Geschäftsordnung der Gesellschaft geregelt, die der Genehmigung des Aufsichtsrats bedarf.

§ 11. (1) Besteht der Vorstand aus mehreren Mitgliedern, so müssen Erklärungen des Vorstandes, um für die Gesellschaft verbindlich zu sein, von zwei Mitgliedern des Vorstandes oder von einem Mitglied gemeinschaftlich mit einem Prokuristen abgegeben werden.

(2) Der Aufsichtsrat kann einem einzelnen Mitglied des Vorstandes Sondervollmacht zur alleinigen Vertretung der Gesellschaft erteilen.

2. Der Aufsichtsrat.

§ 12. (1) Der Aufsichtsrat besteht einschließlich des Vorsitzenden aus 21 Mitgliedern, von denen 20 von der Reichsregierung, eins vom Reichsbankdirektorium ernannt werden.

(2) Von den von der Reichsregierung zu ernennenden Mitgliedern sollen je eins auf Vorschlag der Deutschen Rentenbank-Kreditanstalt und der Deutschen Zentralgenossenschaftskasse, zehn aus den Kreisen der aufbringungspflichtigen Wirtschaft auf Vorschlag der Reichswirtschaftskammer, drei aus den Kreisen der Landwirtschaft unter Berücksichtigung der verschiedenen Betriebsgrößen und Arbeitsformen, zwei auf Vorschlag der Deutschen Arbeitsfront ernannt werden.

(3) Fallen die nach Abs. 2 vorschlagsberechtigten Stellen oder Verbände ohne Rechtsnachfolger fort oder vermindert sich ihr Mitgliederbestand in außerordentlicher Weise, so bestimmt die Reichsregierung, wer an ihrer Stelle vorschlagsberechtigt sein soll.

(4) Die Mitglieder des Aufsichtsrats wählen aus ihrer Mitte mit mindestens zwei Dritteln der gesamten Stimmen einen Vorsitzenden und einen oder mehrere Stellvertreter auf drei Jahre. Wiederwahl ist zulässig.

(5) Die Mitglieder des Aufsichtsrats werden auf drei Jahre ernannt; am Ende des ersten und des zweiten Geschäftsjahres nach einer Gesamtneuernennung des Aufsichtsrats scheiden je sieben durch das Los zu bestimmende Mitglieder aus. Die übrigen Mitglieder scheiden am Ende des dritten Geschäftsjahres aus. Die jährliche Erneuerung des Aufsichtsrats erfolgt demgemäß von da ab gruppenweise. Wiederernennung ist zulässig.

(6) Das Amt der ausscheidenden Aufsichtsratsmitglieder endet mit der Ernennung der an ihre Stelle tretenden neuen Mitglieder.

(7) Scheidet ein Mitglied im Verlaufe seiner Amtsdauer aus, so erfolgt die Neuernennung für den Rest der Amtsdauer des Vorgängers.

(8) Auf die Ernennung der an Stelle der ausscheidenden neu zu ernennenden Mitglieder finden die Vorschriften der Abs. 1—3 Anwendung.

(9) Die Vorsitzenden und Mitglieder des Aufsichtsrats üben ihr Amt ehrenamtlich aus.

(10) Die Mitglieder des Aufsichtsrats können in den Sitzungen kraft einer schriftlichen oder telegraphischen, für die besondere Sitzung gegebenen Vollmacht durch ein anderes

Mitglied sich vertreten, insbesondere ihr Stimmrecht ausüben lassen.

§ 13. (1) Der Aufsichtsrat kann aus seiner Mitte Ausschüsse bilden. Je einem der von der Reichsregierung ohne die Bindungen des § 12 Abs. 2 ernannten drei Mitglieder und dem von dem Reichsbankdirektorium ernannten Mitglied steht das Recht auf Mitgliedschaft in den Ausschüssen zu.

(2) Der Aufsichtsrat setzt seine Geschäftsordnung selbst fest.

3. Die Generalversammlung.

§ 14. (1) Die Generalversammlung hat innerhalb der ersten sechs Monate nach Ablauf eines jeden Geschäftsjahres über die Bilanz, die Gewinn- und Verlustrechnung und die Entlastung des Vorstandes und des Aufsichtsrats Beschluß zu fassen.

(2) Die Generalversammlung beschließt über die Verwendung des jährlichen Reingewinns. Dividende wird nicht ausgeschüttet. Soweit der Reingewinn nicht den Rücklagen zugeführt wird, bedarf die Bestimmung über seine Verwendung der Genehmigung der Reichsregierung.

(3) Die Berufung der Generalversammlung geschieht durch öffentliche Bekanntmachung.

IV. Reichskommissar.

§ 15. (1) Die Bank für deutsche Industrieobligationen steht unter Aufsicht der Reichsregierung. Diese bestellt zur Wahrnehmung ihrer Aufsichtsrechte bei der Bank einen Kommissar. Der Kommissar hat insbesondere darüber zu wachen, daß die Geschäftstätigkeit der Bank mit den Gesetzen, der Satzung und den sonst in verbindlicher Weise getroffenen Bestimmungen in Einklang erhalten wird; er kann zu diesem Zweck gegen Beschlüsse der Organe der Bank Einspruch erheben. Im übrigen ist die Bank in der Verwaltung und Geschäftsführung selbständig, desgleichen in der Anstellung des Personals.

(2) Der Kommissar ist befugt, mit der Durchführung seiner Aufgaben Stellvertreter zu betrauen.

(3) Der Kommissar und, sofern er mit der Durchführung seiner Aufgaben Stellvertreter betraut hat, auch diese sind zu allen Sitzungen des Aufsichtsrats und seiner Ausschüsse und zu den Generalversammlungen einzuladen; sie sind jederzeit mit ihren Ausführungen zu hören.

V. Auflösung der Gesellschaft.

§ 16. (1) Hat die Bank die ihr nach § 3 Abs. 1 Nr. 1 a übertragene Aufgabe der Mitwirkung an der Entschuldung der deutschen Landwirtschaft durchgeführt, so wird durch Reichsgesetz bestimmt, ob der Bank neue Aufgaben zugewiesen werden sollen oder ob sie aufgelöst werden soll. Auch im übrigen erfolgt eine Auflösung der Bank, abgesehen von dem Falle der Eröffnung des Konkurses über ihr Vermögen, nur auf Grund eines Reichsgesetzes.

(2) Die Verwendung des Vermögens, das im Falle der Auflösung der Bank nach der Berichtigung der Schulden verbleibt, wird durch Reichsgesetz geregelt.

VI. Änderungen der Satzung.

§ 17. Die Satzung kann nur auf Vorschlag des Aufsichtsrats durch Beschluß der Generalversammlung mit Genehmigung der Reichsregierung geändert werden.

VII. Bekanntmachungen.

§ 18. Die Bekanntmachungen der Gesellschaft erfolgen im Deutschen Reichsanzeiger.

6. Die Deutsche Siedlungsbank.

a) Abkommen zwischen dem Deutschen Reich und dem Preußischen Staat vom 25. August / 17. September 1930 zur Regelung eines einheitlichen Zwischen- und Dauerkreditwesens für die ländliche Siedlung.

§ 1. Das Reich[1]) und der Preußische Staat werden zur Förderung der ländlichen Siedlung eine gemeinsame Bank mit dem Sitz in Berlin begründen. Die Bank wird unter dem Namen „Deutsche Siedlungsbank" als eine gemeinnützige Anstalt des öffentlichen Rechts von der Reichsregierung im Einvernehmen mit der Preußischen Staatsregierung errichtet.

---

[1]) Ermächtigung: VO. des Reichspräsidenten zur Behebung finanzieller, wirtschaftlicher und sozialer Notstände vom 26. Juli 1930 III. Abschnitt Teil I (RGBl. I S. 311).

§ 2. (1) Die Deutsche Siedlungsbank wird Zwischenkreditträger [1]) für alle Reichs- und preußischen Zwischenkredite, die seit dem Rechnungsjahre 1924 für die ländliche Siedlung bereitgestellt worden sind und noch bereitgestellt werden.

(2) Die weiteren Aufgaben der Deutschen Siedlungsbank, insbesondere auf dem Gebiete des Dauerkredits, werden durch ihre Satzung bestimmt. Sie erhält, solange die Preußische Landesrentenbank besteht, kein Recht zur Ausgabe von Schuldverschreibungen auf den Inhaber im Inlande.

(3) Der Deutschen Siedlungsbank werden zur Verwaltung übertragen:

a) die sämtlichen Reichs- und preußischen Siedlungszwischenkredite, die seit dem Jahre 1924 bereitgestellt worden sind und noch bereitgestellt werden, soweit diese nicht als Grundkapital oder als Reserven bei der Deutschen Siedlungsbank und bei der Preußischen Landesrentenbank benötigt werden,

b) die Siedlungsmittel, die aus den Überschüssen der Reichsgetreidestelle bereitgestellt worden sind,

c) die Mittel, die für die Flüchtlingssiedlung und für die Besiedlung des Lockstedter Lagers bereitgestellt worden sind und noch bereitgestellt werden.

(4) Das Reich und der Preußische Staat stellen die in Abs. 1 und 3 bezeichneten Mittel für die Zeit des Bestehens der Deutschen Siedlungsbank für die ländliche Siedlung zur Verfügung.

§ 3. Das Reich und der Preußische Staat bringen zunächst je 25 Millionen Reichsmark als Grundkapital und je 25 Millionen Reichsmark als Reserve in die Deutsche Siedlungsbank ein.

§ 4. Der Preußische Staat ist damit einverstanden, daß sich die Deutsche Siedlungsbank an den in Preußen tätigen Siedlungsunternehmungen beteiligt. Soweit der Preußische Staat an diesen Unternehmungen beteiligt ist, wird er sich dafür einsetzen, daß der Deutschen Siedlungsbank in den Organen dieser Siedlungsunternehmungen die gleichen

---

[1]) Die Grundsätze für die Finanzierung der bäuerlichen Siedlung sind niedergelegt in den „Richtlinien für die Neubildung deutschen Bauerntums“ vom 1. Juni 1935 (Erlaß des Reichs- und Preußischen Ministers für Ernährung und Landwirtschaft — VII 21261 —).

Rechte eingeräumt werden, wie sie dem Preußischen Staate zustehen.

§ 5. (1) Der Preußische Staat wird die Preußische Landesrentenbank zu einer Anstalt des öffentlichen Rechts mit einem Verwaltungsrat und einer Anstaltsversammlung ausbauen. Der Inhalt der Entwürfe für Gesetz und Satzung wird von der Staatsregierung im Einvernehmen mit der Reichsregierung festgesetzt.

(2) Das Grundkapital und der Reservefonds werden zunächst auf je 20 Millionen Reichsmark bemessen. Das Grundkapital und der Reservefonds werden je zur Hälfte von dem Preußischen Staat und der Deutschen Siedlungsbank aufgebracht. Das Grundkapital ist in bar einzuzahlen. Der Betrag, mit dem sich die Deutsche Siedlungsbank beteiligt, ist aus den Mitteln zu entnehmen, die der Deutschen Siedlungsbank vom Reiche zur Verwaltung übertragen werden.

(3) Sobald die weitere Ausgabe von Schuldverschreibungen der Preußischen Landesrentenbank eine Erhöhung ihres Grundkapitals notwendig macht, werden die Reichs- und die Preußische Staatsregierung Maßnahmen treffen, um das Grundkapital der Preußischen Landesrentenbank in dem erforderlichen Ausmaße zu erhöhen.

§ 6. Die Reichsregierung wird bei der Übertragung der Siedlungsmittel gemäß § 2 Abs. 3 an die Deutsche Siedlungsbank vereinbaren, daß die Vertretung der Deutschen Siedlungsbank in den Organen der Preußischen Landesrentenbank auf Grund ihrer Kapitalbeteiligung durch die Reichsregierung bestimmt wird.

§ 7. Der Preußische Staat hat das Recht, bei gesetzlicher Neuregelung der Reallastenablösung für die Ablösung von Reallasten die Preußische Landesrentenbank heranzuziehen.

§ 8. (1) Bei der Deutschen Siedlungsbank wird die Aufsicht durch einen Reichs- und einen Preußischen Staatskommissar mit gleichen Rechten ausgeübt. Die Preußische Landesrentenbank steht unter der Aufsicht der Preußischen Staatsregierung, die im Einvernehmen mit der Reichsregierung ausgeübt wird.

(2) Die Aufsicht muß neben dem Recht zur Überwachung der Verwaltungsorgane auf Innehaltung von Gesetz, Satzung und sonstigen verbindlichen Vorschriften das Recht auf Auskunftserteilung, Bericht und Revision umfassen.

§ 9. (1) Unabhängig von der Höhe ihrer Stammeinlagen stehen Reich und Preußen in den Verwaltungsorganen der Deutschen Siedlungsbank und der Preußischen Landesrentenbank stets die gleiche Sitz- und Stimmenzahl zu.

(2) Die Führung mehrerer Stimmen im Verwaltungsrat und in den Ausschüssen durch einen Vertreter ist zulässig.

§ 10. Die Reichs- und Staatsregierung werden bei der Deutschen Siedlungsbank und der Preußischen Landesrentenbank

a) die mit der landwirtschaftlichen Siedlung und dem Bankwesen vertrauten Sachverständigen, die in den Verwaltungsrat und in seine Ausschüsse entsandt werden, im gegenseitigen Einvernehmen wählen lassen,

b) den Vorsitz in den Verwaltungsorganen, falls dieser von ihnen in Anspruch genommen wird, in einer näher zu bestimmenden Reihenfolge abwechselnd führen.

§ 11. Die Preußische Landesrentenbank wird Beträge in Höhe ihres Grundkapitals und Reservefonds, soweit sie diese nicht selbst als Betriebsmittel benötigt, der Deutschen Siedlungsbank zur Gewährung von Zwischenkrediten für die ländliche Siedlung überlassen.

§ 12. Die Reichs- und die Staatsregierung werden dahin wirken, daß die Deutsche Siedlungsbank und die Preußische Landesrentenbank von allen Steuern, Stempeln, Gebühren, Gerichtskosten und Abgaben sonstiger Art, die Reich, Länder oder Gemeinden (Gemeindeverbände) erheben, befreit werden.

§ 13. (1) Gesetzentwürfe, Rechtsverordnungen, Verwaltungsvorschriften und -anordnungen, welche die Deutsche Siedlungsbank und die Preußische Landesrentenbank betreffen, werden von der Reichsregierung und von der Staatsregierung im Rahmen ihrer verfassungsmäßigen Zuständigkeit nur im gegenseitigen Einvernehmen eingebracht oder erlassen werden.

(2) Die Reichs- und die Staatsregierung werden die Ausführungsvorschriften, Richtlinien und Erlasse für das Zwischen- und Dauerkreditwesen nur in gegenseitigem Einvernehmen herausgeben und abändern sowie auf eine weitgehende Angleichung der bisherigen Bestimmungen für das Zwischen- und Dauerkreditwesen hinwirken.

§ 14. (1) Das Eigenkapital der Deutschen Siedlungsbank, die ihr von der Preußischen Landesrentenbank gemäß

§ 11 dieses Abkommens überlassenen Beträge und die ihr zur Verwaltung überwiesenen Reichs- und preußischen Zwischenkredite werden mit Ausnahme der auf die außerpreußischen Länder entfallenden Anteile an den Zwischenkreditmitteln einheitlich verwaltet und im ganzen preußischen Staatsgebiet verwendet.

(2) Die Zinsen für die der Deutschen Siedlungsbank zur Verwaltung überwiesenen Reichs- und preußischen Zwischenkreditmittel, die im preußischen Staatsgebiet verwendet werden, stehen unbeschadet der Bestimmungen der §§ 15 Abs. 4 und 16 Abs. 2 dieses Abkommens dem Reich und dem Preußischen Staat anteilig zu.

§ 15. (1) Die Bürgschaften, die für die Kapitalbeschaffung durch die Preußische Landesrentenbank notwendig werden, wird der Preußische Staat, alle übrigen Bürgschaften für die Beschaffung von Zwischen- und Dauerkrediten wird das Reich übernehmen. Soweit das Reich oder der Preußische Staat aus solchen Bürgschaftsverpflichtungen in Anspruch genommen werden, ist der gezahlte Betrag von dem anderen Vertragsteil zur Hälfte zu erstatten.

(2) Die von der Errichtung der Deutschen Siedlungsbank ab eintretenden Verluste dieser Anstalt aus der Zwischen- und Dauerkreditgewährung in Preußen werden, soweit das Vermögen der Deutschen Siedlungsbank hierfür nicht ausreicht, vom Reich und vom Preußischen Staate je zur Hälfte getragen. Das gleiche gilt für die von demselben Zeitpunkte ab eintretenden Verluste der Preußischen Landesrentenbank aus der Gewährung von Siedlungsdauerkrediten, soweit ihr Vermögen hierfür nicht ausreicht.

(3) Im gleichen Verhältnis werden vom 1. Oktober 1930 ab die Zuschußleistungen für Siedlungen in Preußen, so namentlich Zuschüsse für Zinsen, Disagio, Bonifikationen usw., die für Hypotheken, Anleihen, Kommunalobligationen, Kommunaldarlehen und Darlehen sonstiger Art gewährt werden, sowie die Zuschüsse für die Reglung der öffentlich-rechtlichen Verhältnisse — gemäß § 12 des Preußischen Gesetzes über die Genehmigung von Siedlungen nach § 1 des Reichssiedlungsgesetzes vom 1. März 1923 (Pr. GS. S. 49) — vom Reich und vom Preußischen Staat getragen.

(4) Die Zuschüsse gemäß Abs. 3 werden, soweit möglich, aus besonderen Fonds der Deutschen Siedlungsbank, die

von ihr für das Reich und den Preußischen Staat gesondert verwaltet werden, gezahlt, und zwar bevor hieraus Beträge für den im § 16 Abs. 2 dieses Abkommens genannten Zweck entnommen werden. In diese Fonds fließen die Dividenden, die dem Reiche und dem Preußischen Staate aus der Kapitalbeteiligung an der Deutschen Siedlungsbank und dem Preußischen Staate aus der Beteiligung an der Preußischen Landesrentenbank zustehen, die Zinsen und sonstigen Erträge aus den vom Reiche und von dem Preußischen Staate der Deutschen Siedlungsbank zur Verwaltung übertragenen Mitteln sowie die von den Anstaltsversammlungen der Deutschen Siedlungsbank und der Preußischen Landesrentenbank für die Leistungen gemäß Abs. 3 ausgewiesenen Beträge.

§ 16. (1) Die Verluste, die der Preußischen Landesrentenbank aus der Ausgabe von Liquidationsgoldrentenbriefen oder aus ihr noch zu übertragenden Aufgaben, die nicht zur Förderung der ländlichen Siedlung dienen (z. B. § 7), erwachsen, trägt der Preußische Staat allein.

(2) Soweit für die unter Mitwirkung der Deutschen Siedlungsbank im preußischen Staatsgebiete geschaffenen Siedlungen vom 1. April 1931 ab jährlich mehr als 20 Millionen Reichsmark an Hauszinssteuerhypotheken benötigt werden, wird auf Antrag des Preußischen Staates dieser Mehrbetrag von der Deutschen Siedlungsbank beschafft. Die jährlichen Zuschußleistungen für diesen Mehrbetrag werden in erster Linie aus den hierfür bestimmten Gewinnen der Deutschen Siedlungsbank, in zweiter Linie je zur Hälfte aus den Fonds des Reichs und des Preußischen Staates gemäß § 15 Abs. 4 dieses Abkommens entnommen, soweit diese Fonds nicht für die Leistungen gemäß § 15 Abs. 3 dieses Abkommens vorweg benötigt werden; die etwa weiter hierfür erforderlichen Zuschüsse werden vom Reich getragen.

(3) Für den Fall einer Änderung des staatlichen Hauszinssteueranteils für den Wohnungsbau gegenüber dem Rechnungsjahr 1930 bleibt der Reichs- und der Preußischen Staatsregierung eine anderweitige Reglung vorbehalten.

§ 17. Das Reich und der Preußische Staat werden nach Ablauf von drei Jahren seit dem Inkrafttreten dieses Abkommens die finanziellen Auswirkungen der §§ 14 bis 16 dieses Abkommens überprüfen. Sollte sich dabei für das

Reich oder den Preußischen Staat eine offenbare Unbilligkeit ergeben, so werden sie für die Zukunft einen für beide Teile angemessenen Ausgleich vereinbaren.

b) Verordnung über die Deutsche Siedlungsbank vom 26. September 1930.[1])

Auf Grund des § 3 des Dritten Abschnitts (Osthilfe) der Verordnung des Reichspräsidenten zur Behebung finanzieller, wirtschaftlicher und sozialer Notstände vom 26. Juli 1930 (RGBl. I S. 311 ff.) wird hiermit verordnet:

Art. 1. Zur Förderung der landwirtschaftlichen Siedlung wird unter dem Namen „Deutsche Siedlungsbank" eine gemeinnützige Anstalt mit dem Sitze in Berlin errichtet. Die Anstalt ist eine juristische Person des öffentlichen Rechts.

Art. 2. Die Anstalt erhält ein Grundkapital nach näherer Bestimmung der Satzung.

Das Grundkapital wird zunächst nach näherer Vereinbarung vom Deutschen Reiche und vom Lande Preußen aufgebracht. Die übrigen Länder sind berechtigt, sich an dem Grundkapital der Anstalt zu beteiligen. Nach näherer Bestimmung der Satzung kann Körperschaften oder Anstalten des öffentlichen Rechts die Beteiligung an dem Grundkapital der Anstalt gestattet werden.

Art. 3. Die Deutsche Siedlungsbank hat einen Geschäftsführer und einen Verwaltungsrat. Aus der Mitte des Verwaltungsrats können für die Vorbereitung oder Erledigung bestimmter Aufgaben Ausschüsse gebildet werden.

Art. 4. Die Deutsche Siedlungsbank untersteht der Aufsicht des Reichsministers für Ernährung und Landwirtschaft, auf den die Befugnisse der bisherigen Anstaltsversammlung übergehen. Er übt seine Befugnisse im Einvernehmen mit dem Reichsminister der Finanzen aus.

Art. 5. Die Aufgaben und die Organisation der Deutschen Siedlungsbank werden durch die Satzung näher geregelt.

---

[1]) RGBl. 1930 I S. 457; geändert durch das Gesetz zur Änderung der Verordnung über die Deutsche Siedlungsbank vom 18. Sept. 1933 (RGBl. I S. 647).

Die Reichsregierung erläßt im Einvernehmen mit der Preußischen Staatsregierung die erste Satzung. Satzungsänderungen nimmt der Reichsminister für Ernährung und Landwirtschaft im Einvernehmen mit dem Reichsminister der Finanzen vor.

Art. 6. Die Liquidation der Deutschen Siedlungsbank darf nur auf Grund eines Gesetzes erfolgen.

Auf die Deutsche Siedlungsbank finden die Vorschriften der Konkursordnung Anwendung.

Art. 7. Die Deutsche Siedlungsbank wird mit dem 1. Oktober 1930 errichtet.

c) Preußische Verordnung über die Beteiligung des Preußischen Staates bei der Deutschen Siedlungsbank vom 8. Oktober 1930.[1])

§ 1. (1) Der Deutschen Siedlungsbank können für die Zeit ihres Bestehens alle Mittel des Zwischenkreditfonds, welche seit dem Rechnungsjahre 1924 zur Gewährung von Zwischenkrediten bei der Errichtung von Rentengütern bereitgestellt worden sind oder noch bereitgestellt werden, für den gleichen Zweck zur Verwaltung übertragen werden.

(2) Ein Teil der Mittel des Zwischenkreditfonds kann zur Beteiligung des Preußischen Staates mit Stammeinlagen und zur Bildung einer Rücklage bei der Deutschen Siedlungsbank verwendet werden.

(3) Die Zinsen und die Gewinnanteile können der Deutschen Siedlungsbank für Zuschußleistungen für Siedlungen in Preußen zur Verfügung gestellt werden.

(4) Der Geschäftsbericht der Deutschen Siedlungsbank nebst einer Übersicht über die von der Deutschen Siedlungsbank verwendeten Beträge ist dem Landtag alljährlich vorzulegen.

§ 2. Mit der Auflösung der Deutschen Siedlungsbank sind die auf den Preußischen Staat entfallenden Anteile am Anstaltsvermögen und die zur Verwaltung übertragenen Zwischenkreditmittel an die Staatskasse zurückzuzahlen und zur Verstärkung der gesetzlichen Schuldentilgung zu verwenden.

---

[1]) Pr. GS. 1930 S. 273.

§ 3. Die zuständigen Minister erlassen die zur Ausführung dieser Verordnung erforderlichen Vorschriften.

§ 4. Diese Verordnung tritt mit dem 25. September 1930 in Kraft.

d) Satzung der Deutschen Siedlungsbank.[1]

I. Zweck und Aufgaben der Anstalt.

Zweck der Anstalt.

§ 1. Die Anstalt hat im gesamten Reichsgebiet die Schaffung von Bauernhöfen durch Begründung neuer bäuerlicher Betriebe und Hebung bestehender Kleinbetriebe bis zur Größe einer selbständigen Ackernahrung gemäß § 1 des Reichssiedlungsgesetzes vom 11. August 1919 (RGBl. S. 1429) und § 1 des Gesetzes über die Neubildung deutschen Bauerntums vom 14. Juli 1933 (RGBl. I S. 517) zu fördern.

Die Tätigkeit der Anstalt ist gemeinnützig. Sie soll nach kaufmännischen und wirtschaftlichen Grundsätzen geführt werden.

Aufgaben der Anstalt.

§ 2. Die Anstalt hat namentlich:

a) Zwischenkredite nach festgelegten Bestimmungen (Richtlinien) aus eigenem Vermögen, aus den ihr für diesen Zweck übertragenen öffentlichen Mitteln und aus Darlehen, die ihr von öffentlich-rechtlichen Verbänden, Anstalten und sonstigen Stellen hierfür gewährt werden, zu vergeben oder zu vermitteln;

b) Dauerkredite zu vermitteln, soweit diese durch andere Stellen, insbesondere durch solche, die mit dem Recht der Wertpapierausgabe (Rentenbriefe, Pfandbriefe, Kommunalobligationen) ausgestattet sind, beschafft und vergeben werden. Daneben kann die Anstalt selbst langfristige Darlehen im In- oder Auslande für die Zwecke der Dauerkreditvergebung aufnehmen. Soweit

---

[1] RAnz. 1933 Nr. 288 sowie Erlaß des Reichs- und Preußischen Ministers für Ernährung und Landwirtschaft vom 1. Sept. 1936 (RAnz. Nr. 208 vom 7. Sept. 1936).

sie solche aufnimmt, hat sie diese Geldbeträge in der Regel zum Ankauf von Wertpapieren (Landesrentenbriefen, Pfandbriefen, Kommunalobligationen) zu verwenden oder als Darlehen an Dauerkreditträger weiterzugeben;

c) Einrichtungskredite aus den hierfür bereitgestellten Beträgen nach festgelegten Bestimmungen zu gewähren;

d) Maßnahmen zu fördern, die der landwirtschaftlichen Siedlung dienen.

Der Anstalt kann die Verwaltung von Baudarlehen (Hauszinssteuerdarlehen usw.) und sonstigen Mitteln vom Reich und von den Ländern übertragen werden. Zur Erfüllung ihrer Aufgaben kann sie auch Bürgschaften übernehmen.

§ 3. Die Deutsche Siedlungsbank ist berechtigt, sich an Unternehmungen zu beteiligen, welche die landwirtschaftliche Siedlung durchführen, finanzieren oder sonstwie fördern.

Die Anstalt beteiligt sich auf Grund besonderer Vereinbarungen an der Preußischen Landesrentenbank.

§ 4. Sämtliche Kredite, die unter Mitwirkung der Anstalt beschafft und vergeben werden, sind möglichst nach einheitlichen Grundsätzen zu behandeln und die Kreditbedingungen für die einzelnen Siedler möglichst gleichmäßig zu gestalten, soweit nicht auf Grund besonderer örtlicher und sachlicher Verhältnisse Abweichungen geboten sind.

II. Grundkapital.

§ 5. Das Grundkapital der Anstalt beträgt 50 Millionen Reichsmark. Hiervon sind vom Deutschen Reich und vom Lande Preußen je 25 Millionen Reichsmark eingebracht.

Der Reservefonds beträgt gleichfalls 50 Millionen Reichsmark. Hiervon sind vom Deutschen Reich und vom Lande Preußen je 25 Millionen Reichsmark eingebracht.

III. Organisation und Verwaltung der Anstalt.

§§ 6 bis 17.

IV. Allgemeine Bestimmungen.

§§ 18 bis 22.

7. Deutsche Zentralgenossenschaftskasse.

a) Verordnung des Reichspräsidenten über die Deutsche Zentralgenossenschaftskasse und das genossenschaftliche Revisionswesen vom 21. Oktober 1932.[1])

Auf Grund des Art. 48 Abs. 2 der Reichsverfassung wird folgendes verordnet:

Kapitel I.

Deutsche Zentralgenossenschaftskasse.

I. Allgemeine Vorschriften.

1. Zweck und Rechtsform.

§ 1. (1) Die Preußische Zentralgenossenschaftskasse (§ 1 Abs. 1 des preußischen Gesetzes über die Errichtung einer Zentralanstalt zur Förderung des genossenschaftlichen Personalkredits vom 31. Juli 1895 in der Fassung der Bekanntmachung vom 8. März 1924 — Pr. GS. S. 175 —) wird eine Anstalt des Reichs[2]) mit der Bezeichnung „Deutsche Zentralgenossenschaftskasse" und mit dem Sitz in Berlin.

(2) Die Anstalt ist eine juristische Person des öffentlichen Rechts. Sie hat die Aufgabe, den genossenschaftlichen Personalkredit zu fördern.

(3) Sie steht unter der Aufsicht des Reichsministers der Finanzen.

2. Geschäftskreis.

§ 2. (1) Die Deutsche Zentralgenossenschaftskasse darf folgende Geschäfte betreiben:

1. verzinsliche Darlehen gewähren an
   a) Vereinigungen oder Verbandskassen eingetragener Genossenschaften im Sinne des Reichsgesetzes, betreffend Erwerbs- und Wirtschaftsgenossenschaften, vom 1. Mai 1889 (RGBl. S. 55),

---

[1]) RGBl. 1932 I S. 503.

[2]) Auf Grund des Erlasses des Reichspräsidenten vom 12. Dez. 1932 (RGBl. I S. 543) ist die Deutsche Zentralgenossenschaftskasse zur Führung des kleinen Reichsiegels berechtigt.

b) Genossenschaften, deren Kreditbedarf nach Art und Umfang von Vereinigungen oder Verbandskassen eingetragener Genossenschaften nicht gedeckt wird oder von deren Eingliederung in solche aus wirtschaftlich berechtigten Gründen abgesehen ist;

2. von den unter Nr. 1 bezeichneten Vereinigungen, Verbandskassen und Genossenschaften Gelder verzinslich annehmen.

(2) Zur Erfüllung der im Abs. 1 bezeichneten Aufgaben darf die Deutsche Zentralgenossenschaftskasse ferner:

1. sonstige Gelder im Depositen- und Scheckverkehr annehmen;
2. Spareinlagen annehmen;
3. Kassenbestände im Wechsel-, Lombard- und Effektengeschäft nutzbar machen;
4. Wechsel verkaufen und akzeptieren;
5. Darlehen aufnehmen;
6. für Rechnung der unter Nr. 1 bezeichneten Vereinigungen, Verbandskassen und Genossenschaften und der zu ihnen gehörigen Genossenschaften und der Personen, von denen sie Gelder im Depositen- und Scheckverkehr oder Spareinlagen oder Darlehen erhalten hat, Effekten kaufen und verkaufen sowie deren offene oder geschlossene Depots verwalten;
7. sich mit Genehmigung der Aufsichtsbehörde an anderen Unternehmungen beteiligen.

(3) Der Geschäftskreis der Deutschen Zentralgenossenschaftskasse kann durch die Aufsichtsbehörde über die unter Nr. 1 bezeichneten Vereinigungen, Verbandskassen und Genossenschaften hinaus durch Einbeziehung anderer Unternehmungen erweitert werden.

3. Grundkapital und Stammanteile.

§ 3. Am Grundkapital der Deutschen Zentralgenossenschaftskasse können sich beteiligen (Kapitalbeteiligte):

1. das Deutsche Reich,
2. die zum Deutschen Reich gehörigen Länder,[1])

---

[1]) Für Preußen ist die bisherige Zuständigkeit des Preußischen Finanzministeriums wegen der Beteiligung an der Deutschen Zentralgenossenschaftskasse auf das Preußische Ministerium für Wirtschaft und Arbeit — jetzt Reichs- und Preußisches Wirtschafts-

3. die im § 2 Abs. 1 bezeichneten Vereinigungen, Verbandskassen und Genossenschaften,
4. juristische Personen des öffentlichen Rechts, die unter der Aufsicht des Reichs oder eines deutschen Landes stehen.

§ 4. Die Kapitalbeteiligung entsteht durch Vertrag mit der Deutschen Zentralgenossenschaftskasse.

§ 5. (1) Die Kapitalbeteiligung ist, auch in Teilbeträgen, übertragbar.

(2) Die Übertragung ist der Deutschen Zentralgenossenschaftskasse vom Veräußerer und Erwerber mitzuteilen.

§ 6. Der Abschluß eines Kapitalbeteiligungsvertrages oder die Übertragung einer Kapitalbeteiligung bedürfen der Zustimmung des Ausschusses (§ 14) und der Genehmigung der Aufsichtsbehörde.

II. Verfassung.

§ 7. Organe der Deutschen Zentralgenossenschaftskasse sind:

1. das Direktorium,
2. der Ausschuß,
3. die Hauptversammlung.

1. Direktorium.

a) Allgemeines.

§ 8. Die Geschäfte der Deutschen Zentralgenossenschaftskasse werden vom Direktorium geführt. Das Direktorium besteht aus dem Präsidenten und der erforderlichen Anzahl von ordentlichen und stellvertretenden Mitgliedern.

§ 9. (1) Der Präsident wird nach Anhörung des Ausschusses von der Reichsregierung, die übrigen Mitglieder des Direktoriums werden mit Zustimmung der Aufsichtsbehörde vom Ausschuß bestellt; die Abberufung des Präsidenten erfolgt durch die Reichsregierung, die der übrigen Mitglieder des Direktoriums durch die Aufsichtsbehörde.

(2) Die Anstellung erfolgt durch Privatdienstvertrag auf die Dauer von vier Jahren. Der Vertrag mit dem Präsidenten wird von der Aufsichtsbehörde geschlossen. Die Verträge mit den übrigen Mitgliedern des Direktoriums werden vom

---

ministerium — übergegangen (vgl. § 8 der Zweiten Verordnung zur Vereinfachung und Verbilligung der Verwaltung vom 29. Okt. 1932, Pr. GS. S. 333).

Ausschuß geschlossen; sie bedürfen der Genehmigung durch die Aufsichtsbehörde.

(3) Die Abberufung kann, unbeschadet vertraglicher Ansprüche, jederzeit erfolgen.

b) Innerer Geschäftsbetrieb.

§ 10. (1) Der Präsident leitet den Geschäftsbetrieb der Deutschen Zentralgenossenschaftskasse.

(2) Er bestimmt seinen Stellvertreter mit Zustimmung der Aufsichtsbehörde aus der Zahl der ordentlichen Mitglieder des Direktoriums.

(3) Dem Präsidenten steht die Verteilung der Geschäfte unter die Mitglieder des Direktoriums zu; er kann einzelne Geschäfte an sich ziehen oder einem beliebigen Mitgliede des Direktoriums übertragen.

(4) Er bestimmt über die Einstellung und Entlassung von Angestellten und Arbeitern. Soweit es sich um die Einstellung von Personen handelt, die mit einem 12000 Reichsmark übersteigenden Jahresgehalt oder auf länger als zwei Jahre angestellt werden sollen, bedarf der Präsident der Zustimmung des Ausschusses.

(5) Die Prokuristen werden vom Direktorium mit Zustimmung des Ausschusses bestellt.

§ 11. (1) Der Präsident beraumt die Sitzungen des Direktoriums an und führt in ihnen den Vorsitz.

(2) In den Sitzungen sind die ordentlichen Mitglieder des Direktoriums stimmberechtigt. Stellvertretenden Mitgliedern des Direktoriums kann auf Vorschlag des Präsidenten vom Ausschuß das Stimmrecht in den von ihnen bearbeiteten Angelegenheiten übertragen werden.

§ 12. (1) Das Direktorium beschließt nach der Mehrheit der abgegebenen Stimmen. Bei Stimmengleichheit gibt die Stimme des Präsidenten den Ausschlag.

(2) Der Präsident kann Beschlüsse des Direktoriums beanstanden und sie dem Ausschuß zur Entscheidung vorlegen.

c) Vertretung.

§ 13. (1) Die Deutsche Zentralgenossenschaftskasse wird vom Direktorium gerichtlich und außergerichtlich vertreten.

(2) Die Vertretung liegt dem Präsidenten ob

1. im nichtrechtsgeschäftlichen Verkehr mit Behörden,
2. bei Abschluß und Kündigung von Dienstverträgen mit Angestellten und Arbeitern.

(3) Im übrigen werden Willenserklärungen der Deutschen Zentralgenossenschaftskasse von zwei Mitgliedern des Direktoriums oder von einem Mitgliede des Direktoriums und einem Prokuristen oder von zwei Prokuristen abgegeben. Zur Abgabe einer Willenserklärung gegenüber der Deutschen Zentralgenossenschaftskasse genügt die Abgabe gegenüber einem Mitgliede des Direktoriums.

(4) Die Bestellung und Abberufung der Mitglieder des Direktoriums und der Prokuristen ist von der Deutschen Zentralgenossenschaftskasse unverzüglich im Deutschen Reichs- und Preußischen Staatsanzeiger bekanntzumachen.

2. Ausschuß.

§ 14. (1) Der Ausschuß besteht [1]) aus

1. dem Präsidenten der Deutschen Zentralgenossenschaftskasse als Vorsitzenden;
2. drei Vertretern der Reichsregierung;
3. drei Vertretern des Preußischen Staatsministeriums;
4. zehn von der Hauptversammlung der Deutschen Zentralgenossenschaftskasse aus ihrer Mitte gewählten Personen. Von diesen müssen sechs dem landwirtschaftlichen Genossenschaftswesen angehören, darunter mindestens zwei im landwirtschaftlichen Genossenschaftswesen erfahrene Landwirte, drei dem gewerblichen Genossenschaftswesen und eine dem Konsumgenossenschaftswesen;
5. drei von der Reichsregierung ernannten Sachverständigen auf dem Gebiete des Kreditwesens;
6. drei von der Reichsregierung ernannten Sachverständigen auf dem Gebiete des Genossenschaftswesens;
7. je einem Vertreter des Reichsbankdirektoriums und der Deutschen Rentenbank-Kreditanstalt.

(2) Die Amtsdauer der im Abs. 1 Ziff. 4 bis 6 bezeichneten Mitglieder endet jeweils mit dem Schluß der auf die Wahl oder Ernennung folgenden dritten ordentlichen Hauptversammlung; soweit die Mitglieder vorzeitig ausscheiden, findet für den Rest der Amtsdauer, falls die Mitglieder gewählt sind, eine Ersatzwahl, im anderen Falle die Ernennung eines neuen Mitgliedes statt.

---

[1]) Einmalige Neuwahl der Ausschußmitglieder; vgl. Reichsgesetz vom 22. April 1933 (RGBl. I S. 227).

(3) Die ordentlichen und stellvertretenden Mitglieder des Direktoriums können an den Sitzungen teilnehmen, sofern der Ausschuß nicht etwas anderes beschließt.

§ 15. (1) Der Ausschuß wählt aus seiner Mitte einen oder mehrere Stellvertreter des Vorsitzenden.

(2) Der Ausschuß tritt regelmäßig einmal in jedem Kalendervierteljahr, im übrigen nach Bedarf zusammen. Auf Antrag von mindestens drei Mitgliedern des Ausschusses oder auf Antrag des Direktoriums muß der Ausschuß unverzüglich einberufen werden.

(3) Der Ausschuß wird vom Vorsitzenden oder seinem Stellvertreter einberufen. Die Einladung erfolgt schriftlich unter Mitteilung der Tagesordnung. Sie soll, abgesehen von dringenden Fällen, mindestens eine Woche vor dem Sitzungstage ergehen.

§ 16. (1) Der Ausschuß ist beschlußfähig, wenn wenigstens die Hälfte seiner Mitglieder einschließlich des Vorsitzenden oder seines Stellvertreters vertreten sind.

(2) Die Beschlüsse werden mit einfacher Stimmenmehrheit gefaßt. Im Falle der Stimmengleichheit, und zwar auch bei Wahlen, entscheidet die Stimme des Vorsitzenden.

§ 17. (1) Der Ausschuß kann aus seinen Mitgliedern Unterausschüsse bilden und diesen bestimmte Befugnisse übertragen.

(2) Den Vorsitz in den Unterausschußsitzungen führt der Präsident der Deutschen Zentralgenossenschaftskasse.

§ 18. (1) Dem Ausschuß steht die laufende Überwachung der gesamten Geschäftsführung der Deutschen Zentralgenossenschaftskasse zu; er kann dem Direktorium die erforderlichen allgemeinen Anweisungen erteilen.

(2) Der Ausschuß hat insbesondere die allgemeinen Richtlinien für die Kreditgewährung und Kreditaufnahme, insbesondere die Kreditbedingungen im allgemeinen festzusetzen.

(3) Der Ausschuß prüft die an die Hauptversammlung gelangenden Vorlagen, insbesondere die Bilanz und die Gewinn- und Verlustrechnung (Jahresabschluß). Zu diesem Zweck hat das Direktorium ihm innerhalb der ersten drei Monate nach Ablauf jedes Geschäftsjahres den Jahresabschluß sowie einen den Vermögensstand und die Geschäftslage der Anstalt darlegenden Bericht vorzulegen.

§ 19. Die Mitglieder des Ausschusses erhalten für ihre Tätigkeit eine Aufwandsentschädigung, die der Ausschuß mit Genehmigung der Aufsichtsbehörde festsetzt.

3. Hauptversammlung.

§ 20. Die Hauptversammlung tritt innerhalb der ersten sechs Monate eines jeden Geschäftsjahres, im übrigen nach Bedarf zusammen. Sie ist auch einzuberufen, wenn Kapitalbeteiligte, deren Einzahlungen zusammen 10 Millionen Reichsmark ausmachen, es schriftlich unter Angabe des Zwecks und der Gründe beantragen. Ferner kann sie auch auf besonderen Beschluß des Ausschusses einberufen werden.

§ 21. (1) Die Hauptversammlung wird vom Präsidenten der Deutschen Zentralgenossenschaftskasse oder durch seinen Vertreter einberufen.

(2) Die Einberufung erfolgt schriftlich unter Mitteilung der Tagesordnung. Die Einladung muß, abgesehen von dringenden Fällen, mindestens eine Woche vor dem Sitzungstage ergehen.

§ 22. (1) Den Vorsitz in der Hauptversammlung führt der Präsident der Deutschen Zentralgenossenschaftskasse, im Falle seiner Verhinderung einer seiner Vertreter in seiner Eigenschaft als Vorsitzender des Ausschusses. Ist keine von diesen Personen erschienen, so eröffnet der an Lebensjahren älteste Teilnehmer die Versammlung und läßt von dieser einen Vorsitzenden wählen.

(2) Der Vorsitzende leitet die Verhandlungen und bestimmt die Reihenfolge der Gegenstände der Tagesordnung sowie die Art der Abstimmung.

(3) Die ordentlichen und stellvertretenden Mitglieder des Direktoriums können an der Hauptversammlung teilnehmen.

§ 23. Die Beschlüsse der Hauptversammlung werden durch einfache Mehrheit der abgegebenen Stimmen gefaßt. Im Falle der Stimmengleichheit gilt der Antrag als abgelehnt.

§ 24. (1) Die Hauptversammlung ist über den Stand der Geschäfte zu unterrichten. Sie beschließt über den Jahresabschluß, der ihr innerhalb der ersten sechs Monate nach Ablauf eines jeden Geschäftsjahres vom Direktorium und Ausschuß mit einem den Vermögensstand und die Geschäftslage der Anstalt darlegenden Bericht vorzulegen ist, über die Gewinnverteilung sowie über die Entlastung des Direktoriums und des Ausschusses.

(2) Nach Feststellung durch die Hauptversammlung ist der Jahresabschluß nebst einem Auszug aus dem Geschäftsbericht im Deutschen Reichs- und Preußischen Staatsanzeiger sowie in den von der Aufsichtsbehörde bestimmten Blättern bekanntzumachen.

(3) Die Hauptversammlung ist gutachtlich zu hören über etwaige beabsichtigte Änderungen der die Deutsche Zentralgenossenschaftskasse betreffenden Vorschriften.

§ 25. (1) Jeder Einzahlungsbetrag von fünfzigtausend Reichsmark gewährt eine Stimme.

(2) Kapitalbeteiligte, deren Einzahlungen

bis zu 200 000 Reichsmark betragen, können nicht mehr als einen,

bis zu 500 000 Reichsmark betragen, können nicht mehr als zwei,

bis zu 1 000 000 Reichsmark betragen, können nicht mehr als drei

Vertreter entsenden. Für jeden weiteren Einzahlungsbetrag von 1 Million Reichsmark kann ein weiterer Vertreter entsandt werden.

(3) Mehrere Vertreter eines Kapitalbeteiligten können das Stimmrecht nur einheitlich ausüben.

III. Geschäftsführung.

§ 26. Die Führung der Bücher, die Aufstellung des Jahresabschlusses und die Gewinnverteilung bestimmen sich nach den Vorschriften des Handelsgesetzbuches über die Aktiengesellschaft.

§ 27. (1) Die Geschäftsführung, die Bücher und der Jahresabschluß der Deutschen Zentralgenossenschaftskasse werden durch eine von der Aufsichtsbehörde nach Anhörung des Rechnungshofes des Deutschen Reichs und des Ausschusses zu bestimmende Revisionsgesellschaft geprüft.

(2) Die Wahrnehmung der Rechte des Deutschen Reichs als Kapitalbeteiligten wird von dem Rechnungshof des Deutschen Reichs geprüft.

§ 28. Das Geschäftsjahr der Deutschen Zentralgenossenschaftskasse ist das Kalenderjahr.

§ 29. Über Angelegenheiten von grundsätzlicher Bedeutung hat die Deutsche Zentralgenossenschaftskasse die Aufsichtsbehörde zu unterrichten. Die Aufsichtsbehörde hat ein Einspruchsrecht gegen alle Maßnahmen des Direktoriums der Deutschen Zentralgenossenschaftskasse sowie gegen alle Beschlüsse des Ausschusses und der Hauptversammlung, die nach ihrer Ansicht die öffentlichen Interessen beeinträchtigen können oder gegen das Gesetz oder die sonst in verbindlicher Weise getroffenen Bestimmungen verstoßen.

IV. Übergangs- und Schlußvorschriften.

§ 30. (1) Die bei Inkrafttreten dieser Verordnung vorhandenen Kapitalbeteiligungen bleiben mit folgenden Änderungen bestehen:[1])

1. die Beteiligung des Reichs beträgt 42 500 000 Reichsmark;
2. die Beteiligung des Landes Preußen beträgt 42 500 000 Reichsmark;
3. die sonstigen Beteiligungen betragen insgesamt 15 110 000 Reichsmark.

(2) Die darüber hinausgehenden Beträge der bisherigen Stammeinlagen des Reichs und des Landes Preußen sind, soweit sie eingezahlt sind, von der Deutschen Zentralgenossenschaftskasse zur Deckung von Verlusten im landwirtschaftlichen Genossenschaftswesen und von Verlusten an landwirtschaftlichen Außenständen solcher gewerblichen Kreditgenossenschaften zu verwenden, die mit der Deutschen Zentralgenossenschaftskasse im Geschäftsverkehr stehen.

§ 31. Der bisherige Präsident der Preußischen Zentralgenossenschaftskasse wird Präsident der Deutschen Zentralgenossenschaftskasse. Entsprechendes gilt für die ordentlichen und stellvertretenden Mitglieder des Direktoriums.

§ 32. Die bei Inkrafttreten dieser Verordnung erteilten Vollmachten bleiben bestehen.

---

[1]) Nach Übernahme von je 2 500 000 Reichsmark Beteiligung des Reichs und des Landes Preußen durch die Deutsche Rentenbank-Kreditanstalt beträgt jetzt:

die Beteiligung des Reichs 40 000 000 Reichsmark;
die Beteiligung des Landes Preußen 40 000 000 Reichsmark;
die Beteiligung der Deutschen Rentenbank-Kreditanstalt 5 000 000 Reichsmark.

Ferner haben sich die sonstigen Beteiligungen nach Auflösung von zwei genossenschaftlichen Verbandskassen auf 14 800 000 Reichsmark ermäßigt.

§ 33. Die bisherigen Mitglieder des engeren Ausschusses der Preußischen Zentralgenossenschaftskasse üben bis zur Bildung des Ausschusses der Deutschen Zentralgenossenschaftskasse die Befugnisse der Mitglieder des Ausschusses der Deutschen Zentralgenossenschaftskasse aus.

§ 34. Der Jahresabschluß ist dem Reichstage von der Aufsichtsbehörde vorzulegen.

§ 35. Die Reichsregierung wird ermächtigt, zur Durchführung und Ergänzung der Vorschriften dieser Verordnung Rechtsverordnungen und allgemeine Verwaltungsvorschriften zu erlassen.

Kapitel II

ermächtigt den Reichsminister der Finanzen zur Bereitstellung von Mitteln für Zwecke der Verlustbereinigung und der Rationalisierung des landwirtschaftlichen Genossenschaftswesens.

Kapitel III

enthält Bestimmungen über Revision, Bilanzen und Musterstatut der Genossenschaften.

b) Durchführungsverordnung zur Verordnung des Reichspräsidenten über die Deutsche Zentralgenossenschaftskasse und das genossenschaftliche Revisionswesen vom 21. Oktober 1932. Vom 22. Dezember 1933.[1])

Auf Grund des § 35 der Verordnung des Reichspräsidenten über die Deutsche Zentralgenossenschaftskasse und das genossenschaftliche Revisionswesen vom 21. Oktober 1932 (RGBl. I S. 503) wird verordnet:

§ 1. (1) Für die zur Zeit des Inkrafttretens der Verordnung des Reichspräsidenten über die Deutsche Zentralgenossenschaftskasse und das genossenschaftliche Revisionswesen vom 21. Oktober 1932 (RGBl. I S. 503) im Dienst befindlichen Beamten der Preußischen Zentralgenossenschaftskasse tritt an die Stelle der Preußischen Zentralgenossenschaftskasse mit dem Inkrafttreten der erwähnten Verordnung die

[1]) RGBl. 1933 I S. 1117.

Deutsche Zentralgenossenschaftskasse, sofern die Beamten dies nicht durch schriftliche oder zu Protokoll gegebene Erklärung bis zum 15. Januar 1934 ablehnen.

(2) Eine Anstellung im Beamtenverhältnis findet nicht mehr statt; Beamtenanwärter werden nicht mehr einberufen.

§ 2. (1) Die Beamten der Deutschen Zentralgenossenschaftskasse haben die Rechte und Pflichten der Reichsbeamten, soweit nicht in dieser Verordnung etwas anderes bestimmt oder zugelassen ist. Ansprüche auf Dienstbezüge, Wartegelder, Ruhegelder und Hinterbliebenenbezüge stehen ihnen und ihren Hinterbliebenen nur gegenüber der Anstalt zu.

(2) Bei der entsprechenden Anwendung des Reichsbeamtengesetzes übt der Reichsminister der Finanzen die Befugnisse aus, die nach dem Reichsbeamtengesetz der obersten Reichsbehörde zustehen. Er ist auch für Beförderungen von Beamten der Anstalt, ihre einstweilige Versetzung in den Ruhestand und ihre Entlassung zuständig. Der Präsident der Deutschen Zentralgenossenschaftskasse übt bei der entsprechenden Anwendung des Reichsbeamtengesetzes die Befugnisse aus, die nach dem Reichsbeamtengesetz der höheren Reichsbehörde zustehen.

§ 3. (1) Die Vorschriften über die Besoldung der Beamten der Deutschen Zentralgenossenschaftskasse erläßt der Reichsminister der Finanzen im Rahmen des für Reichsbeamte geltenden Besoldungsrechts. Er kann die von ihm geregelten Dienstbezüge, Wartegelder, Ruhegelder und Hinterbliebenenbezüge ebenso wie die Einreihung der Beamten in die Besoldungsgruppen jederzeit im Wege der Verordnung ändern.

(2) Bis zum Erlaß neuer Vorschriften über die Besoldung (Abs. 1), längstens jedoch bis zu einer Änderung des Gesetzes über die Dienstbezüge der preußischen unmittelbaren Staatsbeamten — Preußisches Besoldungsgesetz vom 17. Dezember 1927 (GS. S. 223) —, bestimmen sich die Bezüge der Beamten der Anstalt nach den Vorschriften der Verordnung des Preußischen Staatsministeriums über die Dienstbezüge der Beamten der Preußischen Zentralgenossenschaftskasse vom 26. März 1930 (GS. S. 43), gleichviel ob die hiernach sich ergebenden Dienstbezüge höher oder niedriger sind als die Bezüge gleichzubewertender Reichsbeamten. Bei der Anwendung dieser Vorschriften werden die dem Preußischen Staatsministerium und dem Preußischen

Finanzminister (§§ 3, 4) zugewiesenen Befugnisse vom Reichsminister der Finanzen ausgeübt.

(3) Die Bezüge der Beamten der Anstalt unterliegen den für die Reichsbeamten geltenden Gehaltskürzungen.

§ 4. (1) Über die Verteilung der Beamten auf die Besoldungsgruppen stellt die Anstalt einen Stellenplan auf, der der Genehmigung durch den Reichsminister der Finanzen bedarf.

(2) Die Planstellen der Beamten sind in dem Stellenplan als künftig wegfallend zu bezeichnen. Freiwerdende Beförderungsstellen dürfen jedoch wieder besetzt werden, wenn dafür ein unabweisbares sachliches Bedürfnis besteht.

c) Preußische Verordnung zur Durchführung dringender Finanzmaßnahmen vom 18. März 1933.[1]

Auf Grund der Verordnungen des Reichspräsidenten vom 24. August 1931 (RGBl. I S. 453), vom 6. Oktober 1931, Dritter Teil Kap. III § 2 (RGBl. I S. 537), vom 6. Februar 1933 (RGBl. I S. 43) und vom 18. März 1933, Kap. VIII Art. 2 § 2 (RGBl. I S. 109) wird folgendes verordnet:

Artikel II.

§§ 16 bis 23.

Preußische Zentralgenossenschaftskasse.

§ 24. Das anliegende Abkommen zwischen dem Deutschen Reiche und dem Lande Preußen über die Regelung der Beteiligungen an der Deutschen Zentralgenossenschaftskasse vom 21. Oktober 1932 wird verkündet. Es tritt rückwirkend mit dem Zeitpunkte des Inkrafttretens der Verordnung des Reichspräsidenten über die Deutsche Zentralgenossenschaftskasse und das genossenschaftliche Revisionswesen vom 21. Oktober 1932 (RGBl. I S. 503) in Kraft.

§ 25. (1) Zum gleichen Zeitpunkt werden die noch geltenden Vorschriften

1. des Gesetzes über die Errichtung einer Zentralanstalt zur Förderung des genossenschaftlichen Personalkredits

---

[1]) Pr. GS. 1933 S. 51.

vom 31. Juli 1895 in der Fassung, die sich aus der Bekanntmachung vom 8. März 1924 (GS. S. 175) und den Gesetzen vom 12. Dezember 1927 (GS. S. 203) und vom 28. April 1928 (GS. S. 105) ergibt,

2. des Gesetzes vom 8. Juni 1896 (GS. S. 123) zur Ergänzung des in Nr. 1 bezeichneten Gesetzes vom 31. Juli 1895,
3. des Gesetzes wegen Erhöhung des Grundkapitals der Preußischen Zentralgenossenschaftskasse vom 20. April 1898 (GS. S. 67),
4. des Abänderungsgesetzes vom 13. Juli 1909 (GS. S. 640) zu dem in Nr. 1 bezeichneten Gesetze vom 31. Juli 1895,
5. des Abänderungsgesetzes vom 5. September 1918 (GS. S. 153) zu dem in Nr. 1 bezeichneten Gesetze vom 31. Juli 1895,
6. des Abänderungsgesetzes vom 12. August 1922 (GS. S. 277) zu dem in Nr. 1 bezeichneten Gesetze vom 31. Juli 1895,
7. des Abänderungsgesetzes vom 25. Juli 1923 (GS. S. 354) zu dem in Nr. 1 bezeichneten Gesetze vom 31. Juli 1895,
8. der Verordnung vom 18. Januar 1924 (GS. S. 39) zur Abänderung des in Nr. 1 bezeichneten Gesetzes vom 31. Juli 1895,
9. der Verordnung über den Ausschuß der Preußischen Zentralgenossenschaftskasse vom 7. Mai 1924 (GS. S. 535) in der Fassung, die sich aus den Verordnungen vom 28. April 1928 (GS. S. 108) und vom 6. Februar 1931 (GS. S. 6) ergibt,
10. des Gesetzes vom 12. Dezember 1927 (GS. S. 203) zur Änderung des in Nr. 1 bezeichneten Gesetzes vom 31. Juli 1895 und zur Erhöhung der Stammeinlage des Staates bei der Anstalt,
11. des Art. I des Gesetzes über die Preußische Zentralgenossenschaftskasse und über eine Erhöhung der Stammeinlage des Preußischen Staates vom 28. April 1928 (GS. S. 105)

ausdrücklich aufgehoben.

(2) Die Vorschriften

1. der Verordnung über die Rechtsverhältnisse der Beamten der Preußischen Zentralgenossenschaftskasse vom 2. August 1899 (GS. S. 397),
2. des Art. II des Gesetzes über die Preußische Zentralgenossenschaftskasse und über eine Erhöhung der Stamm-

einlage des Preußischen Staates vom 28. April 1928 (GS. S. 105),

3. der Verordnung über die Dienstbezüge der Beamten der Preußischen Zentralgenossenschaftskasse vom 26. März 1930 (GS. S. 43)

treten mit dem Inkrafttreten der Vorschriften außer Kraft, durch die die Reichsregierung gemäß § 35 der Verordnung des Reichspräsidenten über die Deutsche Zentralgenossenschaftskasse und das genossenschaftliche Revisionswesen vom 21. Oktober 1932 (RGBl. I S. 503) die Rechtsverhältnisse der Beamten der Deutschen Zentralgenossenschaftskasse regelt.

d) Abkommen zwischen dem Deutschen Reiche und dem Lande Preußen über die Regelung der Beteiligungen an der Deutschen Zentralgenossenschaftskasse.[1])

Zwischen dem Deutschen Reiche, vertreten durch den Reichsminister der Finanzen, und dem Lande Preußen, vertreten durch den Preußischen Finanzminister, wird folgendes Abkommen getroffen:

§ 1. Das Land Preußen erklärt sich damit einverstanden, daß die durch § 1 Abs. 1 des Gesetzes über die Errichtung einer Zentralanstalt zur Förderung des genossenschaftlichen Personalkredits vom 31. Juli 1895 in der Fassung der Bekanntmachung vom 8. März 1924 (Pr. GS. S. 175) errichtete Preußische Zentralgenossenschaftskasse eine Anstalt des Reichs wird.

§ 2. Das Deutsche Reich und das Land Preußen sind darüber einig, daß ihre Kapitalbeteiligungen an der Deutschen Zentralgenossenschaftskasse je 42,5 Millionen Reichsmark betragen.

§ 3. Das Deutsche Reich und das Land Preußen verpflichten sich, von ihren Kapitalbeteiligungen an der Deutschen Zentralgenossenschaftskasse von je 42,5 Millionen Reichsmark

---

[1]) Anlage zu § 24 der preußischen Verordnung zur Durchführung dringender Finanzmaßnahmen vom 18. März 1933 (Pr. GS. S. 51).

je 2,5 Millionen Reichsmark der Deutschen Rentenbank-Kreditanstalt zum Nennwert anzubieten.

§ 4. (1) Das Deutsche Reich und das Land Preußen stellen für Zwecke der Verlustbereinigung und der Rationalisierung des landwirtschaftlichen Genossenschaftswesens Schatzanweisungen bis zum Gesamtbetrag von 200 Millionen Reichsmark zur Verfügung. Die Schatzanweisungen werden nach dem jeweiligen Bedarf bis zum Betrage von 127 Millionen Reichsmark vom Deutschen Reiche, bis zum Betrage von 73 Millionen Reichsmark vom Lande Preußen, und zwar jeweils im Verhältnis von 63,5 zu 36,5, ausgegeben.

(2) Die näheren Bestimmungen über die Prüfung des Bedarfs an Schatzanweisungen sowie die Ausgestaltung der Schatzanweisungen bleiben näherer Vereinbarung zwischen dem Deutschen Reiche und dem Lande Preußen vorbehalten.

§ 5. Die Reichsregierung wird eine Änderung der rechtlichen Verhältnisse der Deutschen Zentralgenossenschaftskasse nur im Einvernehmen mit dem Preußischen Staatsministerium vornehmen oder Vorschriften zur Durchführung oder Ergänzung der Verordnung über die Deutsche Zentralgenossenschaftskasse oder allgemeine Verwaltungsvorschriften nur im Einvernehmen mit dem Preußischen Staatsministerium erlassen.

§ 6. Die Reichsregierung wird den Präsidenten der Deutschen Zentralgenossenschaftskasse nur im Benehmen mit dem Preußischen Staatsministerium bestellen.

§ 7. Die Reichsregierung wird die Sachverständigen auf dem Gebiete des Kredit- und Genossenschaftswesens im Ausschuß der Deutschen Zentralgenossenschaftskasse nur im Einvernehmen mit dem Preußischen Staatsministerium ernennen.

§ 8. Das Preußische Staatsministerium wird im Ausschuß der Deutschen Zentralgenossenschaftskasse durch drei Personen vertreten sein.

§ 9. (1) Das Deutsche Reich und das Land Preußen werden die Rechte, die ihnen als Inhabern von Stammeinlagen im Ausschuß und in der Hauptversammlung der Deutschen Zentralgenossenschaftskasse zustehen, einheitlich ausüben und zu diesem Zweck ihre Vertreter an Weisungen binden.

(2) Das Deutsche Reich und das Land Preußen werden Vereinbarungen mit anderen Inhabern von Stammeinlagen, die eine dem Abs. 1 entsprechende Regelung der Ausübung

der Rechte zum Gegenstande haben, nur im gegenseitigen Einvernehmen treffen.

§ 10. Der Reichsminister der Finanzen wird bei allen Fragen von grundsätzlicher Bedeutung seine Aufsichtsbefugnisse nur im Einvernehmen mit dem Preußischen Finanzminister ausüben.

II. Nach Landesrecht.

1. Gesetz über Staatsbanken vom 18. Oktober 1935.[1])

§ 1. (1) Der Reichswirtschaftsminister ist ermächtigt, die zu einer zweckmäßigen Gestaltung der Organisation der Staatsbanken erforderlichen Maßnahmen zu treffen. Er kann bestehende Staatsbankgesetze, Satzungen und Stellenpläne ändern und neu einführen. Ohne seine Einwilligung können die geltenden Staatsbankgesetze, Satzungen und Stellenpläne nicht geändert werden.

(2) Der Reichswirtschaftsminister kann bei diesen Maßnahmen von dem bestehenden Landesrecht abweichen.

(3) Die Entscheidung darüber, ob ein Kreditinstitut eine Staatsbank ist, trifft endgültig der Reichswirtschaftsminister.

(4) Aus Anlaß der Umgestaltung der Organisation der Staatsbanken erheben Reich, Länder, Gemeinden und Gemeindeverbände keine Steuern und Gebühren. Dies gilt nicht für die Umsatzsteuer, Grunderwerbsteuer (einschl. Zuschläge) und die Wertzuwachssteuer, soweit im Zusammenhang mit der Umgestaltung Gegenstände auf Dritte übertragen werden.

§ 2. (1) Der Reichswirtschaftsminister kann die Aufsicht über Staatsbanken übernehmen.

(2) Macht er von dieser Ermächtigung Gebrauch, so gehen die Rechte, die nach den bisherigen landesrechtlichen Bestimmungen der obersten Aufsichtsbehörde und den sonst zur Mitwirkung berufenen Landesbehörden hinsichtlich der Staatsbank und ihrer Beamten zustehen, auf ihn über.

(3) Die Ausübung dieser Rechte und die Wahrnehmung der hiermit verbundenen Pflichten kann der Reichswirtschafts-

---

[1]) RGBl. 1935 I S. 1247.

minister auf die bisher zuständigen Behörden oder andere Stellen übertragen. Über eine nach Gesetz oder Satzung gegen die Verfügung der Aufsichtsbehörde zulässige Beschwerde entscheidet in diesem Falle der Reichswirtschaftsminister.

§ 3. Das Gesetz findet auf Institute, die nach ihrem Aufgabenkreis einer Staatsbank ähnlich sind, sowie auf Einrichtungen oder Anstalten, die mit einer Staatsbank verwaltungsmäßig verbunden sind, entsprechende Anwendung. Ob diese Voraussetzungen vorliegen, entscheidet endgültig der Reichswirtschaftsminister.

§ 4. Die Vorschriften des Reichsgesetzes über das Kreditwesen vom 5. Dezember 1934 (RGBl. I S. 1203) bleiben unberührt.

§ 5. Der Reichswirtschaftsminister erläßt die zur Ergänzung und Durchführung dieses Gesetzes notwendigen Rechtsverordnungen und Verwaltungsvorschriften.

2. Die in Deutschland bestehenden Staatsbanken.

a) Die Bayrische Staatsbank in München.

Verordnung über die Bayerische Staatsbank vom 24. März 1920 (Gesetz- und Verordnungsblatt für den Freistaat Bayern 1920 S. 86).

b) Die Braunschweigische Staatsbank (Leihhausanstalt).

Vgl. Braunschweigisches Staatsbankgesetz vom 18. Dezember 1929 (Braunschweigische Gesetz- und Verordnungssammlung Nr. 82). Ergänzungen zu diesem Gesetz finden sich in den Gesetzen zur Änderung des Staatsbankgesetzes vom 18. Juni 1932 (Braunschweigische Gesetz- und Verordnungssammlung Nr. 62), vom 31. Dezember 1933 (Braunschweigische Gesetz- und Verordnungssammlung Nr. 4), vom 27. Juli 1934 (Braunschweigische Gesetz- und Verordnungssammlung Nr. 84), vom 21. Dezember 1934 (Braunschweigische Gesetz- und Verordnungssammlung

Nr. 4), in den Bekanntmachungen des Herrn Reichs- und Preußischen Wirtschaftsministers vom 14. Januar 1936 (RAnz. Nr. 12 vom 15. Januar 1936), vom 18. Januar 1936 (RAnz. Nr. 19 vom 23. Januar 1936) und vom 29. Februar 1936 (RAnz. Nr. 52 vom 2. März 1936).

c) Die Bremer Landesbank (Staatsbank).

Vgl. Gesetz über die Errichtung einer Landesbank vom 21. Juli 1933 und Satzung vom 21. Juli 1933 (Gesetzblatt der Freien Hansestadt Bremen S. 250). Nachträge und Änderungen zur Satzung vom 12. Dezember 1933 (Gesetzblatt S. 447) und vom 2. Januar 1936.

d) Die Hessische Landesbank (Staatsbank).

Vgl. Gesetz vom 21. Juni 1923. Die Satzung ist durch die Beschlüsse des Hessischen Gesamtministeriums vom 15. August 1923 und 8. Juni 1927 erlassen worden.

e) Die Lippische Landesbank (Staatliche Kreditanstalt).

Die Lippische Landesbank wurde durch Gesetz vom 24. November 1915 errichtet (Gesetzsammlung für das Fürstentum Lippe Nr. 18). Die Satzung ist ebenfalls vom 24. November 1915 (Gesetzsammlung für das Fürstentum Lippe Nr. 18). Änderungen der Satzung finden sich in den Gesetzen vom 15. Juli 1922 (GS. Nr. 27), 27. April 1923 (GS. Nr. 16), 13. November 1924 (GS. Nr. 47), 7. November 1925 (GS. Nr. 33), 14. Mai1926 (GS. Nr. 19), 7. Juli 1926 (GS. Nr. 29), 28. März 1928 (GS. Nr. 16), 14. November 1930 (GS. Nr. 37) und vom 10. April 1934 (GS. Nr. 13).

f) Die Lübeckische Kreditanstalt (Staatsanstalt).

Gegründet auf Grund eines Senatsbeschlusses vom 5. März 1924 (Lübeckisches Gesetz- und Verordnungsblatt Nr. 32 vom 5. März 1924); Neufassung vom 15. Juni 1931 (Lübeckisches Gesetz- und Verordnungsblatt Nr. 18 vom 19. Juli 1931).

g) Die Staatliche Kreditanstalt Oldenburg (Staatsbank).

Vgl. Gesetz vom 22. September 1933 und Verordnung des Ministers der Finanzen vom 22. September 1933 (Gesetzblatt für den Freistaat Oldenburg, Landesteil Oldenburg, vom 26. September 1933).

h) Die Preußische Staatsbank (Seehandlung).

Vgl. Gesetz vom 22. Februar 1930 (Pr. GS. S. 19), geändert durch das Gesetz vom 11. Januar 1932 (Pr. GS. S. 9). Die Satzung der Preußischen Staatsbank vom 18. März 1930 (Pr. GS. S. 37) ist geändert durch die Verordnung vom 22. September 1933 (Pr. GS. S. 368).

i) Die Sächsische Staatsbank.

Vgl. Staatsbankgesetz vom 25. Juni 1921 (Sächsisches Gesetzblatt S. 194). Nachträge in der Verordnung vom 16. April 1924 (Sächsisches Gesetzblatt S. 271), in dem Gesetz vom 4. Juli 1924 (Sächsisches Gesetzblatt S. 415) und in dem Gesetz vom 11. Juni 1934 (Sächsisches Gesetzblatt S. 75). Siehe ferner: Verfügung des Herrn Reichsstatthalters in Sachsen, betreffend Neuorganisation in der Verwaltung, vom 12. März 1935 (Sächsisches Verwaltungsblatt Teil I S. 115) und das Gesetz über die Änderung der Zuständigkeit der Ministerien vom 5. August 1935 (Sächsisches Gesetzblatt S. 82).

j) Die Thüringische Staatsbank.

Vgl. Thüringisches Staatsbankgesetz vom 20. Dezember 1922 (Gesetzsammlung für Thüringen Nr. 3). Geändert durch das Gesetz über die Änderung des Staatsbankgesetzes vom 8. Mai 1933 (Gesetzsammlung für Thüringen Nr. 28).

Dritter Hauptteil:

Pfandbriefinstitute.

1. Hypothekenbankgesetz vom 13. Juli 1899.[1])

§ 1. Aktiengesellschaften und Kommanditgesellschaften auf Aktien, bei welchen der Gegenstand des Unternehmens in der hypothekarischen Beleihung von Grundstücken und der Ausgabe von Schuldverschreibungen auf Grund der erworbenen Hypotheken besteht (Hypothekenbanken), bedürfen zur Ausübung ihres Geschäftsbetriebs der Genehmigung des Bundesrats.

Ist in der Satzung einer Hypothekenbank bestimmt, daß die hypothekarischen Beleihungen nur im Gebiete desjenigen Bundesstaats erfolgen dürfen, in welchem die Bank ihren Sitz hat, so steht die Erteilung der Genehmigung der Zentralbehörde dieses Bundesstaats zu.

Zu jeder Änderung der Satzung einer Hypothekenbank ist die Genehmigung der nach den Abs. 1, 2 zuständigen Stelle erforderlich.

§ 2. Offenen Handelsgesellschaften, Kommanditgesellschaften, Gesellschaften mit beschränkter Haftung, eingetragenen Genossenschaften und einzelnen Personen ist der Betrieb eines Unternehmens der im § 1 Abs. 1 bezeichneten Art untersagt.

§ 3. Die Hypothekenbanken unterliegen der staatlichen Aufsicht. Die Aufsicht steht dem Bundesstaate zu, in welchem die Bank ihren Sitz hat. Die Aufsicht erstreckt sich auf den ganzen Geschäftsbetrieb der Bank und dauert auch nach deren Auflösung bis zur Beendigung der Liquidation fort.

---

[1]) RGBl. 1899 S. 375. Geändert durch Gesetz vom 14. Juli 1923 (RGBl. I S. 635), Gesetz vom 26. Jan. 1926 (RGBl. I S. 97), Gesetz vom 21. Dez. 1927 (RGBl. I S. 491), Gesetz vom 29. März 1930 (RGBl. I S. 108).

§ 4. Die Aufsichtsbehörde ist befugt, alle Anordnungen zu treffen, welche erforderlich sind, um den Geschäftsbetrieb der Bank mit den Gesetzen, der Satzung und den sonst in verbindlicher Weise getroffenen Bestimmungen im Einklange zu erhalten.

Die Aufsichtsbehörde ist namentlich befugt:

1. jederzeit die Bücher und Schriften der Bank einzusehen sowie den Bestand der Kasse und die Bestände an Wertpapieren zu untersuchen;
2. von den Verwaltungsorganen der Bank Auskunft über alle Geschäftsangelegenheiten zu verlangen;
3. einen Vertreter in die Generalversammlungen und in die Sitzungen der Verwaltungsorgane der Bank zu entsenden, die Berufung der Generalversammlung, die Anberaumung von Sitzungen der Verwaltungsorgane sowie die Ankündigung von Gegenständen zur Beschlußfassung zu verlangen und, wenn dem Verlangen nicht entsprochen wird, die Berufung, Anberaumung oder Ankündigung auf Kosten der Bank selbst vorzunehmen;
4. die Ausführung von Beschlüssen oder Anordnungen zu untersagen, die gegen das Gesetz, die Satzung oder die sonst in verbindlicher Weise getroffenen Bestimmungen verstoßen.

Die Aufsichtsbehörde kann einen Kommissar bestellen, der unter ihrer Leitung die Aufsicht ausübt. Sie kann bestimmen, daß für die Tätigkeit des Kommissars eine Vergütung von der Bank an die Staatskasse zu entrichten ist; sie setzt den Betrag dieser Vergütung fest.

§ 5. Die Hypothekenbanken dürfen außer der Gewährung hypothekarischer Darlehen und der Ausgabe von Hypothekenpfandbriefen nur folgende Geschäfte betreiben:

1. den Erwerb, die Veräußerung und die Beleihung von Hypotheken;
2. die Gewährung nichthypothekarischer Darlehen an inländische Körperschaften des öffentlichen Rechts oder gegen Übernahme der vollen Gewährleistung durch eine solche Körperschaft und die Ausgabe von Schuldverschreibungen auf Grund der so erworbenen Forderungen;
3. die Gewährung von Darlehen an inländische Kleinbahnunternehmungen gegen Verpfändung der Bahn und

die Ausgabe von Schuldverschreibungen auf Grund der so erworbenen Forderungen;
4. den kommissionsweisen Ankauf und Verkauf von Wertpapieren, jedoch unter Ausschluß von Zeitgeschäften;
5. die Annahme von Geld oder anderen Sachen zur Hinterlegung, jedoch mit der Maßgabe, daß der Gesamtbetrag des hinterlegten Geldes die Hälfte des eingezahlten Grundkapitals nicht übersteigen darf;[1])
6. die Besorgung der Einziehung von Wechseln, Anweisungen und ähnlichen Papieren;
7. die Aufnahme von Darlehen bei der Deutschen Rentenbank-Kreditanstalt zwecks Gewährung hypothekarischer Darlehen und die Bestellung von Sicherheiten für diese Darlehen.

Verfügbares Geld dürfen die Hypothekenbanken nutzbar machen durch Hinterlegung bei geeigneten Bankhäusern, durch Ankauf ihrer Hypothekenpfandbriefe und ihrer gemäß Abs. 1 Nr. 2, 3 ausgegebenen Schuldverschreibungen, durch Ankauf solcher Wechsel und Wertpapiere, welche nach den Vorschriften des Bankgesetzes vom 14. März 1875 von der Reichsbank angekauft werden dürfen, sowie durch Beleihung von Wertpapieren nach einer von der Hypothekenbank aufzustellenden Anweisung. Die Anweisung hat die beleihungsfähigen Papiere und die zulässige Höhe der Beleihung festzusetzen.

Der Erwerb von Grundstücken ist den Hypothekenbanken nur zur Verhütung von Verlusten an Hypotheken oder zur Beschaffung von Geschäftsräumen gestattet. In Ansehung eines solchen Erwerbes stehen in jedem Bundesstaate Hypothekenbanken, die in dem Gebiet eines anderen Bundesstaats ihren Sitz haben, den einheimischen Hypothekenbanken gleich.

§ 5a. Privatrechtliche Kreditanstalten, die nicht Hypothekenbanken sind, dürfen Schuldverschreibungen unter

---

[1]) Viertes Gesetz zur Abänderung und Ergänzung des Hypothekenbankgesetzes vom 29. März 1930 (RGBl. I S. 108):

Art. 3. Die Reichsregierung bestimmt, zu welchem Zeitpunkt die Vorschrift des Artikels 1 zu 1 (d. i. Ziff. 5) in Kraft tritt. Bis zu diesem Zeitpunkt ist den Hypothekenbanken die Annahme von Geld oder anderen Sachen zur Hinterlegung mit der Maßgabe gestattet, daß der Gesamtbetrag des hinterlegten Geldes das eingezahlte Grundkapital nicht übersteigen darf.

der Bezeichnung als Pfandbrief oder unter einer anderen Bezeichnung, die das Wort Pfandbrief enthält, nicht in den Verkehr bringen. Dies gilt nicht für Schuldverschreibungen, die mit staatlicher Genehmigung unter der Bezeichnung als Schiffspfandbrief in den Verkehr gebracht worden sind oder werden.

§ 6. Der Gesamtbetrag der im Umlauf befindlichen Hypothekenpfandbriefe muß in Höhe des Nennwerts jederzeit durch Hypotheken von mindestens gleicher Höhe und mindestens gleichem Zinsertrage gedeckt sein.[2])

Die Deckung muß, soweit Hypotheken an landwirtschaftlichen Grundstücken dazu verwendet werden, mindestens zur Hälfte aus Amortisationshypotheken bestehen, bei denen der jährliche Tilgungsbeitrag des Schuldners nicht weniger als ein Viertel vom Hundert des Hypothekenkapitals beträgt. Die Bank darf jedoch, falls solche Hypotheken vor der Zeit zurückbezahlt werden, an ihrer Stelle bis zum Ablaufe der planmäßigen Tilgungszeit Hypotheken anderer Art zur Deckung benutzen.

Steht der Bank eine Hypothek an einem Grundstücke zu, das sie zur Verhütung eines Verlustes an der Hypothek erworben hat, so darf diese als Deckung von Hypothekenpfandbriefen höchstens mit der Hälfte des Betrages in Ansatz gebracht werden, mit welchem sie vor dem Erwerbe des Grundstücks durch die Bank als Deckung in Ansatz gebracht war.

Ist infolge der Rückzahlung von Hypotheken oder aus einem anderen Grunde die vorgeschriebene Deckung in Hypotheken nicht mehr vollständig vorhanden und ist weder die Ergänzung durch andere Hypotheken noch die Einziehung eines entsprechenden Betrags von Hypothekenpfandbriefen

---

[2]) Wegen der Umlaufsgrenze und Deckung für sogenannte wertbeständige Hypotheken siehe Reichsgesetz über wertbeständige Hypotheken vom 23. Juni 1923 (RGBl. I S. 407) und 2. Febr. 1928 (RGBl. I S. 11) sowie die Verordnung über die Umlaufsgrenze für Pfandbriefe und sonstige Schuldverschreibungen von Hypothekenbanken vom 25. Juni 1925 (RGBl. I S. 88) (praktisch bedeutungslos; betrifft Umstellung nach der Inflation). Wegen der Deckung durch Reallasten vgl. Verordnung über die Umwandlung von Kreditanstalten in Hypothekenbanken vom 14. Dez. 1923 (RGBl. I S. 1203), welche ebenfalls Umstellungen nach der Inflation betrifft.

sofort ausführbar, so hat die Bank die fehlende Hypothekendeckung einstweilen durch Schuldverschreibungen des Reichs oder eines Bundesstaats oder durch Geld zu ersetzen. Die Schuldverschreibungen dürfen höchstens mit einem Betrag in Ansatz gebracht werden, der um fünf vom Hundert des Nennwerts unter ihrem jeweiligen Börsenpreise bleibt.

§ 7. Die Hypothekenbanken dürfen Hypothekenpfandbriefe nur insoweit ausgeben und Darlehen von der Deutschen Rentenbank-Kreditanstalt nur insoweit aufnehmen, als der Betrag der ausgegebenen Hypothekenpfandbriefe zuzüglich des Betrags der bei der Deutschen Rentenbank-Kreditanstalt aufgenommenen Darlehen den zwanzigfachen Betrag des eingezahlten Grundkapitals und des ausschließlich zur Deckung einer Unterbilanz oder zur Sicherung der Pfandbriefgläubiger oder der Forderungen der Deutschen Rentenbank-Kreditanstalt aus der Darlehnsgewährung bestimmten Reservefonds nicht übersteigt.

§ 8. In den Hypothekenpfandbriefen sind die für das Rechtsverhältnis zwischen der Hypothekenbank und den Pfandbriefgläubigern maßgebenden Bestimmungen, insbesondere in betreff der Kündbarkeit der Hypothekenpfandbriefe, ersichtlich zu machen.

Die Hypothekenbank darf auf das Recht zur Rückzahlung der Hypothekenpfandbriefe höchstens für einen Zeitraum von zehn Jahren verzichten. Den Pfandbriefgläubigern darf ein Kündigungsrecht nicht eingeräumt werden.

§ 9. Die Ausgabe von Hypothekenpfandbriefen, deren Einlösungswert den Nennwert übersteigt, ist nicht gestattet.

§ 10. Als Deckung für Hypothekenpfandbriefe dürfen nur Hypotheken benutzt werden, welche den in den §§ 11, 12 bezeichneten Erfordernissen entsprechen.

§ 11. Die Beleihung ist auf inländische [1]) Grundstücke beschränkt und der Regel nach nur zur ersten Stelle zulässig.

Die Beleihung darf die ersten drei Fünfteile des Wertes des Grundstücks nicht übersteigen. Die Zentralbehörde eines Bundesstaats kann die Beleihung landwirtschaftlicher Grundstücke in dem Gebiete des Bundesstaates oder in

[1]) Nach § 18 AusfG. zum VerfVertrG. vom 31. Aug. 1919 (RGBl. I S. 1530, 1535) dürfen zur Deckung der Pfandbriefe bestimmte Hypotheken auch insoweit als Deckung für Pfandbriefe benutzt werden, als die beliehenen Grundstücke nach dem VerfVertrG. nicht mehr im Inlande liegen.

Teilen dieses Gebietes bis zu zwei Dritteilen des Wertes gestatten.

§ 12. Der bei der Beleihung angenommene Wert des Grundstücks darf den durch sorgfältige Ermittelung festgestellten Verkaufswert nicht übersteigen. Bei der Feststellung dieses Wertes sind nur die dauernden Eigenschaften des Grundstücks und der Ertrag zu berücksichtigen, welchen das Grundstück bei ordnungsmäßiger Wirtschaft jedem Besitzer nachhaltig gewähren kann.

Soweit vor der Beleihung die Grundstücke durch eine öffentliche Behörde des Gebiets, in welchem sie liegen, abgeschätzt werden, kann der Bundesrat bestimmen, daß der bei der Beleihung angenommene Wert auch den durch eine solche Abschätzung festgestellten Wert nicht übersteigen darf.

Die zur Deckung von Hypothekenpfandbriefen verwendeten Hypotheken an Bauplätzen sowie an solchen Neubauten, welche noch nicht fertiggestellt und ertragsfähig sind, dürfen zusammen den zehnten Teil des Gesamtbetrags der zur Deckung der Hypothekenpfandbriefe benutzten Hypotheken sowie den halben Betrag des eingezahlten Grundkapitals nicht überschreiten. Im übrigen sind Hypotheken an Grundstücken, die einen dauernden Ertrag nicht gewähren, insbesondere an Gruben und Brüchen, von der Verwendung zur Deckung von Hypothekenpfandbriefen ausgeschlossen. Das gleiche gilt von Hypotheken an Bergwerken. Hypotheken an anderen Berechtigungen, für welche die sich auf Grundstücke beziehenden Vorschriften Anwendung finden, sind von der Verwendung zur Deckung von Hypothekenpfandbriefen ausgeschlossen, sofern die Berechtigungen einen dauernden Ertrag nicht gewähren.

§ 13. Die Hypothekenbank hat auf Grund der Vorschriften des § 12 eine Anweisung über die Wertermittlung zu erlassen; die Anweisung bedarf der Genehmigung der Aufsichtsbehörde.

Nimmt die Bank hypothekarische Beleihungen in dem Gebiet eines Bundesstaats vor, in dem sie nicht ihren Sitz hat, so ist die Anweisung auch der Aufsichtsbehörde dieses Bundesstaats einzureichen. Über Beanstandungen, die von der Behörde erhoben werden, beschließt, wenn die Erledigung in anderer Weise nicht zu erreichen ist, der Bundesrat; die Beschlußfassung des Bundesrats wird auf Antrag durch den Reichskanzler herbeigeführt.

§ 14. Die hypothekarischen Darlehen sind in Geld zu gewähren.

Die Gewährung von Darlehen in Hypothekenpfandbriefen der Bank zum Nennwert ist nur zulässig, wenn die Satzung der Bank sie gestattet und der Schuldner ausdrücklich zustimmt. In diesem Falle ist dem Schuldner urkundlich das Recht einzuräumen, die Rückzahlung der Hypothek nach seiner Wahl in Geld oder in Hypothekenpfandbriefen der Bank, die derselben Gattung angehören wie die empfangenen, nach dem Nennwerte zu bewirken. Hypothekenpfandbriefe, die bei der amtlichen Feststellung des Börsenpreises nicht unterschieden werden, gelten im Sinne dieser Vorschrift stets als zu derselben Gattung gehörig.

§ 15. Die Grundzüge der Bedingungen für die hypothekarischen Darlehen sind von der Hypothekenbank festzustellen; die Grundzüge bedürfen der Genehmigung der Aufsichtsbehörde. In den Bedingungen ist namentlich zu bestimmen, welche Nachteile den Schuldner bei nicht rechtzeitiger Zahlung treffen sowie unter welchen Voraussetzungen die Bank befugt ist, die vorzeitige Rückzahlung der Hypothek zu verlangen.

Nimmt die Bank Beleihungen in dem Gebiet eines Bundesstaats vor, in dem sie nicht ihren Sitz hat, so kann die Aufsichtsbehörde dieses Bundesstaats verlangen, daß ihr die Grundzüge der Darlehensbedingungen eingereicht werden. Auf die Erledigung von Beanstandungen finden die Vorschriften des § 13 Abs. 2 Satz 2 entsprechende Anwendung.

Der Aufsichtsbehörde des im Abs. 2 bezeichneten Bundesstaats ist auf ihr Verlangen alljährlich ein Verzeichnis der hypothekarischen Beleihungen einzureichen, welche die Bank in dem Gebiete des Bundesstaats vorgenommen hat. Der Bundesrat kann Bestimmungen über die Einrichtung und den Inhalt der Verzeichnisse erlassen.

§ 16. In den von der Hypothekenbank verwendeten Darlehnsprospekten und Antragsformularen sind alle Bestimmungen über die Art der Auszahlung der Darlehn, über Abzüge zugunsten der Bank, über die Höhe und Fälligkeit der Zinsen und der sonst dem Schuldner obliegenden Leistungen, über den Beginn einer Amortisation und über die Kündigung und Rückzahlung aufzunehmen.

§ 17. Im Falle einer Verschlechterung des beliehenen Grundstücks oder seiner Zubehörstücke, der ein unwirtschaftliches Verfahren des Besitzers nicht zugrunde liegt, finden zugunsten der Hypothekenbank die Vorschriften der §§ 1133, 1135 des Bürgerlichen Gesetzbuchs über das Recht des Gläubigers auf sofortige Befriedigung aus dem Grundstücke nur in Ansehung des Betrags Anwendung, für welchen in dem verminderten Werte des Grundstücks nicht mehr die nach dem Gesetz oder der Satzung erforderliche Deckung vorhanden ist. Über diesen Betrag hinaus darf sich die Bank für den Fall einer Verminderung des Wertes des Grundstücks das Recht, die vorzeitige Rückzahlung der Hypothek zu verlangen, nicht ausbedingen.

Die Bank darf sich für den Fall, daß ein Teil des Grundstücks veräußert und die Unschädlichkeit der Veräußerung für die Berechtigten nach Maßgabe der Landesgesetze von der zuständigen Behörde festgestellt wird, keine weiteren als die ihr gesetzlich zustehenden Rechte auf Sicherstellung oder Befriedigung vorbehalten.

Es darf nicht bedungen werden, daß die Bank im Falle ihrer Auflösung die vorzeitige Rückzahlung der Hypothek verlangen kann.

§ 18. Dem Schuldner ist urkundlich das Recht einzuräumen, die Hypothek ganz oder teilweise zu kündigen und zurückzuzahlen.

Das Recht der Rückzahlung darf nur bis zu einem Zeitraume von zehn Jahren ausgeschlossen werden. Dieser Zeitraum beginnt mit der Auszahlung des Darlehens, im Falle der Auszahlung in Teilbeträgen mit der letzten Zahlung; wird nach der Auszahlung des Darlehens eine Vereinbarung über die Zeit der Rückzahlung getroffen, so beginnt der zehnjährige Zeitraum mit der Vereinbarung.

Die Kündigungsfrist darf neun Monate und bei Hypotheken, welche die Bank kündigen kann, auch die der Bank eingeräumte Kündigungsfrist nicht überschreiten.

Soweit es nach diesen Vorschriften nicht gestattet ist, das Recht des Schuldners zur Rückzahlung der Hypothek auszuschließen, darf sich die Bank eine Rückzahlungsprovision oder die Bestellung einer Sicherheit bei der Kündigung nicht ausbedingen.

§ 19. Bei Amortisationshypotheken darf zugunsten der Bank ein Kündigungsrecht nicht bedungen werden. Eine Vereinbarung, welche der Bank das Recht einräumt, aus besonderen, in dem Verhalten des Schuldners liegenden

Gründen die Rückzahlung der Hypothek vor der bestimmten Zeit zu verlangen, wird hierdurch nicht berührt.

Die Jahresleistung des Schuldners darf nur die bedungenen Zinsen und den Tilgungsbeitrag enthalten.

Die Vorschrift des Abs. 2 findet keine Anwendung, wenn die Hypothek für ein Darlehen bestellt wird, das aus Mitteln der Deutschen Rentenbank-Kreditanstalt stammt.

§ 20. Der Beginn der Amortisation darf für einen zehn Jahre nicht übersteigenden Zeitraum hinausgeschoben werden. Ist in einem solchen Falle infolge der Hinausschiebung der Amortisation außer den bedungenen Zinsen ein Betrag an die Bank zu entrichten, so ist dieser in der Darlehnsurkunde ersichtlich zu machen.[1])

Von dem Beginne der Amortisation an dürfen die Jahreszinsen von keinem höheren Betrag als von dem für den Schluß des Vorjahrs sich ergebenden Restkapitale berechnet werden; der Mehrbetrag der Jahresleistung ist zur Tilgung zu verwenden.

Die Vorschrift des Abs. 2 Halbsatz 2 findet bei Darlehen, die aus Mitteln der Deutschen Rentenbank-Kreditanstalt stammen, keine Anwendung.

§ 21. Das Recht des Schuldners zur teilweisen Rückzahlung der Hypothek kann bei Amortisationshypotheken in der Weise beschränkt werden, daß eine Zahlung von der Bank nur angenommen zu werden braucht, wenn die Zahlung dazu bestimmt und geeignet ist, die Tilgungszeit unter Beibehaltung der bisherigen Höhe der Jahresleistungen um ein Jahr oder um mehrere Jahre abzukürzen. Die Vorschrift findet jedoch keine Anwendung, wenn der Betrag der Zahlung den zehnten Teil des Restkapitals erreicht und der Schuldner verlangt, daß die späteren Jahresleistungen

---

[1]) Viertes Gesetz zur Abänderung und Ergänzung des Hypothekenbankgesetzes vom 29. März 1930 (RGBl. I S. 108):

Art. 2. Eine vor Inkrafttreten dieses Gesetzes bei Bestellung einer Amortisationshypothek getroffene Einigung über die Leistung eines Verwaltungskostenbeitrags bleibt unberührt, auch wenn sie im Grundbuch bis zu diesem Zeitpunkt nicht eingetragen worden ist, sofern nur die Erklärungen gerichtlich oder notariell beurkundet oder vor dem Grundbuchamt abgegeben oder bei diesem eingereicht sind, oder wenn der Schuldner der Bank eine den Vorschriften der Grundbuchordnung entsprechende Eintragungsbewilligung ausgehändigt hat.

unter Beibehaltung der ursprünglichen Tilgungszeit herabgesetzt werden; in diesem Falle darf bei den im § 6 Abs. 2 bezeichneten Hypotheken der jährliche Tilgungsbeitrag weniger als ein Vierteil vom Hundert des ursprünglichen Kapitals betragen; die Bank hat einen neuen Tilgungsplan aufzustellen.

Die Bank darf sich von der Verpflichtung, in Ansehung des amortisierten Betrags die ihr behufs der Berichtigung des Grundbuchs, der Löschung der Hypothek oder der Herstellung eines Teilhypothekenbriefs nach den Vorschriften des bürgerlichen Rechtes obliegenden Handlungen vorzunehmen, im voraus nicht befreien.

Die Bank hat nach Veröffentlichung der Jahresbilanz jedem Schuldner auf Verlangen mitzuteilen, welcher Betrag der Hypothek am Schlusse des Vorjahrs amortisiert war.

§ 22. Die zur Deckung der Hypothekenpfandbriefe bestimmten Hypotheken sind von der Bank einzeln in ein Register einzutragen. Im Falle des § 6 Abs. 4 sind die ersatzweise zur Deckung bestimmten Wertpapiere gleichfalls in das Register einzutragen; die Eintragung hat die einzelnen Stücke zu bezeichnen.

Innerhalb des ersten Monats eines jeden Kalenderhalbjahrs ist eine von dem nach § 29 bestellten Treuhänder beglaubigte Abschrift der Eintragungen, welche während des letzten Halbjahrs in dem Hypothekenregister vorgenommen worden sind, der Aufsichtsbehörde einzureichen. Die Abschrift wird von der Aufsichtsbehörde aufbewahrt.

§ 23. Innerhalb des zweiten Monats eines jeden Kalenderhalbjahrs hat die Bank den Gesamtbetrag der Hypothekenpfandbriefe, welche am letzten Tage des vergangenen Halbjahrs im Umlaufe waren, und den nach Abzug aller Rückzahlungen oder sonstigen Minderungen sich ergebenden Gesamtbetrag der am letzten Tage des vergangenen Halbjahres in das Hypothekenregister eingetragenen Hypotheken sowie den Gesamtbetrag der an diesem Tage in das Register eingetragenen Wertpapiere und des in der Verwahrung des Treuhänders befindlichen Geldes im Deutschen Reichsanzeiger und in den für die Veröffentlichungen der Bank bestimmten Blättern bekanntzumachen.

Sind in dem Register Wertpapiere oder solche Hypotheken eingetragen, die nicht ihrem vollen Betrage nach zur Deckung von Hypothekenpfandbriefen geeignet sind, so ist in der Bekanntmachung anzugeben, mit welchem Betrage die Wertpapiere oder die Hypotheken als Deckung nicht in Ansatz kommen.

Die Reichsregierung oder die von ihr bestimmte Stelle kann die Banken von der Verpflichtung befreien, Bekanntmachungen im Reichsanzeiger nach Maßgabe der Vorschriften der Abs. 1, 2 zu erlassen, wenn sichergestellt ist, daß die in diesen Vorschriften bezeichneten Angaben anderweit im Reichsanzeiger bekanntgemacht werden.

§ 24. Die Jahresbilanz einer Hypothekenbank hat in getrennten Posten namentlich zu enthalten:

1. den Gesamtbetrag der zur Deckung der Hypothekenpfandbriefe bestimmten Hypotheken und Wertpapiere;
2. den Gesamtbetrag der rückständigen Hypothekenzinsen;
3. den Gesamtwert der Grundstücke der Bank unter gesonderter Angabe des Wertes der Bankgebäude;
4. die Gesamtbeträge der Bestände an Geld, an Wechseln und an Wertpapieren unter gesonderter Angabe des Betrags der eigenen Hypothekenpfandbriefe und Schuldverschreibungen der Bank;
5. den Gesamtbetrag der Forderungen der Bank aus Lombardgeschäften;
6. den Gesamtbetrag der Guthaben bei Bankhäusern;
7. den Gesamtbetrag der im Umlaufe befindlichen Hypothekenpfandbriefe nach ihrem Nennwerte, bei verschieden verzinslichen Hypothekenpfandbriefen den Gesamtbetrag jeder dieser Gattungen;
8. den Gesamtbetrag der Verbindlichkeiten der Bank aus der Annahme von Geld zum Zwecke der Hinterlegung.

§ 25. Sind Hypothekenpfandbriefe zu einem geringeren Betrag als dem Nennwert ausgegeben worden, so darf in die Aktiven der Bilanz ein Betrag aufgenommen werden, der vier Fünfteilen des Mindererlöses gleichkommt; von dem Mindererlös ist der Gewinn abzuziehen, den die Bank durch den Rückkauf von Hypothekenpfandbriefen zu einem geringeren Betrag als dem Nennwert erzielt hat. Der demgemäß in die Bilanz eingestellte Aktivposten muß jährlich zu mindestens einem Viertel abgeschrieben werden.

In keinem Jahre dürfen die nach den Vorschriften des Abs. 1 in die Bilanz aufgenommenen Aktivposten zusammen mehr betragen als das Doppelte des Überschusses, den die

Hypothekenzinsen für das Bilanzjahr ergeben, wenn von ihnen die Pfandbriefzinsen und außerdem ein Viertel vom Hundert der Gesamtsumme der Hypotheken abgezogen werden; auch dürfen die bezeichneten Aktivposten zusammen nicht den Betrag des ausschließlich zur Deckung einer Unterbilanz bestimmten Reservefonds übersteigen.

Die durch die Ausgabe der Hypothekenpfandbriefe entstandenen Kosten, mit Einschluß der für die Unterbringung gezahlten Provisionen, sind ihrem vollen Betrage nach zu Lasten der Jahres zu verrechnen, in welchem sie entstanden sind.

Ansprüche der Bank auf Jahresleistungen der Hypothekenschuldner für die auf das Bilanzjahr folgende Zeit dürfen nicht in die Aktiven der Bilanz aufgenommen werden.

§ 26. Sind Hypothekenpfandbriefe zu einem höheren Betrag als den Nennwert ausgegeben worden und hat die Bank auf das Recht verzichtet, die Hypothekenpfandbriefe jederzeit zurückzuzahlen, so ist der Mehrerlös, soweit er den Betrag von eineinhalb vom Hundert des Nennwerts übersteigt, in die Passiven der Bilanz einzustellen. Die Bank darf über ihn während der Jahre, für welche die Rückzahlung der Hypothekenpfandbriefe ausgeschlossen ist, alljährlich nur zu einem der Zahl dieser Jahre entsprechenden Bruchteile verfügen. Die Verfügung ist ausgeschlossen, solange ein Mindererlös der im § 25 Abs. 1 bezeichneten Art als Aktivposten in der Bilanz steht; zur Tilgung eines solchen Mindererlöses sowie zur Deckung des Verlustes, der für die Bank durch den Rückkauf von Hypothekenpfandbriefen zu einem den Nennwert übersteigenden Betrag entstanden ist, darf der Mehrerlös jederzeit verwendet werden.

§ 27. In der Gewinn- und Verlustrechnung sind in getrennten Posten namentlich die Gesamtbeträge der in dem Geschäftsjahre von der Bank verdienten Hypothekenzinsen, Darlehensprovisionen und sonstigen Nebenleistungen der Hypothekenschuldner sowie der Gesamtbetrag der für das Geschäftsjahr von der Bank zu entrichtenden Pfandbriefzinsen anzugeben.

§ 28. In dem Geschäftsbericht oder in der Bilanz sind ersichtlich zu machen:

1. die Zahl der zur Deckung der Hypothekenpfandbriefe bestimmten Hypotheken und deren Verteilung nach ihrer Höhe in Stufen von hunderttausend Mark;

2. die Beträge, welche davon auf Hypotheken an landwirtschaftlichen und auf solche an anderen Grundstücken, auf Amortisationshypotheken und auf andere Hypotheken, auf Hypotheken an Bauplätzen und an unfertigen, noch nicht ertragsfähigen Neubauten fallen;
3. die Zahl der Zwangsversteigerungen und die Zahl der Zwangsverwaltungen, welche in dem Geschäftsjahr auf Antrag der Bank bewirkt worden sind, sowie die Zahl der in dem Geschäftsjahre bewirkten Zwangsversteigerungen und Zwangsverwaltungen, an welchen die Bank sonst beteiligt war;
4. die Zahl der Fälle, in welchen die Bank während des Geschäftsjahrs Grundstücke zur Verhütung von Verlusten an Hypotheken hat übernehmen müssen, sowie der Gesamtbetrag dieser Hypotheken und die Verluste oder Gewinne, welche sich bei dem Wiederverkauf übernommener Grundstücke ergeben haben;
5. die Jahre, aus welchen die Rückstände auf die von den Hypothekenschuldnern zu entrichtenden Zinsen herrühren, sowie der Gesamtbetrag der Rückstände eines jeden Jahres;
6. der Gesamtbetrag der im Geschäftsjahr erfolgten Rückzahlungen auf die Hypotheken, getrennt nach den durch Amortisation und den in anderer Weise erfolgten Rückzahlungen;
7. die Beschränkungen, welchen sich die Bank hinsichtlich der Rückzahlung der Hypothekenpfandbriefe unterworfen hat, getrennt nach den einzelnen Gattungen der Hypothekenpfandbriefe.

Die unter Nr. 3 bis 5 bezeichneten Angaben sind getrennt nach landwirtschaftlichen und anderen Grundstücken und nach den Hauptgebieten zu machen, auf welche sich die Geschäftstätigkeit der Hypothekenbank erstreckt.

In dem Geschäftsbericht oder in der Gewinn- und Verlustrechnung sind der Mehrerlös und der Mindererlös anzugeben, welche in dem Geschäftsjahre durch die Ausgabe von Hypothekenpfandbriefen zu einem höheren oder geringeren Betrag als dem Nennwert entstanden sind.

§ 29. Bei jeder Hypothekenbank ist ein Treuhänder sowie ein Stellvertreter zu bestellen.

Die Bestellung erfolgt durch die Aufsichtsbehörde nach Anhörung der Hypothekenbank. Die Bestellung kann jederzeit durch die Aufsichtsbehörde widerrufen werden.

§ 30. Der Treuhänder hat darauf zu achten, daß die vorschriftsmäßige Deckung für die Hypothekenpfandbriefe jederzeit vorhanden ist; hierbei hat er, sofern der Wert der beliehenen Grundstücke gemäß der von der Aufsichtsbehörde genehmigten Anweisung festgesetzt ist, nicht zu untersuchen, ob der festgesetzte Wert dem wirklichen Werte entspricht.

Er hat darauf zu achten, daß die zur Deckung der Hypothekenpfandbriefe bestimmten Hypotheken und Wertpapiere gemäß den Vorschriften des § 22 Abs. 1 in das Hypothekenregister eingetragen werden.

Er hat die Hypothekenpfandbriefe vor der Ausgabe mit einer Bescheinigung über das Vorhandensein der vorschriftsmäßigen Deckung und über die Eintragung in das Hypothekenregister zu versehen.

Eine in das Hypothekenregister eingetragene Hypothek sowie ein in das Hypothekenregister eingetragenes Wertpapier kann nur mit Zustimmung des Treuhänders in dem Register gelöscht werden. Die Zustimmung des Treuhänders bedarf der schriftlichen Form, sie kann in der Weise erfolgen, daß der Treuhänder seine Namensunterschrift dem Löschungsvermerk im Hypothekenregister beifügt.

§ 31. Der Treuhänder hat die Urkunden über die in das Hypothekenregister eingetragenen Hypotheken sowie die in das Register eingetragenen Wertpapiere und das gemäß § 6 Abs. 4 zur Deckung der Hypothekenpfandbriefe bestimmte Geld unter dem Mitverschlusse der Bank zu verwahren; er darf diese Gegenstände nur gemäß den Vorschriften dieses Gesetzes herausgeben.

Er ist verpflichtet, Hypothekenurkunden sowie Wertpapiere und Geld auf Verlangen der Bank herauszugeben und zur Löschung im Hypothekenregister mitzuwirken, soweit die übrigen in das Register eingetragenen Hypotheken und Wertpapiere zur Deckung der Hypothekenpfandbriefe genügen oder die Bank eine andere vorschriftsmäßige Deckung beschafft. Ist die Bank dem Hypothekenschuldner gegenüber zur Aushändigung der Hypothekenurkunden oder zur Vornahme der im § 1145 des Bürgerlichen Gesetzbuchs bezeichneten Handlungen verpflichtet, so hat der Treuhänder die Urkunde auch dann herauszugeben, wenn die bezeichneten Voraussetzungen nicht vorliegen; wird die Hypothek zurückgezahlt, so ist in dem letzteren Falle das gezahlte Geld dem Treuhänder zur Verwahrung gemäß Abs. 1 zu übergeben.

Bedarf die Bank einer Hypothekenurkunde nur zu vorübergehendem Gebrauche, so hat der Treuhänder sie herauszugeben, ohne daß die Bank verpflichtet ist, eine andere Deckung zu beschaffen.

§ 32. Der Treuhänder ist befugt, jederzeit die Bücher und Schriften der Bank einzusehen, soweit sie sich auf die Hypothekenpfandbriefe und auf die in das Hypothekenregister eingetragenen Hypotheken beziehen.

Die Hypothekenbank ist verpflichtet, von den Kapitalrückzahlungen auf die in das Hypothekenregister eingetragenen Hypotheken sowie von sonstigen für die Pfandbriefgläubiger erheblichen Änderungen, welche diese Hypotheken betreffen, dem Treuhänder fortlaufende Mitteilung zu machen.

§ 33. Streitigkeiten zwischen dem Treuhänder und der Hypothekenbank entscheidet die Aufsichtsbehörde.

§ 34. Der Treuhänder kann von der Hypothekenbank eine angemessene Vergütung für seine Geschäftsführung verlangen. Der Betrag der vereinbarten Vergütung ist der Aufsichtsbehörde anzuzeigen; in Ermangelung einer Einigung wird der Betrag durch die Aufsichtsbehörde festgesetzt.

§ 34a. Arreste und Zwangsvollstreckungen in die in das Hypothekenregister eingetragenen Hypotheken und Wertpapiere finden nur wegen der Ansprüche aus den Hypothekenpfandbriefen statt. Das gleiche gilt von Geld, das dem Treuhänder zur Deckung der Hypothekenpfandbriefe in Verwahrung gegeben ist.

§ 35. Ist über das Vermögen der Hypothekenbank der Konkurs eröffnet, so gehen in Ansehung der Befriedigung aus den in das Hypothekenregister eingetragenen Hypotheken und Wertpapieren die Forderungen der Pfandbriefgläubiger den Forderungen aller anderen Konkursgläubiger vor. Das gleiche gilt von Geld, das dem Treuhänder zur Deckung der Hypothekenpfandbriefe in Verwahrung gegeben ist. Die Pfandbriefgläubiger haben untereinander gleichen Rang.

In betreff des Anspruchs der Pfandbriefgläubiger auf Befriedigung aus dem sonstigen Vermögen der Bank finden die für die Absonderungsberechtigten geltenden Vorschriften der §§ 64, 153, 155, 156 und des § 168 Nr. 3 der Konkursordnung (RGBl. 1898 S. 612) entsprechende Anwendung.

Gehören zur Konkursmasse eigene Hypothekenpfandbriefe der Bank, die von dieser dem Bestand an Wertpapieren zugeschrieben sind, so werden sie bei der Berechnung der auf die einzelnen Hypothekenpfandbriefe fallenden Anteile an dem Erlös aus den im Abs. 1 bezeichneten Gegenständen mitgezählt.

Während des Konkurses der Hypothekenbank sind die Kosten einer Versammlung der Pfandbriefgläubiger, die nach den Vorschriften des Gesetzes, betreffend die gemeinsamen Rechte der Besitzer von Schuldverschreibungen, berufen wird, aus dem zur vorzugsweisen Befriedigung der letzteren dienenden Teile der Konkursmasse zu berichtigen.

§ 36. Treuhänder, die absichtlich zum Nachteile der Pfandbriefgläubiger handeln, werden wegen Untreue nach § 266 des Strafgesetzbuchs bestraft.

§ 37.[1]) Wer für eine Hypothekenbank wissentlich Hypothekenpfandbriefe über den Betrag hinaus ausgibt, welcher durch die in das Hypothekenregister eingetragenen Hypotheken und Wertpapiere oder das in der Verwahrung des Treuhänders befindliche Geld vorschriftsmäßig gedeckt ist, wird mit Gefängnis bis zu einem Jahre und mit Geldstrafe bestraft.

Die gleiche Strafe trifft denjenigen, welcher für eine Hypothekenbank wissentlich über eine in das Hypothekenregister eingetragene Hypothek oder über ein in das Register eingetragenes Wertpapier durch Veräußerung oder Belastung verfügt, obwohl die übrigen in das Register eingetragenen Hypotheken und Wertpapiere zur vorschriftsmäßigen Deckung der Hypothekenpfandbriefe nicht genügen, sowie denjenigen, welcher der Vorschrift des § 31 Abs. 2 Satz 2 zuwider es unterläßt, bei der Rückzahlung einer Hypothek das gezahlte Geld dem Treuhänder zur Verwahrung zu übergeben.

Sind mildernde Umstände vorhanden, so kann auf die Geldstrafe allein erkannt werden.

§ 38.[1]) Wer für eine Hypothekenbank Hypothekenpfandbriefe ohne die nach § 30 Abs. 3 erforderliche Bescheinigung ausgibt, wird mit Geldstrafe oder mit Gefängnis bis zu drei Monaten bestraft.

---

[1]) Die Höhe der Geldstrafe richtet sich jetzt nach der Verordnung über Vermögensstrafen und Bußen vom 6. Februar 1924 (RGBl. I S. 44).

§ 39.[1]) Zuwiderhandlungen gegen die Vorschrift des § 2 werden mit Geldstrafe bestraft.

§ 40. Den Hypotheken stehen im Sinne dieses Gesetzes die Grundschulden gleich.

Hat die Bank ein Grundstück zur Verhütung von Verlusten an einer ihr an dem Grundstücke zustehenden Hypothek oder Grundschuld bei der Zwangsversteigerung erworben und an Stelle der gelöschten Hypothek oder Grundschuld für sich eine Grundschuld eintragen lassen, so findet auf diese die Vorschrift des § 6 Abs. 3 entsprechende Anwendung.

§ 41. Werden von einer Hypothekenbank auf Grund nichthypothekarischer Darlehen, die an inländische Körperschaften des öffentlichen Rechtes oder gegen Übernahme der Gewährleistung durch eine solche Körperschaft gewährt sind, Schuldverschreibungen ausgegeben, so finden auf diese Schuldverschreibungen und die ihnen zugrunde liegenden Darlehnsforderungen die Vorschriften des § 6 Abs. 1, 4 und der §§ 8, 9, 22, 23, 25, 26, 29 bis 38 entsprechende Anwendung.

Die Schuldverschreibungen, welche die Hypothekenbank gemäß Abs. 1 ausgibt, dürfen, unter Hinzurechnung der im Umlauf befindlichen Hypothekenpfandbriefe und der bei der Deutschen Rentenbank-Kreditanstalt aufgenommenen Darlehen, den im § 7 bestimmten Höchstbetrag nicht um mehr als zwei Fünfteile übersteigen.

§ 42. Werden von einer Hypothekenbank auf Grund von Darlehen, die an Kleinbahnunternehmungen gegen Verpfändung der Bahn gewährt sind, Schuldverschreibungen ausgegeben, so finden auf diese Schuldverschreibungen und die ihnen zugrunde liegenden Darlehnsforderungen die im § 41 Abs. 1 angeführten Vorschriften entsprechende Anwendung. Die von der Hypothekenbank in der bezeichneten Weise ausgegebenen Schuldverschreibungen stehen im Sinne der Vorschriften des § 7 und des § 41 Abs. 2 den Hypothekenpfandbriefen gleich.

Die Satzung der Bank kann bestimmen, daß auf Grund der Forderungen aus den gemäß Abs. 1 gewährten Darlehen und auf Grund der Forderungen aus Darlehen, die an Kleinbahnunternehmungen gegen Übernahme der Gewährleistung durch eine inländische Körperschaft des öffentlichen

[1]) Siehe die Anm. 1 auf S. 180.

Rechts gewährt sind, Schuldverschreibungen ein und derselben Art ausgegeben werden, denen beide Arten von Forderungen zur Deckung dienen. In dem Geschäftsbericht oder in der Bilanz ist der Gesamtbetrag der Forderungen der einen und der anderen Art ersichtlich zu machen.

Im übrigen sind die für die Gewährung von Darlehen an Kleinbahnunternehmungen maßgebenden Grundsätze von der Hypothekenbank festzustellen; die Grundsätze bedürfen der Genehmigung der Aufsichtsbehörde. Die Vorschriften des § 13 Abs. 2 finden entsprechende Anwendung.

§ 43. Der § 17 des Einführungsgesetzes zur Konkursordnung wird durch folgende Vorschriften ersetzt:

Abs. 1 vgl. § 52 b.

Unberührt bleiben die landesgesetzlichen Vorschriften, nach welchen den Inhabern von Schuldverschreibungen, die von Körperschaften des öffentlichen Rechtes, Aktiengesellschaften, Kommanditgesellschaften auf Aktien, Gesellschaften mit beschränkter Haftung oder Genossenschaften über ein Anlehen ausgestellt sind, ein Vorrecht vor nicht bevorrechtigten Konkursgläubigern, deren Forderungen später entstehen, dadurch gewährt werden kann, daß die zu bevorrechtigenden Forderungen in ein öffentliches Schuldbuch eingetragen werden.

§ 44. Dieses Gesetz tritt, soweit sich nicht aus dem § 53 ein anderes ergibt, gleichzeitig mit dem Bürgerlichen Gesetzbuch in Kraft.

§ 45. Auf die bei dem Inkrafttreten dieses Gesetzes bestehenden Hypothekenbanken finden die Vorschriften des § 1 Abs. 1, 2 keine Anwendung.

Auf die bei dem Inkrafttreten dieses Gesetzes in das Genossenschaftsregister eingetragenen Genossenschaften finden, sofern sie vor dem 1. Mai 1898 gemäß den Bestimmungen ihrer Satzung die im § 1 Abs. 1 bezeichneten Geschäfte betrieben haben, die Vorschriften der §§ 2, 5 a keine Anwendung.

§ 46. Die bei dem Inkrafttreten dieses Gesetzes bestehenden Hypothekenbanken unterliegen den Vorschriften des § 5 insoweit nicht, als sie bis zum 1. Mai 1898 gemäß den Bestimmungen ihrer Satzung Geschäfte in weiterem als dem im § 5 bezeichneten Umfange betrieben haben.

Eine Hypothekenbank, die von dem Rechte des erweiterten Geschäftsbetriebes nach Maßgabe des Abs. 1

Gebrauch macht, darf Hypothekenpfandbriefe nur insoweit ausgeben und Darlehen bei der Deutschen Rentenbank-Kreditanstalt nur insoweit aufnehmen, als der Betrag der ausgegebenen Hypothekenpfandbriefe zuzüglich des Betrags der bei der Deutschen Rentenbank-Kreditanstalt aufgenommenen Darlehen das Fünfzehnfache des eingezahlten Grundkapitals und des im § 7 bezeichneten Reservefonds nicht übersteigt. Haben bei dem Inkrafttreten des Hypothekenbankgesetzes die von der Bank ausgegebenen Hypothekenpfandbriefe den doppelten Betrag des eingezahlten Grundkapitals nicht überstiegen, so darf die Bank Hypothekenpfandbriefe nur insoweit ausgeben und Darlehen bei der Deutschen Rentenbank-Kreditanstalt nur insoweit aufnehmen, als die ausgegebenen Hypothekenpfandbriefe zuzüglich der bei der Deutschen Rentenbank-Kreditanstalt aufgenommenen Darlehen den doppelten Betrag des eingezahlten Grundkapitals und des im § 7 bezeichneten Reservefonds nicht übersteigen.

Der Betrag, bis zu welchem hiernach eine Bank Hypothekenpfandbriefe ausgeben darf, tritt auch im Sinne des § 41 Abs. 2 an die Stelle des im § 7 bestimmten Höchstbetrages.

§ 47. Beschließt eine Hypothekenbank, die nach § 46 nicht an die Vorschriften des § 5 gebunden ist, sich diesen Vorschriften zu unterwerfen und ihre Satzung demgemäß zu ändern, so ist, wenn im Zusammenhange damit zugleich eine Herabsetzung des Grundkapitals stattfindet, die im § 289 Abs. 3, 4 des Handelsgesetzbuchs vorgesehene Sicherstellung der Gläubiger in Ansehung der Pfandbriefgläubiger nicht erforderlich, sofern die im Umlaufe befindlichen Hypothekenpfandbriefe durch die in das Hypothekenregister eingetragenen Hypotheken vollständig gedeckt sind.

§ 48. Eine Hypothekenbank, die bei dem Inkrafttreten dieses Gesetzes das Recht besitzt, über den in den §§ 7, 41, 42 oder im § 46 Abs. 2 Satz 1 Abs. 3 bestimmten Betrag hinaus Hypothekenpfandbriefe oder Schuldverschreibungen auszugeben, behält dieses Recht mit der Maßgabe, daß die Hypothekenpfandbriefe, die bei der Deutschen Rentenbank-Kreditanstalt aufgenommenen Darlehen und die auf Grund von Darlehen an Kleinbahnunternehmungen ausgegebenen Schuldverschreibungen zusammen den zwanzigfachen Betrag des eingezahlten Grundkapitals nicht übersteigen dürfen und daß hierbei das eingezahlte Kapital nur insoweit berücksichtigt wird, als es innerhalb des Betrages verbleibt, auf welchen am 1. Mai 1898 das Grundkapital der Bank durch die Satzung festgesetzt war; die Schuldverschreibungen, welche die Bank auf Grund nichthypothekarischer Darlehen an Körperschaften des öffentlichen Rechtes oder gegen Übernahme der Gewährleistung durch eine solche Körperschaft ausgibt, dürfen unter Hinzurechnung der im Umlauf befindlichen Hypothekenpfandbriefe und auf Grund von Darlehen an Kleinbahnunternehmungen ausgegebenen Schuldverschreibungen sowie unter Hinzurechnung der bei der Deutschen Rentenbank-Kreditanstalt aufgenommenen Darlehen den im Halbsatz 1 bezeichneten Betrag nicht um mehr als zwei Fünftteile übersteigen.

Auf Grund einer nach dem 1. Mai 1898 in das Handelsregister eingetragenen Kapitalserhöhung dürfen Hypothekenpfandbriefe und Schuldverschreibungen nur nach den Vorschriften der §§ 7, 41, 42, 46 ausgegeben werden. Hierbei bleibt der Reservefonds, der bei Erreichung des nach Abs. 1 zulässigen Höchstbetrags vorhanden war, außer Betracht.

Diese Vorschriften finden in dem Falle des § 46 Abs. 2 Satz 2 keine Anwendung.

§ 49. Auf die Deckung der Hypothekenpfandbriefe durch Hypotheken, die vor dem Inkrafttreten dieses Gesetzes von einer Hypothekenbank gemäß den Bestimmungen ihrer Satzung erworben sind, finden die Vorschriften des § 6 Abs. 2 und der §§ 10 bis 12 keine Anwendung. Die Vorschriften des § 17 Abs. 1 Satz 2, Abs. 2, 3 und der §§ 18 bis 21 sind nur für Verträge maßgebend, die nach dem Inkrafttreten dieses Gesetzes abgeschlossen werden.

§ 50. Die Vorschriften der §§ 24 bis 28 finden bei den bestehenden Hypothekenbanken erst auf die Bilanz, die Gewinn- und Verlustrechnung und den Geschäftsbericht für das mit oder in dem Jahre 1900 beginnende Geschäftsjahr Anwendung.

Auf die Verrechnung des Mindererlöses, der vor dem Inkrafttreten dieses Gesetzes durch die Ausgabe von Hypothekenpfandbriefen zu einem geringeren Betrag als dem Nennwert entstanden ist, sowie auf die Verrechnung der Kosten der vor dem bezeichneten Zeitpunkt erfolgten Ausgabe von Hypothekenpfandbriefen finden die Vorschriften des § 25 keine Anwendung. Die Bank hat jedoch die zur Deckung eines solchen Mindererlöses oder solcher Kosten in die Aktiven der Bilanz aufgenommenen Posten, soweit die Aufnahme nach § 25 nicht zulässig sein würde, längstens binnen fünf Jahren abzuschreiben. Das gleiche gilt bezüglich der vor dem Inkrafttreten dieses Gesetzes in die Aktiven der Bilanz aufgenommenen Ansprüche auf künftige Jahresleistungen der Darlehensschuldner.

§ 51. Ist bei einer Hypothekenbank zur Zeit des Inkrafttretens dieses Gesetzes ein Staatskommissar mit der Überwachung der Pfandbriefausgabe betraut, so können die Obliegenheiten, welche nach § 22 Abs. 2 und den §§ 30 bis 32, 41, 42 von dem Treuhänder wahrzunehmen sind, dem nach § 4 Abs. 3 bestellten Kommissar übertragen werden.

§ 52. Hat eine Hypothekenbank auf Grund von Rentenforderungen, die vor dem 1. Januar 1899 als Reallasten in das Grundbuch eingetragen worden sind, besondere Schuldverschreibungen ausgegeben, so finden auf diese Schuldverschreibungen und auf die ihnen zugrunde liegenden Rentenforderungen die Vorschriften der §§ 6, 22, 29 bis 35, des § 37 Abs. 2, 3, des § 41 Abs. 1 und des § 51 entsprechende Anwendung.

§ 52 a. Hat eine Kreditanstalt vor dem Inkrafttreten dieses Gesetzes wertbeständige Schuldverschreibungen ausgegeben, für deren Deckung Reallasten verwendet werden, so kann im Falle der Umwandlung der Kreditanstalt in eine Hypothekenbank die Reichsregierung mit Zustimmung des Reichsrats bestimmen,

1. daß die Vorschriften des Hypothekenbankgesetzes und des Gesetzes über wertbeständige Hypotheken ganz oder teilweise auf diese Schuldverschreibungen und Reallasten Anwendung finden;
2. daß und unter welchen Voraussetzungen die Kreditanstalt zur Deckung von Schuldverschreibungen neben Hypotheken auch Reallasten verwenden darf.

§ 52 b. § 17 Abs. 1 des Einführungsgesetzes zur Konkursordnung erhält folgende Fassung:

„Unberührt bleiben die landesgesetzlichen Vorschriften, nach welchen den Inhabern von Schuldverschreibungen, die von anderen Kreditanstalten als Hypothekenbanken auf Grund von Hypotheken oder von Reallasten oder von nichthypothekarischen Darlehen der im § 41 Abs. 1 des Hypothekenbankgesetzes bezeichneten Art ausgegeben sind, ein Vorrecht vor allen anderen Konkursgläubigern in Ansehung der Befriedigung aus den Hypotheken oder den Reallasten oder den genannten Darlehen der Anstalt zusteht. Wird ein solches Vorrecht gewährt, so gehen in Ansehung der Befriedigung aus den Hypotheken die Forderungen aus Schuldverschreibungen, zu deren Deckung Hypotheken verwendet werden, den Forderungen aus den übrigen Schuldverschreibungen vor; Entsprechendes gilt für die Befriedigung aus Reallasten und nichthypothekarischen Darlehen. Werden wertbeständige Hypotheken verschiedener Gattung zur Deckung verwendet, so gehen in Ansehung der Befriedigung aus den Hypotheken der einen Gattung die Forderungen aus Schuldverschreibungen der gleichen Gattung den Forderungen aus anderen Schuldverschreibungen anderer Gattungen vor; Entsprechendes gilt für Reallasten und nichthypothekarische Darlehen."

§ 52 c. Der Landesgesetzgebung bleibt vorbehalten, dem § 34 a entsprechende Vorschriften für die im § 45 Abs. 2 bezeichneten Genossenschaften zu erlassen.

§ 53. Die bestehenden Hypothekenbanken haben mit der Anlegung der in den §§ 22, 41, 42, 52 vorgeschriebenen Register so zeitig zu beginnen, daß die Register am 1. Januar 1900 angelegt sind. Unverzüglich nach diesem Zeitpunkte haben sie der Aufsichtsbehörde anzuzeigen, daß die Anlegung der Register erfolgt ist. Eine von dem Treuhänder oder dem Kommissar der Aufsichtsbehörde beglaubigte Abschrift des Registers ist der Behörde mit tunlichster Beschleunigung einzureichen.

Mit der Erstattung der im Abs. 1 Satz 2 vorgeschriebenen Anzeige erlöschen die Pfandrechte, welche für die Pfandbriefgläubiger nach den Landesgesetzen bestellt sind. Soweit einer Bank in der Satzung oder den Pfandbriefbedingungen die Verpflichtung zur Bestellung eines Pfandrechts für die Pfandbriefgläubiger auferlegt ist, verlieren die hierauf bezüglichen Bestimmungen mit dem gedachten Zeitpunkt ihre Wirksamkeit.

2. Gesetz über Schiffspfandbriefbanken (Schiffsbankgesetz) vom 14. August 1933.[1])

Die Reichsregierung hat das folgende Gesetz beschlossen, das hiermit verkündet wird:

Genehmigung des Geschäftsbetriebs.

§ 1. Aktiengesellschaften und Kommanditgesellschaften auf Aktien, bei denen der Gegenstand des Unternehmens in der Gewährung von Darlehen gegen Bestellung eines Schiffspfandrechts und in der Ausgabe von Schuldverschreibungen auf Grund der erworbenen Pfandrechte besteht (Schiffspfandbriefbanken), bedürfen zur Ausübung ihres Geschäftsbetriebs der Genehmigung der Reichsregierung.

Die Genehmigung der Reichsregierung ist auch zu jeder Änderung der Satzung einer Schiffspfandbriefbank erforderlich.

Unter Schiffspfandrechten im Sinne dieses Gesetzes sind eingetragene Pfandrechte an Schiffen oder im Bau befindlichen Schiffen (Schiffsbauwerken) zu verstehen.

Ausschluß vom Geschäftsbetrieb.

§ 2. Offenen Handelsgesellschaften, Kommanditgesellschaften, Gesellschaften mit beschränkter Haftung, eingetragenen Genossenschaften, rechtsfähigen oder nicht rechtsfähigen Vereinen und einzelnen Personen ist der Betrieb eines Unternehmens der im § 1 Abs. 1 bezeichneten Art untersagt.

Staatsaufsicht.

§ 3. Die Schiffspfandbriefbanken unterliegen der staatlichen Aufsicht. Die Aufsicht steht dem Lande zu, in dem die Bank ihren Sitz hat. Die Aufsicht erstreckt sich auf den ganzen Geschäftsbetrieb der Bank und dauert auch nach deren Auflösung bis zur Beendigung der Liquidation fort.

Befugnisse der Aufsichtsbehörde.

§ 4. Die Aufsichtsbehörde ist befugt, alle Anordnungen zu treffen, die erforderlich sind, um den Geschäftsbetrieb der Bank mit den Gesetzen, der Satzung und den sonst in verbindlicher Weise getroffenen Bestimmungen im Einklange zu erhalten.

---

[1]) RGBl. 1933 I S. 583.

Die Aufsichtsbehörde ist namentlich befugt:

1. jederzeit die Bücher und Schriften der Bank einzusehen sowie den Bestand der Kasse und die Bestände an Wertpapieren zu untersuchen;
2. von den Verwaltungsorganen der Bank Auskunft über alle Geschäftsangelegenheiten zu verlangen;
3. einen Vertreter in die Generalversammlungen und in die Sitzungen der Verwaltungsorgane der Bank zu entsenden, die Berufung der Generalversammlung, die Anberaumung von Sitzungen der Verwaltungsorgane sowie die Ankündigung von Gegenständen zur Beschlußfassung zu verlangen und, wenn dem Verlangen nicht entsprochen wird, die Berufung, Anberaumung oder Ankündigung auf Kosten der Bank selbst vorzunehmen;
4. die Ausführung von Beschlüssen oder Anordnungen zu untersagen, die gegen das Gesetz, die Satzung oder die sonst in verbindlicher Weise getroffenen Bestimmungen verstoßen.

Die Aufsichtsbehörde kann einen Kommissar bestellen, der unter ihrer Leitung die Aufsicht ausübt. Sie kann bestimmen, daß für die Tätigkeit des Kommissars eine Vergütung von der Bank an die Staatskasse zu entrichten ist; sie setzt den Betrag dieser Vergütung fest.

Geschäftskreis der Bank.

§ 5. Eine Schiffspfandbriefbank darf außer der Beleihung von Schiffen oder Schiffsbauwerken und der Ausgabe von Schiffspfandbriefen nur folgende Geschäfte betreiben:

1. den Erwerb, die Veräußerung und die Beleihung von Darlehnsforderungen, für welche ein Schiffspfandrecht bestellt ist;
2. die Vermittlung solcher Darlehen und deren Verwaltung für Dritte;
3. den kommissionsweise erfolgenden Ankauf und Verkauf von Wertpapieren, jedoch unter Ausschluß von Zeitgeschäften;
4. die Annahme von Geld oder anderen Sachen zur Hinterlegung, jedoch mit der Maßgabe, daß der Gesamtbetrag des hinterlegten Geldes die Hälfte des eingezahlten Grundkapitals nicht übersteigen darf;
5. die Besorgung der Einziehung von Wechseln, Anweisungen und ähnlichen Papieren.

Verfügbares Geld darf die Schiffspfandbriefbank nutzbar machen durch Hinterlegung bei geeigneten Bankhäusern, durch Ankauf ihrer Schiffspfandbriefe, durch Ankauf solcher Wechsel und Wertpapiere, welche nach den Vorschriften des Bankgesetzes von der Reichsbank angekauft werden dürfen, sowie durch Beleihung von Wertpapieren nach einer von der Schiffspfandbriefbank aufzustellenden Anweisung. Die Anweisung hat die beleihungsfähigen Papiere und die zulässige Höhe der Beleihung festzusetzen.

Der Erwerb von Schiffen oder Schiffsbauwerken ist der Schiffspfandbriefbank nur zur Verhütung von Verlusten an Pfandrechten gestattet.

Der Erwerb von Grundstücken ist der Bank nur zur Beschaffung von Geschäftsräumen oder zur Verhütung von Verlusten an Hypotheken gestattet, welche die Bank sich aus besonderen Gründen neben dem Pfandrecht am Schiff oder Schiffsbauwerk als Sicherung für ihre Darlehnsforderung hat bestellen lassen. In Ansehung eines solchen Erwerbs stehen in jedem Lande Schiffspfandbriefbanken, die im Gebiet eines anderen deutschen Landes ihren Sitz haben, den einheimischen Schiffspfandbriefbanken gleich.

Deckung der Schiffspfandbriefe.

§ 6. Der Gesamtbetrag der im Umlauf befindlichen Schiffspfandbriefe muß in Höhe des Nennwertes jederzeit durch Schiffspfandrechte von mindestens gleicher Höhe und mindestens gleichem Zinsertrage gedeckt sein.

Hat die Bank bei einem Schiff oder Schiffsbauwerk, das sie zur Verhütung eines Verlustes an dem Pfandrecht erworben hat, im Schiffs- oder Pfandrechtsregister ein Pfandrecht für die Forderungen aus den von ihr ausgegebenen Schiffspfandbriefen eintragen lassen und den in § 27 bezeichneten Treuhänder gemäß §§ 1270, 1189 des Bürgerlichen Gesetzbuchs als Vertreter der jeweiligen Schiffspfandbriefgläubiger bestellt, so kann dieses Pfandrecht als Deckung von Schiffspfandbriefen höchstens mit der Hälfte des Betrages in Ansatz gebracht werden, mit welchem das frühere Pfandrecht der Bank an dem Schiff als Deckung in Ansatz gebracht war.

Ist infolge der Rückzahlung von Darlehen, für welche Schiffspfandrechte bestellt sind, oder aus einem anderen Grunde die vorgeschriebene Deckung in Schiffspfandrechten nicht mehr vollständig vorhanden und ist weder die Ergänzung durch andere Schiffspfandrechte noch die Einziehung eines entsprechenden Betrages von Schiffspfandbriefen sofort ausführbar, so hat die Bank die fehlende Deckung einstweilen durch Schuldverschreibungen des Reichs oder eines Landes oder durch Geld zu ersetzen. Die Schuldverschreibungen dürfen höchstens mit einem Betrage in Ansatz gebracht werden, der um fünf vom Hundert des Nennwerts unter ihrem jeweiligen Börsenpreise bleibt. Die Aufsichtsbehörde kann beim Vorliegen besonderer Gründe eine andere als die in diesem Absatz vorgesehene Ersatzdeckung zulassen.

Umlaufgrenze für die Schiffspfandbriefe.

§ 7. Die Schiffspfandbriefbanken dürfen Schiffspfandbriefe nur insoweit ausgeben, als der Betrag der ausgegebenen Schiffspfandbriefe den zwanzigfachen Betrag des eingezahlten Grundkapitals und des ausschließlich zur Deckung einer Unterbilanz oder zur Sicherung der Pfandbriefgläubiger bestimmten Reservefonds nicht übersteigt. Eigene Aktien der Schiffspfandbriefbank sind bei Berechnung der Umlaufgrenze von dem Grundkapital abzusetzen.

Inhalt der Schiffspfandbriefe.

§ 8. In den Schiffspfandbriefen sind die für das Rechtsverhältnis zwischen der Schiffspfandbriefbank und den Pfandbriefgläubigern maßgebenden Bestimmungen, insbesondere in betreff der Kündbarkeit der Schiffspfandbriefe, ersichtlich zu machen.

Die Schiffspfandbriefbank darf auf das Recht zur Rückzahlung der Schiffspfandbriefe höchstens für einen Zeitraum von zehn Jahren verzichten. Den Pfandbriefgläubigern darf ein Kündigungsrecht nicht eingeräumt werden.

Die Ausgabe von Schiffspfandbriefen, deren Einlösungswert den Nennwert übersteigt, ist nicht gestattet.

Erfordernisse der zur Deckung benutzten Schiffspfandrechte.

§ 9. Als Deckung für Schiffspfandbriefe dürfen nur solche Schiffspfandrechte benutzt werden, welche den in den §§ 10 bis 12 bezeichneten Erfordernissen entsprechen.

Höchstbetragspfandrechte, welche für Nebenforderungen der Bank bestellt sind, dürfen als Deckung für Schiffspfandbriefe nicht in Ansatz gebracht werden.

Voraussetzung für die Beleihung eines Schiffs.

§ 10. Die Beleihung ist auf Schiffe oder Schiffsbauwerke beschränkt, welche in einem deutschen Schiffs- oder Pfandrechtsregister eingetragen sind.

Beim Vorliegen besonderer Gründe kann die Aufsichtsbehörde die Beleihung von Schiffen oder Schiffsbauwerken, welche in einem ausländischen Register eingetragen sind, zulassen.

Die Beleihung ist der Regel nach nur zur ersten Stelle zulässig. Sie darf die ersten drei Fünfteile des Wertes des Schiffes oder Schiffsbauwerks nicht übersteigen und darf nur durch Gewährung von Abzahlungsdarlehen erfolgen. Die Darlehnsdauer darf höchstens zwölf Jahre betragen. Dieser Zeitraum beginnt mit der Auszahlung des Darlehns, im Falle der Auszahlung in Teilbeträgen mit der letzten Zahlung. Eine dem Darlehnsnehmer gewährte Stundung, die zur Folge haben würde, daß die vorbezeichnete Höchstdauer des Darlehns überschritten wird, ist nur mit Zustimmung des Treuhänders (§ 27) zulässig. Die Abzahlung des Darlehns ist in der Regel gleichmäßig auf die einzelnen Abzahlungsjahre zu verteilen.

Versicherung des Schiffs.

§ 11. Die Beleihung ist nur zulässig, wenn das Schiff oder das Schiffsbauwerk entsprechend den Geschäftsbedingungen der Bank versichert ist.

Die Bank ist verpflichtet, die Beleihung dem Versicherer unverzüglich anzuzeigen; die Anzeige hat die Wirkung, daß sich das für die Bank eingetragene Schiffspfandrecht kraft Gesetzes auf die Forderung gegen den Versicherer erstreckt. Die Haftung der Forderung gegen den Versicherer erlischt, soweit der versicherte Gegenstand wiederhergestellt ist. Im übrigen finden die für eine verpfändete Forderung geltenden Vorschriften Anwendung.

Bewertung des Schiffs oder Schiffsbauwerks. Höchstgrenze für die Deckung der Schiffspfandbriefe durch Pfandrechte an Schiffsbauwerken.

§ 12. Der bei der Beleihung eines Schiffs angenommene Wert des Schiffs darf den durch sorgfältige Ermittlung festgestellten Verkaufswert nicht übersteigen. Bei der Feststellung dieses Wertes sind nur die dauernden Eigenschaften des Schiffs und der Ertrag zu berücksichtigen, welche das Schiff bei ordnungsmäßiger Wirtschaft jedem Besitzer nachhaltig gewähren kann.

Die Vorschriften des Abs. 1 finden auf die Bewertung eines Schiffsbauwerks sinngemäß Anwendung.

Die zur Deckung von Schiffspfandbriefen in Ansatz gebrachten Pfandrechte an Schiffsbauwerken dürfen zusammen den zehnten Teil des Gesamtbetrages der zur Deckung der Schiffspfandbriefe benutzten Schiffspfandrechte sowie den halben Betrag des eingezahlten Grundkapitals nicht übersteigen. Die Aufsichtsbehörde kann beim Vorliegen besonderer Gründe Abweichungen zulassen.

Anweisung für die Ermittlung des Schiffswertes.

§ 13. Die Schiffspfandbriefbank hat auf Grund der Vorschriften des § 12 eine Anweisung über die Wertermittlung zu erlassen; die Anweisung bedarf der Genehmigung der Aufsichtsbehörde.

Auszahlung der Darlehen in Geld.

§ 14. Die durch Schiffspfandrechte gesicherten Darlehen sind in Geld zu gewähren. Die Gewährung von Darlehen in Schiffspfandbriefen der Bank ist unzulässig.

Darlehnsbedingungen.

§ 15. Die Grundzüge der Bedingungen für die durch Schiffspfandrechte gesicherten Darlehen sind von der Bank festzustellen; die Grundzüge bedürfen der Genehmigung der Aufsichtsbehörde. In den Bedingungen ist namentlich zu bestimmen, welche Nachteile den Schuldner bei nicht rechtzeitiger Zahlung treffen sowie unter welchen Voraussetzungen die Bank befugt ist, die vorzeitige Rückzahlung des Darlehns zu verlangen.

Die Aufsichtsbehörde soll darauf achten, daß die Bedingungen den Belangen sowohl der Bank als auch der Schuldner gerecht werden.

Inhalt der Darlehnsprospekte und der Antragsformblätter der Bank.

§ 16. In den von der Schiffspfandbriefbank verwendeten Darlehnsprospekten sowie in ihren Antragsformblättern sollen alle Bestimmungen über die Art der Auszahlung der Darlehen, über die Abzüge zugunsten der Bank, über die Höhe und Fälligkeit der Zinsen und der sonst dem Schuldner obliegenden Leistungen, über den Beginn der Abzahlung und über die Rückzahlung aufgenommen werden.

Verbot der Kündigung des Darlehns durch die Bank. Jahresleistung des Schuldners.

§ 17. Bei den Darlehen darf zugunsten der Bank ein Kündigungsrecht nicht bedungen werden. Eine Vereinbarung, welche der Bank das Recht einräumt, aus besonderen, in dem Verhalten des Schuldners oder in einer wesentlichen Verminderung der Sicherheit liegenden Gründen die Rückzahlung des Darlehns vor der bestimmten Zeit zu verlangen, wird hierdurch nicht berührt.

Die Jahresleistung des Schuldners darf nur die bedungenen Zinsen und den Abzahlungsbetrag enthalten. Es darf nicht bedungen werden, daß die Bank im Falle ihrer Auflösung die vorzeitige Rückzahlung des Darlehns verlangen kann.

Abzahlung des Darlehns.

§ 18. Der Beginn der Abzahlung darf für einen Zeitraum, der die Dauer eines Jahres nicht übersteigt, hinausgeschoben werden; mit Genehmigung der Aufsichtsbehörde kann dieser Zeitraum für einzelne Darlehnsforderungen beim Vorliegen besonderer Gründe auf zwei Jahre verlängert werden. Auch in diesem Falle darf die im § 10 Abs. 3 vorgesehene Darlehnshöchstdauer von zwölf Jahren nicht überschritten werden.

Von dem Beginne der Abzahlung an dürfen die Jahreszinsen von keinem höheren Betrag als von dem für den Schluß des Vorjahres sich ergebenden Restkapital berechnet werden; ein etwaiger Mehrbetrag der Jahresleistung ist zur Abzahlung zu verwenden.

Löschung des abgezahlten Betrags. Auskunfterteilung über diesen Betrag.

§ 19. Die Bank darf sich von der Verpflichtung, in Ansehung des abgezahlten Betrags die ihr wegen Berichtigung des Schiffs- oder Pfandrechtsregisters nach den Vorschriften des bürgerlichen Rechts obliegenden Handlungen vorzunehmen, im voraus nicht befreien. Diese Beschränkung gilt nicht für die im § 9 Abs. 2 bezeichneten Höchstbetragspfandrechte.

Die Bank hat jedem Schuldner auf Verlangen mitzuteilen, welcher Betrag des Darlehns am Schlusse des Vorjahrs abgezahlt war.

Deckungsregister.

§ 20. Die zur Deckung der Schiffspfandbriefe bestimmten Darlehnsforderungen mit den zu ihrer Sicherung dienenden Schiffspfandrechten sowie die im § 9 Abs. 2 bezeichneten Höchstbetragspfandrechte sind von der Bank einzeln in ein Register einzutragen. Bei den Darlehnsforderungen sollen auch die zu ihrer Sicherung dienenden Pfandrechte an den Forderungen gegen die Versicherer (§ 11) und etwa bestellte Zusatzsicherungen vermerkt werden.

Im Falle des § 6 Abs. 3 sind die ersatzweise zur Deckung bestimmten Wertpapiere gleichfalls in das Deckungsregister einzutragen; die Eintragung hat die einzelnen Stücke zu bezeichnen.

Innerhalb des ersten Monats eines jeden Kalenderhalbjahres ist eine von dem nach § 27 bestellten Treuhänder beglaubigte Abschrift der Eintragungen, welche während des letzten Halbjahres in dem Register vorgenommen worden sind, der Aufsichtsbehörde einzureichen. Die Abschrift wird von der Aufsichtsbehörde aufbewahrt.

Bekanntgabe der Pfandbriefdeckung.

§ 21. Innerhalb des zweiten Monats eines jeden Kalenderhalbjahres hat die Bank im Deutschen Reichsanzeiger und in den für die Veröffentlichungen der Bank bestimmten Blättern bekanntzumachen:

1. den Gesamtbetrag der Schiffspfandbriefe, welche am letzten Tage des vergangenen Halbjahres im Umlaufe waren;
2. den nach Abzug aller Rückzahlungen oder sonstigen Minderungen sich ergebenden Gesamtbetrag der am letzten Tage des vergangenen Halbjahres in das Deckungsregister eingetragenen Schiffspfandrechte, jedoch ohne die im § 9 Abs. 2 bezeichneten Höchstbetragspfandrechte;
3. den Gesamtbetrag der an diesem Tage bestehenden Pfandrechte der im § 6 Abs. 2 bezeichneten Art;
4. den Gesamtbetrag der an diesem Tage in das Deckungsregister eingetragenen Wertpapiere;
5. den Gesamtbetrag des auf Grund des § 6 Abs. 3 und des § 29 in Verwahrung des Treuhänders befindlichen Geldes.

Hat die Aufsichtsbehörde gemäß § 6 Abs. 3 Satz 3 oder gemäß § 36 Nr. 2 Satz 2 eine besondere Art der Ersatzdeckung zugelassen, so finden die Vorschriften des vorstehenden Abs. 1 auf diese Ersatzdeckung entsprechende Anwendung.

Sind in dem Register Wertpapiere oder solche Schiffspfandrechte eingetragen, die nicht ihrem vollen Betrage nach zur Deckung von Schiffspfandbriefen geeignet sind, so ist in der Bekanntmachung anzugeben, mit welchem

Betrage die Wertpapiere oder die Pfandrechte als Deckung nicht in Ansatz kommen.

Die Reichsregierung oder die von ihr bestimmte Stelle kann die Banken von der Verpflichtung befreien, Bekanntmachungen im Reichsanzeiger nach Maßgabe der Vorschriften der Abs. 1 bis 3 zu erlassen, wenn sichergestellt ist, daß die in diesen Vorschriften bezeichneten Angaben anderweit im Reichsanzeiger bekanntgemacht werden.

Jahresbilanz der Bank.

§ 22. Die Jahresbilanz einer Schiffspfandbriefbank hat in getrennten Posten namentlich zu enthalten:

1. die Gesamtbeträge der zur Deckung der Schiffspfandbriefe bestimmten, am Jahresschluß in das Deckungsregister der Bank eingetragenen Schiffspfandrechte, der an diesem Tage bestehenden Pfandrechte der im § 6 Abs. 2 bezeichneten Art sowie der im Register eingetragenen Wertpapiere;
2. den Gesamtbetrag der rückständigen Darlehnszinsen und den Gesamtbetrag der rückständigen Abzahlungsraten;
3. den Gesamtwert der im Eigentum der Bank stehenden Grundstücke (§ 5 Abs. 4);
4. den Gesamtwert der im Eigentum der Bank stehenden Schiffe oder Schiffsbauwerke (§ 5 Abs. 3);
5. die Gesamtbeträge der Bestände an Geld, an Wechseln und an Wertpapieren, unter gesonderter Angabe des Betrages der eigenen Schiffspfandbriefe der Bank;
6. den Gesamtbetrag der Guthaben bei Bankhäusern;
7. den Gesamtbetrag der im Umlaufe befindlichen Schiffspfandbriefe nach ihrem Nennwerte, bei verschieden verzinslichen Schiffspfandbriefen den Gesamtbetrag jeder dieser Gattungen;
8. den Gesamtbetrag der Verbindlichkeiten der Bank aus der Annahme von Geld zur Hinterlegung.

Bilanz bei Ausgabe von Schiffspfandbriefen unter dem Nennwert.

§ 23. Sind Schiffspfandbriefe zu einem geringeren Betrag als dem Nennwert ausgegeben worden, so darf in die Aktiven der Bilanz ein Betrag aufgenommen werden, der vier Fünfteilen des Mindererlöses gleichkommt. Von dem Mindererlös ist der Gewinn abzuziehen, den die Bank durch Rückkauf von Schiffspfandbriefen zu einem geringeren

Betrag als dem Nennwert erzielt hat. Der demgemäß in die Bilanz eingestellte Aktivposten muß jährlich zu mindestens einem Viertel abgeschrieben werden.

In keinem Jahre dürfen die nach den Vorschriften des Abs. 1 in die Bilanz aufgenommenen Aktivposten zusammen mehr betragen als das Doppelte des Überschusses, den die Darlehnszinsen für das Bilanzjahr ergeben, wenn von ihnen die Pfandbriefzinsen und außerdem ein Viertel vom Hundert der Gesamtsumme der Darlehnsforderungen abgezogen werden; auch dürfen die bezeichneten Aktivposten zusammen nicht den Betrag des ausschließlich zur Deckung einer Unterbilanz bestimmten Reservefonds übersteigen.

Die durch die Ausgabe der Schiffspfandbriefe entstandenen Kosten, mit Einschluß der für die Unterbringung gezahlten Provisionen, sind ihrem vollen Betrage nach zu Lasten des Jahres zu verrechnen, in welchem sie entstanden sind.

Ansprüche der Bank auf Jahresleistungen der Darlehnsschuldner für die auf das Bilanzjahr folgende Zeit dürfen nicht in die Aktiven der Bilanz aufgenommen werden.

Bilanz bei Ausgabe von Schiffspfandbriefen über dem Nennwert.

§ 24. Sind Schiffspfandbriefe zu einem höheren Betrag als dem Nennwert ausgegeben worden und hat die Bank auf das Recht verzichtet, die Schiffspfandbriefe jederzeit zurückzuzahlen, so ist der Mehrerlös, soweit er den Betrag von eineinhalb vom Hundert des Nennwertes übersteigt, in die Passiven der Bilanz einzustellen. Die Bank darf über ihn während der Jahre, für welche die Rückzahlung der Schiffspfandbriefe ausgeschlossen ist, alljährlich nur zu einem der Zahl dieser Jahre entsprechenden Bruchteile verfügen. Die Verfügung ist ausgeschlossen, solange ein Mindererlös der im § 23 Abs. 1 bezeichneten Art als Aktivposten in der Bilanz steht. Zur Tilgung eines solchen Mindererlöses sowie zur Deckung des Verlustes, der für die Bank durch den Rückkauf von Schiffspfandbriefen zu einem den Nennwert übersteigenden Betrag entstanden ist, darf der Mehrerlös jederzeit verwendet werden.

Gewinn- und Verlustrechnung.

§ 25. In der Gewinn- und Verlustrechnung sind in getrennten Posten namentlich die Gesamtbeträge der in dem Geschäftsjahre von der Bank verdienten Darlehnszinsen, Darlehnsprovisionen und sonstigen Nebenleistungen der Darlehnsschuldner sowie der Gesamtbetrag der für das Geschäftsjahr von der Bank zu entrichtenden Pfandbriefzinsen anzugeben.

Angaben in Geschäftsbericht oder Bilanz.

§ 26. In dem Geschäftsbericht oder in der Bilanz sind ersichtlich zu machen:

1. die Zahl der zur Deckung der Schiffspfandbriefe bestimmten Schiffspfandrechte und deren Verteilung nach ihrer Höhe in Stufen von zehntausend Reichsmark oder, wenn es sich um wertbeständige Pfandrechte handelt (§ 36), in Stufen von zehntausend Goldmark oder von zehntausend entsprechenden wertbeständigen Einheiten;
2. die Beträge, welche hiervon auf Pfandrechte an Schiffen und auf solche an Schiffsbauwerken entfallen;
3. die Zahl der Zwangsversteigerungen von Schiffen oder Schiffsbauwerken, welche in dem Geschäftsjahr auf Antrag der Bank bewirkt worden sind, sowie die Zahl der in dem Geschäftsjahre bewirkten Zwangsversteigerungen von Schiffen oder Schiffsbauwerken, an welchen die Bank sonst beteiligt war;
4. die Zahl der Fälle, in welchen die Bank während des Geschäftsjahres Schiffe oder Schiffsbauwerke zur Verhütung von Verlusten an Pfandrechten hat übernehmen müssen, sowie der Gesamtbetrag dieser Pfandrechte und die Verluste oder Gewinne, welche sich bei dem Wiederverkauf übernommener Schiffe oder Schiffsbauwerke ergeben haben;
5. die Jahre, aus welchen die Rückstände auf die von den Darlehnsschuldnern zu entrichtenden Zinsen herrühren, sowie der Gesamtbetrag der Rückstände eines jeden Jahres;
6. der Gesamtbetrag der im Geschäftsjahre erfolgten Rückzahlungen auf die Darlehnsforderungen, getrennt nach den durch planmäßige Abzahlung und den in anderer Weise erfolgten Rückzahlungen;
7. die Beschränkungen, welchen sich die Bank hinsichtlich der Rückzahlung der Schiffspfandbriefe unterworfen hat, getrennt nach den einzelnen Gattungen der Schiffspfandbriefe.

Die unter Ziffer 2 bis 5 bezeichneten Angaben sind getrennt nach Seeschiffen und Binnenschiffen zu machen.

In dem Geschäftsbericht oder in der Gewinn- und Verlustrechnung sind der Mehrerlös und der Mindererlös anzugeben, welche in dem Geschäftsjahre durch die Ausgabe von Schiffspfandbriefen zu einem höheren oder geringeren Betrag als dem Nennwert entstanden sind.

Bestellung eines Treuhänders.

§ 27. Bei jeder Schiffspfandbriefbank ist ein Treuhänder sowie ein Stellvertreter zu bestellen.

Die Bestellung erfolgt durch die Aufsichtsbehörde nach Anhörung der Bank. Die Bestellung kann jederzeit durch die Aufsichtsbehörde widerrufen werden.

Die Obliegenheiten des Treuhänders können auch dem im § 4 Abs. 3 vorgesehenen Staatskommissar übertragen werden.

Überwachung der Pfandbriefdeckung durch den Treuhänder.

§ 28. Der Treuhänder hat darauf zu achten, daß die vorschriftsmäßige Deckung für die Schiffspfandbriefe jederzeit vorhanden ist; hierbei hat er, sofern der Wert der beliehenen Schiffe gemäß der von der Aufsichtsbehörde genehmigten Anweisung festgesetzt ist, nicht zu untersuchen, ob der festgesetzte Wert dem wirklichen Werte entspricht.

Er hat darauf zu achten, daß die zur Deckung der Schiffspfandbriefe bestimmten Darlehnsforderungen, Schiffspfandrechte und Wertpapiere gemäß den Vorschriften des § 20 Abs. 1, 2 in das Deckungsregister eingetragen werden.

Er hat die Schiffspfandbriefe vor der Ausgabe mit einer Bescheinigung über das Vorhandensein der vorschriftsmäßigen Deckung und über die Eintragung in das Deckungsregister zu versehen.

Eine in das Deckungsregister eingetragene Darlehnsforderung oder ein zu ihrer Sicherung dienendes Pfandrecht sowie ein dort eingetragenes Wertpapier kann nur mit Zustimmung des Treuhänders in dem Register gelöscht werden. Die Zustimmung des Treuhänders bedarf der schriftlichen Form, sie kann in der Weise erfolgen, daß der Treuhänder seine Namensunterschrift dem Löschungsvermerk im Deckungsregister beifügt.

Verwahrung von Urkunden, Wertpapieren und Geld durch den Treuhänder.

§ 29. Der Treuhänder hat die Urkunden über die in das Deckungsregister eingetragenen Darlehnsforderungen und Schiffspfandrechte sowie die in das Register eingetragenen

Wertpapiere und das gemäß § 6 Abs. 3 zur Deckung der Schiffspfandbriefe bestimmte Geld unter dem Mitverschlusse der Bank zu verwahren; er darf diese Gegenstände nur gemäß den Vorschriften dieses Gesetzes herausgeben. Hat die Aufsichtsbehörde gemäß § 6 Abs. 3 Satz 3 oder gemäß § 36 Nr. 2 Satz 2 eine besondere Art der Ersatzdeckung zugelassen, so finden die Vorschriften des Satzes 1 auf diese Ersatzdeckung entsprechende Anwendung.

Er ist verpflichtet, Urkunden über die Darlehnsforderungen und Schiffspfandrechte sowie Wertpapiere und Geld auf Verlangen der Bank herauszugeben und zur Löschung im Deckungsregister mitzuwirken, soweit die übrigen in das Register eingetragenen Schiffspfandrechte und Wertpapiere zur Deckung der Schiffspfandbriefe genügen oder die Bank eine andere vorschriftsmäßige Deckung beschafft. Ist die Bank dem Schuldner gegenüber zur Aushändigung der Urkunde verpflichtet, so hat der Treuhänder die Urkunde auch dann herauszugeben, wenn die bezeichneten Voraussetzungen nicht vorliegen; wird das Schiffspfandrecht zurückgezahlt, so ist in dem letzteren Falle das gezahlte Geld dem Treuhänder zur Verwahrung gemäß Abs. 1 zu übergeben.

Bedarf die Bank einer Urkunde über eine Darlehnsforderung oder ein Schiffspfandrecht nur zu vorübergehendem Gebrauche, so hat der Treuhänder sie herauszugeben, ohne daß die Bank verpflichtet ist, eine andere Deckung zu beschaffen.

Recht des Treuhänders auf Einsichtnahme und Benachrichtigung.

§ 30. Der Treuhänder ist befugt, jederzeit die Bücher und Schriften der Bank einzusehen, soweit sie sich auf die Schiffspfandbriefe und auf die in das Deckungsregister eingetragenen Schiffspfandrechte beziehen.

Die Bank ist verpflichtet, von den Kapitalrückzahlungen auf die in das Deckungsregister eingetragenen Schiffspfandrechte sowie von sonstigen für die Pfandbriefgläubiger erheblichen Änderungen, welche diese Schiffspfandrechte betreffen, dem Treuhänder fortlaufende Mitteilung zu machen.

Schlichtung von Streitigkeiten zwischen Bank und Treuhänder.

§ 31. Streitigkeiten zwischen dem Treuhänder und der Bank entscheidet die Aufsichtsbehörde.

Vergütung für den Treuhänder.

§ 32. Der Treuhänder kann von der Schiffspfandbriefbank eine angemessene Vergütung für seine Geschäftsführung verlangen. Der Betrag der vereinbarten Vergütung ist der Aufsichtsbehörde anzuzeigen. In Ermangelung einer Einigung wird der Betrag durch die Aufsichtsbehörde festgesetzt.

Werden gemäß § 27 Abs. 3 die Obliegenheiten des Treuhänders dem Staatskommissar übertragen, so regelt sich die Vergütung nach der Vorschrift des § 4 Abs. 3.

Veräußerungsverbot.

§ 33. Die Schiffspfandbriefbank kann über eine in das Deckungsregister eingetragene Forderung oder ein zu deren Sicherung dienendes Pfandrecht durch Veräußerung, Belastung oder Verzicht nur mit schriftlicher Zustimmung des Treuhänders verfügen. Der Darlehnsschuldner ist im Darlehnsvertrag auf diese der Bank auferlegte Verfügungsbeschränkung ausdrücklich hinzuweisen.

Vollstreckungsbeschränkung.

§ 34. Arreste und Zwangsvollstreckungen in eine in das Deckungsregister eingetragene Forderung oder in ein zu deren Sicherung dienendes Pfandrecht sowie in ein dort eingetragenes Wertpapier finden nur wegen der Ansprüche aus den Schiffspfandbriefen statt. Das gleiche gilt von Geld, das dem Treuhänder zur Deckung der Schiffspfandbriefe in Verwahrung gegeben ist.

Hat die Aufsichtsbehörde gemäß § 6 Abs. 3 Satz 3 oder gemäß § 36 Nr. 2 Satz 2 eine besondere Art der Ersatzdeckung zugelassen, so finden die Vorschriften des vorstehenden Abs. 1 auf diese Ersatzdeckung entsprechende Anwendung.

Vorzugsrecht im Konkurs.

§ 35. Ist über das Vermögen der Schiffspfandbriefbank der Konkurs eröffnet, so gehen in Ansehung der Befriedigung aus den in das Deckungsregister eingetragenen Forderungen und den zu ihrer Sicherung dienenden Pfandrechten sowie aus den dort eingetragenen Wertpapieren die Forderungen der Schiffspfandbriefgläubiger den Forderungen aller anderen Konkursgläubiger vor. Das gleiche gilt von Geld, das dem Treuhänder zur Deckung der Schiffspfandbriefe in Verwahrung gegeben ist. Die Schiffspfandbriefgläubiger haben untereinander gleichen Rang.

Hat die Aufsichtsbehörde gemäß § 6 Abs. 3 Satz 3 oder gemäß § 36 Nr. 2 Satz 2 eine besondere Art der Ersatzdeckung zugelassen, so finden die Vorschriften des vorstehenden Abs. 1 auf diese Ersatzdeckung entsprechende Anwendung.

In betreff des Anspruchs der Pfandbriefgläubiger auf Befriedigung aus dem sonstigen Vermögen der Bank finden die für die Absonderungsberechtigten geltenden Vorschriften der §§ 64, 153, 155, 156 und des § 168 Nr. 3 der Konkursordnung entsprechende Anwendung.

Gehören zur Konkursmasse eigene Schiffspfandbriefe der Bank, die von dieser dem Bestand an Wertpapieren zugeschrieben sind, so werden sie bei der Berechnung der auf die einzelnen Schiffspfandbriefe fallenden Anteile an dem Erlös aus den im Abs. 1 bezeichneten Gegenständen mitgezählt.

Während des Konkurses der Schiffspfandbriefbank sind die Kosten einer Versammlung der Pfandbriefgläubiger, die nach den Vorschriften des Gesetzes, betreffend die gemeinsamen Rechte der Besitzer von Schuldverschreibungen, berufen wird, aus dem zur vorzugsweisen Befriedigung der letzteren dienenden Teile der Konkursmasse zu berichtigen.

Wertbeständige Schiffspfandbriefe.

§ 36. Werden von einer Schiffspfandbriefbank Schiffspfandbriefe ausgegeben, deren Nennwert durch einen der für wertbeständige Schiffspfandrechte zugelassenen Maßstäbe bestimmt wird (Verordnung über wertbeständige Schiffspfandrechte vom 12. Februar 1924 — RGBl. I S. 65 —), so gelten folgende Vorschriften:

1. Der Gesamtbetrag der im Umlauf befindlichen Schiffspfandbriefe jeder Gattung muß in Höhe des Nennwerts jederzeit durch wertbeständige Schiffspfandrechte gleicher Gattung von mindestens gleicher Höhe und mindestens gleichem Zinsertrag gedeckt sein.
2. Als Ersatzdeckung (§ 6 Abs. 3) können nur solche wertbeständigen Schuldverschreibungen verwendet werden, welche vom Reich oder einem Lande ausgestellt oder gewährleistet sind. Die Aufsichtsbehörde kann beim Vorliegen besonderer Gründe eine andere Art wertbeständiger Ersatzdeckung zulassen.
3. Bei Feststellung des Betrages, bis zu dem Schiffspfandbriefe ausgegeben werden dürfen, ist für die Berechnung des Wertes wertbeständiger Pfandbriefe

der Tag maßgebend, an dem die neu auszugebenden Pfandbriefe von dem Treuhänder gemäß § 28 Abs. 3 ausgefertigt worden sind.

4. Für jede Gattung der zur Deckung von Pfandbriefen bestimmten Schiffspfandrechte ist ein besonderes Register zu führen.

5. Ist über das Vermögen der Schiffspfandbriefbank das Konkursverfahren eröffnet, so gehen in Ansehung der Befriedigung aus den Schiffspfandrechten, die in das für eine Gattung geführte Register eingetragen sind, die Forderungen aus Pfandbriefen dieser Gattung den Forderungen aus Pfandbriefen anderer Gattungen vor. Das gleiche gilt von Geld, das dem Treuhänder als Deckung von Schiffspfandbriefen dieser Gattung in Verwahrung gegeben ist.

Bestrafung einer Untreue des Treuhänders.

§ 37. Treuhänder, die absichtlich zum Nachteile der Pfandbriefgläubiger handeln, werden wegen Untreue nach § 266 des Strafgesetzbuchs bestraft.

Bestrafung von Verstößen gegen die Deckungsvorschriften.

§ 38. Wer für eine Schiffspfandbriefbank wissentlich Schiffspfandbriefe über den Betrag hinaus ausgibt, welcher durch die in das Deckungsregister eingetragenen oder gemäß § 6 Abs. 2 begründeten Schiffspfandrechte oder durch die im Deckungsregister eingetragenen Wertpapiere oder das in der Verwahrung des Treuhänders befindliche Geld oder durch die gemäß § 6 Abs. 3 Satz 3 oder gemäß § 36 Nr. 2 Satz 2 zugelassene Ersatzdeckung vorschriftsmäßig gedeckt ist, wird mit Gefängnis bis zu einem Jahr und mit Geldstrafe bestraft.

Die gleiche Strafe trifft denjenigen, welcher für eine Schiffspfandbriefbank wissentlich über eine in das Deckungsregister eingetragene Darlehnsforderung oder ein zu deren Sicherung dienendes Pfandrecht oder über ein in das Deckungsregister eingetragenes Wertpapier durch Veräußerung oder Belastung verfügt, obwohl die übrigen in das Register eingetragenen Schiffspfandrechte und Wertpapiere zur vorschriftsmäßigen Deckung der Schiffspfandbriefe nicht genügen, sowie denjenigen, welcher der Vorschrift des § 29 Abs. 2 Satz 2 zuwider es unterläßt, bei der Rückzahlung eines Schiffspfandrechts das gezahlte Geld dem Treuhänder zur Verwahrung zu übergeben.

Sind mildernde Umstände vorhanden, so kann auf die Geldstrafe allein erkannt werden.

Strafvorschrift zu § 28 Abs. 3.

§ 39. Wer für eine Schiffspfandbriefbank Schiffspfandbriefe ohne die nach § 28 Abs. 3 erforderliche Bescheinigung ausgibt, wird mit Geldstrafe oder mit Gefängnis bis zu drei Monaten bestraft.

Strafvorschrift zu § 2.

§ 40. Zuwiderhandlungen gegen die Vorschriften des § 2 werden mit Geldstrafe bestraft.

Durchführung des Gesetzes.

§ 41. Der Reichsminister der Justiz wird ermächtigt, die zur Durchführung dieses Gesetzes erforderlichen Rechtsverordnungen und allgemeinen Verwaltungsvorschriften sowie nötigenfalls besondere Überleitungsvorschriften zu erlassen.

Inkrafttreten des Gesetzes.

§ 42. Dieses Gesetz tritt am 1. Oktober 1933 in Kraft. Auf die zu diesem Zeitpunkt bereits bestehenden Schiffspfandbriefbanken finden die Vorschriften des Gesetzes erst nach Ablauf von einem Jahre Anwendung.

3. Zweite Verordnung zur Durchführung der aktienrechtlichen Vorschriften der Verordnung des Reichspräsidenten über Aktienrecht, Bankenaufsicht und über eine Steueramnestie vom 20. Dezember 1932.[1])

Auf Grund des § 261 d Nr. 1 des Handelsgesetzbuchs[2]) und des Art. XIV Abs. 1 Satz 1, Abs. 2 Nr. 2, 3 des Ersten Teils der Verordnung des Reichspräsidenten über Aktienrecht, Bankenaufsicht und über eine Steueramnestie vom 19. September 1931 (RGBl. I S. 493) wird verordnet:

Artikel 1

betrifft Bahnen.

---

[1]) RGBl. 1932 I S. 563.

[2]) Wegen der Bilanzierung eigener Aktien durch Hypothekenbanken in Bilanzen, die für spätestens den 31. Dezember 1934 aufzustellen waren, vgl. Verordnung über Bilanzierung und Einziehung von eigenen Aktien von Hypothekenbanken vom 15. Dez. 1932 (RGBl. I S. 546).

Artikel 2.

Formblätter für den Jahresabschluß.

§ 3. (1) Statt der in § 261 a Abs. 1, § 261 c Abs. 1 des Handelsgesetzbuchs genannten Posten sind unbeschadet einer weiteren Gliederung die in den anliegenden Formblättern aufgeführten Posten im Jahresabschluß der Aktiengesellschaften und Kommanditgesellschaften auf Aktien folgender Geschäftszweige gesondert auszuweisen:

Hypothekenbanken (Anlagen 1 und 2),
Bahnen des allgemeinen Verkehrs und nebenbahnähnliche Kleinbahnen (Anlagen 3 und 4),
Straßenbahnen und straßenbahnähnliche Kleinbahnen (Anlagen 5 und 6).

(2) Die Formblätter gelten für Hypothekenbanken erstmalig für das Geschäftsjahr, das nach dem 30. September 1931 begonnen hat, für Bahnen des allgemeinen Verkehrs und nebenbahnähnliche Kleinbahnen sowie für Straßenbahnen und straßenbahnähnliche Kleinbahnen erstmalig für das Geschäftsjahr, das nach dem 30. September 1932 begonnen hat.

Anlage 1.

Formblatt für die Jahresbilanz von Hypothekenbanken.

A. Aktiva.

1. Rückständige Einlagen auf das Grundkapital;
2. Kassenbestand einschließlich Guthaben bei Notenbanken und Postscheckguthaben;
3. andere Bankguthaben;
4. Wechsel und Schecks;
5. Forderungen aus Lombardgeschäften;
6. Forderungen an abhängige Gesellschaften und Konzerngesellschaften;
7. Forderungen an Mitglieder des Vorstandes oder an die ihnen nach § 261 a Abs. 1 A IV Nr. 10 des Handelsgesetzbuchs gleichgestellten Personen;
8. sonstige Forderungen;
9. eigene Hypothekenpfandbriefe, Kommunalobligationen und Kleinbahnobligationen;
10. der Gesellschaft gehörige eigene Aktien unter Angabe ihres Nennbetrags;

11. Beteiligungen einschließlich der zur Beteiligung bestimmten Wertpapiere (§ 261 a Abs. 1 A III des Handelsgesetzbuchs);
12. Wertpapiere — unter gesonderter Angabe der zur Deckung der Hypothekenpfandbriefe und Schuldverschreibungen bestimmten Wertpapiere —, soweit sie nicht unter Nr. 4, 9, 10 oder 11 aufzuführen sind;
13. der Gesellschaft zustehende Hypotheken, unter gesonderter Angabe der zur Deckung bestimmten Hypotheken;
14. Kommunaldarlehen unter gesonderter Angabe der zur Deckung bestimmten Kommunaldarlehen;
15. Kleinbahndarlehen unter gesonderter Angabe der zur Deckung bestimmten Kleinbahndarlehen;
16. Rentenbankkreditanstalthypotheken;
17. Zinsen von Hypotheken, Kommunaldarlehen, Kleinbahndarlehen und Rentenbankkreditanstalthypotheken;
    a) anteilige Zinsen, für jede Gruppe gesondert;
    b) fällige Zinsen, für jede Gruppe gesondert;
18. Bankgebäude;
19. sonstiger Grundbesitz;
20. Mindererlös aus der Ausgabe von Hypothekenpfandbriefen, Kommunalobligationen und Kleinbahnobligationen zu einem geringeren Betrage als dem Nennbetrag;
21. Geschäftsinventar;
22. Posten, die der Rechnungsabgrenzung dienen.

B. Passiva.

I. Grundkapital; die Gesamtbeträge der Vorzugsaktien jeder Gattung sind gesondert anzugeben; sind Stimmrechtsaktien (§ 261 a Abs. 1 B I des Handelsgesetzbuchs) ausgegeben, so ist außerdem die Gesamtstimmenzahl der Stimmrechtsaktien und der im Stimmrecht nicht bevorzugten Aktien zu vermerken.

II. Reservefonds.
   1. Gesetzlicher Reservefonds;
   2. Mehrerlös aus der Ausgabe von Hypothekenpfandbriefen, Kommunalobligationen und Kleinbahnobligationen zu einem höheren Betrage als dem Nennbetrage;
   3. andere Reservefonds.

III. Rückstellungen.

IV. Wertberichtigungsposten.

V. Verbindlichkeiten.
1. Im Umlauf befindliche Hypothekenpfandbriefe;
2. im Umlauf befindliche Kommunalobligationen;
3. im Umlauf befindliche Kleinbahnobligationen;
zu 1 bis 3: nach ihrem Nennwert, bei verschieden verzinslichen der Gesamtbetrag jeder dieser Gattungen;
4. Rentenbankkreditanstaltsdarlehen;
5. verloste und gekündigte Hypothekenpfandbriefe, Kommunalobligationen und Kleinbahnobligationen;
6. Zinsen von Hypothekenpfandbriefen, Kommunalobligationen, Kleinbahnobligationen und Rentenbankkreditanstaltsdarlehen;
a) anteilige Zinsen, für jede Gruppe gesondert;
b) fällige Zinsen, für jede Gruppe gesondert;
7. Verpflichtungen aus Teilungsmasseverteilungen;
8. Verbindlichkeiten gegenüber abhängigen Gesellschaften und Konzerngesellschaften;
9. Verbindlichkeiten aus der Annahme von Geld zum Zwecke der Hinterlegung;
10. sonstige Verbindlichkeiten.

VI. Posten, die der Rechnungsabgrenzung dienen.

Auf der Seite der Aktiven sind die Hypotheken (Nr. 13), Kommunaldarlehen (Nr. 14), Kleinbahndarlehen (Nr. 15) und Rentenbankkreditanstalthypotheken (Nr. 16), deren Höhe durch den Preis für eine bestimmte Menge von Feingold oder anderen Sachwerten bestimmt wird, zu vermerken, und zwar die zur Deckung bestimmten gesondert. Das gleiche gilt auf der Seite der Passiven für Hypothekenpfandbriefe (V Nr. 1), Kommunalobligationen (V Nr. 2), Kleinbahnobligationen (V Nr. 3) mit der Maßgabe, daß bei verschieden verzinslichen der Gesamtbetrag jeder dieser Gattungen gesondert anzugeben ist, sowie für Rentenbankkreditanstaltsdarlehen (V Nr. 4).

Anlage 2.

Formblatt für die Gewinn- und Verlustrechnung von Hypothekenbanken.

A. Aufwendungen.

1. Gehälter und Löhne;
2. soziale Abgaben;

3. Abschreibungen;
   a) Abschreibungen auf Grundstücke und Gebäude,
   b) Abschreibungen auf Kapitalforderungen und Zinsforderungen;
4. Zinsen von Hypothekenpfandbriefen, Kommunalobligationen, Kleinbahnobligationen und Rentenbankkreditanstaltsdarlehen, je gesondert;
5. sonstige Zinsen, soweit sie die Ertragszinsen übersteigen;
6. Besitzsteuern der Gesellschaft;
7. sonstige Aufwendungen.

B. Erträge.

1. Zinsen von
   a) Hypotheken,
   b) Kommunaldarlehen,
   c) Kleinbahndarlehen,
   d) Rentenbankkreditanstalthypotheken,
      zu a bis d: je gesondert einschließlich besonders vereinbarter Verwaltungskostenbeiträge;
2. sonstige Zinsen, soweit sie die Aufwandszinsen übersteigen;
3. Darlehensprovisionen und sonstige einmalige Einnahmen aus dem Darlehensgeschäft;
4. Erträge aus Beteiligungen;
5. außerordentliche Erträge;
6. außerordentliche Zuwendungen;
7. sonstige Erträge.

4. Verordnung über die Börsen-, Hypothekenbank- und Schiffspfandbriefbankaufsicht vom 28. September 1934.[1])

Auf Grund des Gesetzes über wirtschaftliche Maßnahmen von 3. Juli 1934 (RGBl. I S. 565) verordne ich im Einvernehmen mit dem Reichsminister des Innern und dem Reichsminister der Finanzen, was folgt:

§ 1. Die Aufsichtsbefugnisse der Landesregierungen hinsichtlich der Börsen, Hypothekenbanken und Schiffspfandbriefbanken gehen mit Ablauf des 30. September 1934 auf den Reichswirtschaftsminister über.

---

[1]) RGBl. 1934 I S. 863.

§ 2. Die Vergütungen für die Tätigkeit der Kommissare bei den Hypothekenbanken (§ 4 Abs. 3 des Hypothekenbankgesetzes vom 13. Juli 1899 — RGBl. S. 375 —) und Schiffspfandbriefbanken (§ 4 Abs. 3 des Schiffsbankgesetzes vom 14. August 1933 — RGBl. I S. 583 —) sind vom 1. Oktober 1934 ab an die Reichskasse abzuführen.

§ 3. Der Reichswirtschaftsminister erläßt die zur Durchführung dieser Verordnung erforderlichen Rechtsverordnungen und Verwaltungsvorschriften.

§ 4. Die Verordnung tritt mit dem Tage ihrer Verkündung in Kraft.

5. Regelung für das Saarland.

Das Hypothekenbankgesetz und die Verordnung vom 28. September 1934 sind für das Saarland durch die Verordnung über die Einführung des Hypothekenbankgesetzes im Saarland vom 13. Juni 1935 (RGBl. I S. 760) in Kraft gesetzt. Vgl. im übrigen die Verordnung über die Umstellung der Schuldverhältnisse von französischen Franken auf Reichsmark und die Durchführung einer Zinskonversion bei den saarländischen Hypothekenbanken vom 17. Juli 1935 (RGBl. I S. 1039) und die Durchführungsverordnung hierzu vom 23. November 1935 (RGBl. I S. 1365).

6. Gesetz über die Pfandbriefe und verwandten Schuldverschreibungen öffentlich-rechtlicher Kreditanstalten vom 21. Dezember 1927.[1])

Der Reichstag hat das folgende Gesetz beschlossen, das mit Zustimmung des Reichsrats hiermit verkündet wird:

§ 1. Die von einer öffentlich-rechtlichen Kreditanstalt ausgegebenen Schuldverschreibungen sind Pfandbriefe, wenn zu ihrer Deckung nach Maßgabe der Vorschriften dieses Gesetzes Hypotheken bestimmt sind.

§ 2. (1) Der Gesamtbetrag der im Umlauf befindlichen Pfandbriefe muß in Höhe des Nennwerts jederzeit durch Hypotheken von mindestens gleicher Höhe und mindestens gleichem Zinsertrage gedeckt sein.

---

[1]) RGBl. 1927 I S. 492.

(2) Steht der Kreditanstalt eine Hypothek an einem Grundstück zu, das sie zur Verhütung eines Verlustes an der Hypothek erworben hat, so darf diese als Deckung von Pfandbriefen höchstens mit der Hälfte des Betrags in Ansatz gebracht werden, mit dem sie vor dem Erwerbe des Grundstücks durch die Kreditanstalt als Deckung in Ansatz gebracht war.

(3) Ist infolge der Rückzahlung von Hypotheken oder aus einem andern Grunde die vorgeschriebene Deckung in Hypotheken nicht mehr vollständig vorhanden und ist weder die Ergänzung durch andere Hypotheken noch die Einziehung eines entsprechenden Betrags von Pfandbriefen sofort ausführbar, so hat die Kreditanstalt die fehlende Hypothekendeckung einstweilen durch Schuldverschreibungen des Reichs oder eines Landes oder durch Geld zu ersetzen. Die Schuldverschreibungen dürfen höchstens mit einem Betrag in Ansatz gebracht werden, der um fünf vom Hundert des Nennwerts unter ihrem jeweiligen Börsenpreise bleibt.

§ 3. (1) Die zur Deckung der Pfandbriefe bestimmten Hypotheken sind von der Kreditanstalt einzeln in ein Register einzutragen. Im Falle einer Ersatzdeckung (§ 2 Abs. 3, § 12) sind die ersatzweise zur Deckung bestimmten Wertpapiere gleichfalls in das Register einzutragen; die Eintragung hat die einzelnen Stücke zu bezeichnen. Das als Deckung dienende Geld ist in gesonderte Verwahrung zu nehmen; die Reichsregierung oder die von ihr bestimmte Stelle kann den auf Reichsrecht beruhenden Kreditanstalten, die oberste Landesbehörde oder die von ihr bestimmte Stelle den auf Landesrecht beruhenden Kreditanstalten für die Dauer der im § 12 Abs. 1 zugelassenen Ersatzdeckung gestatten, daß das als Deckung dienende Geld auf einem besonderen Konto bei der Reichsbank, einer Staatsbank oder einer andern von ihr zu bestimmenden Bank angelegt wird.

(2) Die obersten Landesbehörden oder die von ihnen bestimmten Stellen können Kreditanstalten, bei denen bisher besondere Deckung für einzelne Serien oder Reihen bestand oder die zur Zeit des Inkrafttretens dieses Gesetzes die Befugnis zur Bildung einer solchen Deckung hatten, die Führung von besonderen Registern für einzelne Serien oder Reihen gestatten. In diesem Falle muß der Gesamtbetrag der im Umlauf befindlichen Pfandbriefe, für die dasselbe Register geführt wird, jederzeit in Höhe des Nennwerts durch die in dieses Register eingetragenen Hypotheken

und Schuldverschreibungen und durch das als Deckung dieser Pfandbriefe dienende Geld nach näherer Maßgabe der Vorschriften des § 2 gedeckt sein.

§ 4. Die Reichsregierung oder die von ihr bestimmte Stelle kann für die auf Reichsrecht beruhenden Kreditanstalten, die oberste Landesbehörde oder die von ihr bestimmte Stelle für die auf Landesrecht beruhenden Kreditanstalten Vorschriften erlassen, die die Befugnis der Kreditanstalt zur Abtretung und Verpfändung der in das Deckungsregister eingetragenen Hypotheken beschränken.

§ 5. (1) Arreste und Zwangsvollstreckungen in die in das Deckungsregister eingetragenen Hypotheken und Wertpapiere sowie in das als Deckung dienende Geld finden nur wegen der Ansprüche aus den Pfandbriefen statt.

(2) Ist gemäß § 3 Abs. 2 die Führung von Registern für einzelne Serien oder Reihen gestattet, so finden Arreste und Zwangsvollstreckungen in die Hypotheken und Wertpapiere, die in das für eine Serie oder Reihe geführte Register eingetragen sind, nur wegen der Ansprüche aus den Pfandbriefen dieser Serie oder Reihe statt. Das gleiche gilt von Geld, das als Deckung der Pfandbriefe einer Serie oder Reihe dient.

§ 6. (1) Im Falle des Konkurses gehen in Ansehung der Befriedigung aus den in das Deckungsregister eingetragenen Hypotheken und Wertpapieren sowie aus dem als Deckung dienenden Gelde die Forderungen der Pfandbriefgläubiger den Forderungen aller andern Konkursgläubiger vor. Die Pfandbriefgläubiger haben untereinander gleichen Rang.

(2) Ist gemäß § 3 Abs. 2 die Führung von Registern für einzelne Serien oder Reihen gestattet, so gehen in Ansehung der Befriedigung aus den Hypotheken und Wertpapieren, die in das für eine Serie oder Reihe geführte Deckungsregister eingetragen sind, die Forderungen aus Pfandbriefen dieser Serie oder Reihe den Forderungen aus andern Pfandbriefen vor. Das gleiche gilt von Geld, das als Deckung der Pfandbriefe einer Serie oder Reihe dient.

(3) In betreff des Anspruchs der Pfandbriefgläubiger auf Befriedigung aus dem sonstigen Vermögen der Kreditanstalt finden die für die Absonderungsberechtigten geltenden Vorschriften der §§ 64, 153, 155, 156 und des § 168 Nr. 3 der Konkursordnung entsprechende Anwendung.

(4) Gehören zur Konkursmasse eigene Pfandbriefe der Kreditanstalt, die von dieser dem Bestand an Wertpapieren zugeschrieben sind, so werden sie bei der Berechnung der auf die einzelnen Pfandbriefe fallenden Anteile an dem Erlös aus den im Abs. 1 bezeichneten Gegenständen mitgezählt.

§ 7. (1) Werden von einer öffentlich-rechtlichen Kreditanstalt auf Grund von Darlehen, die an inländische Körperschaften des öffentlichen Rechtes oder gegen Übernahme der Gewährleistung durch eine solche Körperschaft gewährt sind, Schuldverschreibungen ausgegeben, so finden auf diese Schuldverschreibungen und die ihnen zugrunde liegenden Darlehnsforderungen die Vorschriften der §§ 2, 3, 5, 6 entsprechende Anwendung.

(2) Die Reichsregierung oder die von ihr bestimmte Stelle kann für die auf Reichsrecht beruhenden Kreditanstalten, die oberste Landesbehörde oder die von ihr bestimmte Stelle für die auf Landesrecht beruhenden Kreditanstalten Vorschriften erlassen, die die Befugnis der Kreditanstalt zur Abtretung und Verpfändung der in das Deckungsregister eingetragenen Darlehnsforderungen beschränken.

§ 8. Werden von einer öffentlich-rechtlichen Kreditanstalt Pfandbriefe oder Schuldverschreibungen der im § 7 bezeichneten Art ausgegeben, deren Nennwert nach Maßgabe der §§ 1, 2 des Gesetzes über wertbeständige Hypotheken vom 23. Juni 1923 (RGBl. I S. 407) bestimmt ist, so finden die Vorschriften des § 9 Abs. 1 des Gesetzes über wertbeständige Hypotheken entsprechende Anwendung.

§ 9. (1) Den Hypotheken stehen im Sinne dieses Gesetzes die Grundschulden gleich.

(2) Hat die Kreditanstalt ein Grundstück zur Verhütung von Verlusten an einer ihr an dem Grundstück zustehenden Hypothek oder Grundschuld bei der Zwangsversteigerung erworben und an Stelle der gelöschten Hypothek oder Grundschuld für sich eine Grundschuld eintragen lassen, so findet auf diese die Vorschrift des § 2 Abs. 2 entsprechende Anwendung.

(3) Hat eine Kreditanstalt vor dem Inkrafttreten dieses Gesetzes wertbeständige Schuldverschreibungen ausgegeben, für deren Deckung Reallasten verwendet werden, so stehen diese Reallasten den Hypotheken im Sinne dieses Gesetzes gleich.

§ 10. (1) Auf die Rentenbank-Kreditanstalt finden die Vorschriften der §§ 1 bis 12 dieses Gesetzes keine Anwendung. Im übrigen gelten diese Vorschriften für alle zur Zeit des Inkrafttretens dieses Gesetzes bereits bestehenden Kreditanstalten, falls nicht die zuständige Stelle bis zum 1. April 1928 das Gegenteil bestimmt; zuständig ist der Reichsrat oder, falls die hypothekarischen Beleihungen nur im Gebiete des Landes erfolgen dürfen, in dem die Kreditanstalt ihren Sitz hat, die oberste Landesbehörde oder die von ihr bestimmte Stelle.[1] Ergeht eine solche Bestimmung nicht, so findet das Gesetz auf alle Schuldverschreibungen Anwendung, die von der Kreditanstalt ausgegeben sind oder werden; jedoch kann die zuständige Stelle bis zum 1. April 1928 bestimmen, daß bereits ausgegebene Schuldverschreibungen nicht als Pfandbriefe im Sinne dieses Gesetzes oder Schuldverschreibungen der im § 7 bezeichneten Art anzusehen sind. Die Bestimmungen sind im Reichsanzeiger bekanntzumachen; sie werden mit der Bekanntmachung wirksam.

(2) Werden Kreditanstalten nach dem Inkrafttreten dieses Gesetzes errichtet, so bestimmt für die auf Reichsrecht beruhenden Anstalten die Reichsregierung oder die von ihr bestimmte Stelle mit Zustimmung des Reichsrats, im übrigen die nach Abs. 1 zuständige Stelle, ob die Kreditanstalt den Vorschriften der §§ 1 bis 12 dieses Gesetzes untersteht. Die Bestimmung wird im Reichsanzeiger bekanntgemacht. Das Gesetz findet auf die Schuldverschreibungen, die nach dem Tage der Bekanntmachung ausgegeben werden, Anwendung. Auf vorher ausgegebene Schuldverschreibungen findet das Gesetz nur Anwendung, wenn die zuständige Stelle bestimmt, daß diese Schuld-

---

[1]) Durch die Bekanntmachung vom 24. März 1928 (RAnz. Nr. 74 vom 27. März 1928) ist das Gesetz ausschließlich auf dort näher bezeichnete (nicht auf alle) Schuldverschreibungen der Provinzialbank Oberschlesiens in Ratibor, der Landesbank der Provinz Schleswig-Holstein in Kiel, der Hannoverschen Landeskreditanstalt in Hannover, der Landeskreditkasse zu Kassel, der Nassauischen Landesbank in Wiesbaden, der Landesbank der Rheinprovinz in Düsseldorf, des Deutschen Sparkassen- und Giroverbandes in Berlin und des Sparkassen- und Giroverbandes für Provinz Sachsen, Thüringen und Anhalt in Magdeburg für anwendbar erklärt.

verschreibungen als Pfandbriefe im Sinne dieses Gesetzes oder Schuldverschreibungen der im § 7 bezeichneten Art anzusehen sind. Die Bestimmung ist ebenfalls im Reichsanzeiger bekanntzumachen; sie wird mit der Bekanntmachung wirksam.

§ 11. Die Zuständigkeit der obersten Landesbehörde bestimmt sich nach dem Sitze der Kreditanstalt.

§ 12. (1) Die Kreditanstalt kann, auch wenn die im § 2 Abs. 3 bezeichneten Voraussetzungen nicht vorliegen, für die Zeit bis zum 31. Dezember 1931 in Höhe von fünfundzwanzig vom Hundert und für die Zeit vom 1. Januar 1932 bis zum 31. Dezember 1936 in Höhe von zehn vom Hundert des gesamten Pfandbriefumlaufs Schuldverschreibungen des Reichs oder eines Landes oder Geld an Stelle von Hypotheken als Deckung verwenden; die Vorschrift des § 2 Abs. 3 Satz 2 findet Anwendung.

(2) Die Vorschriften des Abs. 1 finden auf die Schuldverschreibungen der im § 7 bezeichneten Art und die ihnen zugrunde liegenden Darlehnsforderungen entsprechende Anwendung.

(3) Die Vorschriften der Abs. 1, 2 gelten nicht, soweit bei Inkrafttreten dieses Gesetzes eine Ersatzdeckung satzungsgemäß nicht zugelassen ist.

§ 13. Schuldverschreibungen, die den Vorschriften dieses Gesetzes über Pfandbriefe nicht entsprechen, dürfen unter der Bezeichnung als Pfandbrief oder unter einer andern Bezeichnung, die das Wort Pfandbrief enthält, von einer öffentlich-rechtlichen Kreditanstalt nicht in den Verkehr gebracht werden.

§ 14. Die Vorschriften der §§ 2 bis 6, 8 bis 12 dieses Gesetzes finden auf Grundrentenbriefe der Grundrenten- und Hypothekenanstalt der Stadt Dresden und die ihnen zugrunde liegenden Reallasten entsprechende Anwendung.

§ 15. Die Reichsregierung oder die von ihr bestimmte Stelle wird ermächtigt, mit Zustimmung des Reichsrats die zur Durchführung dieses Gesetzes erforderlichen Rechtsverordnungen und allgemeinen Verwaltungsvorschriften zu erlassen.

Vierter Hauptteil:

Die Regelung des Kreditwesens.

1. Gesetz gegen Mißbrauch des bargeldlosen Zahlungsverkehrs vom 3. Juli 1934.[1])

Die Reichsregierung hat das folgende Gesetz beschlossen, das hiermit verkündet wird:

§ 1. (1) Den Bestimmungen dieses Gesetzes unterliegen Unternehmungen, die zum Zwecke der Einräumung von Krediten im wesentlichen auf unbarem Wege Guthaben schaffen, über die nach der geschäftlichen Gepflogenheit durch Scheck, Anweisung jeder Art oder Verrechnungsauftrag, nicht aber durch Barabhebung verfügt werden soll.

(2) Bei Zweifeln, ob eine Unternehmung Geschäfte der im Abs. 1 bezeichneten Art betreibt, entscheidet der Reichswirtschaftsminister. Die Entscheidung bindet die Gerichte und die Verwaltungsbehörden.

(3) Der Reichswirtschaftsminister kann Unternehmungen, deren Betrieb nach ihrem Zweck, ihrer Grundlage oder ihrem Aufbau den im Abs. 1 bezeichneten Unternehmungen ähnlich ist, den Vorschriften dieses Gesetzes unterstellen.

§ 2. Nach dem Inkrafttreten dieses Gesetzes dürfen Unternehmungen der im § 1 Abs. 1 bezeichneten Art den Geschäftsbetrieb nicht mehr beginnen oder fortsetzen.

§ 3. (1) Die obersten Landesbehörden können die Auflösung der Unternehmung anordnen; dies ist auch dann zulässig, wenn die Unternehmung den Geschäftsbetrieb noch nicht begonnen hat. Eine solche Anordnung wirkt wie ein Auflösungsbeschluß. Die obersten Landesbehörden können ferner die Liquidation der Unternehmung einem von ihnen

---

[1]) RGBl. 1934 I S. 593.

bestellten Liquidator übertragen; sie können dabei zum Liquidator eine juristische Person bestellen.

(2) Die Anordnungen nach Abs. 1 werden auf Ersuchen der anordnenden Stelle in das Vereins-, Handels- oder Genossenschaftsregister eingetragen.

§ 4. Ansprüche auf Entschädigung gegen das Reich oder die Länder werden durch dieses Gesetz nicht begründet.

§ 5. Wer den Vorschriften des § 2 zuwider den Geschäftsbetrieb beginnt oder trotz Verwarnung fortsetzt, wird mit Gefängnis oder mit Geldstrafe bestraft.

Die Strafverfolgung tritt nur auf Antrag der obersten Landesbehörde ein.

§ 6. Der Reichswirtschaftsminister erläßt im Einvernehmen mit dem Reichsminister der Finanzen die zur Durchführung und Ergänzung erforderlichen Rechts- und Verwaltungsvorschriften.

§ 7. Das Gesetz tritt mit dem Tage der Verkündung in Kraft.

2. Reichsgesetz über das Kreditwesen vom 5. Dezember 1934.[1])

I. Allgemeine Vorschriften.

§ 1. (1) Den Vorschriften dieses Gesetzes unterliegen alle Unternehmungen, die Bank- oder Sparkassengeschäfte im Inland betreiben (Kreditinstitute). Bank- oder Sparkassengeschäfte sind insbesondere solche der nachstehend bezeichneten Art:

a) die Annahme und Abgabe von Geldbeträgen ohne Rücksicht darauf, ob Zinsen vergütet werden oder nicht;

b) die Anschaffung und Veräußerung von Wertpapieren für andere;

c) die Verwahrung und Verwaltung von Wertpapieren für andere (Depotgeschäft);

d) die Übernahme von Haftungen und Garantien für Dritte, soweit diese Geschäfte nicht von Versicherungsunternehmungen betrieben werden.

---

[1]) RGBl. 1934 I S. 1203; geändert durch das Gesetz zur Änderung des Reichsgesetzes über das Kreditwesen vom 13. Dez. 1935 (RGBl. I S. 1456).

(2) Zu den Kreditinstituten gehören auch Girokassen, Giroverbände, Girozentralen und sonstige Einrichtungen, welche dem Abrechnungsverkehr dienen.

(3) Die Reichsregierung kann andere Arten von Geschäften bezeichnen, durch deren Betrieb eine Unternehmung Kreditinstitut im Sinne dieses Gesetzes wird.

(4) Der Reichskommissar für das Kreditwesen (Reichskommissar) entscheidet in Zweifelsfällen, ob eine Unternehmung als Kreditinstitut zu gelten hat. Er kann mit Zustimmung der Reichsregierung Ausnahmen für Einzelfälle oder für bestimmte Arten von Geschäften zulassen. Seine Entscheidung bindet die Gerichte und Verwaltungsbehörden.

§ 2. (1) Die Vorschriften dieses Gesetzes finden keine Anwendung auf

a) die Reichsbank,
b) die Deutsche Golddiskontbank,
c) die Deutsche Reichspost und ihre Anstalten,
d) die Wohnungsunternehmungen[1]) gemäß Kapitel III des Siebenten Teiles der Verordnung des Reichspräsidenten zur Sicherung von Wirtschaft und Finanzen vom 1. Dezember 1930 (RGBl. I S. 517),
e) die Unternehmungen, die das Pfandleihgewerbe betreiben.

(2) Für Unternehmungen der im Abs. 1 Buchst. d und e bezeichneten Art gelten jedoch die Vorschriften dieses Gesetzes insoweit, als sie neben dem ihnen eigentümlichen Geschäftsbetrieb Geschäfte der im § 1 bezeichneten Art betreiben. In Zweifelsfällen entscheidet der Reichswirtschaftsminister, ob für solche Unternehmungen die Vorschriften dieses Gesetzes zu gelten haben.

II. Erlaubnis und Untersagung.

§ 3.[2]) (1) Unternehmungen, welche Geschäfte von Kreditinstituten im Inland betreiben wollen, bedürfen dazu der Erlaubnis. Für die Erteilung der Erlaubnis ist der Reichskommissar zuständig.

---

[1]) Anerkannte gemeinnützige Wohnungsunternehmungen.

[2]) Vgl. hierzu Art. 1—5 der Ersten DurchfVO. zum Reichsgesetz über das Kreditwesen.

(2) Die Erlaubnis ist auch erforderlich

a) bei inländischen Kreditinstituten zum Betrieb von Zweigniederlassungen, Depositenkassen, Agenturen, Annahme- und Zahlstellen jeder Art (Zweigstellen) im Inland oder Ausland,

b) bei ausländischen Kreditinstituten zum Betrieb von Zweigstellen im Inland.

§ 4. (1) Die Erlaubnis darf nur versagt werden,

a) wenn die Geschäftsleiter des Kreditinstituts oder die Leiter von Zweigstellen nicht ehrbar oder fachlich nicht genügend vorgebildet sind oder die für den Betrieb der Unternehmung oder des Betriebsteiles, den sie zu leiten haben, sonst noch erforderlichen Eigenschaften und Erfahrungen nicht besitzen;

b) wenn die Erlaubnis unter Berücksichtigung der örtlichen und gesamtwirtschaftlichen Bedürfnisse nicht gerechtfertigt erscheint;

c) wenn der Unternehmung die zum Geschäftsbetrieb erforderlichen Mittel im Inland nicht zur Verfügung stehen.

(2) Zu den Geschäftsleitern im Sinne des Absatzes 1 Buchst. a gehören insbesondere die Inhaber, die persönlich haftenden Gesellschafter, die Geschäftsführer und die Vorstandsmitglieder eines Kreditinstituts, die Sparkassenleiter sowie die Rendanten und Rechner bei Genossenschaften. Zu den Geschäftsleitern rechnen auch die Verwaltungsratsmitglieder eines Kreditinstituts, sofern sie die Befugnisse von Vorstandsmitgliedern haben.

§ 5. (1) Der Reichskommissar kann die Erlaubnis zurücknehmen,

a) wenn der Geschäftsbetrieb, auf den sich die Erlaubnis bezieht, nicht innerhalb eines Jahres seit der Erteilung der Erlaubnis eröffnet wird,

b) wenn der Geschäftsbetrieb ein Jahr lang nicht mehr ausgeübt worden ist.

(2) Die Vorschrift des Absatzes 1 Buchst. b findet sinngemäß Anwendung auf die bei dem Inkrafttreten dieses Gesetzes bestehenden Kreditinstitute (§ 53).

§ 6. (1) Der Reichskommissar kann die Fortführung des Geschäftsbetriebes untersagen,

a) wenn die Erlaubnis durch unrichtige Angaben oder durch täuschende Handlungen erwirkt worden ist;

b) wenn Tatsachen vorliegen, aus denen sich ergibt, daß Geschäftsleiter der Unternehmung (§ 4 Abs. 2) nicht die für ihre Tätigkeit erforderliche Zuverlässigkeit besitzen;

c) wenn das Kreditinstitut keine Gewähr für die Sicherheit der ihm anvertrauten Gelder oder Wertpapiere bietet oder wenn es wichtige allgemeine Interessen verletzt.

(2) Eine Untersagung gemäß Abs. 1 kann sich auch auf einen Teil des Geschäftsbetriebes sowie auf einzelne Zweigstellen beschränken.

§ 7. (1) In dem Verfahren, das die Zurücknahme der Erlaubnis oder die Untersagung des Geschäftsbetriebes zum Gegenstand hat, muß der Reichskommissar dem Kreditinstitut Gelegenheit zur Äußerung geben; in geeigneten Fällen kann er Fristen zur Beseitigung von Mängeln setzen.

(2) Wenn der Reichskommissar die Erlaubnis zurücknimmt oder den Geschäftsbetrieb untersagt, so kann er bestimmen, daß seine Entscheidung wie ein Auflösungsbeschluß wirkt. Für die Abwicklung der Geschäfte kann er grundsätzliche Anordnungen treffen. Er kann, auch im Falle einer freiwilligen Liquidation, Liquidatoren bestellen oder Liquidatoren abberufen. Liquidator kann auch eine juristische Person sein.[1])

III. Anzeigepflicht.

§ 8.[2]) (1) Die Kreditinstitute haben

a) jeden Wechsel in der Person der Geschäftsleiter (§ 4 Abs. 2),

b) Kapitalveränderungen, soweit sie in einem öffentlichen Register eingetragen werden müssen,[3])

c) die Absicht der Vereinigung mit einem anderen Kreditinstitut sowie die erfolgte Übernahme von dauernden Beteiligungen an solchen,

d) die Einstellung des Geschäftsbetriebes sowie die Schließung von Zweigstellen

---

[1]) Vgl. Art. 1 der Dritten DurchfVO. zum KWG. (betr. Registergericht).

[2]) Vgl. Art. 6 der Ersten DurchfVO. zum KWG. und die Achte Bekanntmachung des Reichskommissars.

[3]) Vgl. Art. 6 der Ersten DurchfVO. zum Reichsgesetz über das Kreditwesen.

dem Reichskommissar oder der von ihm bestimmten Stelle unverzüglich anzuzeigen.

(2) Der Reichskommissar kann anordnen, daß ihm auch ein Wechsel in der Person der Leiter von Zweigstellen anzuzeigen ist.

§ 9.[1]) (1) Die Kreditinstitute haben Namen oder Firma derjenigen ihrer Kreditnehmer, deren Gesamtverschuldung bei dem einzelnen Kreditinstitut im Laufe von zwei Monaten eine Million Reichsmark übersteigt, unter Aufgabe der am Ende des Berichtsmonats in Anspruch genommenen Kredite bis zum 10. des folgenden Monats dem Reichskommissar anzuzeigen. Berichtsmonate sind der Februar, April, Juni, August, Oktober und Dezember.[2])

(2) Ergibt sich, daß ein Kreditnehmer bei mehreren Kreditinstituten Kredite in Anspruch genommen hat, so kann der Reichskommissar die beteiligten Kreditinstitute davon benachrichtigen. Diese Benachrichtigung darf sich nur auf die Höhe der Gesamtverschuldung des Kreditnehmers und auf die Anzahl der Kreditinstitute erstrecken, von deren Inanspruchnahme durch den Kreditnehmer der Reichskommissar Kenntnis erhalten hat.

(3) Das Aufsichtsamt für das Kreditwesen (Aufsichtsamt) kann Ausnahmen von den Vorschriften des Absatzes 1 zulassen. Es bestimmt, was als Gesamtverschuldung im Sinne des Absatzes 1 zu gelten hat.

IV. Schutz der Bezeichnungen „Bank" und „Sparkasse".

§ 10.[3]) (1) Die Bezeichnungen „Bank", „Bankier" oder eine Bezeichnung, in der das Wort „Bank" oder „Bankier" vorkommt, dürfen in der Firma, als Zusatz zur Firma, zur Bezeichnung des Geschäftszweckes oder zu Werbezwecken nur führen:

a) die bei dem Inkrafttreten dieses Gesetzes bestehenden Kreditinstitute,

---

[1]) Vgl. Art. 7 der Ersten und Art. 3 der Dritten DurchfVO. zum KWG. und Art. 1 der Ersten Bekanntmachung des Aufsichtsamts

[2]) Vgl. Art. 7 der Ersten DurchfVO. zum KWG. und Art. 1 der Ersten Bekanntmachung des Aufsichtsamts.

[3]) Wegen der Kosten der Firmenänderung vgl. Art. 8 der Zweten DurchfVO. zum KWG.

b) diejenigen Unternehmungen, denen eine Erlaubnis gemäß § 3 Abs. 1 erteilt ist,

c) diejenigen Unternehmungen, denen die Befugnis zur Führung einer der obigen Bezeichnungen vom Reichskommissar erteilt worden ist.

Die Befugnis erlischt, sobald infolge einer Zurücknahme der Erlaubnis, einer Untersagung des Geschäftsbetriebes oder aus einem anderen Grunde der Betrieb von Bankgeschäften eingestellt ist.

(2) Die Beschränkungen des Absatzes 1 finden keine Anwendung auf die Reichsbank und die Deutsche Golddiskontbank.

(3) Die Bezeichnung „Sparkasse" oder eine Bezeichnung, in der das Wort „Sparkasse" enthalten ist, dürfen nur die öffentlichen oder dem öffentlichen Verkehr dienenden Spar- und Girokassen führen. Sie dürfen eine Bezeichnung der im Abs. 1 genannten Art ohne Zustimmung des Reichskommissars nicht neu aufnehmen.

(4) Die Vorschrift des Absatzes 3 findet, soweit sie die Führung einer Bezeichnung betrifft, in der das Wort „Sparkasse" enthalten ist, keine Anwendung auf öffentlich-rechtliche und solche private Bausparkassen, die dem Gesetz über die Beaufsichtigung der privaten Versicherungsunternehmungen und Bausparkassen vom 6. Juni 1931 (RGBl. I S. 315) unterliegen, sowie auf eingetragene Erwerbs- und Wirtschaftsgenossenschaften, die einem Prüfungsverband gemäß § 54 des Genossenschaftsgesetzes in der Fassung des Gesetzes vom 30. Oktober 1934 (RGBl. I S. 1077) angehören. Sie dürfen aber eine Bezeichnung der im Abs. 3 Satz 1 genannten Art mit Zustimmung des Reichskommissars führen.

(5) Führt eine in einem öffentlichen Register eingetragene Unternehmung eine Firma oder einen Zusatz zur Firma, deren Gebrauch nach Abs. 1 oder 3 unzulässig ist, so ist sie von dem Registergericht zur Unterlassung des Gebrauchs der Firma oder des Zusatzes durch Ordnungsstrafen bis zu 1000 Reichsmark anzuhalten.

(6) Wird eine Firma oder ein Zusatz zur Firma geführt, deren Gebrauch nach Abs. 1 oder 3 unzulässig ist, so kann das Registergericht die Firma von Amts wegen löschen. § 142 Abs. 1 Satz 2, Abs. 2, § 143 des Reichsgesetzes über die Angelegenheiten der freiwilligen Gerichtsbarkeit finden entsprechend Anwendung.

(7) Der Reichskommissar entscheidet, ob der Gebrauch einer Firma oder eines Zusatzes zur Firma nach Abs. 1 oder 3 zulässig ist; er ist berechtigt, Anträge zum Zwecke des Einschreitens bei den Registergerichten zu stellen und gegen Verfügungen, durch die über solche Anträge entschieden wird, das Rechtsmittel der Beschwerde zu erheben.

V. Vorschriften für das Kreditgeschäft und die Liquidität.

§ 11.[1]) (1) Die Gesamtverpflichtungen[2]) eines Kreditinstituts aus

a) Depositengeldern,
b) Spareinlagen,
c) Kontokorrentguthaben der Kundschaft,
d) seitens der Kundschaft bei Dritten benutzten Krediten,
e) Nostroverpflichtungen,
f) der Annahme gezogener Wechsel und der Ausstellung eigener und gezogener Wechsel (soweit diese Wechsel sich im Verkehr befinden)

sollen abzüglich der liquiden Mittel im Sinne des § 16 Absätze 1 und 2 ein vom Aufsichtsamt zu bestimmendes Mehrfaches des haftenden Eigenkapitals nicht überschreiten.

(2) Als haftendes Eigenkapital eines Kreditinstitutes ist anzusehen:

a) bei Einzelkaufleuten oder Personengesellschaften ohne eigene Rechtspersönlichkeit (insbesondere offenen Handelsgesellschaften und Kommanditgesellschaften) das Geschäftskapital nach Abzug der entstandenen Verluste oder Wertminderungen sowie der Entnahmen der Inhaber und der diesen gewährten Kredite. Nachgewiesenes freies Vermögen des oder der unbeschränkt haftenden Inhaber kann berücksichtigt werden;
b) bei Aktiengesellschaften, Kommanditgesellschaften auf Aktien und Gesellschaften mit beschränkter Haftung das eingezahlte Kapital zuzüglich der ausgewiesenen Reserven, jedoch abzüglich entstandener Verluste;
c) bei eingetragenen Genossenschaften die Geschäftsguthaben und ausgewiesenen Reserven zuzüglich eines

---

[1]) Vgl. Art. 8 der Ersten und Art. 2 der Dritten DurchfVO. zum KWG.

[2]) Vgl. hierzu Art. 7 der Ersten DurchfVO. zum KWG. und Art. 2 der Dritten DurchfVO. zum KWG.

Zuschlages, welcher der Haftsummenverpflichtung der Genossen Rechnung trägt, jedoch abzüglich entstandener Verluste;

d) bei Kreditinstituten des öffentlichen Rechts das Dotationskapital und die ausgewiesenen Reserven, jedoch abzüglich entstandener Verluste.

(3) Als Reserven im Sinne des Absatzes 2 gelten nicht außerordentliche Reserven,[1]) stille Reserven, Delkrederereserven und Rückstellungen jeder Art.

(4) Maßgebend für die Bemessung des haftenden Eigenkapitals im Sinne des Absatzes 2 ist die letzte für den Schluß eines Geschäftsjahres festgestellte Bilanz.

(5) Das Aufsichtsamt ist ermächtigt,

a) die Einbeziehung von unter Abs. 1 Buchst. e fallenden Verbindlichkeiten auszuschließen sowie die Einbeziehung von Verbindlichkeiten aus der Übernahme von Bürgschaften oder anderen Haftungen mit Einschluß der Indossamentsverpflichtungen in die Gesamtverpflichtungen (Abs. 1) zu bestimmen,

b) das Verhältnis der Gesamtverpflichtungen (Abs. 1) zu dem haftenden Eigenkapital (Abs. 2) für einzelne Kreditinstitute oder Arten oder Gruppen von Kreditinstituten verschieden zu bemessen; die Gesamtverpflichtungen (Abs. 1) abzüglich der liquiden Mittel im Sinne des § 16 Absätze 1 und 2 dürfen jedoch bei allen Kreditinstituten das Fünffache des haftenden Eigenkapitals erreichen,

c) bei Kreditinstituten des öffentlichen Rechts, für welche öffentlich-rechtliche Gewährträger haften, Bestimmungen zu treffen, inwieweit diese Haftung an die Stelle des haftenden Eigenkapitals treten kann.

§ 12.[2]) (1) Die von einem Kreditinstitut an denselben Kreditnehmer gewährten Kredite sollen einen vom Aufsichtsamt zu bestimmenden Hundertsatz des haftenden Eigenkapitals (§ 11 Abs. 2) nicht überschreiten.

(2) Kredite, welche die festgesetzte Grenze übersteigen, bedürfen unbeschadet der Rechtswirksamkeit des Kredit-

---

[1]) Vgl. Art. 8 der Ersten DurchfVO. zum KWG.

[2]) Vgl. Art. 7 der Ersten DurchfVO. zum KWG. und Art. 1—3 der Dritten Bekanntmachung des Aufsichtsamtes für das Kreditwesen.

geschäftes der Zustimmung sämtlicher Geschäftsleiter [1]) (§ 4 Abs. 2). Solche Kredite sind dem Reichskommissar anzuzeigen.

(3) Als Kredite sind anzusehen alle Arten von Krediten mit Einschluß von Wechselkrediten, Bürgschaften und sonstigen Haftungen zu Lasten des Kreditinstituts; maßgebend sind die Kreditbeträge. Als Kredite gelten ferner Beteiligungen [2]) des Kreditinstituts an der Unternehmung des Kreditnehmers; maßgebend sind die Bilanzwerte der Beteiligungen. Zugunsten des Kreditinstituts bestehende Sicherheiten sowie Guthaben des Kreditnehmers bei dem Kreditinstitut bleiben außer Betracht. Als ein und derselbe Kreditnehmer gelten außer dem Kreditnehmer selbst die von ihm abhängigen Unternehmungen, die Unternehmungen, von denen der Kreditnehmer abhängt, sämtliche demselben Konzern angehörenden Unternehmungen und bei Personengesellschaften ohne eigene Rechtspersönlichkeit die Gesellschaft und ihre Gesellschafter.

(4) Die Vorschriften der Absätze 1 bis 3 finden keine Anwendung auf Kredite, die an das Reich und die Länder gewährt oder von diesen verbürgt oder von diesen sonst gesichert sind.

§ 13.[3]) Bei Einräumung von ungedeckten Krediten, die in der Gesamtsumme einen Betrag von 5000 Reichsmark bei einem Kreditnehmer überschreiten, ist das Kreditinstitut verpflichtet, von dem Kreditnehmer die Offenlegung seiner wirtschaftlichen Verhältnisse oder die Einsicht in seine Bilanzen zu verlangen. Der Reichskommissar kann allgemein oder im Einzelfall eine von dem im Satz 1 genannten Betrag abweichende Grenze festsetzen.

§ 14. (1) Geschäftsleitern [4]) (§ 4 Abs. 2), Mitgliedern des Aufsichtsrats oder des Verwaltungsrats eines Kreditinstituts sowie allen bei einem Kreditinstitut tätigen Be-

---

[1]) Vgl. Art. 9—11 der Ersten DurchfVO. zum KWG. und Art. 2 und 3 der Dritten DurchfVO. zum KWG.

[2]) Vgl. Art. 4 der Dritten Bekanntmachung des Aufsichtsamts für das Kreditwesen.

[3]) Vgl. Art. 12 der Ersten DurchfVO. und Art. 2, 3 und 4 der Dritten DurchfVO. zum KWG.

[4]) Vgl. Art. 9—13 der Ersten und Art. 3 der Dritten DurchfVO. zum KWG.

amten und Angestellten dürfen Kredite nur auf Grund eines einstimmigen Beschlusses sämtlicher Geschäftsleiter und nur mit ausdrücklicher Zustimmung des Aufsichtsrats oder des Verwaltungsrats gewährt werden. Ebenso dürfen Kredite an Geschäftsleiter, Mitglieder des Aufsichtsrats oder des Verwaltungsrats sowie Beamte und Angestellte einer abhängigen oder herrschenden Unternehmung nur auf Grund eines einstimmigen Beschlusses sämtlicher Geschäftsleiter und nur mit ausdrücklicher Zustimmung des Aufsichtsrats oder des Verwaltungsrats der herrschenden Unternehmung gewährt werden. Die Zustimmung kann für gewisse Kreditgeschäfte oder Arten von Kreditgeschäften im voraus, jedoch nicht für länger als drei Monate erteilt werden. Der Beschluß, durch den die Zustimmung erteilt wird, hat auch Bestimmungen über die Verzinsung und Rückzahlung der Kredite zu enthalten. Der Gewährung eines Kredits steht die Gestattung aller Entnahmen gleich, die über die einem Geschäftsleiter oder einem Mitglied des Aufsichtsrats oder des Verwaltungsrats zustehenden Vergütungen hinausgehen, insbesondere auch die Gestattung von Vorschüssen auf Vergütungen.

(2) Kredite und Vorschüsse an Beamte und Angestellte, die ein Monatsgehalt nicht übersteigen, fallen nicht unter die Vorschriften des Absatzes 1.

(3) Die Vorschriften des Absatzes 1 gelten auch für Kredite an den Ehegatten oder an ein minderjähriges Kind eines Geschäftsleiters, eines Mitgliedes des Aufsichtsrats oder des Verwaltungsrats sowie eines Beamten oder Angestellten; sie gelten ferner für Kredite an einen Dritten, der für Rechnung einer dieser Personen handelt.

(4) Gehört einer kreditnehmenden Unternehmung ein Geschäftsleiter des kreditgewährenden Kreditinstituts als Geschäftsleiter oder Mitglied eines Organs an, so bedarf die Gewährung von Krediten des einstimmigen Beschlusses sämtlicher Geschäftsleiter und der ausdrücklichen Zustimmung des Aufsichtsrats oder des Verwaltungsrats. Entsprechendes gilt, wenn dem kreditgewährenden Kreditinstitut ein Geschäftsleiter der kreditnehmenden Unternehmung als Geschäftsleiter oder Mitglied eines Organs angehört.

(5) Wird entgegen den Vorschriften der Absätze 1 bis 4 Kredit gewährt, so ist der Kredit ohne Rücksicht auf entgegenstehende Vereinbarungen sofort zurückzuzahlen, es sei denn,

daß die zur Gewährung des Kredits erforderlichen Beschlüsse nachträglich gefaßt werden.

(6) Die Mitglieder des Vorstandes und die Geschäftsführer sind zum Ersatz verpflichtet, wenn sie entgegen den Vorschriften der Absätze 1 bis 4 Kredit gewähren. Die Mitglieder des Aufsichtsrats oder des Verwaltungsrats sind zum Ersatz verpflichtet, wenn mit ihrem Wissen und ohne ihr Einschreiten entgegen den Vorschriften der Absätze 1 bis 4 Kredit gewährt wird. Der Ersatzanspruch kann auch von den Gläubigern des Kreditinstituts, soweit sie von diesem ihre Befriedigung nicht erlangen können, geltend gemacht werden. Die Ersatzpflicht wird ihnen gegenüber weder durch einen Verzicht des Kreditinstituts noch dadurch aufgehoben, daß die Handlung auf einem Beschlusse des obersten Organs (Generalversammlung, Gesellschafterversammlung und dergl.) beruht. Die Ansprüche auf Grund dieser Vorschriften verjähren in fünf Jahren.

(7) Sofern die Kredite an die in den Absätzen 1 und 3 genannten Personen die Höhe eines Jahresbezugs übersteigen, ist dies unverzüglich dem Reichskommissar anzuzeigen; handelt es sich um Kredite im Sinne des Absatzes 3, so sind die Jahresbezüge des bei dem Kreditinstitut beschäftigten Ehegatten oder Elternteils maßgebend. Das Aufsichtsamt ist ermächtigt, für Kreditinstitute und Gruppen von Kreditinstituten hiervon Abweichungen zuzulassen.

(8) Das Aufsichtsamt ist ermächtigt, Vorschriften zu erlassen, welche die Aufnahme von Krediten für Effektengeschäfte durch Geschäftsleiter sowie Beamte und Angestellte von Kreditinstituten regeln. Die Vorschriften berühren die Rechtswirksamkeit der Kreditgeschäfte nicht.

§ 15. (1) Anteile am Geschäftsergebnis, die Geschäftsleitern eines Kreditinstituts (§ 4 Abs. 2), soweit sie nicht Inhaber, Gesellschafter einer offenen Handelsgesellschaft oder persönlich haftende Gesellschafter einer Kommanditgesellschaft sind, sowie Leitern von Zweigstellen zustehen, dürfen dem Berechtigten jeweils nicht voll ausgezahlt werden. Ein vom Aufsichtsamt festgesetzter Hundertsatz des Anteils eines jeden Berechtigten ist einzubehalten; er kann auf Wunsch des Berechtigten in mündelsicheren Werten angelegt werden. Der einzubehaltende Hundertsatz soll nicht mehr als die Hälfte des dem Berechtigten zufallenden Anteils betragen.

(2) Die einbehaltenen Beträge sowie die Werte, in denen sie angelegt sind, haften dem Kreditinstitut für alle Ersatzansprüche gegen den Berechtigten; sie dürfen den Berechtigten erst nach ihrem Ausscheiden und erst nachdem ihnen Entlastung erteilt worden ist, frühestens jedoch nach Ablauf eines Jahres nach dem Ausscheiden, freigegeben werden.

§ 16.[1]) (1) Die Kreditinstitute haben eine Barreserve zu halten, die aus dem Kassenbestand sowie den Guthaben bei der Reichsbank und den deutschen Postscheckämtern gebildet wird. Die Barreserve muß mindestens einen vom Aufsichtsamt festzusetzenden Hundertsatz der Verpflichtungen gemäß § 11 Abs. 1 a, c, d, e und f ausmachen. Der Hundertsatz kann für die einzelnen Arten oder Gruppen von Kreditinstituten verschieden bemessen, darf jedoch in keinem Falle auf mehr als 10 v. H. festgesetzt werden. Das Aufsichtsamt kann zulassen, daß unter § 11 Abs. 1 Buchst. e fallende Verpflichtungen bei der Berechnung außer Ansatz gelassen werden.

(2) Ferner haben die Kreditinstitute einen vom Aufsichtsamt festzusetzenden Hundertsatz ihrer Verpflichtungen gemäß § 11 Abs. 1 a, c, d, e und f in Handelswechseln, die innerhalb von 90 Tagen fällig sind, und in Wertpapieren zu unterhalten, welche nach dem Bankgesetz von der Reichsbank zum Lombardverkehr zugelassen sind oder zugelassen werden können. Der Hundertsatz kann für die einzelnen Arten oder Gruppen von Kreditinstituten verschieden bemessen, darf jedoch in keinem Falle auf mehr als 30 v. H. festgesetzt werden. Das Aufsichtsamt kann zulassen, daß unter § 11 Abs. 1 Buchst. e fallende Verpflichtungen bei der Berechnung außer Ansatz gelassen und daß auch andere als im Satz 1 genannte Anlagen in den Hundertsatz einbezogen werden.

(3) Das Aufsichtsamt kann bestimmen, daß die Vorschriften der Absätze 1 und 2 auf einzelne Arten von Kreditinstituten ganz oder teilweise keine Anwendung finden; es kann für diese Fälle Sondervorschriften erlassen.

§ 17.)[2] (1) Der Besitz eines Kreditinstituts an Aktien, Kuxen und Bergwerksanteilen, mit Ausnahme der dauernden

[1]) Vgl. Art. 2 der Dritten DurchfVO. zum KWG.

[2]) Vgl. Art. 2 und 3 der Dritten DurchfVO. zum KWG. und Art. 5 der Dritten Bekanntmachung des Aufsichtsamts für das Kreditwesen.

Beteiligungen, sowie an nicht zum Handel an deutschen Börsen zugelassenen Schuldverschreibungen soll einen vom Aufsichtsamt festzusetzenden Hundertsatz der Verpflichtungen gemäß § 11 Abs. 1 a, c, d, e und f nicht überschreiten, unbeschadet der für einzelne Arten von Kreditinstituten geltenden besonderen Vorschriften, die den Erwerb der genannten Werte untersagen oger weiter einschränken. Der Hundertsatz kann für die einzelnen Arten oder Gruppen von Kreditinstituten verschieden bemessen, soll jedoch in keinem Falle auf weniger als 5 v. H. festgesetzt werden. Das Aufsichtsamt kann bestimmen, daß die Vorschrift des Satzes 1 auf bestimmte Arten von zum Handel an deutschen Börsen nicht zugelassenen Schuldverschreibungen keine Anwendung findet.

(2) Die Anlagen eines Kreditinstituts in Grundstücken, Gebäuden und dauernden Beteiligungen sollen, nach den in die Bilanz eingesetzten Beträgen berechnet, insgesamt den Betrag des Eigenkapitals des Kreditinstituts (§ 11 Abs. 2) nicht überschreiten.

§ 18.[1]) Der Reichskommissar kann anordnen, daß von Kreditinstituten, bei denen die auf Grund der §§ 11, 12, 16 und 17 festgesetzten Grenzen nicht innegehalten sind, Ausschüttungen von Gewinnanteilen auf das Grund- oder Stammkapital, die Geschäftsguthaben und dergleichen über einen von ihm festzusetzenden Satz hinaus nicht vorgenommen werden dürfen. Einer solchen Anordnung widersprechende Beschlüsse sind insoweit nichtig.

§ 19. Der Reichskommissar kann auf Antrag zulassen, daß Kreditinstitute vorübergehend von den Vorschriften der §§ 11, 12, 16 und 17 abweichen.

VI. Einreichung von Bilanzen.

§ 20.[2]) (1) Dem Reichsbankdirektorium haben einzureichen:

[1]) Vgl. Art. 2 und 3 der Dritten DurchfVO. zum KWG.

[2]) Vgl. hierzu Art. 14 der Ersten DurchfVO. zum KWG., Art. 5 der Zweiten DurchfVO. zum KWG., Art. 5 der Dritten Bekanntmachung des Aufsichtsamtes, ferner die Erste und Art. 1—4 der Dritten Bekanntmachung des Reichskommissars, die Vierte und Achte Bekanntmachung des Reichskommissars, das Gesetz über Formblätter für die Gliederung des Jahresabschlusses vom 11. Dez. 1935 und die VO. über Formblätter für die Gliederung des Jahresabschlusses der Kreditinstitute vom 17. Jan. 1936.

a) die als Einzelfirmen, offene Handelsgesellschaften oder Kommanditgesellschaften betriebenen Kreditinstitute:[1])
   1. die Jahresbilanz nebst Gewinn- und Verlustrechnung unverzüglich nach ihrer Fertigstellung,
   2. eine Rohbilanz nach dem Stande vom 30. Juni spätestens am letzten Tage des auf den Abschlußtag folgenden Monats;

b) Kreditinstitute, die in der Form von Aktiengesellschaften, Kommanditgesellschaften auf Aktien, Gesellschaften mit beschränkter Haftung oder Genossenschaften oder in der Form von öffentlich-rechtlichen Instituten betrieben werden und deren Bilanzsumme eine Million Reichsmark nicht überschreitet:
   1. ihre Jahresbilanz nebst Gewinn- und Verlustrechnung innerhalb einer Woche nach ihrer Genehmigung durch die dazu berufenen Stellen,
   2. ihre Rohbilanz nach dem Stande vom 30. Juni spätestens am letzten Tage des auf den Abschlußtag folgenden Monats;

c) alle übrigen Kreditinstitute:[2])
   1. die Jahresbilanz nebst Gewinn- und Verlustrechnung innerhalb einer Woche nach ihrer Genehmigung durch die dazu berufenen Stellen,
   2. Monatsausweise für die Monate Januar bis November, bis zum 15. Tage des auf den Abschlußtag folgenden Monats.

(2) Die gemäß Abs. 1 einzureichenden Bilanzen und Monatsausweise sind mit Ausnahme der Jahresbilanzen nach näherer Vorschrift des Aufsichtsamts aufzugliedern.

(3) Das Reichsbankdirektorium ist berechtigt, Anordnungen über die statistischen Veröffentlichungen der gemäß Abs. 1 einzureichenden Bilanzen und Monatsausweise zu treffen. Die Bilanzen der als Einzelfirmen, offene Handelsgesellschaften oder Kommanditgesellschaften betriebenen Kreditinstitute dürfen einzeln nicht veröffentlicht werden.

---

[1]) Befreiung: Achte Bekanntmachung des Reichskommissars.

[2]) Vgl. Art. 2 der Ersten Bekanntmachung des Reichskommissars (Ausnahmen) und die Dritte Bekanntmachung des Reichskommissars.

(4) Die Kreditinstitute haben ferner die Bilanzen und Monatsausweise nach näheren Vorschriften des Reichsbankdirektoriums zu erläutern und ihm die dazu weiter geforderten Auskünfte zu geben. Die den Sparkassen und den Kreditgenossenschaften obliegende Verpflichtung zur Auskunftserteilung besteht auf Anfordern des Reichsbankdirektoriums auch für den Revisionsverband, dem die zur Auskunft verpflichtete Sparkasse oder Kreditgenossenschaft angehört.

(5) Dem Reichskommissar sind auf Ersuchen die Bilanzen nebst Gewinn- und Verlustrechnungen sowie die Erläuterungen und Auskünfte vom Reichsbankdirektorium zur Verfügung zu stellen.

§ 21. Der Reichskommissar kann im Einvernehmen mit dem Reichsbankdirektorium Kreditinstitute von den Vorschriften des § 20 ganz oder teilweise befreien.[1])

VII. Sparverkehr.

§ 22. (1) Spareinlagen sind Geldeinlagen auf Konten, die nicht den Zwecken des Zahlungsverkehrs, sondern der Anlage dienen und als solche, insbesondere durch Ausfertigung von Sparbüchern, gekennzeichnet sind.

(2) Auszahlungen auf Spareinlagen dürfen nur gegen Vorlegung des Sparbuches bewirkt werden; bei voller Rückzahlung der Einlage ist das Sparbuch zurückzufordern.

(3) Über Spareinlagen darf durch Überweisung nicht verfügt werden; eine Einlösung von Schecks zu Lasten von Spareinlagen ist unbeschadet der Rechtswirksamkeit des Schecks und des Einlösungsgeschäfts unzulässig.

(4) Die Ausgabe von Sparbüchern ohne entsprechende Einlage ist unzulässig. Ein Kreditinstitut darf Beträge, die es erst im Kreditwege zur Verfügung stellt, nicht auf Sparbuch gutbringen.

(5) In dem Sparbuch ist an auffallender Stelle der Zinssatz, zu dem die Spareinlage verzinst wird, ersichtlich zu machen; Änderungen des Zinssatzes sind an dieser Stelle bei der nächsten Vorlegung des Sparbuchs unter Angabe des Tages, von dem an sie gelten, zu vermerken.

---

[1]) Vgl. Art. 1 und 2 der Ersten Bekanntmachung des Reichskommissars, Art. 1 der Dritten Bekanntmachung des Reichskommissars und Art. 1—3 der Vierten Bekanntmachung des Reichskommissars.

§ 23. (1) Im Spargeschäft dürfen Gelder zu anderen als den für Spareinlagen festgesetzten Zinssätzen (§ 38) nicht angenommen werden.

(2) Die Verzinsung von Spareinlagen beginnt bei Einzahlung bis zum 15. eines Monats mit dem 1. des nächsten Monats, bei Einzahlung in der zweiten Hälfte eines Monats mit dem 15. des nächsten Monats. Die Verzinsung läuft bis zum Tage der Rückzahlung.

(3) Rückzahlungen von Spareinlagen dürfen ohne Kündigung nur bis zum Betrage von 300 Reichsmark für jedes Sparbuch im Monat geleistet werden. Zur Rückzahlung höherer Beträge bedarf es der Kündigung.[1]) Etwa vor Fälligkeit geleistete Zahlungen sind als Vorschüsse zu behandeln und als solche zu verzinsen. Das Aufsichtsamt erläßt nähere Bestimmungen über die Kündigungsfristen; bis zu ihrem Erlaß verbleibt es bei den bisherigen Kündigungsfristen.

§ 24.[2]) (1) Die Spareinlagen sind besonders anzulegen.

(2) Das Aufsichtsamt erläßt Anordnungen über die Anlage der Spareinlagen; dabei ist Vorsorge für die Sicherheit und Liquidität in dem erforderlichen Umfange zu treffen.

§ 25.[3]) Kreditinstitute, welche Spareinlagen annehmen, sind verpflichtet, das Spargeschäft (Spareinlagen und die zu ihrer Deckung bestimmten Anlagen) in der Buchführung von dem übrigen Geschäft getrennt zu führen sowie in den Monatsausweisen, in den Jahresbilanzen und in den Gewinn- und Verlustrechnungen gesondert auszuweisen; in den Jahresabschlüssen müssen sämtliche Kosten des Spargeschäfts ersichtlich gemacht werden.

§ 26. Das Aufsichtsamt kann in Abweichung von den Vorschriften der §§ 24 und 25 Sondervorschriften für einzelne Gruppen von Kreditinstituten erlassen; es kann auf Antrag zulassen, daß ein Kreditinstitut vorübergehend von den auf Grund des § 24 erlassenen Anordnungen abweicht.

§ 27. (1) Werksparkassen, d. h. besondere von dem Unternehmer eines wirtschaftlichen Betriebs getroffene

---

[1]) Vgl. Zweite Bekanntmachung des Aufsichtsamtes für das Kreditwesen und Sechste Bekanntmachung des Reichskommissars.

[2]) Vgl. Art. 16 der Ersten DurchfVO. zum KWG. und Art. 2 der Dritten DurchfVO. zum KWG.

[3]) Vgl. Art. 2 der Dritten DurchfVO. zum KWG.

Spareinrichtungen, von denen auf Grund einer allgemeinen Regelung (Geschäftsplan) Spareinlagen der Arbeitnehmer des Betriebs aufgenommen werden und aus denen der Betriebsunternehmer als solcher verpflichtet ist, sind bis zum 31. Dezember 1940 aufzulösen. Die Auflösung ist dem Reichskommissar anzuzeigen.

(2) Der Reichskommissar entscheidet in Zweifelsfällen, ob eine Spareinrichtung als Werksparkasse zu gelten hat; seine Entscheidung bindet die Gerichte und Verwaltungsbehörden.

VIII. Unbarer Zahlungsverkehr.

§ 28. (1) Das Aufsichtsamt ist ermächtigt, Vorschriften zur Regelung des unbaren Zahlungsverkehrs zu erlassen, insbesondere

a) zwischen den Mitgliedern der dem unbaren Zahlungsverkehr dienenden Verbände und sonstigen Einrichtungen (z. B. Girozentralen, genossenschaftliche Zentralkassen und die ihnen angeschlossenen Kreditinstitute und dergleichen),

b) zwischen verschiedenen Kreditinstituten und zwischen den Hauptniederlassungen und Zweigstellen derselben Kreditinstitute untereinander.

(2) In den Vorschriften kann bestimmt werden, inwieweit der unbare Zahlungsverkehr nur über die Reichsbank, die bei der Reichsbank errichteten Abrechnungsstellen oder die Postscheckämter bewirkt werden darf. Für diesen Zweck können Bankbezirke gebildet werden.

(3) Das Aufsichtsamt kann bestimmen, daß im unbaren Zahlungsverkehr besondere Gebühren zu erheben sind, und die Höhe der Gebühren festsetzen. Die Gebühren sollen für alle Kreditinstitute nach einheitlichen Grundsätzen festgesetzt werden.

§ 29. (1) Die Neuschaffung von Einrichtungen, die dem unbaren Zahlungsverkehr dienen, bedarf der Erlaubnis durch den Reichskommissar.

(2) Das Aufsichtsamt kann die Aufrechterhaltung von Einrichtungen der im Abs. 1 bezeichneten Art untersagen, auch soweit die Einrichtungen bei dem Inkrafttreten dieses Gesetzes bereits bestehen, und Anordnungen über die Abwicklung treffen.

IX. Die Aufsicht.

§ 30. (1) Sämtliche inländische Kreditinstitute und ihre Zweigstellen sowie die Zweigstellen ausländischer Kreditinstitute im Inland unterliegen der Beaufsichtigung durch das bei der Reichsbank errichtete Aufsichtsamt für das Kreditwesen.

(2) Dem Aufsichtsamt gehören an:

a) der Präsident des Reichsbankdirektoriums, als Vorsitzender,
b) der Vizepräsident des Reichsbankdirektoriums, als stellvertretender Vorsitzender,
c) ein von dem Führer und Reichskanzler ernanntes Mitglied,
d) der Staatssekretär des Reichsfinanzministeriums,
e) der Staatssekretär des Reichswirtschaftsministeriums,
f) ein Staatssekretär des Reichsministeriums für Ernährung und Landwirtschaft,
g) ein Staatssekretär des Reichsministeriums des Innern.

(3) Der Reichskommissar ist berechtigt, an allen Sitzungen und Beschlußfassungen des Aufsichtsamts mit beratender Stimme teilzunehmen.

(4) Die Mitglieder des Aufsichtsamts und der Reichskommissar können sich im Falle der Behinderung durch einen Beamten ihrer Behörde vertreten lassen. Im Falle gleichzeitiger Verhinderung des Vorsitzenden und des stellvertretenden Vorsitzenden führt den Vorsitz derjenige Staatssekretär, der dem Dienstalter nach und bei gleichem Dienstalter der Geburt nach der älteste ist.

(5) Die Mitglieder des Aufsichtsamts beziehen für ihre Tätigkeit keine Vergütung.

§ 31. (1) Die Entscheidungen und sonstigen Verfügungen des Aufsichtsamts werden vom Vorsitzenden nach Beratung mit den übrigen Mitgliedern des Aufsichtsamts getroffen, vorbehaltlich der Entscheidung der Reichsregierung in Zweifelsfällen. Ein Zweifelsfall ist insbesondere dann gegeben, wenn ein Mitglied des Aufsichtsamts einer beabsichtigten Entscheidung widerspricht. Die Vorschriften des § 43 Abs. 3 bleiben unberührt.

(2) Die Leitung der Geschäfte des Aufsichtsamts liegt dem Vorsitzenden ob.

(3) Die Mitglieder des Aufsichtsamts können Anträge stellen.

§ 32. (1) Das Aufsichtsamt hat außer den ihm in diesem Gesetz besonders zugewiesenen Geschäften die Aufgabe, für die Beachtung allgemeinwirtschaftlicher Gesichtspunkte in der allgemeinen Kredit- und Bankpolitik und für die Beseitigung im Kreditwesen auftretender Mißstände zu sorgen. Es kann, sobald ein Kreditinstitut in Schwierigkeiten gerät oder zu geraten droht, geeignete Maßnahmen einleiten. Weiter hat das Aufsichtsamt dafür Sorge zu tragen, daß sämtlichen Kreditinstituten die Verpflichtung auferlegt wird, die Jahresabschlüsse durch unabhängige Stellen nachprüfen zu lassen. Soweit solche Nachprüfungen reichsgesetzlich angeordnet sind, behält es dabei sein Bewenden. Das Aufsichtsamt kann in diesen Fällen eine weitergehende Verpflichtung zur Prüfung anordnen.

(2) Das Aufsichtsamt kann unbeschadet der allgemeinen reichsgesetzlichen Vorschriften Grundsätze für die Revisionen und Richtlinien für den Inhalt der Revisionsberichte aufstellen.

(3) Das Aufsichtsamt kann Grundsätze über die Geschäftsführung der Kreditinstitute aufstellen.

(4) Das Aufsichtsamt kann Richtlinien aufstellen, nach denen der Reichskommissar seine Geschäfte zu führen hat.

§ 33. (1) Der Reichskommissar ist eine Reichsbehörde; er hat seinen Sitz in Berlin.

(2) Der Reichskommissar wird von dem Führer und Reichskanzler nach Anhörung des Präsidenten des Reichsbankdirektoriums ernannt.

(3) Der Reichskommissar hat für die Durchführung dieses Gesetzes im Rahmen der ihm vom Aufsichtsamt gegebenen Richtlinien Sorge zu tragen.

(4) Der Reichskommissar untersteht unbeschadet der Besimmungen dieses Gesetzes dem Reichswirtschaftsminister.

§ 34.[1]) Der Reichskommissar ist befugt:

a) von den der Beaufsichtigung unterliegenden Kreditinstituten jederzeit die Einreichung von Bilanzen sowie von Gewinn- und Verlustrechnungen auch für zurückliegende Stichtage zu verlangen, ferner von ihnen, ihren Inhabern und ihren Organen Auskünfte über

---

[1]) Wegen der Kosten vgl. Art. 7 der Zweiten DurchfVO. zum KWG.

alle Geschäftsangelegenheiten zu fordern, die Bücher und Schriften der Kreditinstitute einzusehen, überhaupt alle Prüfungen vorzunehmen oder vornehmen zu lassen, die er zur Erfüllung der ihm obliegenden Aufgaben für erforderlich hält; über seine Wahrnehmungen kann er den Organen der Kreditinstitute wie auch deren einzelnen Mitgliedern und, falls die Kreditinstitute der besonderen Aufsicht einer Behörde unterstehen, den Aufsichtsbehörden Mitteilungen machen;[1])

b) an den Generalversammlungen, den sonstigen Mitgliederversammlungen und den Sitzungen der Organe der Kreditinstitute teilzunehmen und in ihnen das Wort zu ergreifen; er kann sich bei der Wahrnehmung dieser Befugnisse vertreten lassen;

c) die Einberufung von Generalversammlungen und sonstigen Mitgliederversammlungen, die Anberaumung von Sitzungen der Verwaltungs- und Aufsichtsorgane sowie die Ankündigung von Gegenständen zur Beschlußfassung zu verlangen;

d) von allen Unternehmungen und Personen, die ihren Wohnsitz, Sitz oder den Ort der Leitung im Inland haben, auch wenn diese Unternehmungen und Personen nicht das Kreditgewerbe betreiben, Angaben über den Stand ihrer Zahlungsverpflichtungen und Zahlungsansprüche gegen Unternehmungen und Personen, die ihren Wohnsitz, Sitz oder den Ort der Leitung im Sinne der Devisengesetzgebung im Ausland haben, zu fordern;

e) im Falle dringender Gefahr zur Erfüllung der Zwecke der Beaufsichtigung einstweilige Anordnungen zu treffen.

§ 35.[2]) (1) Unternehmungen, die den An- und Verkauf von Wertpapieren für andere (§ 1 Abs. 1 Buchst. b) oder das Depotgeschäft (§ 1 Abs. 1 Buchst. c) betreiben, unterliegen einer regelmäßigen Prüfung des Depotgeschäftes.

(2) Der Reichskommissar bestimmt Art und Umfang der Prüfung. Der Depotprüfer wird vom Reichskommissar oder in seinem Auftrage von anderen Stellen bestellt.

§ 36. (1) Der Reichskommissar kann sich zur Durchführung seiner Aufgaben geeigneter Prüfungsorgane be-

---

[1]) Vgl. Art. 5 der Dritten DurchfVO. zum KWG.

[2]) Vgl. Fünfte Bekanntmachung des Reichskommissars.

dienen, im Einvernehmen mit dem Reichsbankdirektorium und durch dessen Vermittlung auch der Dienststellen der Reichsbank.

(2) Der Reichskommissar kann die ihm nach diesem Gesetz zustehenden Befugnisse mit Zustimmung des Aufsichtsamts ganz oder teilweise auf andere Stellen übertragen. Diese haben sich nach den ihnen vom Reichskommissar erteilten Weisungen zu richten und sind ihm für die ordnungsmäßige Ausübung der übertragenen Befugnisse verantwortlich.

§ 37.[1]) Die Kosten, die durch die Prüfung eines Kreditinstitutes, durch die Bestellung eines Liquidators oder eine auf Grund des § 34 Buchst. e erfolgte Bestellung einer Aufsichtsperson erwachsen, sind von dem Kreditinstitut dem Reich zu erstatten und auf Verlangen des Reichskommissars vorzuschießen. Sie werden wie Reichssteuern von den Finanzämtern zugunsten der Reichskasse eingezogen.

§ 38. Der Reichskommissar kann Mehrheitsbeschlüsse der Spitzenverbände[2]) der Kreditinstitute über die Geschäftsbedingungen — insbesondere über die Zins- und Provisionssätze — und über den Wettbewerb für allgemeinverbindlich erklären. Der Reichskommissar kann seine Erklärung widerrufen. Falls ein Mehrheitsbeschluß unter den Spitzenverbänden der Kreditinstitute innerhalb einer vom Reichskommissar zu setzenden Frist nicht zustande kommt, wegfällt oder nicht die Zustimmung des Reichskommissars findet, kann der Reichskommissar im Einvernehmen mit dem Reichsbankdirektorium entsprechende Bestimmungen für die Kreditinstitute und deren Spitzenverbände selbst erlassen.

§ 39. Alle Behörden haben dem Reichskommissar und seinen Organen zur Erfüllung seiner Obliegenheiten Hilfe zu leisten.

§ 40. Die mit der Beschwerde anfechtbaren Entscheidungen und sonstigen Verfügungen des Reichskommissars sind mit Gründen zu versehen und zuzustellen. Sie werden mit der Zustellung wirksam.

§ 41. (1) Die Mitglieder des Aufsichtsamtes sowie sämtliche Personen und Organe, deren sich das Aufsichtsamt zur Erfüllung seiner Obliegenheiten bedient, sind zur Verschwiegenheit verpflichtet. Sie dürfen Geschäfts- und Be-

[1]) Vgl. Art. 5 der Ersten DurchfVO. zum KWG.

[2]) Vgl. Art. 6 der Dritten DurchfVO. zum KWG.

triebsgeheimnisse, die sie bei der Wahrnehmung ihrer Obliegenheiten erfahren, nicht unbefugt verwerten. Diese Pflicht wird durch Ausscheiden aus dem Dienst oder Beendigung der Tätigkeit nicht berührt.

(2) Die gleiche Verpflichtung trifft den Reichskommissar sowie sämtliche Personen und Organe, deren er sich zur Erfüllung seiner Obliegenheiten bedient.

§ 42. Die Kosten des Aufsichtsamts und des Reichskommissars sind dem Reich von den Kreditinstituten zu erstatten.[1] Der Reichswirtschaftsminister stellt im Einvernehmen mit dem Reichsminister der Finanzen und dem im Einzelfall außerdem zuständigen Reichsminister die für die Durchführung der Erstattung erforderlichen Grundsätze auf und regelt das Verfahren.

§ 43. (1) Gegen die Entscheidungen und Anordnungen des Reichskommissars aus § 1 Abs. 4, §§ 4, 5, 6, 10, 27 Abs. 2, § 29 Abs. 1, §§ 45 und 46 ist Beschwerde[2] an das Aufsichtsamt zulässig. Alle übrigen Entscheidungen und Anordnungen der Reichskommissars sind endgültig.

(2) Die Beschwerde ist innerhalb eines Monats nach Zustellung der angefochtenen Entscheidung oder Anordnung an den Reichskommissar oder an das Aufsichtsamt einzureichen.

(3) Das Aufsichtsamt entscheidet[3] über Beschwerden mit einfacher Stimmenmehrheit endgültig; bei Stimmengleichheit entscheidet die Stimme des Vorsitzenden. Bei der Verhandlung und Beschlußfassung über eine Beschwerde müssen mindestens fünf Mitglieder des Aufsichtsamts anwesend sein. Die Entscheidung kann in Fällen von geringerer Bedeutung auf schriftlichem Wege herbeigeführt werden; in diesem Falle gilt der Vorschlag als angenommen, wenn sämtliche Mitglieder des Aufsichtsamts ihm ausdrücklich zustimmen.

§ 44. Wegen eines Schadens, der durch im Rahmen dieses Gesetzes von der Reichsregierung, dem Aufsichtsamt oder dem Reichskommissar getroffene Maßnahmen entsteht, wird eine Entschädigung nicht gewährt.

---

[1] Vgl. Art. 1—10 der Zweiten DurchfVO. zum KWG.

[2] Vgl. Art. 17 der Ersten DurchfVO. zum KWG.

[3] Wegen der Kosten vgl. Art. 5 der Ersten VO. zur Durchführung des KWG.

X. Zwangsmittel und Strafen.

§ 45. (1) Der Reichskommissar kann die Befolgung der Verfügungen, die er innerhalb seiner gesetzlichen Befugnisse trifft, durch Zwangsmittel (Erzwingungsstrafen in Geld und unmittelbarer Zwang) durchsetzen. Die Zwangsmittel können gegen natürliche Personen und gegen juristische Personen des privaten und öffentlichen Rechts sowie gegen Personenvereinigungen verhängt werden. Sie können wiederholt festgesetzt werden, bis der Verfügung entsprochen ist. Die einzelne Erzwingungsstrafe darf 100 000 Reichsmark nicht übersteigen. Der Unternehmer haftet als Gesamtschuldner für Erzwingungsstrafen, die gegen seiner Unternehmung angehörende Personen festgesetzt sind, wenn die Haftung in der Strafverfügung ausgesprochen ist. Unmittelbarer Zwang darf nur angewendet werden, wenn die Verfügung sonst nicht durchsetzbar erscheint oder Gefahr im Verzuge ist.

(2) Bevor das Zwangsmittel verfügt wird, muß es dem Verpflichteten mit Setzung einer angemessenen Frist angedroht werden. Die Androhung soll schriftlich geschehen und eine Rechtsmittelbelehrung enthalten. Die Androhung ist nicht erforderlich, wenn Gefahr im Verzuge ist.

(3) Gegen die Androhung des Zwangsmittels ist binnen zwei Wochen die Beschwerde an das Aufsichtsamt zulässig. Das gleiche gilt für die Festsetzung des Zwangsmittels, sofern nicht bereits gegen die Androhung Beschwerde eingelegt ist. Die Beschwerde gegen die Androhung erstreckt sich auf die Festsetzung des Zwangsmittels. Sie hat aufschiebende Wirkung, es sei denn, daß nach pflichtmäßigem Ermessen der Reichskommissars Gefahr im Verzuge ist.

(4) Wird nach der Festsetzung des Zwangsmittels der Verfügung entsprochen, so ist die Beitreibung nicht mehr zulässig.

§ 46. (1) Der Reichskommissar kann gegen die Geschäftsleiter (§ 4 Abs. 2) oder deren gesetzliche Vertreter, gegen Verwaltungs- oder Aufsichtsorgane einer Unternehmung sowie gegen juristische Personen des privaten oder öffentlichen Rechts oder gegen die Leiter nicht rechtsfähiger Vereinigungen bei vorsätzlichen oder fahrlässigen Verstößen gegen die Vorschriften dieses Gesetzes, die Durchführungsbestimmungen, die gemäß § 38 getroffenen Vereinbarungen oder erlassenen Bestimmungen sowie die im § 57 aufrechterhaltenen Abkommen in anderen als den nach §§ 48 bis 50 oder sonstigen Strafvorschriften mit Strafe bedrohten Fällen Ordnungsstrafen in Geld bis zu 100 000 Reichsmark für jeden Einzelfall des Verstoßes festsetzen. Der Unternehmer haftet als Gesamtschuldner für Ordnungsstrafen, die gegen seiner Unternehmung angehörende Personen festgesetzt sind, wenn die Haftung in der Strafverfügung ausgesprochen ist. Soweit nach § 45 eine Erzwingungsstrafe in Geld angedroht ist, darf wegen der Nichtbefolgung der Verfügung nicht eine Ordnungsstrafe in Geld verhängt, sondern nur die Erzwingungsstrafe festgesetzt werden. Die Strafverfügung soll eine Rechtsmittelbelehrung enthalten.

(2) Gegen die Festsetzung der Ordnungsstrafe ist binnen zwei Wochen die Beschwerde an das Aufsichtsamt zulässig. Die Beschwerde hat aufschiebende Wirkung.

§ 47. (1) Die festgesetzten Erzwingungs- und Ordnungsstrafen werden wie Reichssteuern von den Finanzämtern zugunsten der Reichskasse beigetrieben.

(2) Die Reichsregierung ist befugt, festgesetzte Erzwingungs- und Ordnungsstrafen ganz oder teilweise zu erlassen. Sie kann diese Befugnis auf das Aufsichtsamt oder den Reichskommissar übertragen.

§ 48. (1) Wer die Geschäfte eines Kreditinstituts ohne die erforderliche Erlaubnis betreibt, den Geschäftsbetrieb eines Kreditinstituts trotz Untersagung fortführt oder einen eingestellten Geschäftsbetrieb ohne Erlaubnis wieder eröffnet, wird mit Gefängnis bis zu einem Jahre und mit Geldstrafe oder mit einer dieser Strafen bestraft.

(2) Die Verfolgung tritt nur auf Antrag des Reichskommissars ein.

§ 49. (1) Mit Gefängnis und mit Geldstrafe oder mit einer dieser Strafen wird, soweit nach anderen Gesetzen nicht schwerere Strafen verwirkt sind, bestraft, wer vorsätzlich

a) auf die Aufforderung zur Auskunftserteilung gegenüber dem Aufsichtsamt, dem Reichskommissar oder Organen und Personen, deren sie sich zur Erfüllung ihrer Obliegenheiten bedienen, falsche Angaben macht;
b) seine Pflicht zur Verschwiegenheit verletzt oder Geschäfts- und Betriebsgeheimnisse, die er bei der Wahrnehmung seiner Obliegenheiten erfahren hat, unbefugt verwertet;
c) wider besseres Wissen unwahre Behauptungen aufstellt oder verbreitet, die geeignet sind, den Kredit eines Kreditinstituts zu schädigen oder zu gefährden.

(2) Die Verfolgung tritt nur auf Antrag des Reichskommissars, im Falle des Absatzes 1 Buchst. b nur auf Antrag der Reichsregierung ein.

§ 50. Mit Gefängnis und mit Geldstrafe oder mit einer dieser Strafen wird, soweit nach anderen Gesetzen nicht schwerere Strafen verwirkt sind, bestraft, wer vorsätzlich zur Erlangung oder Erweiterung eines Kredits oder Erzielung günstigerer Kreditbedingungen unwahre Bilanzen, Gewinn- und Verlustrechnungen oder Vermögensübersichten einem Kreditinstitut einreicht oder einem solchen gegenüber wissentlich falsche Erklärungen über seine wirtschaftlichen Verhältnisse abgibt, auch wenn es nicht zur Kreditgewährung kommt.

XI. Sondervorschriften.

§ 51. (1) Gegenüber Kreditinstituten, die einer besonderen Reichs- oder Staatsaufsicht unterliegen, stehen die in den §§ 3, 6, 45 und 46 dem Reichskommissar eingeräumten Befugnisse der Aufsichtsbehörde zu, es sei denn, daß es sich in den Fällen der §§ 45 und 46 um Verstöße gegen nach § 38 geschlossene Vereinbarungen oder erlassene Bestimmungen handelt. Hinsichtlich der Handhabung dieser Befugnisse hat jedoch die Aufsichtsbehörde einem Ersuchen des Aufsichtsamts Folge zu leisten. Der Reichskommissar ist berechtigt, an das Aufsichtsamt Anträge zu stellen. Die Erlaubnis gemäß § 3 darf von der Aufsichtsbehörde nur im Einvernehmen mit dem Reichskommissar erteilt werden.

(2) Gegenüber den im Abs. 1 bezeichneten Kreditinstituten stehen die im § 34 dem Reichskommissar eingeräumten Befugnisse in jedem Falle auch der Aufsichtsbehörde zu.

§ 52. Das Aufsichtsamt kann für Bausparkassen und solche Geschäftsbetriebe, die diesen gemäß § 112 Abs. 2 des Gesetzes über die Beaufsichtigung der privaten Versicherungsunternehmen und Bausparkassen vom 6. Juni 1931 (RGBl. I S. 315) gleichgestellt sind oder gleichgestellt werden, und für Zwecksparunternehmungen im Sinne des Gesetzes vom 17. Mai 1933 (RGBl. I S. 269) und solche Unternehmungen, die gemäß § 1 Abs. 2 dieses Gesetzes den Vorschriften für Zwecksparunternehmungen unterstellt sind oder unterstellt werden, die Anwendung von Vorschriften dieses Gesetzes ausschließen.

XII. Übergangs- und Schlußvorschriften.

§ 53. (1) Die bei dem Inkrafttreten dieses Gesetzes bestehenden Kreditinstitute bedürfen keiner Erlaubnis (§ 3), soweit sie ihr Geschäft noch betreiben. Das gleiche gilt für im Zustand der Liquidation oder des Konkurses befindliche Kreditinstitute, soweit deren Geschäftsbetrieb sich auf die Durchführung der Liquidation oder des Konkurses beschränkt.

(2) Kreditinstitute oder Zweigstellen von Kreditinstituten, die nach dem 30. Juni 1934 errichtet worden sind, bedürfen jedoch der Erlaubnis, soweit sich nicht die Reichsregierung bis zu dem Inkrafttreten dieses Gesetzes gemäß § 4 der Verordnung über eine Gründungssperre für Kreditinstitute vom 4. September 1934 (RGBl. I S. 815) mit der Fortführung des Geschäftsbetriebes über den 1. Oktober 1934 hinaus einverstanden erklärt hat oder gemäß § 2 der genannten Verordnung die Errichtung zugelassen hat.

§ 54. (1) Zur Herbeiführung einer zweckmäßigeren Gestaltung des Kreditwesens ist das Aufsichtsamt befugt, bis zum 31. Dezember 1937 Kreditinstituten, die bei dem Inkrafttreten dieses Gesetzes bestehen, die Fortführung ihres Geschäftsbetriebes auch dann zu untersagen, wenn die Voraussetzungen des § 6 Abs. 1 nicht vorliegen. Sofern durch die Untersagung Kreditinstitute betroffen werden, die einer besonderen Reichs- oder Staatsaufsicht unterliegen, ist die Aufsichtsbehörde vorher zu hören. Der Reichskommissar ist berechtigt, Anträge zu stellen.

(2) Eine Untersagung gemäß Abs. 1 kann sich auch auf einen Teil des Geschäftsbetriebes sowie auf einzelne Zweigstellen beschränken.

§ 55. Der Reichskommissar ist befugt, bis zu einem von der Reichsregierung zu bestimmenden Zeitpunkt einzelnen Kreditinstituten oder Arten oder Gruppen von Kreditinstituten Abweichungen von den Vorschriften der §§ 11, 12, 16 und 17 zu gestatten. Er kann ferner mit Zustimmung des Aufsichtsamts in Abweichung von den Vorschriften der §§ 22 bis 25 und zur Vorbereitung ihrer Durchführung für eine angemessene Zeit Übergangsbestimmungen erlassen.

§ 56. Die auf dem Gebiet des Kreditwesens, insbesondere für einzelne Kreditinstitute oder Arten oder Gruppen von Kreditinstituten, bestehenden Vorschriften des Reichs- oder Landesrechts bleiben aufrechterhalten, soweit nicht die Vorschriften dieses Gesetzes ihnen entgegenstehen.

Soweit Vorschriften dieses Gesetzes erst nach Erlaß von Durchführungsbestimmungen anwendbar sind, bleiben die hierauf bezüglichen bisherigen Vorschriften des Reichs- oder Landesrechts bis zum Inkrafttreten der entsprechenden Durchführungsbestimmungen zu diesem Gesetz unbeschränkt aufrechterhalten.

§ 57. Soweit auf Grund der bisherigen gesetzlichen Bestimmungen Vereinbarungen zwischen den Spitzenverbänden der Kreditinstitute durch die Zustimmung des Reichskommissars Allgemeinverbindlichkeit erlangt haben, hat es hierbei sein Bewenden. Die Zustimmung kann widerrufen werden. Nach Inkrafttreten dieses Gesetzes können Änderungen der bestehenden Vereinbarungen nach Maßgabe des § 38 erfolgen.

§ 58. (1) Dieses Gesetz tritt am 1. Januar 1935 in Kraft.

(2) Gleichzeitig treten außer Kraft:

a) der Zweite Teil der Verordnung des Reichspräsidenten über Aktienrecht, Bankenaufsicht und über eine Steueramnestie vom 19. September 1931 (RGBl. I S. 493),

b) Kapitel III Zweiter Abschnitt des Ersten Teiles der Vierten Verordnung des Reichspräsidenten zur Sicherung von Wirtschaft und Finanzen und zum Schutze des inneren Friedens vom 8. Dezember 1931 (RGBl. I S. 699),

c) die Durchführungsverordnung über Zinssenkung auf dem Geldmarkt vom 9. Januar 1932 (RGBl. I S. 29),

d) die Verordnung zur Durchführung der Bankenaufsicht vom 21. April 1933 (RGBl. I S. 228),

e) das Gesetz über Befugnisse des Reichskommissars für das Bankgewerbe vom 7. August 1933 (RGBl. I S. 577),

f) Artikel 4 des I. Kapitels im Fünften Teil der Dritten Verordnung des Reichspräsidenten zur Sicherung von Wirtschaft und Finanzen und zur Bekämpfung politischer Ausschreitungen vom 6. Oktober 1931 (RGBl. I S. 537) und dazu ergangene Änderung im Artikel 1 des VIII. Kapitels Vierten Teil der Vierten Verordnung des Reichspräsidenten zur Sicherung von Wirtschaft und Finanzen und zum Schutz des inneren Friedens vom 8. Dezember 1931 (RGBl. I S. 699),

g) die Verordnung über eine Gründungssperre für Kreditinstitute vom 4. September 1934 (RGBl. I S. 815).

§ 59. Der Reichswirtschaftsminister ist ermächtigt, im Einvernehmen mit den Reichsminister der Finanzen und dem im Einzelfall außerdem zuständigen Reichsminister Rechtsverordnungen und Verwaltungsvorschriften zur Durchführung und Ergänzung dieses Gesetzes zu erlassen.

3. Die Durchführungsverordnungen zum Reichsgesetz über das Kreditwesen.

a) Erste Verordnung zur Durchführung und Ergänzung des Reichsgesetzes über das Kreditwesen vom 9. Februar 1935.[1])

Auf Grund des § 59 des Reichsgesetzes über das Kreditwesen vom 5. Dezember 1934 (RGBl. I S. 1203) wird verordnet:

Art. 1. Eine Erlaubnis gemäß § 3 des Gesetzes ist auch erforderlich

a) für die räumliche Verlegung eines Kreditinstituts oder einer inländischen Zweigstelle; eine Erlaubnis ist nicht erforderlich, wenn Kreditinstitute oder inländische Zweigstellen lediglich in andere Räumlichkeiten innerhalb der gleichen Gemeinde oder in Gemeinden mit mehr als 25 000 Einwohnern innerhalb des gleichen Ortsteiles verlegt oder räumlich zusammengelegt werden,

b) für die Ausdehnung des Geschäftsbetriebes auf die Annahme von Geldbeträgen (§ 1 Abs. 1 Buchst. a des Gesetzes),

c) für die Erweiterung der sachlichen Zuständigkeit einer Zweigstelle (z. B. Umwandlung einer Annahmestelle in eine Zweigniederlassung, einer Depositenkasse in eine Filiale usw.),

d) für jede auf Dauer berechnete Ausdehnung der Geschäftszeiten bei Zweigstellen, deren Geschäftsverkehr zeitlich beschränkt ist (z. B. Vermehrung der Sprechtage oder Kassenstunden),

e) für die Übernahme eines Kreditinstituts oder einer Zweigstelle eines Kreditinstituts durch ein anderes

[1]) RGBl. I S. 205.

Kreditinstitut, wenn die zu übernehmende Stelle weiterbetrieben werden soll,

f) für die Errichtung von Annahmegelegenheiten für Spareinlagen, die ein Kreditinstitut innerhalb einer anderen wirtschaftlichen Unternehmung vornimmt,

g) für die Änderung der Rechtsform eines Kreditinstituts,

h) bei Kreditinstituten oder Zweigstellen eines Kreditinstitutes, deren Geschäftsbetrieb tatsächlich oder rechtlich auf Geschäfte bestimmter Art beschränkt ist, für eine wesentliche Änderung oder Erweiterung der Geschäftsart (z. B. Umwandlung einer Kreditgenossenschaft in eine Haftungsgenossenschaft, Erweiterung des reinen Spargeschäfts auf sonstige Bankgeschäfte),

i) bei Einzelfirmen für jeden Wechsel in der Person des Firmeninhabers, bei Personengesellschaften für jeden Wechsel und jede Aufnahme eines persönlich haftenden Gesellschafters; dies gilt nicht für eine Änderung, die auf einer Erbfolge beruht.

Art. 2. Die Erlaubnis kann unter Auflagen und auf Zeit erteilt werden.

Art. 3. Den Kreditinstituten ist es untersagt, sich im geschäftlichen Verkehr auf die Erteilung der Erlaubnis oder auf die behördliche Aufsicht zu berufen. Dies gilt nicht für Erklärungen in einem Prospekt, auf Grund dessen Wertpapiere zum Börsenhandel zugelassen werden sollen. Der Reichskommissar kann Ausnahmen von dem Verbot nach Satz 1 zulassen.

Art. 4. Der Reichskommissar kann die Erteilung und die Zurücknahme der Erlaubnis oder die Untersagung des Geschäftsbetriebes im Deutschen Reichsanzeiger und in Tageszeitungen bekanntmachen.

Art. 5. (1) Für Entscheidungen auf Grund der §§ 3 bis 6 des Gesetzes kann der Reichskommissar Gebühren in Höhe von 10 bis 1000 Reichsmark festsetzen. Entsprechende Gebühren kann das Aufsichtsamt für Entscheidungen über Beschwerden (§ 43 des Gesetzes) festsetzen. Die Festsetzung der Gebühren ist endgültig.

(2) Außerdem kann der Reichskommissar oder das Aufsichtsamt unbeschadet des § 37 des Gesetzes die Erstattung von Auslagen verlangen,

a) wenn sie in einem Verfahren zur Erteilung der Erlaubnis (§§ 3, 4 des Gesetzes) entstehen,

b) wenn sie in einem Verfahren zur Zurücknahme der Erlaubnis (§ 5 des Gesetzes) oder zur Untersagung des Geschäftsbetriebes (§ 6 des Gesetzes) entstehen, sofern in dem Verfahren eine für das Kreditinstitut ungünstige Entscheidung ergeht. In diesem Falle kann auch die Erstattung der durch die Durchführung der Entscheidung und die etwaige Abwicklung des Geschäftsbetriebs verursachten Auslagen verlangt werden.

Die Auslagen sind auf Verlangen vorzuschießen.

(3) Gebühren und Auslagen werden wie Reichssteuern von den Finanzämtern beigetrieben.

Art. 6. Der Anzeigepflicht nach § 8 Abs. 1 Buchst. b des Gesetzes unterliegen nicht die durch den Beitritt oder das Ausscheiden von Genossen entstehenden Kapitalveränderungen bei Genossenschaften.

Art. 7. Zu den Krediten im Sinne des § 9 Abs. 1 und § 12 Abs. 1 des Gesetzes gehören nicht abgeschriebene Kredite. Offene oder stille Rückstellungen, Delkrederereserven usw. dürfen bei den Krediten nicht abgesetzt werden.

Art. 8. (1) Bei der Feststellung der Gesamtverpflichtungen eines Kreditinstituts gemäß § 11 Abs. 1 des Gesetzes können fällige, von Bindungen und Belastungen freie Depositen- und Kontokorrentguthaben in der Höhe unberücksichtigt bleiben, in der das Kreditinstitut gegen den einzelnen Einleger fällige Forderungen hat. Forderungen und Verbindlichkeiten brauchen nicht auf die gleiche Währung zu lauten.

(2) Bei der Ermittlung des haftenden Eigenkapitals nach § 11 Abs. 2 Buchst. b des Gesetzes ist von dem eingezahlten Kapital zuzüglich der ausgewiesenen Reserven neben den entstandenen Verlusten auch der Bestand an eigenen Aktien oder Geschäftsanteilen zum Nennwert in Abzug zu bringen.

(3) Zur Festsetzung des im § 11 Abs. 2 Buchst. c des Gesetzes vorgesehenen Zuschlages wird das Aufsichtsamt für das Kreditwesen ermächtigt.

(4) Außerordentliche Reserven im Sinne des § 11 Abs. 3 des Gesetzes sind durch Gesetz nicht vorgeschriebene Reserven, die bestimmten Sonderzwecken dienen.

Art. 9. (1) Stellvertretende Vorstandsmitglieder sind keine Geschäftsleiter im Sinne der §§ 12 Abs. 2 und 14 Absätze 1, 3, 4 des Gesetzes. Der § 242 des Handelsgesetzbuches findet keine Anwendung.

(2) Zu den Geschäftsleitern, deren Zustimmung nach § 12 Abs. 2 und § 14 Absätze 1, 3, 4 des Gesetzes erforderlich ist, gehören ferner nicht Geschäftsleiter, deren Teilnahme an der Beschlußfassung infolge höherer Gewalt, Krankheit, Urlaub, weiter räumlicher Entfernung oder ähnlich dringender Gründe nach allgemeiner Verkehrsanschauung unter Berücksichtigung der Sorgfaltspflicht eines ordentlichen Geschäftsleiters nicht rechtzeitig bewirkt werden kann (verhinderte Geschäftsleiter).

(3) Die Stellungnahme eines verhinderten Geschäftsleiters muß nachträglich binnen einer Woche, bei ehrenamtlichen Geschäftsleitern binnen zwei Wochen nach Wegfall der Behinderung eingeholt werden; lehnt der verhinderte Geschäftsleiter den gefaßten Beschluß ab, oder billigt er ihn nicht innerhalb der Frist, oder kann nicht innerhalb von zwei Monaten die Stellungnahme des verhinderten Geschäftsleiters herbeigeführt werden, ist dies dem Reichskommissar anzuzeigen.

(4) Bei zu erwartender längerer Verhinderung eines Geschäftsleiters kann ein Stellvertreter für die Beschlußfassung nach § 12 Abs. 2 und § 14 Absätze 1, 3, 4 des Gesetzes bestellt werden. Die Bestellung erfolgt bei Einzelkaufleuten oder nicht rechtsfähigen Personengesellschaften durch die zur Bestellung von Prokuristen berufenen Personen, in allen anderen Fällen durch die für die Bestellung der Geschäftsleiter zuständigen Organe. Sie ist dem Reichskommissar unverzüglich anzuzeigen.

Art. 10. Die nach § 12 Abs. 2 und § 14 Absätze 1, 3, 4 des Gesetzes erforderliche Beschlußfassung der Geschäftsleiter, die Gründe der Verhinderung nicht mitwirkender Geschäftsleiter und die nach Art. 9 Abs. 3 dieser Verordnung nachträglich erforderte Stellungnahme sind aktenkundig zu machen.

Art. 11. (1) Als eine Kreditgewährung im Sinne des § 12 des Gesetzes gilt auch die Verlängerung oder Erhöhung eines bereits eingeräumten Kredits.

(2) Bei Verlängerung eines Kredits, für den die im § 12 Abs. 2 des Gesetzes vorgeschriebene Anzeige erstattet ist, kommt die erneute Anzeige in Fortfall.

(3) Wird ein Kredit, für den die im § 12 Abs. 2 des Gesetzes vorgeschriebene Anzeige erstattet ist, erhöht, so ist er nur dann erneut anzuzeigen, wenn der Gesamtbetrag des

Kredits nach seiner Erhöhung den zuletzt angezeigten Gesamtbetrag um mehr als 20 v. H. übersteigt.

(4) Die Kreditinstitute mit Ausnahme der dem Reichsverband der deutschen landwirtschaftlichen Genossenschaften — Raiffeisen — e. V. angeschlossenen eingetragenen Genossenschaften haben für vor dem 1. Januar 1937 gewährte und zu diesem Zeitpunkt noch bestehende Kredite bis zum 31. Januar 1937 und die bezeichneten Genossenschaften für vor dem 1. Januar 1938 gewährte und zu diesem Zeitpunkt noch bestehende Kredite bis zum 31. Januar 1938 die im § 12 Abs. 2 des Gesetzes vorgeschriebene Anzeige zu erstatten. Die Anzeigepflicht entfällt, wenn die Kredite in der Höhe ihrer Bewilligung und ihrer tatsächlichen Inanspruchnahme den festgesetzten Hundertsatz nicht mehr übersteigen.

(5) Der Reichskommissar kann jährlich einmal auf einen zu bestimmenden Stichtag eine Sammelanzeige für alle Kredite, die den im § 12 Abs. 1 des Gesetzes festgesetzten Hundertsatz übersteigen, einfordern.

(6) § 55 des Gesetzes bleibt unberührt.

Art. 12. (1) Für die Verlängerung von Krediten, die vor dem 1. Januar 1935 eingeräumt sind, gilt § 13 des Gesetzes erst vom 1. Januar 1936 an.

(2) Ist bei der Einräumung eines Kredits die Vorschrift des § 13 des Gesetzes beachtet worden, so bedarf es bei einer Verlängerung oder Erweiterung des Kredits der vorgesehenen Maßnahmen nicht, wenn der Geschäftsleiter bei Beachtung der Sorgfalt eines ordentlichen Kaufmanns annehmen kann, daß in den wirtschaftlichen Verhältnissen des Kreditnehmers keine beachtliche Verschlechterung eingetreten ist.

Art. 13. (1) Als Organ im Sinne von § 14 Abs. 4 des Gesetzes gelten nicht

a) Generalversammlungen, Gesellschafter-, Anstalts- und ähnliche Versammlungen,
b) lediglich beratende, neben den Verwaltungs- und Aufsichtsräten bestehende Beiräte und Ausschüsse.

(2) Gehört ein Inhaber oder persönlich haftender Gesellschafter einer kreditnehmenden Unternehmung dem kreditgewährenden Kreditinstitut als Geschäftsleiter oder Mitglied eines Organs an, so ist der gewährte Kredit, soweit er noch nicht besonders angezeigt ist, unverzüglich gemäß § 14 Abs. 7 des Gesetzes anzuzeigen.

(3) Als eine Kreditgewährung im Sinne des § 14 des Gesetzes gilt auch die Verlängerung oder Erhöhung eines bereits eingeräumten Kredits.

(4) Wird ein bereits gemeldeter Kredit erhöht, so ist er nur dann erneut gemäß § 14 Abs. 7 des Gesetzes oder gemäß Abs. 2 dieses Artikels anzuzeigen, wenn der Gesamtbetrag des Kredits nach seiner Erhöhung den zuletzt angezeigten Gesamtbetrag um mehr als 20 v. H. übersteigt.

(5) An ehrenamtliche Geschäftsleiter eines Kreditinstituts sowie an Mitglieder des Aufsichtsrats oder des Verwaltungsrats gewährte Kredite sind gemäß § 14 Abs. 7 des Gesetzes dem Reichskommissar nur besonders anzuzeigen, wenn der Kredit auch auf Grund von § 12 Abs. 2 des Gesetzes anzeigepflichtig ist oder ohne eine vorgenommene Abschreibung anzeigepflichtig sein würde. Das gleiche gilt im Falle des Abs. 2 dieses Artikels, wenn der Inhaber oder persönlich haftende Gesellschafter der kreditnehmenden Unternehmung dem krediteinräumenden Kreditinstitut als ehrenamtlicher Geschäftsleiter oder als Mitglied des Aufsichtsrats oder Verwaltungsrats angehört. Der Reichskommissar kann anordnen, daß ihm für einen zu bestimmenden Stichtag die nach Satz 1 und 2 nicht besonders anzeigepflichtigen Kredite gemeldet werden.

(6) Vor dem 1. Januar 1935 eingeräumte, gemäß § 14 Abs. 7 des Gesetzes oder Abs. 2 dieses Artikels anzeigepflichtige Kredite sind, soweit sie noch nicht besonders angezeigt worden sind, unverzüglich anzuzeigen.

(7) Kredite, die an die im Abs. 5 Satz 1 und 2 erwähnten Personen oder Unternehmungen gewährt worden sind, sind, soweit sie dem Reichskommissar noch nicht angezeigt worden sind, erstmalig zum 31. Januar 1937 und, wenn es sich um Genossenschaften handelt, die dem Reichsverband der deutschen landwirtschaftlichen Genossenschaften — Raiffeisen — angeschlossen sind, bis zum 31. Januar 1938 anzuzeigen, ohne Rücksicht darauf, ob sie vor oder nach dem 1. Januar 1935 eingeräumt worden sind.

Art. 14. Die im § 20 Abs. 1 Buchst. c Ziffer 2 des Gesetzes vorgesehenen Monatsausweise sind erstmalig für den Monat Februar zu erstatten. Für die Monate Februar bis Juni 1935 genügt es, wenn die Ausweise bis zum zwanzigsten Tage des auf den Abschlußtag folgenden Monats eingereicht werden.

Art. 15. Auf die von den Spar- und Girokassen nach § 5 Abs. 2 Satz 2 des Artikels 1 im Kapitel I des Fünften Teils der Verordnung des Reichspräsidenten vom 6. Oktober 1931 (RGBl. I S. 537, 554) unterhaltenen Liquiditätsguthaben können die Spar- und Girokassen bis zur Hälfte den Bestand an Wertpapieren anrechnen, die der Reichswirtschaftsminister bestimmt.

Art. 16. § 6 des Artikels 1 im Kapitel I des Fünften Teils der Verordnung des Reichspräsidenten vom 6. Oktober 1931 (RGBl. I S. 537, 554) erhält folgende Fassung:

„Die Sparkassen dürfen bis zu 50 v. H. der Spareinlagen in Hypotheken anlegen."

Art. 17. (1) Zur Einlegung der im § 43 des Gesetzes vorgesehenen Beschwerde sind nur diejenigen, gegen die die Entscheidung oder Anordnung ergangen ist, berechtigt. Der Reichskommissar kann der Beschwerde abhelfen.

(2) Die Kosten des Beschwerdeverfahrens trägt der Beschwerdeführer, wenn er unterliegt.

Art. 18. Sind die nach § 2 Abs. 2 der Verordnung vom 8. Dezember 1931 (RGBl. I S. 699, 704) in der Fassung des Gesetzes vom 7. August 1933 (RGBl. I S. 577) getroffenen Vereinbarungen oder Bestimmungen vor dem 1. Januar 1935 nicht befolgt worden, so kann der Reichskommissar die Inhaber und Geschäftsleiter der Kreditinstitute durch Ordnungsstrafen nach Maßgabe der bisherigen Bestimmungen zur Befolgung anhalten.

Art. 19. Die im Einzelplan VI des Reichshaushaltsplans für das Rechnungsjahr 1934 für den Reichskommissar für das Bankgewerbe bewilligten Ausgabemittel können für den Reichskommissar für das Kreditwesen verwendet werden.

Art. 20. Die Verordnung tritt mit Wirkung vom 1. Januar 1935 in Kraft.

b) Zweite Verordnung zur Durchführung und Ergänzung des Reichsgesetzes über das Kreditwesen vom 27. Juli 1935.[1])

Auf Grund der §§ 42 und 59 des Reichsgesetzes über das Kreditwesen vom 5. Dezember 1934 (RGBl. I S. 1203) wird verordnet:

[1]) RGBl. I S. 1050.

Art. 1. Die Kosten, die das Aufsichtsamt für das Kreditwesen und der Reichskommissar für das Kreditwesen dem Reich verursachen, sind auf die Kreditinstitute (§ 1 des Gesetzes) nach Maßgabe der Bestimmungen der Artikel 2 bis 7 umzulegen.

Art. 2. (1) Die Höhe der umzulegenden Kosten setzt der Reichswirtschaftsminister unter Berücksichtigung der Aufwendungen, die voraussichtlich dem Reich durch das Aufsichtsamt und den Reichskommissar in dem Rechnungsjahr erwachsen werden, jährlich zu Beginn des Rechnungsjahres fest.

(2) Zu den umzulegenden Kosten gehören auch

a) die Beträge, die in den vorangegangenen Jahren nicht eingegangen sind,

b) der Betrag der Aufwendungen, um den diese die für das abgelaufene Rechnungsjahr festgesetzten Kosten übersteigen.

(3) Die umzulegenden Kosten vermindern sich um den Betrag, um den das Aufkommen an Gebühren (Art. 1) die Aufwendungen des Reichs im abgelaufenen Rechnungsjahr überschritten hat.

(4) Haben Kreditinstitute für ihre besondere Beaufsichtigung Kosten zu tragen, so kann der Reichswirtschaftsminister anordnen, daß diese Kreditinstitute bei der Umlegung der Kosten gemäß Artikel 1 und ihrer Erstattung ganz oder teilweise unberücksichtigt bleiben.

Art. 3. (1) Die Kosten werden als Gebühren erhoben, die sich vorbehaltlich einer anderen Regelung nach Art. 6 Abs. 2 aus einer Grundgebühr und Zuschlägen zu derselben zusammensetzen.

(2) Die Gebühren sind nachträglich am ersten Tage jedes Kalendervierteljahres an die Reichskasse zu zahlen.

(3) Sollen neben den Gebühren gleichzeitig andere Forderungen eingezogen werden, so sind die Gebühren bei dem Schuldner von den anderen Forderungen gesondert anzufordern.

(4) Die Gebühren werden wie Reichssteuern von den Finanzämtern zugunsten der Reichskasse beigetrieben.

Art. 4. (1) Die Grundgebühr ist für jedes Kreditinstitut und für jede Zweigstelle eines Kreditinstituts (§ 3 des Gesetzes) zu entrichten.

(2) Die Höhe der Grundgebühr setzt der Reichswirtschaftsminister fest. Er kann dabei die Grundgebühr für einzelne Arten von Kreditinstituten und deren Zweigstellen verschieden bemessen.

Art. 5. (1) Zur Grundgebühr können Zuschläge nach der Zahl der bei den einzelnen Kreditinstituten beschäftigten Beamten und Angestellten sowie nach der Bilanzsumme der Kreditinstitute erhoben werden. Der Reichswirtschaftsminister bestimmt, ob und in welcher Höhe Zuschläge erhoben werden sollen. Zuschläge können für die einzelnen Arten von Kreditinstituten und deren Zweigstellen verschieden bemessen werden.

(2) Bei inländischen Zweigstellen ausländischer Kreditinstitute ist die Zahl der Beamten und Angestellten sowie die Bilanzsumme der inländischen Zweigstellen maßgebend.

(3) Die Reichsbank hat die Bilanzsumme der Bilanzen, die die Kreditinstitute dem Reichsbankdirektorium einreichen (§ 20 des Gesetzes), dem Reichswirtschaftsminister oder der von ihm bezeichneten Stelle auf Ersuchen mitzuteilen.

Art. 6. (1) Der Reichswirtschaftsminister kann bestimmen, daß die Reichsgruppe „Banken" wegen der Gebühren in Vorlage zu treten hat. Die Reichsgruppe wird in diesem Falle Gebührenschuldnerin; sie erhält die Befugnis, die vorzulegenden Gebühren auf die Gruppen, auf denen sie sich aufbaut, umzulegen. Wird der vorzulegende Betrag auf Gruppen, die untergegliedert sind, oder auf Zentralkreditinstitute umgelegt, so steht auch diesen die Befugnis zu, die vorzulegenden Gebühren umzulegen. Der Reichswirtschaftsminister kann auch an Stelle der Reichsgruppe „Banken" Kreditinstitute für vorlegungspflichtig erklären und den Kreis der Kreditinstitute bestimmen, auf die sie die Gebühren umlegen können. Satz 2 gilt in diesem Falle sinngemäß.

(2) Die Umlegung hat mangels einer anderen, der Genehmigung des Reichswirtschaftsministers unterliegenden Regelung unter Berücksichtigung der für die Aufbringung der Gebühren maßgebenden Grundsätze zu erfolgen. Zur Deckung der Aufwendungen darf eine Vergütung berechnet werden, über deren Angemessenheit im Zweifelsfalle der Reichswirtschaftsminister entscheidet. Artikel 2 Abs. 2 zu a und b sowie Abs. 3 gelten sinngemäß.

Art. 7. Die Kosten, die dem Reich dadurch entstehen, daß der Reichskommissar gegenüber einem Kreditinstitut von den ihm nach § 34 des Gesetzes zustehenden Befugnissen Gebrauch macht, sind gesondert von dem betroffenen Kreditinstitut zu erstatten und auf Verlangen des Reichskommissars vorzuschießen. Der Reichskommissar setzt die Gebühr fest.

Art. 8. Alle Geschäfte, die zur Änderung der beim Inkrafttreten des Gesetzes geführten, gemäß § 10 des Gesetzes aber nicht mehr zulässigen Firma erforderlich sind, sind frei von Gebühren und Stempelabgaben des Reichs und der Länder.

Art. 9. Zur Vermeidung von Härten und Unzuträglichkeiten kann der Reichswirtschaftsminister Ausnahmen von den Bestimmungen der Verordnung zulassen.

Art. 10. Die Kosten sind erstmals für das mit dem 1. April 1935 beginnende Rechnungsjahr nach den Bestimmungen dieser Verordnung dem Reich zu erstatten.

c) Dritte Verordnung zur Durchführung und Ergänzung des Reichsgesetzes über das Kreditwesen vom 30. Juni 1936.[1])

Auf Grund des § 59 des Reichsgesetzes über das Kreditwesen vom 5. Dezember 1934 (RGBl. I S. 1203) in der Fassung des Gesetzes vom 13. Dezember 1935 (RGBl. I S. 1456) wird im Einvernehmen mit dem Reichsminister der Justiz verordnet:

Erster Abschnitt.

Art. 1. Wird ein Kreditinstitut auf Grund des § 7 Abs. 2 Satz 1 des Gesetzes aufgelöst oder von dem Reichskommissar für das Kreditwesen gemäß § 7 Abs. 2 Satz 3 des Gesetzes ein Liquidator bestellt oder abberufen, so ist dies dem Registergericht mitzuteilen. Das Registergericht hat von Amts wegen diese Tatsachen in das Handels- oder Genossenschaftsregister einzutragen.

Art. 2. Die Vorschriften der §§ 11, 12, 16, 17, 18, 24 und 25 des Gesetzes finden keine Anwendung auf

a) Kreditinstitute, die sich im Zustande der Liquidation oder des Konkurses befinden, soweit der Geschäftsbetrieb

---

[1]) RGBl. 1936 I S. 540.

sich auf die Durchführung der Liquidation oder des Konkurses beschränkt,

b) Werksparkassen,

c) Verbrauchergenossenschaften mit Spareinrichtungen,

d) im Zustand einer stillen Abwicklung befindliche Kreditinstitute, die dem Reichskommissar ihren Eintritt in die stille Abwicklung angezeigt haben.

Art. 3. (1) Zu den Krediten im Sinne der §§ 9, 12, 13 und 14 des Gesetzes gehören bei Kreditinstituten, die gleichzeitig Handelsgeschäfte anderer Art, insbesondere Warengeschäfte, betreiben, auch die Kredite, die aus diesen Geschäften entstanden sind.

(2) Zu den Krediten der im Abs. 1 bezeichneten Art gehören dagegen nicht

a) die von anderen Kreditinstituten angekauften Akzepte oder Solawechsel von Banken oder Finanzierungsinstituten mit einer Laufzeit von nicht mehr als drei Monaten, soweit sie im Geldmarkt usancemäßig gehandelt werden. In Zweifelsfällen entscheidet der Reichskommissar, welche Papiere hiernach in Betracht kommen,

b) Forderungen an andere Kreditinstitute aus bei diesen unterhaltenen, nur der Geldanlage, nicht der Kreditgewährung dienenden Guthaben. Diese Forderungen müssen jedenfalls von unzweifelhafter Bonität und Liquidität, spätestens in drei Monaten fällig und ungesichert sein; jedoch können die Forderungen der eingetragenen Genossenschaften — mit Ausnahme der Zentralkassen — sowie der öffentlich-rechtlichen oder auf privatem Recht beruhenden Sparkassen gegen ihre Zentralkreditinstitute auch später fälliggestellt sein.

Art. 4. § 13 des Gesetzes findet keine Anwendung

a) auf Kredite, die an das Reich und die Länder gewährt oder von diesen verbürgt oder von diesen sonst gesichert sind,

b) auf Wechselkredite, die den Anforderungen des § 16 Abs. 2 des Gesetzes entsprechen und bei denen die Wechselurkunden mit mindestens zwei guten Unterschriften versehen sind. Das gleiche gilt für Wechsel, auf die hinsichtlich der Wechselverbundenen oder der sonstigen Besicherung die Voraussetzungen für einen Ankauf durch die Reichsbank zutreffen.

Art. 5. Die Befugnisse gemäß § 34 Buchst. a des Gesetzes stehen dem Reichskommissar auch gegenüber Unternehmungen zu, bei denen er Grund zu der Annahme hat, daß sie Bank- oder Sparkassengeschäfte betreiben.

Art. 6. Im Sinne des § 38 des Gesetzes stehen den Spitzenverbänden der Kreditinstitute die Wirtschaftsgruppen der Kreditinstitute und die aus Spitzenverbänden hervorgegangenen Fachgruppen der Kreditinstitute gleich.

Zweiter Abschnitt.

Art. 7. Enthält in dieser Sammlung bereits berücksichtigte Neufassungen einiger Artikel der Ersten Verordnung zur Durchführung und Ergänzung des Reichsgesetzes über das Kreditwesen vom 9. Februar 1935.

4. Die Bekanntmachungen des Aufsichtsamts für das Kreditwesen.

a) Erste Bekanntmachung des Aufsichtsamts für das Kreditwesen vom 13. März 1935.[1])

Auf Grund der §§ 9 Abs. 3 und 20 Abs. 2 des Reichsgesetzes über das Kreditwesen vom 5. Dezember 1934 (RGBl. I S. 1203) wird folgendes bestimmt:

Art. 1. (1) Die Vorschrift des § 9 Abs. 1 des Gesetzes findet keine Anwendung:

a) auf reine Hypothekenbanken und Schiffspfandbriefbanken,

b) auf gemischte Hypothekenbanken für Hypotheken, die im Rahmen des Realkreditgeschäfts entstanden sind, sowie für die im § 5 Abs. 1 Ziffer 2 und 3 des Hypothekenbankgesetzes bezeichneten Kreditgeschäfte,

c) auf langfristige Ausleihungen der Kreditanstalten des öffentlichen Rechtes sowie der öffentlich-rechtlichen und auf privatem Recht beruhenden Sparkassen. Als langfristige Ausleihungen gelten Hypotheken und Grundschulden, ferner Darlehen an öffentlich-rechtliche Körperschaften, die nicht binnen vier Jahren rückzahlbar sind. Eine langfristige Ausleihung liegt auch vor, wenn sie

1) RAnz. Nr. 63 vom 15. März 1935.

einer regelmäßigen Tilgung unterliegt und diese sich über vier Jahre hinaus erstreckt,

d) auf Kredite, die von inländischen Kreditinstituten durch ihre ausländischen Niederlassungen an ausländische Kreditnehmer gewährt sind,

e) auf Kredite, die an das Reich und die Länder gewährt oder von diesen verbürgt, oder von diesen sonst gesichert sind.

(2) Der Reichskommissar für das Kreditwesen kann auch für Kredite nach Abs. 1 Buchst. a—c und e höchstens einmal im Jahre eine Anzeige einfordern.

Art. 2. (1) Die im § 20 Abs. 1 Buchst. a Ziff. 2 und Buchst. b Ziff. 2 vorgesehenen Rohbilanzen sowie die im Buchst. c Ziff. 2 vorgesehenen Monatsausweise sind nach dem anliegenden Muster (Muster 1) und unter sorgfältiger Beachtung der anliegenden Richtlinien (Muster 2) aufzustellen. Änderungen des amtlichen Vordrucks sind nicht zulässig. Anmerkungen, auf deren Berücksichtigung bei der Veröffentlichung Wert gelegt wird, sind auf einem besonderen Blatt unter genauer Bezeichnung der Bilanzposten, auf die sie sich beziehen, sowie mit der Unterschrift des berichtenden Instituts versehen einzureichen. Die Anmerkungen sind auf das Notwendigste zu beschränken.

(2) Der Reichskommissar für das Kreditwesen wird ermächtigt,[1]) für eingetragene Genossenschaften sowie öffentlich-rechtliche und auf privatem Recht beruhende Sparkassen besondere Muster für die Rohbilanzen und Monatsausweise zu veröffentlichen. Er wird ferner ermächtigt, für den Nachweis der in § 24 Abs. 1 des Gesetzes vorgesehenen besonderen Anlegung der Spargelder eine Ergänzung zu dem Muster für Rohbilanzen und Monatsausweise bekanntzugeben. Bis zum Erscheinen dieser Bekanntmachung sind Kreditinstitute, die Spareinlagen verwalten, von der Ausfüllung der in den Rohbilanzen und Monatsausweisen auf der Aktivseite vor der Linie vorgesehenen besonderen Nachweisung der Barreserven nach § 16 Abs. 1, der Anlagen nach § 16 Abs. 2 und der Wertpapiere nach § 17 Abs. 1 des Reichsgesetzes über das Kreditwesen (Spalte 43/45) befreit.

Art. 3. Die im § 20 Abs. 4 vorgesehenen Erläuterungen zu den nach dem Stande vom 30. Juni aufzustellenden

---

[1]) Vgl. die Dritte Bekanntmachung des Reichskommissars.

Rohbilanzen sind nach dem beigefügten Muster (Muster 3), das die Anlagen B, C und D umfaßt, zu erstatten. Die Einreichung der Anlagen B und C an die Volkswirtschaftliche und Statistische Abteilung der Reichsbank, Berlin SW 111, hat fristgemäß zusammen mit der Rohbilanz, die der Anlage D bis zum 15. August jeden Jahres zu erfolgen. Das Reichsbankdirektorium kann Änderungen und Ergänzungen vornehmen.

Art. 4. (1) Die in § 20 Abs. 4 des Gesetzes vorgesehenen Erläuterungen zu den Monatsausweisen sind nach dem Muster 3 aufzustellen und hiervon die Anlagen B und C den Monatsausweisen beizufügen. Die Einreichung hat bei der Volkswirtschaftlichen und Statistischen Abteilung der Reichsbank, Berlin SW 111, fristgemäß zusammen mit dem Monatsausweis zu erfolgen.

(2) Der Monatsausweis vom 30. Juni ist weiter durch die in dem Muster 3 enthaltene Anlage D zu ergänzen. Diese Anlage ist der in Abs. 1 bezeichneten Stelle bis zum 15. August jeden Jahres einzureichen. Das Reichsbankdirektorium kann Änderungen und Ergänzungen vornehmen.

Art. 5. Die Muster der Rohbilanzen und Monatsausweise nebst erläuternden Anlagen können von der Druckerei und Materialienverwaltung der Reichsbank, Berlin SW 111, bezogen werden.

Muster 1.

Name des Kreditinstituts: ....

Monatsausweis — Rohbilanz — für Ende ....
(gem. Reichsgesetz über das Kreditwesen [KWG.] § 20).

Nicht für Sparkassen und Kreditgenossenschaften zu verwenden.

Beträge in 1000 RM (unter Weglassung der Nullen).
Fälligkeitsfristen vom Stichtag der Bilanz an gerechnet.

Aktiva.

1. **Kassenbestand** (deutsche und ausländische Zahlungsmittel, Gold):
2. **Guthaben** auf Reichsbankgiro- und Postscheckkonto:
3. **Fällige Zins- und Dividendenscheine:**

4. Schecks:

5. Wechsel:

a) Wechsel (mit Ausschluß von b bis d):

b) Eigene Akzepte:

c) Eigene Ziehungen:

d) Solawechsel der Kunden an die Order der Bank:

Von der Gesamtsumme entsprechen den Bestimmungen des Bankgesetzes § 21 Abs. 2 (Handelswechsel im Sinne von § 16 Abs. 2 RBG.):

6. Schatzwechsel und unverzinsliche Schatzanweisungen des Reichs und der Länder:

Davon entfallen auf solche, welche die Reichsbank beleihen darf:

7. Eigene Wertpapiere:

a) Anleihen und verzinsliche Schatzanweisungen des Reichs und der Länder:

b) Sonstige Wertpapiere, welche die Reichsbank beleihen darf:

c) Sonstige börsengängige festverzinsliche Wertpapiere:

d) Sonstige börsengängige Dividendenwerte:

e) Sonstige Wertpapiere:

8. Konsortialbeteiligungen:

9. Kurzfällige Forderungen unzweifelhafter Bonität und Liquidität gegen Kreditinstitute:

Darunter täglich fällige Guthaben (Nostroguthaben):

10. Forderungen aus Reportgeschäften } gegen börsengängige Wertpapiere:

11. Forderungen aus Lombardgeschäften } gegen börsengängige Wertpapiere:

12. Vorschüsse auf verfrachtete oder eingelagerte Waren:

a) Rembourskredite:

b) Sonstige kurzfristige Kredite gegen Verpfändung bestimmt bezeichneter marktgängiger Waren:

13. Schuldner:

a) Kreditinstitute:

b) Sonstige Schuldner:

Von der Gesamtsumme sind gedeckt durch:

1. börsengängige Wertpapiere:
2. sonstige Sicherheiten:

14. **Hypothekenforderungen:**

15. **Langfristige Ausleihungen gegen Kommunaldeckung:**

16. **Durchlaufende Kredite:**

17. **Dauernde Beteiligungen einschl. der zur Beteiligung bestimmten Wertpapiere:**

    Davon Beteiligungen bei anderen Kreditinstituten:

18. **Grundstücke, Gebäude, Geschäfts- und Betriebsinventar:**

19. **Nicht eingezahltes Grundkapital:**

20. **Eigene Aktien** (Nennbetrag: ....)

21. **Sonstige Aktiva:**

Summe der Aktiva (übereinstimmend mit der Summe der Passiva):

A I: Barreserven nach § 16 Abs. 1 KWG.:
„ II: Anlagen nach § 16 Abs. 2 KWG.:
„ III: Wertpapiere nach § 17 Abs. 1 KWG.:
„ IV: Anlagen nach § 17 Abs. 2 KWG.:

Passiva.

1. **Gläubiger:**
   a) Seitens der Kundschaft bei Dritten benutzte Kredite:
   b) Sonstige im In- und Ausland aufgenommene Gelder und Kredite (Nostroverpflichtungen):
   c) Einlagen deutscher Kreditinstitute:
   d) Sonstige Gläubiger:

   Von der Summe c—d entfallen auf
   1. jederzeit fällige Gelder:
   2. feste Gelder und Gelder auf Kündigung:

      Von 2 werden durch Kündigung oder sind fällig
      a) innerhalb 7 Tagen:
      b) darüber hinaus bis zu 3 Monaten:
      c) darüber hinaus bis zu 12 Monaten:
      d) über 12 Monate hinaus:

2. **Verpflichtungen aus Akzepten und Solawechseln:**

3. Spareinlagen

a) mit gesetzlicher Kündigungsfrist:

b) mit besonders vereinbarter Kündigungsfrist:

4. Anleihen und Hypotheken:

Darunter Schuldverschreibungen im Umlauf:

5. Durchlaufende Kredite:

6. Grund- bezw. Geschäftskapital:

7. Reserven im Sinne von § 11 KWG.:

8. Außerordentliche Reservefonds, Rückstellungen, Delkrederereserven und Wertberichtigungsposten:

9. Sonstige Passiva:

Summe der Passiva (übereinstimmend mit der Summe der Aktiva):

Eigene Ziehungen überhaupt:

Davon für Rechnung Dritter:

Außerdem:

Aval-, Bürgschafts- und Garantieverpflichtungen (§ 261 b HGB.).

Eigene Indossamentsverbindlichkeiten

a) aus weiterbegebenen Bankakzepten:

b) aus Solawechseln der Kunden an die Order der Bank:

c) aus sonstigen Rediskontierungen:

P I:	Gesamtverpflichtungen nach § 16 KWG.:
„ II:	Gesamtverpflichtungen nach § 11 Abs. 1 KWG.:*)
„ III:	Gesamtes haftendes Eigenkapital nach § 11 Abs. 2 KWG.:

Rückfragen, die infolge undeutlicher oder dem Vordruck nicht entsprechender Ausfüllung dieses Formulars erforderlich werden sollten, bitten wir telephonisch oder telegraphisch zu unseren Lasten zu erledigen.

......................, den ....

....

(Unterschrift des einreichenden Kreditinstituts.)

*) Bruttozahlen, ohne Abzug der liquiden Mittel im Sinne von § 16 Abs. 1 und 2 KWG.

Muster 2.

Richtlinien
für die Aufstellung der Monatsausweise und Rohbilanzen.

I. Aktiva.

Zu Posten 1. Sonstige Edelmetalle, wie Silber und Platin, sind unter den sonstigen Aktiven, gegebenenfalls mit einer entsprechenden Anmerkung, auszuweisen.

Zu Posten 2. Ein bei der Reichsbank in Anspruch genommenes Lombarddarlehen ist nicht von dem Guthaben bei der Reichsbank abzusetzen, sondern unter den Gläubigern (Passivposten 1 b) auszuweisen.

Zu Posten 3. Zins- und Dividendenscheine gelten dann als fällig, wenn sie bei den Zahlstellen bereits eingelöst werden; unter dieser Voraussetzung können hier auch gekündigte und verloste Wertpapiere ausgewiesen werden. Sonstige verloste und gekündigte Wertpapiere sowie hereingenommene, noch nicht fällige Zins- und Dividendenscheine gehören unter „Eigene Wertpapiere" (Posten 7), und zwar in den der zugehörigen Wertpapiergattung entsprechenden Unterposten. Überfällige Zins- und Dividendenscheine, die gegebenenfalls erst später ganz oder teilweise eingelöst werden, sind ebenfalls unter Posten 7 (Eigene Wertpapiere), jedoch in Unterposten e, zu erfassen. Zinsscheine von eigenen Schuldverschreibungen dürfen in der Bilanz nicht enthalten sein.

Zu Posten 4. Hier sind auf das eigene Institut gezogene, dem betreffenden Kunden aus irgendeinem Grunde noch nicht belastete Abschnitte nicht aufzunehmen; solche auf andere Niederlassungen des eigenen Instituts können notfalls als Durchgangsposten hier verbucht werden. Schecks, welche nur zum Einzug oder zur Gutschrift nach Eingang eingerichtet sind, dürfen in die Bilanz nicht eingesetzt werden.

Zu Posten 5. Von der Kundschaft hereingenommene Solawechsel gegen Hinterlegung von Steuergutscheinen können, solange für sie die Rediskontzusage der Reichsbank besteht, unter 5 a ausgewiesen werden, da diese Wechsel sich hinsichtlich ihres Charakters wesentlich von den sonstigen Solawechseln der Kunden (5 d) unterscheiden. Wechsel, welche nur zum Einzug oder zur Gutschrift nach Eingang eingereicht sind, dürfen in die Bilanz nicht eingesetzt werden. Ebenso dürfen Rückwechsel nicht im Wechselbestand enthalten sein. Um eine einheitliche Liquiditätsberechnung zu ermöglichen, ist der Wechselbestand mit seinem wirklichen Wert am Bilanztag (Nennwert abzüglich Rückdiskont) zu erfassen. Falls eine genaue Errechnung des Rückdiskontbetrages auf Schwierigkeiten stößt, genügt Ermittlung durch Schätzung. Zu den Handelswechseln im Sinne von § 16 Abs. 2 KWG. rechnen auch alle Wechsel, für welche eine Rediskontzusage der Reichsbank vorliegt.

Zu Posten 6. Hinsichtlich des einzusetzenden Wertes gelten die zu Posten 5 getroffenen Bestimmungen. In diesen Posten sind auch Steuergutscheine aufzunehmen, nicht aber Zinsvergütungsscheine, die in den Posten 7 e gehören. In dem Unterposten sind nicht nur die Werte derjenigen Papiere auszuweisen, die bereits laut Verzeichnis der Reichsbank tatsächlich zur Beleihung zugelassen sind, sondern auch alle Bestände, die nach den Bestimmungen des Bankgesetzes (§ 21, 3) zur Beleihung zugelassen werden dürfen. Hierzu rechnen nicht Schuldverschreibungen, die vom Gewährverband des berichtenden Kreditinstituts ausgegeben sind.

Zu Posten 7. Unter 7 b sind alle sonstigen Bestände auszuweisen, die nach den Bestimmungen des Bankgesetzes (§ 21, 3) zur Beleihung zugelassen werden dürfen (vgl. auch Erläuterung zu Posten 6). Hierzu rechnen nicht Schuldverschreibungen, die von dem berichtenden Kreditinstitut selbst oder von seinem Gewährverband ausgegeben sind. Wegen des Begriffs „börsengängig" vgl. die Bemerkung zu Posten 10 und 11. Unter 7 e sind auch die überfälligen Zins- und Dividendenscheine sowie Zinsvergütungsscheine aufzuführen (vgl. die Bemerkungen zu Posten 3 und 6).

Zu Posten 8. Als Konsortialbeteiligungen sind alle diejenigen Wertpapiere anzusehen, über welche dem Kreditinstitut nicht das alleinige Verfügungsrecht zusteht, und die infolge von Vereinbarungen irgendwelchen Bindungen unterliegen.

Zu Posten 9. Soweit solche Forderungen eine Fälligkeit von mehr als drei Monaten haben, sind sie unter den Schuldnern (Posten 13) zu verbuchen. Beruhen die Forderungen darauf, daß andere Kreditinstitute auf ihr Ersuchen feste Darlehen bekommen haben, so sollen sie als weniger liquide ebenfalls unter die Schuldner aufgenommen werden, soweit sie nicht den Charakter von Lombards gegen börsengängige Wertpapiere haben und deshalb zu Posten 11 gehören. Ebenfalls sind Forderungen gegen rechtlich selbständige Institute im Unterbau der eigenen Kreditorganisation regelmäßig bei den Schuldnern (Posten 13) auszuweisen.

Zu Posten 10 und 11. Durch die Worte „gegen börsengängige Wertpapiere" wird klargestellt, daß es sich um die Beleihung von Wertpapieren handelt, die an Börsen des In- und Auslandes notiert werden. Unter 11 sind nur voll gedeckte Lombards aufzunehmen, d. h. feste, nicht in laufender Rechnung gegebene Kredite, die auf bestimmte, drei Monate nicht überschreitende Zeitdauer gegen bestimmte Effekten zu einem festen Zinssatz gewährt sind. Andere Kredite gegen Wertpapierdeckung gehören unter die Schuldner (Posten 13), ebenso durch Wertpapiere gedeckte Forderungen gegen rechtlich selbständige Kreditinstitute im Unterbau der eigenen Kreditorganisation.

Zu Posten 12. Unter 12 a gehören in erster Linie die im Warenverkehr mit dem Ausland handelsüblich bis zu einigen Monaten gegebenen Rembourskredite. Ihr wesentliches Merkmal ist im allgemeinen die dingliche Sicherstellung des von dem Kreditinstitut kreditierten Betrages durch bestimmt bezeichnete Warenmengen oder durch die entsprechenden Fracht- und Lagerscheine. Doch können Rembourskredite auch durch andere Sicherheiten gedeckt oder bei vorübergehender Aushändigung der Dokumente am Bilanztag ungedeckt sein, oder das Kreditinstitut kann mit Rücksicht auf die Sonderart mancher Rembourskredite auf dingliche Sicherstellung auch ganz verzichten. Als Deckung von Vorschüssen auf verfrachtete oder eingelagerte Waren sollen „letters of lien" nicht gelten. Unechte Rembourse, d. h. solche, denen eine Warenbewegung vom oder zum Ausland nicht oder nicht mehr zugrunde liegt, gehören nicht hierher, sondern unter Posten 13 (Schuldner).

Unter 12 b dürfen Warenkredite nur soweit verbucht werden, als sie durch Verpfändung bestimmter marktgängiger Waren sichergestellt sind unter der Voraussetzung, daß ihre Abdeckung infolge der planmäßigen Abwicklung des Geschäfts in einigen Monaten gewährleistet ist. Warenkredite, die nach ihrem wirtschaftlichen Zweck oder nach den vertragsmäßigen Voraussetzungen auf längere Zeit gegeben sind oder verlängert werden können, dürfen in Posten 12 nicht erscheinen, auch wenn sie durch Hingabe kurzfristiger Wechsel finanziert und durch Warenpfändung oder -übereignung gesichert sind; solche Kredite gehören unter die Schuldner (Posten 13).

Zu Posten 13. Hier sollen alle in laufender Rechnung und im sonstigen Kreditverkehr entstandenen Sollsalden, mit Ausnahme der in den Posten 9 bis 12 und 14 bis 16 bereits enthaltenen, ausgewiesen werden. Unter den Schuldnern soll nur die Summe der tatsächlich beanspruchten Kredite erscheinen; so sind Vorschußkonten der Kunden gegen freie, keinerlei Bindungen unterliegende Guthaben derselben Kunden auf Scheckkonto oder in laufender Rechnung zu kompensieren, wenn sie auf die gleiche Währung lauten, also Reichsmark- gegen Reichsmark-, Dollar- gegen Dollarkonten. Nicht zu kompensieren sind u. a. Spareinlagen und befristete Guthaben eines Kunden gegen einen etwaigen Sollsaldo in laufender Rechnung. Bei Meta- und anderen Gemeinschaftsgeschäften darf nur der tatsächliche Anteil des Kreditinstituts ausgewiesen werden, auch wenn das Kreditinstitut die Führung in dem Konsortium hat und der Kredit in ihren Büchern in voller Höhe erscheint. Etwa bestehende Anteilskonten unter den Gläubigern sind also von dem Gesamtkredit abzusetzen.

Unter 13 a sind Forderungen gegen die ausländischen und alle deutschen Kreditinstitute, die dem Reichsgesetz über das Kreditwesen unterliegen, zu erfassen.

Zu den „gedeckten Schuldnern" gehören auch die teilweise gedeckten, und zwar in Höhe des Betrages, für den die Deckung reicht. Zur Deckung rechnen nicht Wechsel und andere Obligationen, aus denen der Schuldner allein haftet. Bezüglich der „börsengängigen Wertpapiere" vgl. die Richtlinien zu Posten 10 und 11.

Zu Posten 14. Hierunter gehören alle Hypothekenforderungen ohne Rücksicht auf die Länge der Laufzeit oder Kündigungsfrist und unabhängig davon, ob sie zur Deckung ausgegebener Pfandbriefe dienen. Forderungen aus anderen Rechtsverhältnissen, für die eine Sicherungshypothek bestellt oder für die eine Hypothekenforderung verpfändet ist, fallen nicht hierunter.

Zu Posten 16. Hier handelt es sich um Ausleihungen von zweckgebundenen Mitteln der öffentlichen Hand oder sonstiger Stellen, ohne daß damit eine mehr als treuhänderische Haftung für das berichtende Kreditinstitut verbunden ist (Gegenposten Passiva 5).

Zu Posten 17. Hierunter fallen Anteile an Kapitalgesellschaften (z. B. Aktien, Kuxe, G.m.b.H.-Anteile), Geschäftsguthaben bei Genossenschaften, Anteile als persönlich haftender Gesellschafter an offenen Handelsgesellschaften, Kommanditgesellschaften und Kommanditgesellschaften auf Aktien, Anteile als Kommanditist und die Beteiligung als stiller Gesellschafter, sofern sie dauernd zum eigenen Geschäftsbetrieb gehören, ohne Rücksicht auf die prozentuale Höhe der Beteiligung an dem Kapital der betreffenden Firma.

Anlagen nach § 16 und § 17 Abs. 1 KWG. dürfen keine Beträge enthalten, die zur Anlage von Spareinlagen dienen und als solche in Anlage A ausgewiesen sind.

II. Passiva.

Zu Posten 1. Hier sind auch nicht eingelöste Schecks einzubeziehen. Ganz kurzfristige, nur bis zum Eintreffen von Ersatztratten entstandene Barvorschüsse ausländischer Banken gehören unter die Kundschaftskredite. Wegen der Kompensierung von Guthaben eines Schuldners gegen gewährte Kredite vgl. die Bemerkungen zum Aktivposten 13. Für die Feststellung der Gesamtverpflichtungen nach §§ 11 und 16 KWG. gelten die weitergehenden Kompensierungsbestimmungen des Art. 7 der Ersten Durchführungsverordnung zum KWG. Zu den Nostroverpflichtungen (1 b) rechnen solche Gelder, die den Charakter von Schulden und Krediten, nicht von Einlagen, haben. So sind beispielsweise alle Geldaufnahmen gegen Verpfändung von Aktiven (z. B. Reichsbanklombard) oder gegen Bürgschaft als Nostroverpflichtungen anzusehen, ferner Habensalden auf Nostrokonten sowie sonstige Barvorschüsse im Ausland. Überhaupt fallen alle Gelder und Kredite hierunter, deren Hereinnahme oder Inanspruchnahme auf die Anregung des berichtenden Kreditinstituts zurückgeht; über Monatsende von anderen Kreditinstituten hereingenommene Gelder sind im Zweifelsfall als Nostroverpflichtungen zu betrachten. Zu den Nostroverpflichtungen im Sinne des § 11 Abs. 1 KWG. gehören nicht die unter Posten 4 auszuweisenden Anleihen und Hypotheken sowie Verpflichtungen aus durchlaufenden Krediten (Posten 5). Unter 1 c sind die Einlagen aller Kreditinstitute zu erfassen, die dem Reichsgesetz über das Kreditwesen unterliegen. Guthaben von Kreditinstituten, die zum Oberbau der eigenen Kreditorganisation gehören, sind regelmäßig als Nostroverpflichtungen zu betrachten.

Zu Posten 4. Hier handelt es sich in der Regel nur um Verpflichtungen aus der Ausgabe von Schuldverschreibungen und aus Hypotheken. Doch fallen hierunter auch langfristige Verpflichtungen aus der Weiterleitung von zweckgebundenen Mitteln der öffentlichen Hand oder sonstiger Stellen, soweit damit eine mehr als treuhänderische Haftung für das berichtende Institut verbunden ist.

In der Unterspalte sollen nicht Schuldverschreibungen enthalten sein, die als Sicherheit für Schuldscheinanlehen hinterlegt sind.

Zu Posten 5. Wegen der durchlaufenden Kredite vgl. die Bemerkung zu Aktivposten 16. Verpflichtungen aus dem Umlauf und der Hinterlegung eigener Schuldverschreibungen gehören jedoch sämtlich unter die Anleihen und Hypotheken (Posten 4), auch wenn es sich um die Weiterleitung zweckgebundener Mittel handelt.

Zu Posten 8. Abschreibungen und Rückstellungen brauchen hierunter nur insoweit zu erscheinen, als entsprechende Posten in der letzten Jahresbilanz ausgewiesen waren.

Unter der Linie. Unter „Eigene Ziehungen" gehören sämtliche von dem Kreditinstitut ausgestellte Ziehungen, ohne Rücksicht darauf, ob sie weiterbegeben sind oder sich im eigenen Portefeuille (Aktivposten 5 c) befinden, oder ob ihr Betrag als Verpflichtung in der Hauptspalte der Passiven vorkommt.

Unter „Eigene Indossamentsverbindlichkeiten" sind hier nur die wechselrechtlichen Eventualverbindlichkeiten aus weitergirierten, nicht auch aus lombardierten und in Pension gegebenen Wechseln aufzunehmen. Nicht zu erfassen sind Indossamentsverbindlichkeiten, die schon unter den „Eigenen Ziehungen" oder als Effektivverpflichtungen in der Hauptspalte der Passiven enthalten sind, z. B. Indossamentsverbindlichkeiten im Zusammenhang mit der Inanspruchnahme von Kundschaftskrediten, oder die sich auf Wechsel im eigenen Bestand des berichtenden Kreditinstituts (Aktivposten 5) beziehen. Auch Indossamentsverbindlichkeiten aus Reichsschatzwechseln sollen unberücksichtigt bleiben.

Von der als gesamtes haftendes Eigenkapital nach § 11 Abs. 2 KWG. auszuweisenden Summe müssen das nicht eingezahlte Grundkapital (Aktivposten 19) und der Nennbetrag der „Eigenen Aktien" (Aktivposten 20) vorher abgesetzt werden.

Muster 3.

Nicht zur Veröffentlichung im einzelnen bestimmt!

Anlage B.

Name des Kreditinstituts: ....

Zum Monatsausweis — Zur Bilanz — vom ....

Nicht für Sparkassen und Kreditgenossenschaften zu verwenden.

Auslandsgeschäft der inländischen Niederlassungen.

In der Bilanz sind folgende Auslandsposten enthalten:

Beträge in 1000 RM (unter Weglassung der Nullen) Bilanzwert.

Insgesamt	Davon entfallen auf											
	USA.	England	Frankreich	Belgien	Holland	Schweiz	Schweden	Italien	Tschechoslowakei	Polen	Rußland	alle übrigen Länder
im Bilanzposten	**I. Aktiva.**											
1	**Fremde Geldsorten:**											
3	**Im Ausland zahlbare Zins- und Dividendenscheine von ausländischen Werten:**											
4 und 5	**Im Ausland zahlbare Wechsel und Schecks:**											
7	**An ausländischen Börsen lieferbare ausländische Wertpapiere:**											
8	**Konsortialbeteiligungen im Ausland:**											
9	**Kurzfällige liquide Forderungen gegen Kreditinstitute im Ausland:**											
10 und 11	**Reports und Lombards von Schuldnern im Ausland:**											
12	**Vorschüsse an das Ausland auf verfrachtete oder eingelagerte Waren:**											
13	**Schuldner im Ausland**											
	a) Kreditinstitute:											
	b) Sonstige:											
14	**Hypothekenforderungen im Ausland:**											
17	**Dauernde Beteiligungen im Ausland:**											
18	**Grundstücke und Gebäude im Ausland:**											
	Summe											

Insgesamt	Davon entfallen auf											
	U S A.	England	Frankreich	Belgien	Holland	Schweiz	Schweden	Italien	Tschecho-slowakei	Polen	Rußland	alle übrigen Länder
im Bilanzposten	**II. Passiva.**											
1	**Gläubiger im Ausland:**											
	a) Kundschaftskredite bei Dritten im Ausland:											
	b) Sonstige im Ausland aufgenommene Gelder und Kredite (Nostroverpflichtungen):											
	c) Sonstige Gläubiger im Ausland:											
3	**Spareinlagen aus dem Ausland:**											
	Summe (1+3)											
	Hiervon **Reichsmarkverpflichtungen:**											
	1. Alte Reichsmarkguthaben (vor dem 16. Juli 1931 entstanden):											
	2. Neue Reichsmarkguthaben (nach dem 15. Juli 1931 entstanden):											
	A. Sperrguthaben:											
	a) aus Effenktenverkäufen:											
	b) alle anderen[1]):											
	B. Freie Reichsmarkguthaben:[2])											
	C. Sonstige Reichsmarkguthaben:[3])											
	Insgesamt											

[1]) z. B. Kreditsperrguthaben, Notensperrguthaben, Registerguthaben, Reiseverkehrssonderkonten, im Verrechnungsverkehr mit dem Ausland entstandene Zwischen- und Treuhänderkonten.

[2]) Reichsmarkguthaben, die zu unbeschränkten Zahlungen auch zugunsten von Ausländern verwendet werden können.

[3]) Sonstige im Inland zu bestimmten Zwecken verfügbare Reichsmarkguthaben, z. B.:

Ausländersonderkonten für Inlandszahlungen,
Reichsmarkkonten für Inlandszahlungen (gespeist durch Zahlungen aus Verrechnungsabkommen).

Insgesamt	Davon entfallen auf											
	USA.	England	Frankreich	Belgien	Holland	Schweiz	Schweden	Italien	Tschecho-slowakei	Polen	Rußland	alle übrigen Länder
2	**Akzeptverpflichtungen aus der Kreditgewährung an das Ausland:**											
4	**Anleihen und Hypotheken aus dem Ausland:**											
	Summe 1 bis 4											
	Außerdem sind enthalten (in 1000 RM, gegliedert nach den entsprechenden Währungen) in Aktivposten 12 und 13 **Währungsforderungen an das Inland:**											
	im Passivposten 1 **Währungsverpflichtungen gegenüber dem Inland:**											

......................, den ....

....

(Unterschrift des einreichenden Kreditinstituts.)

Muster 3.

Nicht zur Veröffentlichung im einzelnen bestimmt!

Anlage C.

Name des Kreditinstituts: ....

Zum Monatsausweis — Zur Bilanz — vom ....

Nicht für Sparkassen und Kreditgenossenschaften zu verwenden.

Sonderangaben.

Beträge in 1000 RM (unter Weglassung der Nullen).

1. **Arbeitsbeschaffungswechsel:**
   a) Eigenbestand (Bilanzposten 5):
   b) Als Kreditsicherheit im Besitz der Bank:

2. **Akzepte anderer Kreditinstitute** (Bilanzposten 5 a) (ohne Arbeitsbeschaffungswechsel):

3. In den eigenen Indossamentsverbindlichkeiten enthaltene **Rediskontierungen bei der Reichsbank**:

4. **Schatzwechsel und unverzinsliche Schatzanweisungen des Reichs** (Bilanzposten 6):

5. **Steuergutscheine**:
   a) Eigenbestand (Bilanzposten 6):
   b) als Kreditsicherheit im Besitz der Bank:

6. **Von den Schatzwechseln und unverzinslichen Schatzanweisungen des Reichs und der Länder** (Bilanzposten 6) **sind tatsächlich bei der Reichsbank beleihbar**:

7. **Von den eigenen Wertpapieren** (Bilanzposten 7 a und b) **sind tatsächlich bei der Reichsbank beleihbar**:

8. **In den Wertpapieren** (Bilanzposten 7) enthaltene
   a) eigene Schuldverschreibungen:
   b) Schuldverschreibungen des Umschuldungsverbandes deutscher Gemeinden:

9. **In den Schuldnern** (Bilanzposten 13) enthaltene Darlehen mit einer Fälligkeitsfrist von mehr als einem Jahr:

10. **In den sonstigen Aktiven** (Bilanzposten 21) enthaltene Rückstände an Zinsen, Tilgungen und Verwaltungskostenbeiträgen im langfristigen Kreditgeschäft:

Nur für Ende Juni.				
	Bar-, Akzept- und Rembourskredite		Diskontkredite	
11. **Noch offene Kreditzusagen**	Anzahl	1000 RM	Anzahl	1000 RM

12. **Von den Rostrovverpflichtungen** (Bilanzposten 1 b) durch Verpfändung von Wertschriften **gesicherter Teil**:

Hierfür gestellte **Sicherheiten** und ihre **Belastung**:

Bezeichnung des Unterpfandes	Bilanzwert des Unterpfandes	Belastung des Unterpfandes
	1000 RM	1000 RM

a) Wechsel (Bilanzposten 5):

b) Schatzwechsel und unverzinsliche Schatzanweisungen (Bilanzposten 6):

c) Eigene Wertpapiere (Bilanzposten 7):

d) Sonstige eigene Wertschriften:

e) Im Report- und Lombardgeschäft (Bilanzposten 10 und 11) hereingenommene, weiterverpfändete Wertpapiere:

f) Sonstige fremde Wertpapiere:

Summe a bis f[1]):

Von a bis c entfallen auf Werte, die nach § 16 Abs. 2 KWG. deckungsfähig sind:

13. ....

14. ....

Nur zu den **Monatsausweisen** für Ende **März** und **September** und zur **Rohbilanz** für Ende Juni.

15.	**Feste Gelder und Gelder auf Kündigung** (Gläubiger, Teilposten 2)	**Spareinlagen mit besonders vereinbarter Kündigungsfrist** (Passivposten 3b)
Insgesamt:		
Davon entfallen auf solche mit einer **Kündigungsfrist oder ursprünglichen Laufzeit** von		
weniger als 3 Monaten:		
3 bis zu weniger als 6 Monaten:		
6 bis zu weniger als 12 Monaten:		
12 Monaten und darüber:		

.........., den ....

....

(Unterschrift des einreichenden Kreditinstituts.)

[1]) In Übereinstimmung mit dem unter 12 ausgewiesenen Betrag (Spalte Belastung).

Muster 3.

Nicht zur Veröffentlichung im einzelnen bestimmt!

Anlage D.

Name des Kreditinstituts: ....

Zum Monatsausweis — Zur Rohbilanz — vom 30. Juni 19....

Nicht für Sparkassen und Kreditgenossenschaften zu verwenden.

Gliederung der Kredite und Einlagen.

Stand vom 30. Juni 19....

Beträge in 1000 RM (unter Weglassung der Nullen).

Größengruppen	Buchkredite[1]) (Schuldner einschl. Akzeptkredite, Warenvorschüsse, Reports und Lombards) (Bilanzposten 10 bis 13)		Wechselobligo der Einreicher (ohne Privatdiskonten, Schatzwechsel des Reichs und Arbeitsbeschaffungswechsel)	
	Kundenzahl	1000 RM	Kundenzahl	1000 RM
	1		2	

Sonstige Gläubiger[2]) (Bilanzposten 1 d)		Spareinlagen[3]) (Bilanzposten 3)	
Kundenzahl	1000 RM	Sparerzahl	1000 RM
3		4	

[1]) Die von ein und demselben Kunden in Reichsmark und in anderen Währungen sowie in verschiedenen Kreditarten in Anspruch genommenen Kredite sind in der Aufgliederung sowohl stückzahl- als auch betragsmäßig als e i n Kredit zu betrachten.

[2]) Forderungen ein und desselben Kunden in Reichsmark und in anderen Währungen sowie mit verschiedener Befristung und

[Fortsetzung der Anmerkungen von Muster 3 siehe S. 271.]

Insgesamt:

Davon Beträge
bis 300 RM,
über 300 bis 1000 RM:
über 1000 bis 5000 RM:
über 5000 bis 20 000 RM:
über 20 000 bis 100 000 RM:
über 100 000 bis 500 000 RM:
über 500 000 bis 1 000 000 RM:
über 1 000 000 bis 5 000 000 RM:
über 5 000 000 RM:

......................., den ....

....
(Unterschrift des einreichenden Kreditinstituts.)

Fälligkeit sind in der Aufgliederung sowohl stückzahl- als auch betragsmäßig als e i n Posten zu behandeln.

[3]) Mehrere Sparkonten desselben Sparers sind statistisch als Einheit zu erfassen.

b) Zweite Bekanntmachung des Aufsichtsamts für das Kreditwesen vom 13. März 1935.[1])

Auf Grund des § 23 Abs. 3 des Reichsgesetzes über das Kreditwesen vom 5. Dezember 1934 (RGBl. I S. 1203) wird folgendes bestimmt:

1. Die Kündigungsfristen für Spareinlagen betragen für Beträge von mehr als 300 RM bis 1000 RM einen Monat, für Beträge über 1000 RM drei Monate. Mit Einmonatsfrist dürfen innerhalb eines Monats insgesamt nicht mehr als 1000 RM gekündigt werden.
2. Durch Satzung oder Vereinbarung können längere Kündigungsfristen festgelegt werden.

---

[1]) RAnz. Nr. 63 vom 15. März 1935.

c) Dritte Bekanntmachung des Aufsichtsamts für das Kreditwesen vom 24. Juni 1936.[1])

Auf Grund des § 12 Abs. 1 und § 17 Abs. 1 des Reichsgesetzes über das Kreditwesen vom 5. Dezember 1934 (RGBl. I S. 1203) wird folgendes bestimmt:

Art. 1. (1) Der nach § 12 Abs. 1 des Gesetzes zu bestimmende Hundertsatz des haftenden Eigenkapitals, den die von einem Kreditinstitut an denselben Kreditnehmer gewährten Kredite nicht überschreiten sollen, wird auf 10 festgesetzt. Für Kreditinstitute mit einer Bilanzsumme von 500 000 RM und weniger beträgt der Hundertsatz bis auf weiteres 15.

(2) Die im § 12 Abs. 2 Satz 2 des Gesetzes für den Fall der Überschreitung des Hundertsatzes vorgeschriebene Anzeige an den Reichskommissar ist nur erforderlich, sofern der Gesamtbetrag der an denselben Kreditnehmer gewährten Kredite bei einer Bilanzsumme

bis 50 000 RM	2000 RM
bis 100 000 „	2500 RM
bis 300 000 „	3000 RM
bis 750 000 „	4000 RM
und darüber	5000 RM

übersteigt. Soweit eine Anzeigepflicht demnach nicht besteht, kann die im § 12 Abs. 2 Satz 1 des Gesetzes vorgeschriebene Beschlußfassung unterbleiben.

(3) Maßgebend für die Feststellung der Bilanzsumme ist der letzte Jahresabschluß.

Art. 2. Der Hundertsatz (Art. 1 Abs. 1) gilt für die Kredite der Niederlassungen ausländischer Kreditinstitute im Inlande nur, wenn diese Niederlassungen nach § 11 Abs. 1 Buchst. a—c des Gesetzes von Inländern angenommene fremde Gelder verwalten.

Art. 3. Der Hundertsatz (Art. 1 Abs. 1) gilt vorerst nicht:

[1]) RAnz. Nr. 149 vom 30. Juni 1936.

a) für reine Hypothekenbanken und Schiffspfandbriefbanken,

b) für Bausparkassen und solche Geschäftsbetriebe, die diesen gemäß § 112 Abs. 2 des Gesetzes über die Beaufsichtigung der privaten Versicherungsunternehmungen und Bausparkassen vom 6. Juni 1931 (RGBl. I S. 315) gleichgestellt sind oder gleichgestellt werden,

c) bei gemischten Hypothekenbanken für Hypothekarkredite, die im Rahmen des Realkreditgeschäfts entstanden sind, sowie für die im § 5 Abs. 1 Ziff. 2 und 3 des Hypothekenbankgesetzes bezeichneten Kreditgeschäfte,

d) bei Kreditanstalten des öffentlichen Rechts sowie bei öffentlich-rechtlichen oder auf privatem Recht beruhenden Sparkassen für die im Rahmen der gesetzlichen und satzungsmäßigen Vorschriften gewährten langfristigen Ausleihungen. Als langfristige Ausleihungen gelten Hypotheken und Grundschulden, ferner Darlehen an öffentlich-rechtliche Körperschaften, die nicht binnen vier Jahren seit der Entstehung rückzahlbar sind. Eine langfristige Ausleihung liegt auch vor, wenn sie einer regelmäßigen Tilgung unterliegt und diese sich über mindestens vier Jahre erstreckt.

Art. 4. Die im § 12 Abs. 3 Satz 2 des Gesetzes angeführten Beteiligungen des Kreditinstituts an der Unternehmung des Kreditnehmers sind nur dann als Kredite anzusehen und sonstigen gewährten Krediten hinzuzurechnen, wenn der Nennbetrag insgesamt den vierten Teil des Eigenkapitals (ohne Reserven) der kreditnehmenden Unternehmung erreicht.

Art. 5. Die Vorschriften des § 17 Abs. 1 Satz 1 des Gesetzes finden keine Anwendung auf Schuldverschreibungen des Reiches und Schuldbuchforderungen gegen das Reich sowie auf Schuldverschreibungen, die nach dem Bankgesetz von der Reichsbank zum Lombardverkehr zugelassen sind oder zugelassen werden können.

Art. 6. Die Bekanntmachung tritt mit Wirkung vom 1. Januar 1937, für die dem Reichsverband der deutschen landwirtschaftlichen Genossenschaften — Raiffeisen — e. V. angeschlossenen eingetragenen Genossenschaften mit Wirkung vom 1. Januar 1938, in Kraft.

d) Vierte Bekanntmachung des Aufsichtsamts für das Kreditwesen vom 18. Dezember 1936.[1])

Auf Grund von Art. 8 Abs. 3 der Ersten Verordnung zur Durchführung und Ergänzung des Reichsgesetzes über das Kreditwesen vom 9. Februar 1935 in der Fassung von Art. 7 Ziff. IV der Dritten Verordnung zur Durchführung und Ergänzung des Reichsgesetzes über das Kreditwesen vom 30. Juni 1936 (RGBl. I S. 540) wird folgendes bestimmt:

Art. 1. Der für eingetragene Genossenschaften im § 11 Abs. 2 Buchst. c des Gesetzes vorgesehene, der Haftsummenverpflichtung der Genossen Rechnung tragende Zuschlag beträgt für die Genossenschaften mit unbeschränkter oder beschränkter Haftpflicht — mit Ausnahme der Zentralkassen — 30 v. H. des Eigenkapitals; bei Genossenschaften mit beschränkter Haftpflicht darf jedoch der Gesamtbetrag des Zuschlages den Gesamtbetrag der Haftsummen nicht übersteigen. Für Zentralkassen bleibt die Regelung des Zuschlages vorbehalten.

Art. 2. Für die dem Reichsverband der deutschen landwirtschaftlichen Genossenschaften — Raiffeisen — e. V. angeschlossenen Genossenschaften — mit Ausnahme der Zentralkassen — wird der in Art. 1 festgesetzte Zuschlag bis auf weiteres durch die nachfolgende Regelung ersetzt.

§ 1 (1) Für die Genossenschaften mit unbeschränkter Haftpflicht beträgt der Zuschlag für jedes der Genossenschaft angehörige Mitglied 200 RM, sofern das Eigenkapital 20 v. H. der fremden Gelder nicht übersteigt. Übersteigt die Höhe des Eigenkapitals 20 v. H. der fremden Gelder, so ermäßigt sich der Zuschlag für jedes Mitglied auf 150 RM. Mit Wirkung vom 1. Januar 1940 tritt an die Stelle des Satzes von 20 v. H. 15 v. H. Für diejenigen Genossenschaften, bei denen zu diesem Zeitpunkt das Eigenkapital 20 v. H. der fremden Gelder übersteigt, ermäßigt sich der Zuschlag für jedes Mitglied auf 100 RM.

(2) Mit Wirkung vom 1. Januar 1942 bemißt sich der den Genossenschaften mit unbeschränkter Haftpflicht für jedes angeschlossene Mitglied gewährte Zuschlag im Verhältnis zu den fremden Geldern wie folgt:

---

[1]) RAnz. Nr. 297 vom 21. Dez. 1936.

Eigenkapital in v. H. der fremden Gelder	Zuschlag in Reichsmark für das Mitglied
bis 10 v. H.	200 RM,
bis 15 v. H.	150 RM,
bis 20 v. H.	100 RM,
über 20 v. H.	50 RM.

(3) Mit Wirkung vom 1. Januar 1944 werden die in Abs. 2 angeführten Sätze des Eigenkapitals in v. H. der fremden Gelder von 10, 15, 20 und über 20 durch 7½, 10, 15 und über 15 ersetzt.

(4) Von den Zuschlägen nach Abs. 3 bleibt der Zuschlag von 50 RM für das Mitglied vorerst unverändert. Die übrigen Zuschläge ermäßigen sich jährlich um 50 RM für das Mitglied, und zwar

a) der Zuschlag von 100 RM für das Mitglied mit Wirkung vom 1. Januar 1946,
b) der Zuschlag von 150 RM für das Mitglied mit Wirkung vom 1. Januar 1947 und 1. Januar 1948,
c) der Zuschlag von 200 RM für das Mitglied mit Wirkung vom 1. Januar 1949, 1. Januar 1950 und 1. Januar 1951.

§ 2. (1) Für die Genossenschaften mit beschränkter Haftpflicht beträgt der Zuschlag 200 v. H. des Eigenkapitals, sofern das Eigenkapital 15 v. H. der fremden Gelder nicht übersteigt. Übersteigt die Höhe des Eigenkapitals 15 v. H. der fremden Gelder, so ermäßigt sich der Zuschlag auf 150 v. H. des Eigenkapitals. Übersteigt die Höhe des Eigenkapitals 20 v. H. der fremden Gelder, so ermäßigt sich der Zuschlag auf 100 v. H. des Eigenkapitals.

(2) Mit Wirkung vom 1. Januar 1942 bemißt sich der den Genossenschaften mit beschränkter Haftpflicht gewährte Zuschlag im Verhältnis zu den fremden Geldern wie folgt:

Eigenkapital in v. H. der fremden Gelder	Zuschlag in v. H. des Eigenkapitals
bis 10 v. H.	200 v. H.,
bis 15 v. H.	150 v. H.,
bis 20 v. H.	100 v. H.,
über 20 v. H.	50 v. H.

(3) Mit Wirkung vom 1. Januar 1944 werden die in Abs. 2 angeführten Sätze des Eigenkapitals in v. H. der

fremden Gelder von 10, 15, 20 und über 20 durch 7½, 10, 15 und über 15 ersetzt.

(4) Von den Zuschlägen nach Abs. 3 bleibt der Zuschlag von 50 v. H. des Eigenkapitals vorerst unverändert. Die übrigen Zuschläge ermäßigen sich jährlich um 50 v. H. des Eigenkapitals, und zwar

a) der Zuschlag von 100 v. H. des Eigenkapitals mit Wirkung vom 1. Januar 1946,
b) der Zuschlag von 150 v. H. des Eigenkapitals mit Wirkung vom 1. Januar 1947 und 1. Januar 1948,
c) der Zuschlag von 200 v. H. des Eigenkapitals mit Wirkung vom 1. Januar 1949, 1. Januar 1950 und 1. Januar 1951.

§ 3. Dem Reichsverband der deutschen landwirtschaftlichen Genossenschaften — Raiffeisen — e. V. angeschlossene Genossenschaften mit unbeschränkter Haftpflicht, die sich in eine Genossenschaft mit beschränkter Haftpflicht umwandeln, erhalten den Zuschlag für Genossenschaften mit beschränkter Haftung gemäß Art. 2 § 2.

§ 4. Für die Dauer der Anwendung der Zuschläge gemäß Art. 2 §§ 1 und 2 sollen die bei dem Inkrafttreten dieser Bekanntmachung von den Genossenschaften festgesetzten Höchstkreditgrenzen nach § 49 Ziff. 2 des Gesetzes, betreffend die Erwerbs- und Wirtschaftsgenossenschaften, im allgemeinen nicht erhöht werden. Abweichungen hiervon bedürfen vor der Beschlußfassung der Einwilligung des Reichsverbandes der deutschen landwirtschaftlichen Genossenschaften — Raiffeisen — e. V.

Art. 3. (1) Die Feststellung des Eigenkapitals sowie der fremden Gelder erfolgt nach der letzten gemäß Muster 2 der Verordnung über Formblätter für die Gliederung des Jahresabschlusses der Kreditinstitute vom 17. Januar 1936 (RGBl. I S. 27) aufgestellten Jahresabschlußbilanz.

(2) Eigenkapital ist das tatsächlich vorhandene Eigenkapital. Es umfaßt nach § 11 Abs. 2 Buchst. c des Gesetzes die Geschäftsguthaben und ausgewiesenen Reserven abzüglich entstandener Verluste.

(3) Fremde Gelder sind die auf der Passivseite der Jahresabschlußbilanz ausgewiesenen Posten 1 b, 1 c und 3.

Art. 4. Nach dem Inkrafttreten dieser Bekanntmachung neu errichtete, dem Reichsverband der deutschen landwirtschaftlichen Genossenschaften — Raiffeisen — e. V. erst beitretende Genossenschaften erhalten die Zuschläge nach Art. 2 §§ 1 und 2, sofern die Errichtung bis 31. Dezember 1937 erfolgt. Für nach dem 31. Dezember 1937 errichtete, dem Reichsverband der deutschen landwirtschaftlichen Genossenschaften — Raiffeisen — e. V. sodann erst beitretende Genossenschaften regelt sich der Zuschlag nach Art. 1.

5. Die Bekanntmachungen des Reichskommissars für das Kreditwesen.

a) Erste Bekanntmachung des Reichskommissars für das Kreditwesen vom 26. Februar 1935.[1])

Auf Grund des § 21 des Reichsgesetzes über das Kreditwesen vom 5. Dezember 1934 (RGBl. I S. 1203) bestimme ich im Einvernehmen mit dem Reichsbankdirektorium folgendes:

Art. 1 überholt.

Art. 2. (1) Von der Einreichung von Monatsausweisen gemäß § 20 Abs. 1 Buchst. c Ziff. 2 des Gesetzes werden befreit:

a) Bausparkassen und solche Geschäftsbetriebe, die diesen gemäß § 112 Abs. 2 des Gesetzes über die Beaufsichtigung der privaten Versicherungsunternehmungen und Bausparkassen vom 6. Juni 1931 (RGBl. I S. 315) gleichgestellt sind oder gleichgestellt werden,

b) Zwecksparunternehmungen im Sinne des Gesetzes vom 17. Mai 1933 (RGBl. I S. 269) und solche Unternehmungen, die gemäß § 1 Abs. 2 dieses Gesetzes den Vorschriften für Zwecksparunternehmungen unterstellt sind oder unterstellt werden,

c) Verbrauchergenossenschaften, die den Vorschriften des § 1 des Reichsgesetzes über das Kreditwesen unterliegen,

d) reine Bodenkreditinstitute (einschließlich Schiffsbeleihungsbanken) soweit sie neben den Jahresbilanzen regelmäßig Angaben über den Umfang ihres Emissionsgeschäfts im Reichsanzeiger veröffentlichen,

---

[1]) RAnz. Nr. 49 vom 27. Febr. 1935.

c) Kreditinstitute, die sich im Zustand der Liquidation oder des Konkurses befinden, soweit ihr Geschäftsbetrieb sich auf die Durchführung der Liquidation oder des Konkurses beschränkt.

(2) Von der Einreichung von Monatsausweisen gemäß § 20 Abs. 1 Buchst. c Ziff. 2 des Gesetzes werden mit Ausnahme der gewerblichen und ländlichen Zentralkassen bis auf weiteres diejenigen Kreditinstitute befreit, bei denen die Verpflichtungen nach § 11 Abs. 1 Buchst. a, c, d, e und f des Gesetzes den Betrag von 1 Million Reichsmark und bei denen gleichzeitig die Gesamtverpflichtungen nach § 11 Abs. 1 Buchst. a, b, c, d, e und f des Gesetzes den Betrag von 10 Millionen Reichsmark nicht erreichen. Maßgebend für die Feststellung der Verpflichtungen ist für das Jahr 1935 die Bilanz vom 31. Dezember 1934, für die späteren Jahre jeweilig die Rohbilanz vom 30. Juni des Vorjahres. Die freiwillige Einreichung von Monatsausweisen bleibt weiter zugelassen.

(3) überholt.

b) Zweite Bekanntmachung des Reichskommissars für das Kreditwesen vom 13. März 1935.[1])

Überholt.

c) Dritte Bekanntmachung des Reichskommissars für das Kreditwesen vom 6. April 1935.[2])

Auf Grund des § 21 des Reichsgesetzes über das Kreditwesen vom 5. Dezember 1934 (RGBl. I S. 1203) sowie auf Grund von Art. 2 Abs. 2 der Ersten Bekanntmachung

---

[1]) RAnz. Nr. 63 vom 15. März 1935.

[2]) RAnz. Nr. 82 vom 6. April 1935. Die Muster sind nicht mit aufgenommen. Sie entsprechen im wesentlichen den Vorschriften für Banken. Die Einzelheiten sind aus dem Reichsanzeiger Nr. 82 vom 6. April 1935, für Genossenschaften auch aus der Schrift von Strub: Reichsgesetz über das Kreditwesen mit Durchführungsbestimmungen, Textausgabe mit Erläuterungen für Kreditgenossenschaften, zu entnehmen.

des Aufsichtsamts für das Kreditwesen vom 13. März 1935 (RAnz. Nr. 63) wird, soweit erforderlich im Einvernehmen mit dem Reichsbankdirektorium, folgendes bestimmt:

Art. 1. (1) Von den im § 20 Abs. 1 Buchst. c Ziff. 2 des Gesetzes angeführten Monatsausweisen gilt der Monatsausweis für den Monat Juni als Rohbilanz.

(2) Die im Art. 2 Abs. 1 und 2 der Ersten Bekanntmachung des Reichskommissars für das Kreditwesen vom 26. Februar 1935 (RAnz. Nr. 49) ausgesprochene Befreiung von der Einreichung von Monatsausweisen umfaßt nicht die Einreichung des Monatsausweises für den Monat Juni (Rohbilanz). Art. 1 der Ersten Bekanntmachung des Reichskomissars für das Kreditwesen bleibt unberührt.

Art. 2. (1) Eingetragene Genossenschaften sowie gewerbliche und ländliche Zentralkassen in der Rechtsform der Aktiengesellschaft haben die im Art. 2 Abs. 1 der Ersten Bekanntmachung des Aufsichtsamts für das Kreditwesen angeführten Rohbilanzen und Monatsausweise nach dem anliegenden Muster (Muster 1) und unter sorgfältiger Beachtung der anliegenden Richtlinien (Muster 2) aufzustellen.

(2) Die im Art. 3 der Ersten Bekanntmachung des Aufsichtsamts für das Kreditwesen angeführten Erläuterungen zu den Rohbilanzen sind nach dem beigefügten Muster (Muster 3), das die Anlagen B/C und D umfaßt, zu erstatten.

(3) Die im Art. 4 der Ersten Bekanntmachung des Aufsichtsamts für das Kreditwesen angeführten Erläuterungen zu den Monatsausweisen sind nach dem Muster 3 aufzustellen und hiervon die Anlage B/C den Monatsausweisen, die Anlage D dem Monatsausweis vom 30. Juni beizufügen. Für gewerbliche und ländliche Zentralkassen wird vorstehende Anlage D durch eine besondere Anlage D nach dem beigefügten Muster ersetzt (Muster 4). Diese Anlage ist allen Monatsausweisen beizufügen.

Art. 3. (1) Öffentlich-rechtliche und auf privatem Recht beruhende Sparkassen haben die im Art. 2 Abs. 1 der Ersten Bekanntmachung des Aufsichtsamts für das Kreditwesen angeführten Rohbilanzen und Monatsausweise nach dem anliegenden Muster (Muster 5) und unter sorgfältiger Beachtung der anliegenden Richtlinien (Muster 6) aufzustellen.

(2) Die im Art. 3 der Ersten Bekanntmachung des Aufsichtsamts für das Kreditwesen angeführten Erläuterungen zu den Rohbilanzen sind nach dem beigefügten Muster (Muster 7), das die Anlagen B/C und D umfaßt, zu erstatten.

(3) Die im Art. 4 der Ersten Bekanntmachung des Aufsichtsamts für das Kreditwesen angeführten Erläuterungen zu den Monatsausweisen sind nach dem Muster 7 aufzustellen und hiervon die Anlage B/C den Monatsausweisen, die Anlage D dem Monatsausweis vom 30. Juni beizufügen.

Art. 4. (1) Die Einreichung der Rohbilanzen und Monatsausweise nebst Anlagen hat bei der Volkswirtschaftlichen und Statistischen Abteilung der Reichsbank, Berlin SW 111, erstmalig für den Monat März 1935 bis zum 20. April 1935 zu erfolgen.

(2) Vordrucke können von der Druckerei und Materialienverwaltung der Reichsbank, Berlin SW 111, bezogen werden.

d) Vierte Bekanntmachung des Reichskommissars für das Kreditwesen vom 10. Juli 1935.[1])

Auf Grund des § 21 des Reichsgesetzes über das Kreditwesen vom 5. Dezember 1934 (RGBl. I S. 1203) bestimme ich im Einvernehmen mit dem Reichsbankdirektorium folgendes:

Art. 1. Von der Einreichung von Jahresbilanzen nach § 20 Abs. 1 Buchst. a Ziff. 1, Buchst. b Ziff. 1 und Buchst. c Ziff. 1 des Gesetzes werden diejenigen Kreditinstitute befreit, die sich im Zustand der Liquidation oder des Konkurses befinden, soweit ihr Geschäftsbetrieb sich auf die Durchführung der Liquidation oder des Konkurses beschränkt. Zu den in Liquidation befindlichen Instituten gehören auch in stiller Abwicklung befindliche Kreditinstitute.

Art. 2. Von der Einreichung von Rohbilanzen nach § 20 Abs. 1 Buchst. a Ziff. 2 und Buchst. b Ziff. 2 des Gesetzes werden befreit:

---

[1]) RAnz. Nr. 159 vom 11. Juli 1935.

a) Bausparkassen und solche Geschäftsbetriebe, die diesen gemäß § 112 Abs. 2 des Gesetzes über die Beaufsichtigung der privaten Versicherungsunternehmungen und Bausparkassen vom 6. Juni 1931 (RGBl. I S. 315) gleichgestellt sind oder gleichgestellt werden,

b) Zwecksparunternehmungen im Sinne des Gesetzes vom 17. Mai 1933 (RGBl. I S. 269) und solche Unternehmungen, die gemäß § 1 Abs. 2 dieses Gesetzes den Vorschriften für Zwecksparunternehmungen unterstellt sind oder unterstellt werden,

c) Verbrauchergenossenschaften, die den Vorschriften des § 1 des Reichsgesetzes über das Kreditwesen unterliegen,

d) reine Bodenkreditinstitute (einschließlich Schiffsbeleihungsbanken), soweit sie neben den Jahresbilanzen regelmäßig Angaben über den Umfang ihres Emissionsgeschäfts im Reichsanzeiger veröffentlichen,

e) die im § 27 des Gesetzes angeführten Werksparkassen,

f) Brauerei-Kundensparkassen,

g) die im § 2 Abs. 1 Buchst. d des Gesetzes angeführten Wohnungsunternehmungen, soweit sie den Vorschriften des Reichsgesetzes über das Kreditwesen unterliegen,

h) Kreditinstitute, die sich im Zustand der Liquidation oder des Konkurses befinden, soweit ihr Geschäftsbetrieb sich auf die Durchführung der Liquidation oder des Konkurses beschränkt. Zu den in Liquidation befindlichen Instituten gehören auch in stiller Abwicklung befindliche Kreditinstitute.

Art. 3. (1) Von der Einreichung von Monatsausweisen gemäß § 20 Abs. 1 Buchst. c Ziff. 2 des Gesetzes werden befreit:

a) die im § 27 des Gesetzes angeführten Werksparkassen,

b) Brauerei-Kundensparkassen,

c) die im § 2 Abs. 1 Buchst. d des Gesetzes angeführten Wohnungsunternehmungen, soweit sie den Vorschriften des Reichsgesetzes über das Kreditwesen unterliegen.

(2) Die in der Ersten Bekanntmachung des Reichskommissars für das Kreditwesen vom 26. Februar 1935 (RAnz. Nr. 49) Art. 2 Abs. 1 Buchst. e ausgesprochene Befreiung für in Liquidation befindliche Institute gilt auch für Kreditinstitute, die sich in stiller Abwicklung befinden.

e) Fünfte Bekanntmachung des Reichskommissars für das Kreditwesen vom 1. August 1935.[1])

Auf Grund des § 35 Abs. 2 des Reichsgesetzes über das Kreditwesen vom 5. Dezember 1934 (RGBl. I S. 1203) bestimme ich folgendes:

(1) Mit der Depotprüfung bei den Kreditinstituten beauftrage ich in jederzeit widerruflicher Weise die nachfolgenden Wirtschaftsgruppen und Fachgruppen des Kreditgewerbes:

a) die Wirtschaftsgruppe Privates Bankgewerbe,
b) die Wirtschaftsgruppe Öffentliche Banken mit Sonderaufgaben,
c) die Wirtschaftsgruppe Öffentlich-rechtliche Kreditanstalten,
d) die Wirtschaftsgruppe Sparkassen,
e) den Reichsverband der deutschen landwirtschaftlichen Genossenschaften — Raiffeisen — e. V. (Fachgruppe Ländliche Kreditgenossenschaften),
f) den Deutschen Genossenschaftsverband e. V. (Fachgruppe Gewerbliche Kreditgenossenschaften),
g) die Wirtschaftsgruppe Kreditunternehmungen verschiedener Art.

(2) Die Wirtschaftsgruppe (Fachgruppe) bestimmt die Depotprüfer für die ihr angeschlossenen Institute. Soweit Kreditinstitute einer besonderen Reichs- oder Staatsaufsicht unterliegen, darf die Bestimmung der Depotprüfer nur im Einvernehmen mit der Aufsichtsbehörde erfolgen. Bei Kreditinstituten, die auf Grund gesetzlicher oder satzungsmäßiger Vorschrift einer regelmäßigen allgemeinen Revision unterliegen, kann der Prüfer, der diese Revision durchführt, zugleich als Depotprüfer bestimmt werden.

(3) Die Depotprüfer müssen von den zu prüfenden Kreditinstituten unabhängig sein sowie die erforderliche Sachkunde und Zuverlässigkeit besitzen. Als Depotprüfer können auch Gesellschaften oder Verbände bestellt werden,

---

[1]) RAnz. Nr. 179 vom 3. Aug. 1935.

von deren Inhabern, Vorstandsmitgliedern oder Geschäftsleitern mindestens einer die erforderliche Sachkunde besitzt. Die Depotprüfer sind als Personen anzusehen, deren sich der Reichskommissar für das Kreditwesen zur Erfüllung seiner Obliegenheiten bedient; falsche Angaben gegenüber dem Prüfer begründen deshalb eine strafbare Handlung gemäß § 49 des Reichsgesetzes über das Kreditwesen. Die Depotprüfer sind zur Verschwiegenheit verpflichtet (§ 41 Abs. 2 des Reichsgesetzes über das Kreditwesen).

(4) Ein Kreditinstitut kann einen Depotprüfer ablehnen. In diesem Falle ist dem Reichskommissar für das Kreditwesen unverzüglich zu berichten. Der Reichskommissar entscheidet, ob die Ablehnung berechtigt ist. Er kann die Entscheidung allgemein oder im Einzelfall der Wirtschaftsgruppe (Fachgruppe) überlassen.

(5) Die Depotprüfung findet in unregelmäßigen Zeitabständen mindestens einmal im Jahre statt. Den Zeitpunkt der Prüfung bestimmt die Wirtschaftsgruppe (Fachgruppe) oder in deren Auftrag der Depotprüfer. Der Reichskommissar für das Kreditwesen kann für einzelne Kreditinstitute oder einzelne Gruppen von Kreditinstituten einen längeren Prüfungszeitraum festsetzen.

(6) Zweck der Depotprüfung ist die Feststellung, ob das Kreditinstitut (einschließlich der Zweigstellen) die gesetzlichen Vorschriften und die Berufsauffassung des Kreditgewerbes über die Handhabung des Wertpapiergeschäfts beachtet.

Der Prüfer bestimmt nach pflichtgemäßem Ermessen, welche Maßnahmen für diese Feststellung erforderlich sind. Im einzelnen hat der Prüfer die Richtlinien zu beachten, die er von der Wirtschaftsgruppe (Fachgruppe) erhält. Die Richtlinien bedürfen der Genehmigung des Reichskommissars für das Kreditwesen. Grundsätzlich sind einheitliche Richtlinien für das gesamte Kreditgewerbe aufzustellen.

(7) Über die durchgeführte Depotprüfung haben die Prüfer einen Prüfungsbericht zu erstatten, der eine Aufzeichnung der wesentlichen Prüfungsfeststellungen enthält. Der Prüfungsbericht ist der Wirtschaftsgruppe (Fachgruppe) zuzuleiten, es sei denn, daß Prüfer ein der Wirtschaftsgruppe (Fachgruppe) angeschlossener Prüfungsverband ist. Bietet die Handhabung des Wertpapiergeschäfts des geprüften Kreditinstituts zu wesentlichen Beanstandungen Anlaß, oder

werden Beanstandungen nicht innerhalb einer gesetzten Frist behoben, so ist stets der Wirtschaftsgruppe (Fachgruppe) umgehend eine ausführliche Darstellung der Prüfungsfeststellungen zu geben.

(8) Über die Feststellung strafbarer Handlungen oder grober Ordnungswidrigkeiten hat die Wirtschaftsgruppe (Fachgruppe) dem Reichskommissar für das Kreditwesen und — soweit Kreditinstitute einer besonderen Reichs- oder Staatsaufsicht unterliegen — der Aufsichtsbehörde unverzüglich zu berichten. Das gleiche gilt, wenn andere Ordnungswidrigkeiten nicht innerhalb einer angemessenen Frist beseitigt werden. Hiervon abgesehen ist dem Reichskommissar für das Kreditwesen von allen wesentlichen Vorkommnissen Mitteilung zu machen.

(9) Hat der Prüfer keine Beanstandungen zu erheben, so ist dem Kreditinstitut eine Bestätigung über die durchgeführte Prüfung auszustellen. Eine Werbung mit dieser Bestätigung oder mit der Tatsache der Depotprüfung ist unzulässig.

(10) Die Richtlinien für die Depotprüfung müssen vorschreiben, in welcher Form eine etwaige Erklärung, daß das Kreditinstitut das Wertpapiergeschäft nicht betreibt, abzugeben ist; unrichtige Angaben begründen eine strafbare Handlung (vgl. Ziff. 3).

(11) Die Richtlinien für die Depotprüfung müssen auch eine Bestimmung über die Prüfungsgebühren enthalten.

(12) Eine Depotprüfung ist — ohne Rücksicht darauf, ob ein Kreditinstitut sich im Zustande der Liquidation befindet oder seinen Geschäftsbetrieb eingestellt hat — grundsätzlich so lange durchzuführen, als das Institut das Wertpapiergeschäft betreibt.

(13) Die Depotprüfungen auf Grund dieser Vorschriften sind erstmalig spätestens bis 1. August 1936 durchzuführen; der Reichskommissar für das Kreditwesen kann Ausnahmen bewilligen.

(14) In allen Zweifelsfällen ist die Entscheidung des Reichskommissars für das Kreditwesen einzuholen.

(15) Bei Prüfungen, die im besonderen Auftrag des Reichskommissars für das Kreditwesen ausgeführt werden, sind die bei Erteilung des Auftrages gegebenen Weisungen maßgebend.

f) Sechste Bekanntmachung des Reichskommissars für das Kreditwesen vom 19. Dezember 1935.[1])

Überholt durch die Neunte Bekanntmachung des Reichskommissars vom 19. Januar 1936 (RAnz. Nr. 297 vom 21. Dezember 1936). Vgl. S. 291.

g) Siebente Bekanntmachung des Reichskommissars für das Kreditwesen vom 25. Januar 1936.[2])

Auf Grund des § 5 der Verordnung über Formblätter für die Gliederung des Jahresabschlusses der Kreditinstitute[3]) vom 17. Januar 1936 (RGBl. I S. 27) bestimme ich folgendes:

Art. 1. (1) Für Aktiengesellschaften, Kommanditgesellschaften auf Aktien und Gesellschaften mit beschränkter Haftung, die Bank- oder Sparkassengeschäfte im Inland betreiben, gelten die in der Anlage 1 enthaltenen Richtlinien.

(2) Für gewerbliche und ländliche Zentralkassen in der Rechtsform der Aktiengesellschaft gelten die in der Anlage 2 enthaltenen Richtlinien.[4])

Art. 2. Für eingetragene Genossenschaften, die Bank- oder Sparkassengeschäfte im Inland betreiben, gelten die in der Anlage 2 enthaltenen Richtlinien.

Art. 3. Für Einzelfirmen, offene Handelsgesellschaften und Kommanditgesellschaften, die Bank- oder Sparkassengeschäfte im Inland betreiben, gelten die in der Anlage 3 enthaltenen Richtlinien.[4])

---

[1]) RAnz. Nr. 297 vom 20. Dez. 1935.

[2]) RAnz. Nr. 22 vom 27. Jan. 1936.

[3]) Vgl. 6a und 6b S. 239.

[4]) Die Anlagen 2 und 3 sind nicht mit aufgenommen. Sie enthalten eine Anwendung der Grundsätze der Anlage 1 auf Kreditgenossenschaften, Zentralkassen und Kreditinstitute in der Rechtsform der Einzelfirma, offenen Handelsgesellschaft und Kommanditgesellschaft. Einzelheiten sind aus dem Reichsanzeiger zu ersehen.

Anlage 1.

Richtlinien für die Aufstellung der Jahresbilanzen von Kreditinstituten in der Rechtsform der Aktiengesellschaft, Kommanditgesellschaft auf Aktien und Gesellschaft mit beschränkter Haftung.

I. Aktiva.

Zu Posten 1. Ein bei der Reichsbank in Anspruch genommenes Lombarddarlehen ist nicht von dem Guthaben bei der Reichsbank abzusetzen, sondern unter den Gläubigern (Passivposten 1 b) auszuweisen.

Zu Posten 2. Zins- und Dividendenscheine gelten dann als fällig, wenn sie bei den Zahlstellen bereits eingelöst werden; unter dieser Voraussetzung können hier auch gekündigte und verloste Wertpapiere ausgewiesen werden. Sonstige verloste und gekündigte Wertpapiere sowie hereingenommene, noch nicht fällige Zins- und Dividendenscheine gehören unter „Eigene Wertpapiere" (Posten 6), und zwar in den der zugehörigen Wertpapiergattung entsprechenden Unterposten. Überfällige Zins- und Dividendenscheine, die gegebenenfalls erst später ganz oder teilweise eingelöst werden, sind ebenfalls unter Posten 6 (Eigene Wertpapiere), jedoch in Unterposten d, zu erfassen. Zinsscheine von eigenen Schuldverschreibungen dürfen in der Bilanz nicht enthalten sein.

Zu Posten 3. Hier sind auf das eigene Institut gezogene, dem betreffenden Kunden aus irgendeinem Grunde noch nicht belastete Abschnitte nicht aufzunehmen. Schecks, welche nur zum Einzug und zur Gutschrift nach Eingang eingereicht sind, sollen in die Bilanz nicht eingesetzt werden.

Zu Posten 4. Von der Kundschaft hereingenommene eigene Wechsel (Solawechsel) gegen Hinterlegung von Steuergutscheinen können, solange für sie die Rediskontzusage der Reichsbank besteht, unter 4 a ausgewiesen werden, da diese Wechsel sich hinsichtlich ihres Charakters wesentlich von den sonstigen eigenen Wechseln (Solawechseln) der Kunden (4 d) unterscheiden. Wechsel, welche nur zum Einzug und zur Gutschrift nach Eingang eingereicht sind, sollen in die Bilanz nicht eingesetzt werden. Ebenso dürfen Rückwechsel nicht im Wechselbestand enthalten sein. Zu den Handelswechseln nach § 16 Abs. 2 des Reichsgesetzes über das Kreditwesen rechnen auch alle Wechsel, für welche eine Rediskontzusage der Reichsbank vorliegt.

Zu Posten 5. In diesen Posten sind auch Steuergutscheine aufzunehmen, nicht aber Zinsvergütungsscheine, die in den Posten 6 gehören. In dem Unterposten sind nicht nur die Werte derjenigen Papiere auszuweisen, die bereits laut Verzeichnis der

Reichsbank tatsächlich zur Beleihung zugelassen sind, sondern auch alle Bestände, die nach § 21 Abs. 1 Nr. 3 [1]) des Bankgesetzes zur Beleihung zugelassen werden dürfen.

Zu Posten 6. Wegen des Begriffs „börsengängig" vgl. die Bemerkung zu Posten 9. Unter 6 d sind auch die überfälligen Zins- und Dividendenscheine aufzuführen (vgl. die Bemerkungen zu Posten 2). In dem Unterposten sind nicht nur die Werte derjenigen Papiere auszuweisen, die bereits laut Verzeichnis der Reichsbank tatsächlich zur Beleihung zugelassen sind, sondern auch alle Bestände, die nach § 21 Abs. 1 Nr. 3 [1]) des Bankgesetzes zur Beleihung zugelassen werden dürfen. Hierzu rechnen nicht Schuldverschreibungen, die von dem berichtenden Kreditinstitut selbst ausgegeben worden sind.

Zu Posten 7. Als Konsortialbeteiligungen sind alle diejenigen Wertpapiere anzusehen, über welche dem Kreditinstitut nicht das alleinige Verfügungsrecht zusteht, und die infolge von Vereinbarungen irgendwelchen Bindungen unterliegen.

---

[1]) Nach § 21 Abs. 1 Nr. 3 des Bankgesetzes darf die Reichsbank u. a. beleihen:

a) voll eingezahlte Stamm- und Stammprioritätsaktien und Prioritätsobligationen deutscher Eisenbahngesellschaften sowie Pfandbriefe landschaftlicher, kommunaler oder anderer unter staatlicher Aufsicht stehender Bodenkreditinstitute Deutschlands und deutscher Hypothekenbanken auf Aktien, auf den Inhaber lautende Schuldverschreibungen öffentlich-rechtlicher Kreditinstitute des Inlandes sowie diejenigen auf den Inhaber lautenden Schuldverschreibungen der übrigen vorbezeichneten Institute und Banken, welche auf Grund von Darlehen ausgestellt werden, die an inländische kommunale Korporationen oder gegen Übernahme der Garantie durch eine solche Korporation gewährt sind;

b) zinstragende oder spätestens nach einem Jahre fällige und auf den Inhaber lautende Schuldverschreibungen des Reiches, eines deutschen Landes oder einer inländischen kommunalen Körperschaft oder zinstragende auf den Inhaber lautende Schuldverschreibungen, deren Zinsen vom Reiche oder einem deutschen Lande gewährleistet sind;

c) zinstragende auf den Inhaber lautende Schuldverschreibungen nichtdeutscher Staaten sowie staatlich garantierte ausländische Eisenbahnprioritätsobligationen;

d) vom Reich begebene Schatzwechsel, welche nach spätestens drei Monaten fällig sind.

Zu Posten 8. Soweit solche Forderungen eine Fälligkeit von mehr als drei Monaten haben, sind sie unter den Schuldnern (Posten 11) auszuweisen. Beruhen die Forderungen darauf, daß andere Kreditinstitute auf ihr Ersuchen feste Darlehen bekommen haben, so sollen sie als weniger liquide ebenfalls unter die Schuldner aufgenommen werden, soweit sie nicht den Charakter von Lombards gegen börsengängige Wertpapiere haben und deshalb zu Posten 9 gehören.

Zu Posten 9. Als Lombards sind nur voll gedeckte, feste, nicht in laufender Rechnung gegebene Kredite, die auf bestimmte, drei Monate nicht überschreitende Zeit gegen bestimmte Effekten zu einem festen Zinssatz gewährt sind, aufzunehmen. Durch die Worte „gegen börsengängige Wertpapiere" wird klargestellt, daß es sich um die Beleihung von Wertpapieren handelt, die an Börsen des In- und Auslandes notiert werden. Andere Kredite gegen Wertpapierdeckung gehören unter die Schuldner (Posten 11).

Zu Posten 10. Unter 10 a gehören in erster Linie die im Warenverkehr mit dem Ausland handelsüblich bis zu einigen Monaten gegebenen Rembourskredite. Ihr wesentliches Merkmal ist im allgemeinen die dingliche Sicherstellung des von dem Kreditinstitut kreditierten Betrages durch bestimmt bezeichnete Warenmengen oder durch die entsprechenden Fracht- und Lagerscheine. Doch können Rembourskredite auch durch andere Sicherheiten gedeckt oder bei vorübergehender Aushändigung der Dokumente am Bilanztag ungedeckt sein, oder das Kreditinstitut kann mit Rücksicht auf die Sonderart mancher Rembourskredite auf dingliche Sicherstellung auch ganz verzichten. Als Deckung von Vorschüssen auf verfrachtete oder eingelagerte Waren sollen „letters of lien" nicht gelten. Unechte Rembourse, d. h. solche, denen eine Warenbewegung vom oder zum Ausland nicht oder nicht mehr zugrunde liegt, gehören nicht hierher, sondern unter Posten 11 (Schuldner).

Unter 10 b dürfen Warenkredite nur soweit verbucht werden, als sie durch Verpfändung bestimmter marktgängiger Waren sichergestellt sind unter der Voraussetzung, daß ihre Abdeckung infolge der planmäßigen Abwicklung des Geschäfts in einigen Monaten gewährleistet ist. Warenkredite, die nach ihrem wirtschaftlichen Zweck oder nach den vertragsmäßigen Voraussetzungen auf längere Zeit gegeben sind oder verlängert werden können, dürfen in Posten 10 b nicht erscheinen, auch wenn sie durch Hingabe kurzfristiger Wechsel finanziert und durch Warenverpfändung oder -übereignung gesichert sind; solche Kredite gehören unter die Schuldner (Posten 11).

Zu Posten 11. Hier sollen alle in laufender Rechnung und im sonstigen Kreditverkehr entstandenen Sollsalden, mit Ausnahme der in den Posten 8—10 und 12—14 bereits enthaltenen, ausgewiesen werden. Unter den Schuldnern soll nur die Summe der tatsächlich beanspruchten Kredite erscheinen; so sind Vorschußkonten der Kunden gegen freie, keinerlei Bindungen unterliegende Guthaben derselben Kunden auf Scheckkonto oder in laufender Rechnung zu kompensieren. Nicht zu kompensieren sind u. a. Spareinlagen und befristete Guthaben eines Kunden gegen einen etwaigen Sollsaldo in laufender Rechnung (vgl. den Art. 7 der Ersten Verordnung zur Durchführung und Ergänzung des Reichsgesetzes über das Kreditwesen). Bei Meta- und anderen Gemeinschaftsgeschäften darf nur der tatsächliche Anteil des Kreditinstituts ausgewiesen werden, auch wenn das Kreditinstitut die Führung in dem Konsortium hat und der Kredit in seinen Büchern in voller Höhe erscheint. Etwa bestehende Anteilskonten unter den Gläubigern sind also von dem Gesamtkredit abzusetzen.

Zu den „gedeckten Schuldnern" gehören auch die teilweise gedeckten, und zwar in Höhe des Betrages, für den die Deckung reicht. Zur Deckung rechnen nicht Wechsel und andere Obligationen, aus denen der Schuldner allein haftet. Bezüglich der „börsengängigen Wertpapiere" vgl. die Richtlinien zu Posten 9.

Zu Posten 12. Hierunter gehören alle Hypothekenforderungen ohne Rücksicht auf die Länge der Laufzeit oder Kündigungsfrist und unabhängig davon, ob sie zur Deckung ausgegebener Pfandbriefe dienen. Forderungen aus anderen Rechtsverhältnissen, für die eine Sicherungshypothek bestellt ist oder für die eine Hypothekenforderung oder Grundschuld haftet, fallen nicht hierunter.

Zu Posten 13. Hierunter fallen Anteile an Kapitalgesellschaften (z. B. Aktien, Kuxe, G.m.b.H.-Anteile), Geschäftsguthaben bei Genossenschaften, Anteile als persönlich haftender Gesellschafter an offenen Handelsgesellschaften, Kommanditgesellschaften und Kommanditgesellschaften auf Aktien, Anteile als Kommanditist und die Beteiligung als stiller Gesellschafter, sofern sie dauernd zum eigenen Geschäftsbetrieb gehören, ohne Rücksicht auf die prozentuale Höhe der Beteiligung an dem Kapital der betreffenden Firma.

II. Passiva.

Zu Posten 1. Hier sind auch belastete, noch nicht eingelöste Schecks einzubeziehen. Ganz kurzfristige, nur bis zum Eintreffen von Ersatztratten entstandene Barvorschüsse ausländischer Banken gehören unter die Kundschaftskredite. Wegen der Kompensierung von Guthaben eines Schuldners gegen gewährte Kredite vgl. die Bemerkungen zum Aktivposten 11. Zu den Nostroverpflichtungen (1 b) rechnen solche Gelder, die den Charakter von Schulden und Krediten, nicht von Einlagen, haben. So sind alle Geldaufnahmen gegen Verpfändung von Aktiven (z. B. Reichsbanklombard) oder gegen Bürgschaft als Nostroverpflichtungen anzusehen, ferner Habensalden auf Nostrokonten sowie sonstige Barvorschüsse im Ausland. Überhaupt fallen alle Gelder und Kredite hierunter, deren Hereinnahme oder Inanspruchnahme auf die Anregung des berichtenden Kreditinstituts zurückgeht: über Monatsende von anderen Kreditinstituten hereingenommene Gelder sind im Zweifelsfall als Nostroverpflichtungen zu betrachten. Zu den Nostroverpflichtungen nach § 11 Abs. 1 des Reichsgesetzes über das Kreditwesen gehören nicht die unter Posten 4—6 auszuweisenden Anleihen, Hypotheken-, Grund- und Rentenschulden sowie durchlaufende Kredite.

Zu Posten 4. Hier handelt es sich in der Regel nur um Verpflichtungen aus der Ausgabe von Schuldverschreibungen. Doch fallen hierunter auch langfristige Verpflichtungen aus der Weiterleitung von zweckgebundenen Mitteln der öffentlichen Hand oder sonstiger Stellen, soweit damit eine mehr als treuhänderische Haftung für das berichtende Institut verbunden ist.

In der Unterspalte sollen nicht Schuldverschreibungen enthalten sein, die als Sicherheit für Schuldscheinanleihen hinterlegt sind.

Zu Posten 14. Unter „Eigene Ziehungen im Umlauf" sind nur solche aufzunehmen, die sich nicht im eigenen Bestande befinden, die nicht lediglich zur Besicherung aufgenommener Kredite ausgestellt und hinterlegt sind (Depotwechsel) und die nicht bereits als Effektivverpflichtungen in der Hauptspalte der Passiven enthalten sind.

Zu Posten 16. Unter „Eigene Indossamentsverbindlichkeiten" sind hier nur die wechselrechtlichen Eventualverbindlichkeiten aus weitergirierten, nicht auch aus lombardierten und in Pension gegebenen Wechseln aufzunehmen. Nicht zu erfassen sind Indossamentsverbindlichkeiten, die schon unter den „Eigenen Ziehungen im Umlauf" oder als Effektivverpflichtungen in der Hauptspalte der Passiven enthalten sind, z. B. Indossamentsverbindlichkeiten im Zusammenhang mit der Inanspruchnahme von Kundschaftskrediten, oder die sich auf Wechsel im eigenen Bestand des berichtenden Kreditinstituts (Aktivposten 4) beziehen. Auch Indossamentsverbindlichkeiten aus Reichsschatzwechseln sollen unberücksichtigt bleiben.

Zu Posten 17. In 17 b sind die Bruttozahlen ohne Abzug der liquiden Mittel aufzuführen.

h) Achte Bekanntmachung des Reichskommissars für das Kreditwesen vom 25. Juni 1936.[1])

Auf Grund des § 8 Abs. 1 und des § 21 des Reichsgesetzes über das Kreditwesen vom 5. Dezember 1934 (RGBl. I S. 1203) bestimme ich, soweit erforderlich im Einvernehmen mit dem Reichsbankdirektorium, folgendes:

Art. 1. Der Wechsel in der Person der ehrenamtlichen Geschäftsleiter ist künftig anzuzeigen:

a) bei Kreditinstituten, die einer besonderen Reichs- oder Staatsaufsicht unterliegen, der besonderen Aufsichtsbehörde oder der von ihr bestimmten Stelle,

b) bei Genossenschaften, die dem Deutschen Genossenschaftsverband e. V. oder dem Reichsverband der deutschen landwirtschaftlichen Genossenschaften — Raiffeisen — e. V. angeschlossen sind, dem für sie zuständigen Spitzenverband oder der von dem Spitzenverband bestimmten Stelle.

Der Wechsel in der Person der übrigen Geschäftsleiter dieser Kreditinstitute oder in der Person der Geschäftsleiter anderer Kreditinstitute ist auch weiterhin mir anzuzeigen.

Art. 2. Von der Einreichung von Rohbilanzen nach § 20 Abs. 1 Buchst. a Ziff. 2 und Buchst. b Ziff. 2 des Gesetzes werden auch für Ende Juni 1936 diejenigen Kreditinstitute befreit, deren Bilanzsumme am Ende des letzten Geschäftsjahres 0,5 Millionen Reichsmark nicht erreicht hat.

i) Neunte Bekanntmachung des Reichskommissars für das Kreditwesen vom 19. Dezember 1936.[1])

Auf Grund des § 55 Satz 2 des Reichsgesetzes über das Kreditwesen vom 5. Dezember 1934 (RGBl. I S. 1203) wird mit Zustimmung des Aufsichtsamts für das Kreditwesen folgende Übergangsregelung getroffen:

Der im § 23 Abs. 3 des Gesetzes angeführte Rückzahlungsbetrag, der ohne Kündigung auf Spareinlagen mit gesetzlicher

[1]) RAnz. Nr. 146 vom 26. Juni 1936.

[1]) RAnz. Nr. 297 vom 21. Dez. 1936.

Kündigungsfrist für jedes Sparbuch im Monat geleistet werden darf, beträgt bis 31. Dezember 1938 1000 RM.

Bis zum 31. Dezember 1938 können bei außergewöhnlichen, durch Naturereignisse hervorgerufenen Notständen (Überschwemmungen, Brandschäden) Spareinlagen mit gesetzlicher Kündigungsfrist bis zu 3000 RM vor Fälligkeit zurückgezahlt werden, ohne daß eine Verpflichtung zur Berechnung von Vorschußzinsen besteht.

6. Bestimmungen über den Jahresabschluß.

a) Gesetz über Formblätter für die Gliederung des Jahresabschlusses vom 11. Dezember 1935.[1])

Die Reichsregierung hat das folgende Gesetz beschlossen, das hiermit verkündet wird:

Der Reichsminister der Justiz wird ermächtigt, im Einvernehmen mit dem Reichswirtschaftsminister für die Aufstellung des Jahresabschlusses von Einzelfirmen, offenen Handelsgesellschaften, Kommanditgesellschaften und Gesellschaften mit beschränkter Haftung, die Bank- oder Sparkassengeschäfte im Inland betreiben, Formblätter vorzuschreiben, nach denen die Jahresbilanz und die Gewinn- und Verlustrechnung zu gliedern sind.

b) Verordnung über Formblätter für die Gliederung des Jahresabschlusses der Kreditinstitute vom 17. Januar 1936.[2])

Auf Grund der §§ 261 d Nr. 1 und 320 Abs. 3 des Handelsgesetzbuchs, des § 33 g des Genossenschaftsgesetzes und des Gesetzes über Formblätter für die Gliederung des Jahresabschlusses vom 11. Dezember 1935 (RGBl. I S. 1432) wird verordnet:

§ 1. (1) Auf die Jahresabschlüsse von Aktiengesellschaften und Kommanditgesellschaften auf Aktien, die Bank-

[1]) RGBl. I S. 1432.

[2]) RGBl. 1936 I S. 27; vgl. hierzu die Siebente Bekanntmachung des Reichskommissars für das Kreditwesen vom 25. Januar 1936 (oben 5 g).

Anhang zu Seite 292.

k) Zehnte Bekanntmachung des Reichskommissars für das Kreditwesen vom 17. März 1937.[1])

Auf Grund des § 21 des Reichsgesetzes über das Kreditwesen vom 5. Dezember 1934 (RGBl. I S. 1203) sowie Art. 2 Abs. 2, Art. 3 Satz 3 und Art. 4 Abs. 2 Satz 3 der Ersten Bekanntmachung des Aufsichtsamts für das Kreditwesen vom 13. März 1935 (RAnz. Nr. 63) bestimme ich, soweit erforderlich im Einvernehmen mit dem Reichsbankdirektorium, folgendes:

Artikel 1.

Die Erste und Vierte Bekanntmachung des Reichskommissars für das Kreditwesen vom 26. Februar und 10. Juli 1935 (RAnz. Nr. 49 und Nr. 159) werden durch folgende Regelung ersetzt:

§ 1. (1) Von der Einreichung der Jahresbilanz nebst Gewinn- und Verlustrechnung nach § 20 Abs. 1 Buchst. a Ziff. 1, Buchst. b Ziff. 1 und Buchst. c Ziff. 1 des Gesetzes werden diejenigen Kreditinstitute befreit, die sich im Zustand der Liquidation oder des Konkurses befinden, soweit ihr Geschäftsbetrieb sich auf die Durchführung der Liquidation oder des Konkurses beschränkt. Zu den in Liquidation befindlichen Instituten gehören auch in stiller Abwicklung befindliche Kreditinstitute.

[1]) RAnz. Nr. 67 vom 22. März 1937. — Die in Art. 2 erwähnten Muster 5 und 7 für Sparkassen sind nicht mit abgedruckt; sie sind aus RAnz. Nr. 67 vom 22. März 1937 zu ersehen.

Muster 1.

A. Aktiva

1 Barreserve
a) Kassenbestand (deutsche und ausländische Zahlungsmittel, Gold)
b) Guthaben auf Reichsbankgiro- und Postscheckkonto
2 Fällige Zins- und Dividendenscheine
3 Schecks
4 Wechsel
a) Wechsel (mit Ausschluß von b bis d)
b) eigene Akzepte
c) eigene Ziehungen
d) eigene Wechsel der Kunden an die Order der Bank
In der Gesamtsumme 4 enthalten:
RM .... Wechsel, die dem § 21 Abs. 1 Nr. 2 des Bankgesetzes entsprechen (Handelswechsel nach § 16 Abs. 2 des Reichsgesetzes über das Kreditwesen)
5 Schatzwechsel und unverzinsliche Schatzanweisungen des Reichs und der Länder
In 5 enthalten:
RM .... Schatzwechsel und Schatzanweisungen, die die Reichsbank beleihen darf.
6 Eigene Wertpapiere
a) Anleihen und verzinsliche Schatzanweisungen des Reichs und der Länder
b) sonstige verzinsliche Wertpapiere
c) börsengängige Dividendenwerte
d) sonstige Wertpapiere
In der Gesamtsumme 6 enthalten:
RM .... Wertpapiere, die die Reichsbank beleihen darf.
7 Konsortialbeteiligungen
8 Kurzfällige Forderungen unzweifelhafter Bonität und Liquität gegen Kreditinstitute
Davon sind *RM* .... täglich fällig (Nostroguthaben).
9 Forderungen aus Report- und Lombardgeschäften gegen börsengängige Wertpapiere
10 Vorschüsse auf verfrachtete oder eingelagerte Waren
a) Rembourskredite
b) sonstige kurzfristige Kredite gegen Verpfändung bestimmt bezeichneter marktgängiger Waren

A. Aktiva

11	Schuldner a) Kreditinstitute b) sonstige Schuldner In der Gesamtsumme 11 enthalten: aa) *RM* .... gedeckt durch börsengängige Wertpapiere, bb) *RM* .... gedeckt durch sonst. Sicherheiten.	
12	Hypotheken, Grund- und Rentenschulden	
13	Langfristige Ausleihungen gegen Kommunaldeckung	
14	Durchlaufende Kredite (nur Treuhandgeschäfte)	
15	Dauernde Beteiligungen einschl. der zur Beteiligung bestimmten Wertpapiere Davon sind *RM* .... Beteiligungen bei anderen Kreditinstituten.	
16	Grundstücke und Gebäude a) dem eigenen Geschäftsbetrieb dienende b) sonstige	
17	Betriebs- und Geschäftsausstattung	
18	Nicht eingezahltes Grund- oder Stammkapital	
19	Eigene Aktien oder Geschäftsanteile (Nennbetrag: ...)	
20	Posten, die der Rechnungsabgrenzung dienen	
21	Reinverlust Verlustvortrag aus dem Vorjahr Gewinnvortrag aus dem Vorjahr Gewinn 19..... Verlust 19....	
	Summe der Aktiva	
22	In den Aktiven sind enthalten: a) Forderungen an abhängige Unternehmen und Konzernunternehmen (einschl. der unter den Indossamentsverbindlichkeiten — Passiva 16 — enthaltenen) b) Forderungen an Vorstandsmitglieder, Geschäftsführer und dergl. (§ 261 a Abs. 1 A IV 10 des Handelsgesetzbuchs) c) Anlagen nach § 17 Abs. 1 des Reichsgesetzes über das Kreditwesen d) Anlagen nach § 17 Abs. 2 des Reichsgesetzes über das Kreditwesen (Aktiva 15 und 16)	

B. Passiva

1 Gläubiger
a) seitens der Kundschaft bei Dritten benutzte Kredite
b) sonstige im In- und Ausland aufgenommene Gelder und Kredite (Nostroverpflichtungen)
c) Einlagen deutscher Kreditinstitute
d) sonstige Gläubiger
Von der Summe c + d entfallen:
aa) *RM* .... auf jederzeit fällige Gelder,
bb) *RM* .... auf feste Gelder und Gelder auf Kündigung.
Von bb werden durch Kündigung oder sind fällig
1. *RM* .... innerhalb sieben Tagen,
2. *RM* .... darüber hinaus bis zu drei Monaten,
3. *RM* .... darüber hinaus bis zu zwölf Monaten,
4. *RM* .... über zwölf Monate hinaus.

2 Verpflichtungen aus der Annahme gezogener und der Ausstellung eigener Wechsel (Akzepte und Solawechsel)

3 Spareinlagen
a) mit gesetzlicher Kündigungsfrist
b) mit besonders vereinbarter Kündigungsfrist

4 Anleihen
Davon *RM* .... Schuldverschreibungen im Umlauf.

5 Hypotheken-, Grund- und Rentenschulden

6 Durchlaufende Kredite (nur Treuhandgeschäfte)

7 Grund- oder Stammkapital
Beim Grundkapital sind die Gesamtnennbeträge der Vorzugsaktien jeder Gattung gesondert anzugeben; sind Stimmrechtsaktien ausgegeben, so ist außerdem die Gesamtstimmenzahl der Stimmrechtsaktien und der im Stimmrecht nicht bevorzugten Aktien zu vermerken.

8 Reserven nach § 11 des Reichsgesetzes über das Kreditwesen
a) gesetzliche Reserven
b) sonstige (freie) Reserven nach § 11 des Reichsgesetzes über das Kreditwesen

9 Sonstige Reserven

B. Passiva

10	Rückstellungen	
11	Wertberichtigungsposten	
12	Posten, die der Rechnungsabgrenzung dienen	
13	Reingewinn	
	Verlustvortrag aus dem Vorjahr	
	Gewinnvortrag aus dem Vorjahr	
	Verlust 19.....	
	Gewinn 19.....	
	Summe der Passiva	
14	Eigene Ziehungen im Umlauf	
15	Verbindlichkeiten aus Bürgschaften, Wechsel- und Scheckbürgschaften sowie aus Garantieverträgen (§ 261 b des Handelsgesetzbuchs)	
16	Eigene Indossamentsverbindlichkeiten	
	a) aus weiterbegebenen Bankakzepten	
	b) aus eigenen Wechseln der Kunden an die Order der Bank	
	c) aus sonstigen Rediskontierungen	
17	In den Passiven sind enthalten	
	a) Verbindlichkeiten gegenüber abhängigen Unternehmen und Konzernunternehmen (einschl. Indossamentsverbindlichkeiten)	
	b) Gesamtverpflichtungen nach § 11 Abs. 1 des Reichsgesetzes über das Kreditwesen (Passiva 1, 2, 3 und 14)	
	c) Gesamtverpflichtungen nach § 16 des Reichsgesetzes über das Kreditwesen (Passiva 1, 2 und 14)	
18	Gesamtes haftendes Eigenkapital nach § 11 Abs. 2 des Reichsgesetzes über das Kreditwesen (Passiva 7 und 8 abzüglich Aktiva 18, 19 [Nennbetrag] und 21)	

Muster 2.

A. Aktiva

1 Kassenbestand und Guthaben auf Reichsbankgiro- und Postscheckkonto (Barreserve)

2 Schecks, fällige Zins- und Dividendenscheine

3 Bestandswechsel

a) Wechsel (ohne b)
Davon sind *RM* .... Wechsel, die dem § 21 Abs. 1 Nr. 2 des Bankgesetzes entsprechen (Handelswechsel nach § 16 Abs. 2 des Reichsgesetzes über das Kreditwesen).

b) Vorschußwechsel

4 Wertpapiere (soweit nicht in 9 enthalten)

a) Anleihen und Schatzanweisungen des Reichs und der Länder

b) sonstige verzinsliche Wertpapiere (Pfandbriefe u. ä.)

c) sonstige Wertpapiere
In der Gesamtsumme 4 enthalten: *RM* .... Wertpapiere, die die Reichsbank beleihen darf.

5 Bankguthaben

a) mit einer Fälligkeit bis zu drei Monaten
aa) bei genossenschaftlichen Zentralkreditinstituten
bb) bei sonstigen Kreditinstituten
Von der Gesamtsumme a sind *RM* .... täglich fällig (Nostroguthaben).

b) längerfristige Guthaben bei genossenschaftlichen Zentralkreditinstituten

6 Schuldner

a) Kreditinstitute
aa) in laufender Rechnung
bb) festbefristete Darlehen

b) sonstige Schuldner
aa) in laufender Rechnung
bb) festbefristete Darlehen
cc) Warenforderungen

A. Aktiva

7	Hypotheken-, Grund- und Rentenschulden, Kaufgelder und dergl.
8	Warenbestand
9	Dauernde Beteiligungen einschl. der zur Beteiligung bestimmten Wertpapiere
10	Grundstücke und Gebäude a) unbebaute Grundstücke b) bebaute Grundstücke aa) dem eigenen Geschäftsbetrieb dienende bb) sonstige
11	Betriebs- und Geschäftsausstattung
12	Sonstige Aktiva (unter genauer Bezeichnung)
13	Posten, die der Rechnungsabgrenzung dienen
14	Reinverlust Verlustvortrag aus dem Vorjahr Gewinnvortrag aus dem Vorjahr Gewinn 19.... Verlust 19.....
	Summe der Aktiva
15	In den Aktiven und in den Indossamentsverbindlichkeiten sind enthalten: a) Forderungen an Vorstandsmitglieder und dergl. (§ 33 d Abs. 4 des Genossenschaftsgesetzes) (nur anzugeben, wenn die Bilanzsumme mehr als 100 000 *RM* beträgt) b) Forderungen an Mitglieder c) Forderungen an abhängige Unternehmen und Konzernunternehmen d) rückständige Zinsen und Provisionen auf feste Darlehen, Hypotheken und Grundschulden e) Anlagen nach § 17 Abs. 2 des Reichsgesetzes über das Kreditwesen (Aktiva 9 und 10)

B. Passiva

1	Gläubiger a) aufgenommene Gelder und Kredite (Nostroverpflichtungen) aa) bei genossenschaftlichen Zentralkreditinstituten bb) bei sonstigen Stellen b) Einlagen deutscher Kreditinstitute c) sonstige Gläubiger Von der Summe b + c entfallen: aa) *RM* .... auf jederzeit fällige Gelder, bb) *RM* .... auf feste Gelder und Gelder auf Kündigung.
2	Verpflichtungen aus der Annahme gezogener und der Ausstellung eigener Wechsel (Akzepte und Solawechsel), soweit sie sich im Umlauf befinden
3	Spareinlagen a) mit gesetzlicher Kündigungsfrist b) mit besonders vereinbarter Kündigungsfrist
4	Langfristige Anleihen, Hypotheken, Grund- und Rentenschulden
5	Geschäftsguthaben a) der verbleibenden Mitglieder b) der ausscheidenden Mitglieder
6	Reserven nach § 11 des Reichsgesetzes über das Kreditwesen a) gesetzliche Reserven (§ 7 Nr. 4 des Genossenschaftsgesetzes) b) sonstige (freie) Reserven nach § 11 des Reichsgesetzes über das Kreditwesen
7	Rückstellungen
8	Wertberichtigungsposten
9	Sonstige Passiva (unter genauer Bezeichnung)
10	Posten, die der Rechnungsabgrenzung dienen
11	Reingewinn Verlustvortrag aus dem Vorjahr Gewinnvortrag aus dem Vorjahr Gewinn 19.... Verlust 19....
	Summe der Passiva

B. Passiva

12 Eigene Ziehungen im Umlauf
Davon den Kreditnehmern abgerechnet

13 Verbindlichkeiten aus Bürgschaften, Wechsel- und Scheckbürgschaften sowie aus Garantieverträgen

14 Indossamentsverbindlichkeiten aus weiterbegebenen Wechseln

15 In den Passiven sind enthalten:
a) Verbindlichkeiten gegenüber abhängigen Unternehmen und Konzernunternehmen (einschl. Indossamentsverbindlichkeiten)
b) von Arbeitern und Angestellten gegebene Pfandgelder (Kautionen)
c) Gesamtverpflichtungen nach § 11 Abs. 1 des Reichsgesetzes über das Kreditwesen (Passiva 1, 2, 3 und 12 Buchst. a)
d) Gesamtverpflichtungen nach § 16 des Reichsgesetzes über das Kreditwesen (Passiva 1, 2 und 12 Buchst. a)
e) gesamtes haftendes Eigenkapital nach § 11 Abs. 2 des Reichsgesetzes über das Kreditwesen
aa) tatsächlich vorhandenes Eigenkapital (Passiva 5 und 6 abzüglich Aktiva 14)
bb) Haftsummenzuschlag

16 Mitgliederbewegung

	Zahl der Mitglieder	Anzahl der Geschäftsanteile	Haftsumme *RM*
Anfang 19...	....	....	....
Zugang 19...	....	....	....
Abgang 19...	....	....	....
Ende 19...	....	....	....

17 Die Geschäftsguthaben haben sich im Geschäftsjahr
vermehrt um
vermindert um

18 Die ausstehenden Pflichteinzahlungen auf Geschäftsanteile betragen

19 Die Haftsummen haben sich im Geschäftsjahr
vermehrt um
vermindert um

20 Höhe des einzelnen Geschäftsanteils

21 Höhe der Haftsumme je Geschäftsanteil

Muster 3.

A. Aktiva

Nrn. 1 bis 17	Wie die Nrn. 1 bis 17 im Muster 1	
18	Nicht eingezahltes Kapital	
19	Posten, die der Rechnungsabgrenzung dienen	
20	Reinverlust Verlustvortrag aus dem Vorjahr Gewinnvortrag aus dem Vorjahr Gewinn 19..... Verlust 19.....	
	Summe der Aktiva	
21	In den Aktiven sind enthalten: a) Forderungen an abhängige Unternehmen und Konzernunternehmen (einschl. der unter den Indossamentsverbindlichkeiten — Passiva 16 — enthaltenen) b) Forderungen an Geschäftsinhaber und Gesellschafter (auch Kommanditisten und stille Gesellschafter) c) Anlagen nach § 17 Abs. 1 des Reichsgesetzes über das Kreditwesen d) Anlagen nach § 17 Abs. 2 des Reichsgesetzes über das Kreditwesen (Aktiva 15 und 16)	

B. Passiva

Nrn. 1 bis 6	Wie die Nrn. 1 bis 6 im Muster 1	
7	Kapital	

B. Passiva

8	Reserven nach § 11 des Reichsgesetzes über das Kreditwesen	
9	Sonstige Reserven	
10	Rückstellungen	
11	Wertberichtigungsposten	
12	Posten, die der Rechnungsabgrenzung dienen	
13	Reingewinn Verlustvortrag aus dem Vorjahr Gewinnvortrag aus dem Vorjahr Verlust 19...... Gewinn 19 ...	
	Summe der Passiva	
14	Eigene Ziehungen im Umlauf	
15	Verbindlichkeiten aus Bürgschaften, Wechsel- und Scheckbürgschaften sowie aus Garantieverträgen	
16	Eigene Indossamentsverbindlichkeiten a) aus weiterbegebenen Bankakzepten b) aus eigenen Wechseln der Kunden an die Order der Bank c) aus sonstigen Rediskontierungen	
17	In den Passiven sind enthalten: a) Verbindlichkeiten gegenüber abhängigen Unternehmen und Konzernunternehmen (einschl. Indossamentsverbindlichkeiten) b) Verbindlichkeiten gegenüber Geschäftsinhabern und unbeschränkt haftenden Gesellschaftern c) Gesamtverpflichtungen nach § 11 Abs. 1 des Reichsgesetzes über das Kreditwesen (Passiva 1, 2, 3 und 14) d) Gesamtverpflichtungen nach § 16 des Reichsgesetzes über das Kreditwesen (Passiva 1, 2 und 14)	

	B Passiva	
18	Gesamtes haftendes Eigenkapital nach § 11 Abs. 2 des Reichsgesetzes über das Kreditwesen a) das unter den Passiven enthaltene Eigenkapital (Passiva 7 und 8) b) Abzugsposten aa) nicht eingezahltes Kapital (Aktiva 18) bb) Verluste (Aktiva 20) und Wertminderungen cc) Forderungen an Geschäftsinhaber und unbeschränkt haftende Gesellschafter sowie nicht gedeckte Forderungen an Kommanditisten und stille Gesellschafter c) die Summe a abzüglich der Summe b d) freies Vermögen des Inhabers oder der unbeschränkt haftenden Gesellschafter e) die Summe c zuzüglich der Summe d	

7. Vorschriften über Zinsen und Wettbewerb.

a) Mantelvertrag zwischen den Spitzenverbänden, Wirtschaftsgruppen und Fachgruppen der Kreditinstitute vom 22. Dezember 1936.[1])

Die unterzeichneten Spitzenverbände der Kreditinstitute, Wirtschaftsgruppen der Kreditinstitute und aus den Spitzenverbänden hervorgegangenen Fachgruppen der Kreditinstitute (§ 38 des Reichsgesetzes über das Kreditwesen in Verbindung mit Art. 6 der Dritten Verordnung zur Durchführung und Ergänzung des Reichsgesetzes über das Kreditwesen vom 30. Juni 1936 — RGBl. I S. 540 —) haben folgenden Vertrag geschlossen:

§ 1. Kreditinstitute im Sinne des § 1 des Reichsgesetzes über das Kreditwesen vom 5. Dezember 1934 (RGBl. I S. 1203) sind verpflichtet, bei der Hereinnahme von Geldern

[1]) RAnz. Nr. 299 vom 23. Dezember 1936.

in deutscher Währung von inländischer oder ausländischer Nichtbankierkundschaft bestimmte Höchstzinssätze nicht zu überschreiten. Die Höchstzinssätze werden auf Grund eines besonderen Abkommens (Habenzinsabkommens) festgesetzt, das zwischen den Vertragschließenden gleichzeitig abgeschlossen wird.

§ 2. Die Vergütungen für die an Dritte weitergegebenen Gelder in deutscher Währung gegenüber der inländischen Nichtbankierkundschaft werden durch ein weiteres Abkommen (Sollzinsabkommen) geregelt, das zwischen den Vertragschließenden gleichzeitig abgeschlossen wird.

§ 3. (1) Als Nichtbankierkundschaft im Sinne dieses Vertrages und der in §§ 1 und 2 genannten Abkommen gilt diejenige Kundschaft, die nicht Bank- oder Sparkassengeschäfte (§ 1 des Reichsgesetzes über das Kreditwesen) im Hauptberuf oder als Hauptgeschäftszweig betreibt. Insbesondere sind als Nichtbankierkundschaft die Kassen des Reichs, von Ländern und Kommunalverbänden aller Art (Gemeinden und Gemeindeverbänden) und die sogenannten Bankabteilungen von Industrie- und Handelsfirmen anzusehen.

(2) Als Nichtbankierkundschaft gelten ferner die in § 2 Abs. 1 Buchst. d und e des Reichsgesetzes über das Kreditwesen aufgeführten Unternehmungen.

(3) In Zweifelsfällen entscheidet der Reichskommissar für das Kreditwesen nach Anhörung des Zentralen Kreditausschusses, ob ein Kunde zur Bankier- oder Nichtbankierkundschaft zu rechnen ist. Ob und inwieweit die öffentlichen oder die privaten Bausparkassen als Bankierkundschaft gelten, entscheidet ebenfalls der Reichskommissar für das Kreditwesen nach Anhörung des Zentralen Kreditausschusses.

§ 4. Zur Ergänzung der in §§ 1 und 2 vorgesehenen Abkommen wird zwischen den Vertragschließenden ein Wettbewerbsabkommen geschlossen.

§ 5. (1) Der zu bildende Zentrale Kreditausschuß in Berlin setzt sich wie folgt zusammen:

a) Reichsgruppe Banken,
b) Wirtschaftsgruppe Privates Bankgewerbe — Centralverband des Deutschen Bank- und Bankiergewerbes —,
c) Wirtschaftsgruppe Öffentliche Banken mit Sonderaufgaben,

d) Wirtschaftsgruppe Öffentlich-rechtliche Kreditanstalten (Verband deutscher öffentlich-rechtlicher Kreditanstalten e. V.),
e) Wirtschaftsgruppe Sparkassen (Deutscher Sparkassen- und Giroverband),
f) Wirtschaftsgruppe Kreditgenossenschaften,
g) Fachgruppe Gewerbliche Kreditgenossenschaften (Deutscher Genossenschaftsverband),
h) Fachgruppe Ländliche Kreditgenossenschaften (Reichsverband der deutschen landwirtschaftlichen Genossenschaften — Raiffeisen — e. V.),
i) Wirtschaftsgruppe Kreditunternehmungen verschiedener Art.

Stimmberechtigt sind mit je einer Stimme die unter b bis e und unter g bis i aufgeführten Mitglieder.

(2) Der Zentrale Kreditausschuß ist berechtigt, sofern er einstimmig beschließt, Änderungen des vorliegenden Vertrages sowie der in §§ 1, 2 und 4 vorgesehenen Abkommen zur Anpassung an die jeweiligen Verhältnisse vorzunehmen.

(3) Dem Zentralen Kreditausschuß können in den genannten Abkommen weitere Befugnisse übertragen werden.

(4) Der Zentrale Kreditausschuß wird vom Reichskommissar für das Kreditwesen einberufen. Der Reichskommissar für das Kreditwesen führt in den Verhandlungen den Vorsitz.

(5) Der Zentrale Kreditausschuß faßt seine Beschlüsse einstimmig. In Fällen von geringerer Bedeutung genügt schriftliche Abstimmung. Kommt ein einstimmiger Beschluß nicht zustande und ist eine Entscheidung erforderlich, so legt der Zentrale Kreditausschuß dem Reichskommissar für das Kreditwesen die Frage zur Entscheidung vor.

(6) Ergeben sich Zweifelsfragen über die Auslegung der Bestimmungen dieses Vertrages und der erwähnten Abkommen, so entscheidet der Reichskommissar für das Kreditwesen hierüber bindend. Der Reichskommissar für das Kreditwesen ist berechtigt, im Rahmen der vorerwähnten Abkommen nach Anhörung der Mitglieder des Zentralen Kreditausschusses Richtlinien zu erlassen.

§ 6. Dieser Vertrag, die in den §§ 1, 2 und 4 erwähnten Abkommen und die vom Zentralen Kreditausschuß gefaßten Beschlüsse grundsätzlicher Art sind dem Reichskommissar für das Kreditwesen vorzulegen; sie bedürfen, um wirksam zu werden, seiner in § 38 des Reichsgesetzes über das Kreditwesen vom 5. Dezember 1934 (RGBl. I S. 1203) vorgesehenen Zustimmung.

§ 7. (1) Dieser Vertrag ist bis zum 31. Dezember 1937 wirksam und verlängert sich dann um jeweils sechs Monate, wenn er nicht zuvor von einem der unterzeichneten Vertragschließenden mit einer Frist von drei Monaten gekündigt worden ist.

(2) Kommt der Zentrale Kreditausschuß einem Antrage eines Vertragschließenden auf Änderung des vorliegenden Vertrages nicht nach (§ 5 Abs. 2 und 5 des Vertrages) und liegen Umstände vor, die die Aufrechterhaltung der Bindungen für den Antragsteller nicht mehr tragbar erscheinen lassen, so kann dieser binnen einer Woche nach Ablehnung seines Antrages im Zentralen Kreditausschuß den Vertrag zu einem früheren als dem im Abs. 1 bezeichneten Zeitpunkt mit einer Frist von vier Wochen kündigen.

(3) Kündigen Vertragsteilnehmer unter Einhaltung der in Abs. 1 vorgesehenen Frist oder auf Grund des Absatzes 2, so sind die übrigen Vertragsteilnehmer berechtigt, sich binnen einer Frist von vierzehn Tagen nach Bekanntgabe durch den Zentralen Kreditausschuß der Kündigung anzuschließen.

(4) Widerruft der Reichskommissar für das Kreditwesen die Allgemeinverbindlichkeit des Vertrages, so gilt der Vertrag als mit sofortiger Wirkung aufgehoben.

(5) Im Falle der Kündigung nach Abs. 2 oder des Widerrufs kann der Reichskommissar für das Kreditwesen bestimmen, welche Vorschriften des Vertrages bis zum Zustandekommen eines neuen Abkommens — äußerstenfalls jedoch bis zu drei Monaten — weiter gelten.

(6) Tritt dieser Vertrag außer Kraft, so verlieren damit auch die in den §§ 1, 2, 4 genannten Abkommen ihre Wirksamkeit.

§ 8. Die in diesem Vertrage und den auf Grund dieses Vertrages abgeschlossenen Abkommen vorgesehenen Bindungen sind vom 1. Januar 1937 an wirksam. Am gleichen Tage treten der Mantelvertrag und die auf dessen Grundlage geschlossenen Zinsabkommen in der Fassung vom 9. Januar 1932 (Deutscher Reichsanzeiger und Preußischer Staatsanzeiger Nr. 8 vom 11. Januar 1932) sowie die materiellen Bestimmungen des Wettbewerbsabkommens vom Mai 1928 / Dezember 1930 außer Kraft. Ebenfalls verlieren sämtliche seit dem 9. Januar 1932 gefaßten Beschlüsse des früheren Zentralen Kreditausschusses ihr Wirksamkeit.

b) Habenzinsabkommen.

Abkommen über die Festsetzung von Höchstzinssätzen für hereingenommene Gelder vom 22. Dezember 1936.[1])

§ 1. (1) Der Zentrale Kreditausschuß setzt Höchstzinssätze für hereingenommene Gelder fest und legt sie dem Reichskommissar für das Kreditwesen vor, um dessen Zustimmung zu erlangen (vgl. § 6 des Mantelvertrages). Die festgesetzten Höchstzinssätze sind jeweils im Deutschen Reichsanzeiger und Preußischen Staatsanzeiger zu veröffentlichen.

(2) Barauslagen (z. B. Postgebühren, Auskunftsspesen, Urkundensteuer; nicht Aufwendungen für Formulare), die Kreditinstitute anläßlich der Kontoführung oder auf Grund sonstiger Leistungen für ihre Kunden machen und nicht in Rechnung stellen, sind im Sinne dieses Abkommens als Zinszahlungen anzusehen.

(3) Hereingenommene Gelder werden unterschieden nach

täglich fälligen Geldern (§ 2),
Kündigungsgeldern (§ 3),
festen Geldern (§§ 4, 5),
Spareinlagen (§ 6).

(4) Hereingenommene Gelder unterliegen auch dann den Bestimmungen des Habenzinsabkommens, wenn sie mit mehrjähriger Kündigungsfrist oder Laufzeit hereingenommen werden. Dies gilt nicht für Gelder, die von Grundkreditanstalten oder anderen Emissionsbanken auf Grund satzungsrechtlicher Ermächtigung gegen Schuldschein oder Teilschuldverschreibung mit einer Kündigungsfrist oder Laufzeit von mindestens vier Jahren zwecks Gewährung langfristiger Darlehen angeliehen werden. Der Reichskommissar für das Kreditwesen kann auf Antrag für Gelder mit einer Kündigungsfrist von mindestens vier Jahren weitere Ausnahmen zulassen.

§ 2. (1) Täglich fällige Gelder im Sinne dieses Abkommens sind Gelder des Zahlungsverkehrs, für die eine Kündigungsfrist oder eine feste Laufzeit nicht vereinbart ist.

(2) Als täglich fällige Gelder sind auch Gelder anzusehen, für die eine Kündigungsfrist von weniger als einem Monat

---

[1]) RAnz. Nr. 299 vom 23. Dez. 1936.

oder eine Laufzeit von weniger als 30 Zinstagen vereinbart worden ist.

(3) Der Zinssatz für täglich fällige Gelder soll niedriger als der für Spareinlagen, Kündigungs- und feste Gelder festgesetzte sein.

(4) Der Zinssatz für täglich fällige Gelder in provisionspflichtiger Rechnung darf bis zu ½ v. H. p. a. über dem Zinssatz für täglich fällige Gelder in provisionsfreier Rechnung festgesetzt werden.

(5) Als provisionspflichtige Rechnungen sind nur solche anzusehen, auf denen eine Provision von mindestens 1 v. T. vom Umsatz beim Abschluß der laufenden Rechnung von deren größerer Seite abzüglich des Saldovortrages und derjenigen Beträge, für welche sofort mindestens 1 v. T. Gebühr belastet worden ist, berechnet wird. Der Habensaldovortrag auf der größeren Seite des Kontos ist jedoch als provisionspflichtig zu behandeln, wenn der Umsatz auf dieser größeren Seite des Kontos im Halbjahr weniger als das Zweieinhalbfache des Habensaldovortrages beträgt.

§ 3. (1) Als Kündigungsgelder im Sinne dieses Abkommens sind alle Gelder anzusehen, für die ausdrücklich eine Kündigungsfrist von mindestens einem Monat vereinbart worden ist.

(2) Wird vor Ablauf einer Kündigungsfrist eine neue längere Kündigungsfrist vereinbart, so darf die neue Kündigungsfrist und die dieser entsprechende Verzinsung erst nach Ablauf der alten Kündigungsfrist in Kraft treten. Der neuen Verzinsung darf der Zinssatz zugrunde gelegt werden, der zur Zeit der Vereinbarung der Fristenänderung für Kündigungsgelder mit der neuen Frist zulässig ist.

§ 4. (1) Als feste Gelder im Sinne dieses Abkommens sind Gelder anzusehen, die für einen Zeitraum von mindestens 30 Zinstagen hereingenommen und an einem vorher bestimmten Tage fällig werden. Sofern der Betrag im einzelnen Falle nicht mindestens 15 000 RM ausmacht, sind der Verzinsung nicht die für feste Gelder, sondern die für Kündigungsgelder mit den entsprechenden Fristen festgesetzten Zinssätze zugrundezulegen.

(2) Werden Gelder der im Abs. 1 bezeichneten Art während der Dauer einer Laufzeit auf einen bestimmten weiteren Zeitraum hereingenommen, so dürfen diese Gelder für den Zeitraum der weiteren Festlegung höchstens mit

dem Satz verzinst werden, der auf Grund der neuen, vom Fälligkeitstage ab gerechneten Laufzeit zulässig ist. Hierbei darf derjenige Satz zugrunde gelegt werden, der zur Zeit der neuen Vereinbarung für feste Gelder mit der zusätzlichen Laufzeit Geltung hat.

(3) Der Verkauf von Privatdiskonten, eigenen Akzepten, bankgirierten Wechseln, diskontierbaren Reichsschatzwechseln, unverzinslichen Schatzanweisungen des Reichs und der Länder und anderen unverzinslichen kurzfristigen Wertpapieren gleicher Art an Nichtbankierkunden ist, soweit diese Papiere eine Laufzeit von weniger als 30 Zinstagen haben, nicht zulässig.

§ 5. (1) Soweit Privatdiskonten, eigene Akzepte, bankgirierte Wechsel eine Laufzeit von mindestens 30 bis höchstens 90 Zinstagen haben, dürfen sie an Nichtbankierkunden zu keinem für den Käufer günstigeren Satz als 1 v. H. unter dem jeweiligen Privatdiskontsatz (mittleren Privatdiskontsatz) abgegeben werden.

(2) Soweit unverzinsliche Schatzanweisungen des Reichs und der Länder und andere kurzfristige Wertpapiere gleicher Art eine Laufzeit von mindestens 30 bis höchstens 90 Zinstagen haben, dürfen sie an Nichtbankierkunden zu keinem für den Käufer günstigeren Satz als 1½ v. H. unter dem jeweiligen Reichsbankdiskontsatz abgegeben werden.

(3) Soweit diskontierbare Reichsschatzwechsel eine Laufzeit von mindestens 30 bis höchstens 59 Zinstagen haben, dürfen sie an Nichtbankierkunden zu keinem für den Käufer günstigeren Satz als 1 v. H. unter dem jeweiligen Privatdiskontsatz (mittleren Privatdiskontsatz) abgegeben werden; soweit sie eine Laufzeit von mindestens 60 bis höchstens 90 Zinstagen haben, dürfen sie an Nichtbankierkunden zu keinem für den Käufer günstigeren Satz als ¾ v. H. unter dem jeweiligen Privatdiskontsatz (mittleren Privatdiskontsatz) abgegeben werden.

(4) Im übrigen darf die Abgabe aller in § 4 Abs. 3 genannten Papiere an Nichtbankierkunden zu keinem für den Käufer günstigeren Satz erfolgen als

a) zu 1 v. H. unter Reichsbankdiskontsatz, soweit die Papiere eine Laufzeit von mindestens 91 bis höchstens 179 Zinstagen haben,

b) zu ½ v. H. unter Reichsbankdiskontsatz, soweit die Papiere eine Laufzeit von 180 bis höchstens 359 Zinstagen haben,

c) zu ¼ v. H. unter Reichsbankdiskontsatz, soweit die Papiere eine Laufzeit von 360 Zinstagen und darüber haben.

§ 6. (1) Spareinlagen mit gesetzlicher und vereinbarter Kündigungsfrist sind Einlagen auf Konten, die der Bestimmung des § 22 des Reichsgesetzes über das Kreditwesen vom 5. Dezember 1934 (RGBl. I S. 1203) entsprechen.

(2) Wird bei Spareinlagen mit vereinbarter Kündigungsfrist vor Ablauf der Kündigungsfrist eine neue, längere Kündigungsfrist vereinbart, so darf der zur Zeit dieser Vereinbarung für Spareinlagen mit der neuen Frist zulässige Zinssatz erst nach Ablauf der alten Kündigungsfrist gewährt werden.

(3) Eine Hinterlegung von Sparbüchern soll sich auf Ausnahmefälle beschränken. Sie darf insbesondere nicht dazu dienen, die Vorschriften über die Vorlage von Sparbüchern bei der Abhebung zu umgehen.

§ 7. Neufestgesetzte Zinssätze für Kündigungsgelder (§ 3) und Spareinlagen (§ 6) treten, wenn nach den Geschäftsbedingungen oder der bestehenden Übung die Änderung der Zinssätze unabhängig von der Kündigungsfrist ist, mit dem Inkrafttreten der Neufestsetzung durch den Zentralen Kreditausschuß in Kraft. Besteht eine Übung nicht, oder kann nach den Geschäftsbedingungen der Zinssatz erst nach Ablauf der Kündigungsfrist geändert werden, so ist die Kündigung zwecks Änderung des Zinssatzes unverzüglich auszusprechen, soweit die neuen Zinssätze unter den vereinbarten Zinssätzen liegen.

§ 8. Es ist unzulässig, bei Entgegennahme von Kündigungsgeldern, festen Geldern oder Spareinlagen sich zu einer vorzeitigen Rückzahlung bereit zu erklären oder sich zu einer Bevorschussung in irgendeiner auch nur angedeuteten Form zu verpflichten.

§ 9. (1) Werden Gelder, die gemäß §§ 1 Abs. 4, 3, 4 oder 6 hereingenommen sind, ausnahmsweise vor dem aus der Kündigung oder aus der vereinbarten Laufzeit sich ergebenden Fälligkeitstermin ganz oder teilweise zurückbezahlt, so ist der zurückbezahlte Betrag bis zum Fälligkeitstermin als Vorschuß zu behandeln.

(2) Für diese Vorschüsse muß mindestens ein Sollzinssatz berechnet werden, der den für das hereingenommene Geld oder den dem Vorschuß entsprechenden Teil des hereingenommenen Geldes vereinbarten Habenzinssatz um ein Viertel übersteigt.

(3) Jedoch braucht in Fällen, in denen infolge unvorhergesehener Ereignisse außergewöhnlicher Geldbedarf beim Einleger eingetreten ist, auf den Vorschuß an Sollzinsen nicht mehr berechnet zu werden, als insgesamt an Habenzinsen auf den entsprechenden hereingenommenen Betrag vergütet wird. Bei festem Geld sind hierbei, falls das laufende Geld aus einer Erneuerung herrührt, nur diejenigen Zinsen als Grundlage zu nehmen, die seit der letzten Erneuerung in Anrechnung gekommen sind. Bei Kündigungsgeldern und Spareinlagen bleiben Habenzinsen außer Betracht, die für einen vor der letzten Abrechnung liegenden Zeitraum angefallen sind.

§ 10. (1) Kreditgenossenschaften, Privatbankfirmen sowie kleine und mittlere Banken dürfen nach Maßgabe besonderer vom Reichskommissar für das Kreditwesen aufgestellter Grundsätze die in den §§ 2—4, 6 vorgesehenen Höchstzinssätze überschreiten. Der Reichskommissar kann diese Grundsätze abändern, aufheben oder neufassen.[1])

(2) Kreditinstitute, die keine Firma im Sinne des Handelsrechts führen, dürfen den Voraus nicht in Anspruch nehmen.

(3) In allen sich aus dieser Vorschrift und den vom Reichskommissar für das Kreditwesen erlassenen Grundsätzen ergebenden Zweifelsfragen entscheidet der Reichskommissar für das Kreditwesen endgültig.

§ 11. Der Zentrale Kreditausschuß ist berechtigt, für einzelne Wirtschaftskammerbezirke oder Teile derselben Abweichungen von den Höchstzinssätzen nach unten festzusetzen.

§ 12. Jedes im Zentralen Kreditausschuß vertretene Mitglied ist berechtigt, eine Änderung des Abkommens und der bestehenden Höchstzinssätze zu beantragen.

§ 13. (1) Das Abkommen ist bis zum 31. Dezember 1937 wirksam und verlängert sich jeweils um sechs Monate, wenn es nicht zuvor mit einer Frist von drei Monaten gekündigt wird.

(2) Kommt der Zentrale Kreditausschuß einem Antrage eines Mitglieds auf Änderung des vorliegenden Abkommens nicht nach und liegen Umstände vor, die die Aufrechterhaltung der Bindungen für den Antragsteller nicht mehr tragbar erscheinen lassen, so kann dieser binnen einer Woche nach

---

[1]) Grundsätze über die Gewährung des Zinsvoraus vom 4. Jan. 1937 (RAnz. Nr. 1 vom 4. Jan. 1937). Vgl. S. 324.

Ablehnung seines Antrages im Zentralen Kreditausschuß das Abkommen zu einem früheren als dem im Abs. 1 bezeichneten Zeitpunkt mit einer Frist von vier Wochen kündigen.

(3) Wird das Abkommen zu einer anderen Frist als der Mantelvertrag gekündigt und nicht rechtzeitig durch ein neues Abkommen ersetzt, so läuft das bisherige Abkommen bis zum Ablauf des Mantelvertrages weiter, es sei denn, daß der Reichskommissar für das Kreditwesen einem früheren Außerkrafttreten des Abkommens zustimmt.

(4) Widerruft der Reichskommissar für das Kreditwesen die Allgemeinverbindlichkeit des Abkommens, so gilt das Abkommen als mit sofortiger Wirkung aufgehoben.

(5) Im Falle der Kündigung nach Abs. 2 oder des Widerrufs kann der Reichskommissar für das Kreditwesen bestimmen, welche Vorschriften bis zum Zustandekommen eines neuen Abkommens — äußerstenfalls jedoch bis zu drei Monaten — weiter gelten.

(6) Der Reichskommissar für das Kreditwesen kann auch die Allgemeinverbindlichkeit einzelner Bestimmungen dieses Abkommens widerrufen. Macht der Reichskommissar von dieser Befugnis Gebrauch, so kann das Abkommen mit Frist von einem Monat gekündigt werden. Im Falle der Kündigung kann der Reichskommissar für das Kreditwesen bestimmen, welche Vorschriften bis zum Zustandekommen eines neuen Abkommens — äußerstenfalls jedoch bis zu drei Monaten — weiter gelten.

c) Sollzinsabkommen.

Abkommen über die Berechnung der Zins- und Provisionssätze bei der Weitergabe von Geldern an Dritte vom 22. Dezember 1936.[1])

§ 1. (1) Bei der Weitergabe von Geldern an Dritte dürfen folgende Kosten berechnet werden:

Sollzinsen (§ 2),
Kreditprovision (§ 2),

— an Stelle von Sollzinsen und Kreditprovision

ein Nettozinssatz (§ 3),
Überziehungsprovision (§ 4),

---

[1]) RAnz. Nr. 299 vom 23. Dez. 1936.

Umsatzprovision (§ 5),
Barauslagen.

(2) Neben den genannten Kosten dürfen keine anderen Provisionen und Spesen berechnet werden. Es ist ferner ohne Zustimmung des Reichskommissars für das Kreditwesen unzulässig, die Weitergabe von Geldern davon abhängig zu machen, daß der Kreditnehmer Einlagen unterhält oder macht. Eine unzulässige Umgehung des Abkommens liegt auch dann vor, wenn der Kreditgeber aus der Bestellung von Sicherheiten, die er für die Hergabe des Kredits verlangt, einen Gewinn zieht (z. B. eine Provision für den Abschluß von Versicherungen), der zusammen mit den Kreditkosten die Normalsätze des Sollzinsabkommens übersteigt.

(3) Die Vereinbarung von Mindestbeträgen für die in Abs. 1 genannten Kosten ist nicht zulässig. Aufrundungen auf volle 0,10 RM sind statthaft. Mindestsätze sind zulässig.

(4) Die festgesetzten Normalsätze gelten auch für das Diskontgeschäft. Soweit die Reichsbank beim Diskontgeschäft Mindestbeträge anwendet, ist deren Belastung auch im Rahmen dieses Abkommens zulässig.

(5) Für zusätzliche Bankleistungen, die neben den bei einer Kreditgewährung üblichen Grundleistungen oder gesondert im Auftrage oder im Interesse des Kunden erfolgen, kann das Kreditinstitut angemessene Gebühren berechnen.

(6) In Kontoauszügen, Abrechnungen usw. muß die Höhe der Kosten im einzelnen ersichtlich sein. Dabei sind die berechneten Zins- und Provisionssätze im einzelnen ziffernmäßig und in Vomhundertsätzen anzugeben und etwaige sonstige Kosten gesondert aufzuführen. Übersteigen die Kosten eines Kredits (Abs. 1 und 5) für einen Abrechnungszeitraum insgesamt nicht 10 RM, so ist ihre Ermittlung im Wege der Schätzung unter Zugrundelegung der bestehenden Normalsätze und der über die Höhe einzelner Kostenarten erlassenen Richtlinien zulässig.

§ 2. (1) Werden für an Dritte weitergegebene Gelder Sollzinsen und Kreditprovision getrennt berechnet, so gelten folgende Grundsätze:

(2) Der Zentrale Kreditausschuß setzt einen Normalsatz für den Sollzins und für die Kreditprovision fest. Der Sollzins soll sich an den Reichsbankdiskontsatz anlehnen. Diese Anlehnung fällt fort, falls dadurch der Normalsatz für den Sollzins unter 5 v. H. sinken würde. Die Beschlüsse sind

dem Reichskommissar für das Kreditwesen vorzulegen, um dessen Zustimmung zu erlangen (vgl. § 6 des Mantelvertrages). Die festgesetzten Normalsätze sind jeweils im Deutschen Reichsanzeiger und Preußischen Staatsanzeiger zu veröffentlichen.

(3) Die Zinsen dürfen nur für den tatsächlich in Anspruch genommenen Kredit erhoben werden. Die Vorschrift des § 1 Abs. 2 Satz 2 dieses Abkommens wird hierdurch nicht berührt.

(4) Es ist jedoch zulässig, sofern es sich um einen Kredit von mindestens 25 000 RM handelt, den zugesagten Kreditbetrag auf einem Sonderkonto zu belasten, das keine weiteren Umsätze aufweisen darf außer den zur Abdeckung des Kredits bestimmten und von dem Kreditnehmer als solche besonders kenntlich gemachten Beträgen. Die Belastung auf Sonderkonto und Übertragung auf laufende Rechnung darf jedoch nicht schon für den Tag der Kreditzusage erfolgen, sondern erst mit dem Tage der Kreditinanspruchnahme, und zwar jeweils in Höhe des beanspruchten Betrages. Erfolgt eine zur vorzeitigen Abdeckung des Kreditbetrages oder eines Teiles des Kreditbetrages bestimmte und als solche kenntlich gemachte Anschaffung, so ist diese dem Sonderkonto gutzuschreiben und der zugesagte Kredit erlischt in entsprechender Höhe. Eingänge, zu deren Wiederinanspruchnahme der Kunde berechtigt sein soll, dürfen nur in laufender Rechnung gutgeschrieben werden. Bei der Grenze von 25 000 RM gemäß Satz 1 dieses Absatzes ist von dem ursprünglich zugesagten Kreditbetrag auszugehen.

(5) Die Kreditprovision kann entweder für den fest zugesagten Kredit im voraus oder bei stillschweigend gewährtem Kredit vom Höchstsollsaldo berechnet werden. Im letzteren Falle darf kein höherer Betrag belastet werden, als sich bei Berechnung einer Überziehungsprovision ergeben würde. Eine Berechnung der Kreditprovision im voraus darf nur stattfinden, wenn dies vereinbart ist. Eine Vereinbarung in diesem Sinne gilt im Rahmen dieses Abkommens auch dann als zustande gekommen, wenn die bei Beginn der Abrechnungsperiode erteilte Belastungsaufgabe des Kreditinstituts über die Kreditprovision unwidersprochen bleibt.

§ 3. An Stelle der getrennten Berechnung nach Sollzins und Kreditprovision kann von solchen Instituten, die Einlagen annehmen, ein Nettozinssatz angewandt werden. Die Höhe des Nettozinssatzes ergibt sich aus dem gewogenen

Durchschnitt der Zinssätze für hereingenommene Gelder, für Bankeinlagen, Nostroverpflichtungen sowie der Diskontsätze für weitergegebene Wechsel zuzüglich einer Spanne, für die der Zentrale Kreditausschuß einen Normalsatz festsetzt. Der Zentrale Kreditausschuß kann den Normalsatz für einzelne Wirtschaftskammerbezirke oder Teile derselben abweichend voneinander festsetzen. Der Beschluß des Zentralen Kreditausschusses ist dem Reichskommissar für das Kreditwesen vorzulegen, um dessen Zustimmung zu erlangen (vgl. § 6 des Mantelvertrages). Der festgesetzte Normalsatz ist jeweils im Deutschen Reichsanzeiger und Preußischen Staatsanzeiger zu veröffentlichen.

§ 4. (1) Nimmt ein Schuldner bei einem Kreditinstitut ohne Vereinbarung oder über den vereinbarten Kredit oder über den vereinbarten Termin hinaus einen Kredit in Anspruch, so ist das Kreditinstitut berechtigt, in diesem Falle eine Überziehungsprovision zu berechnen. Vorschüsse, die aus gekündigten Krediten herrühren, sowie sogenannte Abwicklungskredite gelten, sofern sie zu Wirtschafts-, nicht zu Spekulationszwecken gegeben worden sind, nicht als Kontoüberziehungen.

(2) Die Überziehungsprovision darf nur vom überzogenen Betrage erhoben werden.

(3) Bei getrennter Berechnung nach Sollzins und Kreditprovision darf vom überzogenen Betrag neben der Überziehungsprovision nicht noch außerdem Kreditprovision berechnet werden.

(4) Der Reichskommissar für das Kreditwesen kann nach Anhörung des Zentralen Kreditausschusses über die Erhebung und Berechnung der Überziehungsprovision Richtlinien erlassen.[1])

§ 5. (1) Die Umsatzprovision stellt ein Entgelt für die mit der Kontenführung verbundenen Grundleistungen sowie die Zurverfügungstellung der Bankeinrichtungen dar.

(2) Bei ihrer Berechnung ist vom tatsächlichen Umsatz ohne Saldovortrag auszugehen. Steht indessen der Umsatz

---

[1]) Vgl. Richtlinien des Reichskommissars für das Kreditwesen über die Erhebung und Berechnung der Überziehungsprovision vom 14. Jan. 1937:

Auf Grund des § 4 Abs. 4 des Sollzinsabkommens vom 22. Dez. 1936 wird nach Anhörung des Zentralen Kreditausschusses entin keinem Verhältnis zum beanspruchten Kredit oder fehlt er gänzlich, so kann die Umsatzprovision bei debitorisch geführten Konten vom Höchstsollsaldo innerhalb einer Rechnungsperiode berechnet werden.

(3) Der Reichskommissar für das Kreditwesen kann nach Anhörung des Zentralen Kreditausschusses über die Erhebung und Berechnung der Umsatzprovision Richtlinien erlassen.[1])

§ 6. Kreditinstitute, die gemäß § 10 des Habenzinsabkommens die für hereingenommene Gelder vorgesehenen

---

sprechend der bisherigen Übung über die Höhe der Überziehungsprovision folgendes bestimmt:

Die Überziehungsprovision darf bei getrennter Berechnung der Kreditkosten nach Sollzinsen und Kreditprovision $^1/_8$ v. H. für den Tag auf den überzogenen Betrag nicht übersteigen.

Bei Anwendung des Nettozinssatzes darf die Überziehungsprovision $^1/_{15}$ v. H. für den Tag auf den überzogenen Betrag nicht überschreiten.

[1]) Vgl. Richtlinien des Reichskommissars für das Kreditwesen über die Erhebung und Berechnung der Umsatzprovision bei debitorischen Konten vom 14. Jan. 1937:

Auf Grund des § 5 Abs. 3 des Sollzinsabkommens vom 22. Dez. 1936 wird nach Anhörung des Zentralen Kreditausschusses über die Höhe und Berechnung der Umsatzprovision bei debitorischen Konten folgendes bestimmt:

Für die Höhe der Umsatzprovision sind die tatsächlichen Leistungen des Kreditinstitutes allein entscheidend. Die Umsatzprovision soll sich in mäßigen Grenzen halten. Die Einnahmen aus der Umsatzprovision sollen den Aufwand der Kreditinstitute für die mit einer Kontenführung zusammenhängenden banküblichen Leistungen decken. Die Umsatzprovision wird daher verschieden hoch sein müssen, je nachdem, ob auf den Konten nur große Beträge oder viele kleine Beträge zu verbuchen sind oder ob mit den Verbuchungen sonstige übliche Leistungen verbunden sind.

Auch bei kleinen Posten soll die Umsatzprovision grundsätzlich 1 v. H. des Umsatzes der größeren Seite (ohne Saldovortrag und ohne die üblicherweise freizustellenden Posten) nicht überschreiten. Nur in solchen Fällen, in denen sich ein außerordentlicher Arbeitsaufwand durch Verbuchung zahlreicher kleinster Posten im Zusammenhang mit anderen Leistungen, die nicht nur auf dem Gebiete des Zahlungsverkehrs liegen, ergibt, werde ich gegen eine Belastung bis zu $1^1/_2$ v. H. des Umsatzes der größeren Seite (ohne

Höchstzinssätze überschreiten dürfen, können bei getrennter Berechnung der Kreditkosten nach Sollzins und Kreditprovision den Normalsatz für Sollzinsen um den von ihnen gewährten Zinsvoraus erhöhen.

§ 7. (1) Die Normalsätze (§§ 2, 3) begrenzen den Spielraum für die Berechnung der Zinsen und der Kreditprovision nach oben. Überschreitungen der Normalsätze sind nur in besonders begründeten Fällen zulässig. Ob ein solcher Fall vorliegt, entscheidet der Reichskommissar für das Kreditwesen endgültig.

(2) Der Reichskommissar für das Kreditwesen kann für bestimmte Arten von Kreditgeschäften Abweichungen von den Normalsätzen allgemein zulassen.

§ 8. Jedes im Zentralen Kreditausschuß vertretene Mitglied ist berechtigt, eine Änderung des Abkommens und der bestehenden Normalsätze (§§ 2, 3) zu beantragen.

§ 9. (1) Das Abkommen ist bis zum 31. Dezember 1937 wirksam und verlängert sich jeweils um sechs Monate, wenn es nicht zuvor mit einer Frist von drei Monaten gekündigt wird.

(2) Kommt der Zentrale Kreditausschuß einem Antrage eines Mitglieds auf Änderung des vorliegenden Abkommens nicht nach und liegen Umstände vor, die die Aufrechterhaltung der Bindungen für den Antragsteller nicht mehr tragbar erscheinen lassen, so kann dieser binnen einer Woche nach Ablehnung seines Antrages im Zentralen Kreditausschuß das Abkommen zu einem früheren als dem im Abs. 1 bezeichneten Zeitpunkt mit einer Frist von vier Wochen kündigen.

(3) Wird das Abkommen zu einer anderen Frist als der des Mantelvertrages gekündigt und nicht rechtzeitig durch ein neues Abkommen ersetzt, so läuft das bisherige Abkommen bis zum Ablauf des Mantelvertrages weiter, es sei denn, daß der Reichskommissar für das Kreditwesen einem früheren Außerkrafttreten des Abkommens zustimmt.

Saldovortrag und ohne die üblicherweise freizustellenden Posten) keine Einwendungen erheben.

Steht der Umsatz in keinem Verhältnis zu dem beanspruchten Kredit oder fehlt er gänzlich, so ist die Belastung einer Umsatzprovision bis zu $\frac{1}{2}$ v. H. für das Halbjahr oder bis zu $\frac{1}{4}$ v. H. für das Vierteljahr vom Höchstsollsaldo als Entgelt für die Zurverfügungstellung der Einrichtungen des Kreditinstituts zulässig.

(4) Widerruft der Reichskommissar für das Kreditwesen die Allgemeinverbindlichkeit des Abkommens, so gilt das Abkommen als mit sofortiger Wirkung aufgehoben.

(5) Im Falle der Kündigung nach Abs. 2 oder des Widerrufs kann der Reichskommissar für das Kreditwesen bestimmen, welche Vorschriften bis zum Zustandekommen eines neuen Abkommens — äußerstenfalls jedoch bis zu drei Monaten — weiter gelten.

(6) Der Reichskommissar für das Kreditwesen kann auch die Allgemeinverbindlichkeit einzelner Bestimmungen dieses Abkommens widerrufen. Macht der Reichskommissar von dieser Befugnis Gebrauch, so kann das Abkommen mit Frist von einem Monat gekündigt werden. Im Falle der Kündigung kann der Reichskommissar für das Kreditwesen bestimmen, welche Vorschriften bis zum Zustandekommen eines neuen Abkommens — äußerstenfalls jedoch bis zu drei Monaten — weiter gelten.

d) Wettbewerbsabkommen vom 22. Dezember 1936.[1])

§ 1. Zwischen den Vertragschließenden besteht Einigkeit darüber, daß mit der geschäftlichen Werbung niemals eine Herabsetzung anderer Kreditinstitute verbunden sein darf. Die Vertragschließenden stellen dabei ausdrücklich fest, daß jeder unlautere Wettbewerb auch nach diesem Abkommen unzulässig ist.

§ 2. Es ist nicht zulässig, die Sicherheit des eigenen Instituts unter vergleichender Gegenüberstellung mit anderen Kreditinstituten in einer Weise hervorzuheben, die geeignet ist, beim Publikum den Eindruck geringerer Sicherheit anderer Kreditinstitute hervorzurufen. Eine vergleichende Gegenüberstellung kann auch bei nicht ausdrücklicher Nennung anderer Kreditinstitute vorliegen.

§ 3. Jede aufdringliche und jede der Berufsauffassung des Kreditgewerbes nicht entsprechende Werbung ist den Kreditinstituten nicht gestattet. Als eine Werbung dieser Art gilt insbesondere jede an einen unbestimmten Personenkreis gerichtete Bekanntmachung über die für Einlagen jeder Art vergüteten Zinssätze mit Ausnahme von Aushängen, die

---

[1]) RAnz. Nr. 299 vom 23. Dez. 1936.

im Innern des eigenen Geschäftslokals in einer von außen nicht sichtbaren Weise erfolgen. Unzulässig ist es auch, mit kostenlosen Leistungen eines Kreditinstituts Werbung zu treiben. Schließlich ist es auch unstatthaft, die Tatsache der Gewährung des Zinsvoraus zur Werbung zu benutzen.

§ 4. (1) Die Vertragschließenden sehen jede Einflußnahme von Behörden oder Körperschaften und Einrichtungen, die öffentliche Aufgaben erfüllen, auf die Errichtung von Konten oder die Eingehung sonstiger Geschäftsverbindungen mit bestimmten Kreditinstituten oder bestimmten Gruppen von Kreditinstituten als unzulässig an.

(2) Dementsprechend lehnen sie auch jede einseitige Verquickung der Werbung von Kreditinstituten mit der Tätigkeit oder mit Verlautbarungen von Behörden oder Körperschaften und Einrichtungen, die öffentliche Aufgaben erfüllen, ab.

(3) Kreditinstitute oder Gruppen von Kreditinstituten, die öffentliche Aufgaben erfüllen, gehören nicht zu den öffentlichen Körperschaften oder Einrichtungen im Sinne dieser Bestimmung.

§ 5. (1) Als Werbung im Sinne dieses Abkommens ist es auch anzusehen, wenn Presseorgane veranlaßt werden, Äußerungen in den redaktionellen Teil ihres Blattes aufzunehmen.

(2) Eine Werbung der Kreditinstitute liegt ferner auch dann vor, wenn von den beteiligten Gruppen oder von deren Pressestellen Mitteilungen in die Presse gebracht werden.

§ 6. Unter den Vertragschließenden besteht Einverständnis darüber, daß die Ausübung eines Druckes auf Hypothekenschuldner, auch ihre bankmäßigen Geschäfte durch das hypothekengebende Kreditinstitut ausüben zu lassen, unzulässig ist; auch darf die Gewährung einer Hypothek an ein Mitglied einer eingetragenen Genossenschaft nicht von dem Austritt des Darlehnsnehmers aus dieser Genossenschaft abhängig gemacht werden. Unter Hypotheken im vorstehenden Sinne sind jedoch nur feste Hypotheken zu verstehen, nicht auch Sicherungshypotheken, die für einen Bankkredit bestellt werden.

§ 7. (1) Die Vertragschließenden sind sich über die Unzulässigkeit eines Mißbrauchs des bargeldlosen Zahlungsverkehrs zu Zwecken des Kundenfangs einig. Überweisungen müssen entsprechend dem Willen des Auftraggebers ausgeführt werden. Insbesondere wird folgendes vereinbart:

a) Es bedeutet einen schweren Verstoß gegen die gute Standessitte im Bankgewerbe und im Sparkassenwesen und gegen die mit der Teilnahme an der Durchführung des bargeldlosen Zahlungsverkehrs verbundenen Pflichten, wenn ein Kreditinstitut einen ihm erteilten Auftrag zur Überweisung eines Geldbetrages an das Konto des Zahlungsempfängers bei einem anderen Kreditinstitut benutzt, um den Begünstigten zu veranlassen, sich diesen Betrag auf einem bei dem beauftragten Kreditinstitut zu errichtenden Konto gutschreiben zu lassen.

b) Es ist auch unzulässig, wenn ein Kreditinstitut sich aus Anlaß eines Auftrages des gedachten Inhalts mit dem Begünstigten in Verbindung setzt, um dessen Zustimmung dazu zu erlangen, daß die Gutschrift statt auf dem im Auftrage genannten Konto des Begünstigten bei einem anderen Kreditinstitut auf einem Konto vorgenommen wird, welches von dem beauftragten Kreditinstitut für den Begünstigten bereits geführt wird.

c) Die Grundsätze unter a und b finden entsprechende Anwendung auf den Fall, daß ein Kreditinstitut sich in seinen allgemeinen Geschäftsbedingungen oder in seinen besonderen Geschäftsbedingungen für den Giroverkehr das Recht vorbehält, mit Aufträgen der hier in Rede stehenden Art in der unter a oder b bezeichneten Weise zu verfahren.

d) Die Vertragschließenden betrachten es ferner als unzulässig, wenn ein Kreditinstitut durch vertraglichen Zwang oder sonstigen Druck auf seine Kunden dahin einwirkt, daß sie von Überweisungsaufträgen an das Konto des Begünstigten bei einem anderen Kreditinstitut absehen.

e) Es ist nicht statthaft, daß ein Kreditinstitut aus Anlaß eines ihm erteilten Überweisungsauftrages für den Begünstigten ohne dessen vorherigen Antrag ein Konto eröffnet und den zu überweisenden Betrag diesem Konto gutschreibt.

f) Es ist ferner auch, abgesehen von den Fällen unter a und b, nicht statthaft, daß ein Kreditinstitut die Ausführung eines Überweisungsauftrages durch Verhandlungen mit dem Begünstigten über die Errichtung eines Kontos bei dem beauftragten Kreditinstitut verzögert. Unzulässig ist auch eine Mitteilung des beauftragten Kreditinstituts an den Begünstigten über den Eingang oder über die Ausführung eines Überweisungsauftrages.

g) Es ist auch unzulässig, einen Überweisungsauftrag zur Kundenwerbung zu benutzen, wenn aus dem Auftrag zwar nicht hervorgeht, daß der Überweisungsempfänger Kunde eines anderen Kreditinstituts ist, dies aber dem beauftragten Kreditinstitut bekannt ist.

h) Macht ein Kreditinstitut von der Ermächtigung des Auftraggebers Gebrauch, die Überweisung auf ein anderes als das angegebene Konto des Begünstigten durchzuführen, so gelten für das Kreditinstitut, an das der Überweisungsauftrag gelangt, ebenfalls die Grundsätze zu a, c, e, f und g.

(2) Die Vertragschließenden sind sich darüber einig, daß die vorstehenden Grundsätze entsprechende Anwendung auch dann finden sollen, wenn das Konto des Begünstigten, an welches nach dem ausdrücklichen Auftrage des Auftraggebers die Überweisung erfolgen soll, nicht bei einem Mitglied einer der beteiligten Gruppen geführt wird, es sich vielmehr um ein Postscheckkonto oder ein Reichsbankgirokonto oder ein Konto bei einem noch keiner der Gruppen angeschlossenen Kreditinstitute handelt.

§ 8. Die Vertragschließenden betrachten es angesichts der durch das geltende Bankgesetz gesicherten Stabilität der deutschen Währung als unzulässig, wenn Mitglieder ihrer Organisation sogenannte wertbeständige Konten in Reichsmark, jedoch auf Feingoldbasis oder auf Basis einer ausländischen Währung unterhalten oder für Einlagen entsprechende Zusagen machen.

§ 9. Unbeschadet ihrer auch weiterhin auf volle Wiederherstellung des Bank- und Sparkassengeheimnisses gerichteten Bestrebungen halten die Vertragschließenden ihre Mitglieder gleichwohl auch unter Gesichtspunkten des loyalen Wettbewerbs für verpflichtet, den zur Zeit geltenden, abweichenden Vorschriften der Reichsabgabenordnung und anderer Reichsgesetze in vollem Umfange nachzukommen, namentlich auch die Vorschrift des § 163 der Reichsabgabenordnung, betreffend Legitimationsprüfung vor Errichtung neuer Sparkonten oder sonstiger Konten, in der gesetzlich vorgeschriebenen Weise zu erfüllen. Sie halten demgemäß auch jede Art der Werbung für unzulässig, welche bestimmt oder geeignet ist, bei der Kundschaft oder im Publikum den Eindruck zu erwecken, als ob das betreffende Kreditinstitut es mit der Befolgung dieser Bestimmungen weniger genau nähme als andere Mitbewerber.

§ 10. Die Vertragschließenden sind sich darin einig, daß auch der Inhalt von Geschäftsbedingungen nicht gegen die vorstehenden Grundsätze eines einwandfreien Wettbewerbes verstoßen darf.

§ 11. Es besteht ferner Übereinstimmung, daß auch die Vertragschließenden selbst bei ihrer eigenen Werbung sich an die Grundsätze dieses Abkommens halten müssen.

§ 12. Jedes im Zentralen Kreditausschuß vertretene Mitglied ist berechtigt, eine Änderung dieses Abkommens zu beantragen.

§ 13. (1) Das Abkommen ist bis zum 31. Dezember 1937 wirksam und verlängert sich jeweils um sechs Monate, wenn es nicht zuvor mit einer Frist von drei Monaten gekündigt wird.

(2) Kommt der Zentrale Kreditausschuß einem Antrage eines Mitglieds auf Änderung des vorliegenden Abkommens nicht nach und liegen Umstände vor, die die Aufrechterhaltung der Bindungen für den Antragsteller nicht mehr tragbar erscheinen lassen, so kann dieser binnen einer Woche nach Ablehnung seines Antrages im Zentralen Kreditausschuß das Abkommen zu einem früheren als dem im Abs. 1 bezeichneten Zeitpunkt mit einer Frist von vier Wochen kündigen.

(3) Wird das Abkommen zu einer anderen Frist als der des Mantelvertrages gekündigt und nicht rechtzeitig durch ein neues Abkommen ersetzt, so läuft das bisherige Abkommen bis zum Ablauf des Mantelvertrages weiter, es sei denn, daß der Reichskommissar für das Kreditwesen einem früheren Außerkrafttreten des Abkommens zustimmt.

(4) Widerruft der Reichskommissar für das Kreditwesen die Allgemeinverbindlichkeit des Abkommens, so gilt das Abkommen als mit sofortiger Wirkung aufgehoben.

(5) Im Falle der Kündigung nach Abs. 2 oder des Widerrufs kann der Reichskommissar für das Kreditwesen bestimmen, welche Vorschriften bis zum Zustandekommen eines neuen Abkommens — äußerstenfalls jedoch bis zu drei Monaten — weiter gelten.

(6) Der Reichskommissar für das Kreditwesen kann auch die Allgemeinverbindlichkeit einzelner Bestimmungen dieses Abkommens widerrufen. Macht der Reichskommissar von dieser Befugnis Gebrauch, so kann das Abkommen mit Frist von einem Monat gekündigt werden. Im Falle der Kündigung kann der Reichskommissar für das Kreditwesen bestimmen, welche Vorschriften bis zum Zustandekommen eines neuen Abkommens — äußerstenfalls jedoch bis zu drei Monaten — weiter gelten.

e) Allgemeinverbindlichkeitserklärung vom 22. Dezember 1936.[1])

Die von den Spitzenverbänden der Kreditinstitute, Wirtschaftsgruppen der Kreditinstitute und aus den Spitzenverbänden hervorgegangenen Fachgruppen der Kreditinstitute getroffenen Vereinbarungen:

1. Mantelvertrag zwischen den Spitzenverbänden, Wirtschaftsgruppen und Fachgruppen der Kreditinstitute,
2. Abkommen über die Festsetzung von Höchstzinssätzen für hereingenommene Gelder (Habenzinsabkommen),
3. Abkommen über die Berechnung der Zins- und Provisionssätze bei der Weitergabe von Geldern an Dritte (Sollzinsabkommen),
4. Wettbewerbsabkommen

erkläre ich gemäß § 38 des Reichsgesetzes über das Kreditwesen vom 5. Dezember 1934 (RGBl. I S. 1203) für allgemeinverbindlich.

f) Grundsätze für die Gewährung des Zinsvoraus vom 4. Januar 1937.[2])

Auf Grund des § 10 Abs. 1 des Abkommens über die Festsetzung von Höchstzinssätzen für hereingenommene Gelder (Habenzinsabkommen) vom 22. Dezember 1936 — im nachstehenden „Abkommen" genannt — hat der Reichskommissar für das Kreditwesen folgende Grundsätze aufgestellt:

---

[1]) RAnz. Nr. 299 vom 23. Dez. 1936.

[2]) RAnz. Nr. 1 vom 4. Jan. 1937.

I. Allgemeines.

Die für Einlagen gemäß §§ 2—4, 6 vorgesehenen Höchstzinssätze dürfen von Kreditinstituten nicht überschritten werden, soweit für hereingenommene Gelder ein anderes Kreditinstitut oder eine Körperschaft des öffentlichen Rechts die Bürgschaft oder Garantie übernommen hat, die kein Anrecht auf Überschreitung der Höchstzinssätze haben.

II. Kreditgenossenschaften.

(1) Kreditgenossenschaften dürfen die für täglich fällige Gelder, Kündigungs- und feste Gelder (§§ 2—4 des Abkommens) vorgesehenen Höchstzinssätze um höchstens ½ v. H., die für Spareinlagen (§ 6 des Abkommens) vorgesehenen Höchstzinssätze um höchstens ¼ v. H. überschreiten.

(2) Ehrenamtlich geleitete Kreditgenossenschaften, deren Bilanzsumme 500 000 RM nicht übersteigt, dürfen die Höchstzinssätze für Spareinlagen um höchstens $^3/_8$ v. H. überschreiten. Für die anderen Geldarten steht ihnen die Gewährung des Zinsvoraus nach Maßgabe des Abs. 1 zu. Eine ehrenamtliche Leitung liegt dann vor, wenn der Rechner nebenamtlich allein und ohne fremde, bezahlte Hilfe — d. h. also ohne besonderes Büro für das Spar- und Kreditgeschäft — die Genossenschaftsgeschäfte führt und die Mitglieder des Vorstandes — außer dem Rechner, falls er dem Vorstand angehört — ehrenamtlich tätig sind. Ehrenamtlich geleitete Nebenstellen hauptamtlich geleiteter Kreditgenossenschaften sind nicht als ehrenamtlich geleitete Kreditgenossenschaften anzusehen.

(3) Kreditgenossenschaften, deren Bilanzsumme 5 Millionen Reichsmark, jedoch nicht 15 Millionen Reichsmark übersteigt, dürfen die für täglich fällige Gelder (§ 2 des Abkommens) vorgesehenen Höchstzinssätze nur um höchstens ¼ v. H. überschreiten. Für die anderen Geldarten steht ihnen die Gewährung des Zinsvoraus nach Maßgabe des Abs. 1 zu.

(4) Kreditgenossenschaften, deren Bilanzsumme 15 Millionen Reichsmark, jedoch nicht 30 Millionen Reichsmark übersteigt, dürfen nur die für Kündigungs- und feste Gelder (§§ 3 und 4 des Abkommens) vorgesehenen Höchstzinssätze um höchstens ¼ v. H. überschreiten.

(5) Kreditgenossenschaften, deren Mitglieder nicht überwiegend physische Personen sind, insbesondere Zentral-

kassen — diese ohne Rücksicht auf ihre Rechtsform —, oder deren Bilanzsumme 30 Millionen Reichsmark übersteigt, dürfen den Zinsvoraus nicht gewähren.

(6) Maßgebend für die Ermittlung der Bilanzsumme ist die letzte Jahresabschlußbilanz.

(7) Genossenschaften, die das Bank- und Warengeschäft pflegen, dürfen die Höchstzinssätze nach Maßgabe der vorstehenden Bestimmungen nur dann überschreiten, wenn das Bankgeschäft den Hauptgeschäftszweig darstellt.

III. Kleine und mittlere Banken.

(1) Kapitalgesellschaften des privaten Bankgewerbes, deren Bilanzsumme 15 Millionen Reichsmark nicht übersteigt, dürfen die für Kündigungs- und feste Gelder (§§ 3 und 4 des Abkommens) vorgesehenen Höchstzinssätze um höchstens ½ v. H., die für täglich fällige Gelder und Spareinlagen (§§ 2, 6 des Abkommens) vorgesehenen Höchstzinssätze um höchstens ¼ v. H. überschreiten.

(2) Kapitalgesellschaften des privaten Bankgewerbes, deren Bilanzsumme 15 Millionen Reichsmark, jedoch nicht 30 Millionen Reichsmark übersteigt, dürfen nur die für Kündigungs- und feste Gelder (§§ 3 und 4 des Abkommens) vorgesehenen Höchstzinssätze um höchstens ¼ v. H. überschreiten.

(3) Kapitalgesellschaften des privaten Bankgewerbes, deren Bilanzsumme 30 Millionen Reichsmark, jedoch nicht 50 Millionen Reichsmark übersteigt, dürfen ausschließlich die für feste Gelder über 15 000 RM (§ 4 des Abkommens) vorgesehenen Höchstzinssätze um höchstens ¼ v. H. überschreiten.

(4) Maßgebend für die Ermittlung der Bilanzsumme ist die letzte Jahresabschlußbilanz.

IV. Privatbankfirmen.

(1) Privatbankfirmen dürfen die für täglich fällige Gelder, Kündigungs- und feste Gelder (§§ 2—4 des Abkommens) vorgesehenen Höchstzinssätze bis um höchstens ½ v. H., die für Spareinlagen (§ 6 des Abkommens) vorgesehenen Höchstzinssätze bis um höchstens ¼ v. H. überschreiten.

(2) Privatbankfirmen, die von der Reichsbank als privatdiskontfähig angesehen werden, dürfen die für täglich fällige Gelder, Kündigungs- und feste Gelder (§§ 2—4 des Abkommens) vorgesehenen Höchstzinssätze bis um höchstens ¼ v. H. überschreiten.

V. Begrenzung des Zinsvoraus.

Der für Kündigungsgelder und Spareinlagen (§§ 3, 6 des Abkommens) vergütete Zinssatz darf einschließlich Zinsvoraus 4¼ v. H. nicht überschreiten.[1])

VI. Sonderregelungen.

(1) Kreditinstitute, die nach dem Vorstehenden zur Gewährung des Zinsvoraus berechtigt wären, haben hiervon auf Ersuchen des Reichskommissars für das Kreditwesen ganz oder teilweise abzusehen. Die in der Vergangenheit ausgesprochenen Ersuchen bleiben bis auf weiteres bestehen.

(2) Im Wirtschaftskammerbezirk Bayern (Land Bayern ohne Pfalz) dürfen die bisher für diesen Bezirk (früher Kreditausschuß Bayern rechtsrheinisch) zulässigen Sätze für den Zinsvoraus nicht überschritten werden.

VII.

Die Grundsätze treten mit Veröffentlichung im Deutschen Reichsanzeiger und Preußischen Staatsanzeiger in Kraft.

Der Reichskommissar für das Kreditwesen.

g) Bekanntmachung des Zentralen Kreditausschusses vom 22. Dezember 1936 mit Allgemeinverbindlichkeitserklärung.[1])

Der Zentrale Kreditausschuß hat heute folgende Beschlüsse gefaßt:

A. Auf Grund des § 1 des Abkommens über die Festsetzung der Höchstzinssätze für hereingenommene Gelder (Habenzinsabkommen) vom 22. Dezember 1936 werden folgende Höchstzinssätze festgesetzt:

	v. H.
I. Für täglich fällige Gelder (§ 2 des Abkommens)	
1. in provisionsfreier Rechnung höchstens	1
2. in provisionspflichtiger Rechnung höchstens . .	1½

---

[1]) Dies gilt auch für feste Gelder in Einzelbeträgen von unter 15 000 RM (vgl. § 4 Abs. I des Habenzinsabkommens); 4⅜ v. H. sind für diese nicht zulässig. (Reichskommissar Tgb.-Nr. 2196/37 V.)

[1]) RAnz. Nr. 299 vom 23. Dez. 1936.

v. H.

II. Für Spareinlagen (§ 6 des Abkommens und §§ 22—25 KWG.)

1. mit gesetzlicher Kündigungsfrist höchstens . . . 3
2. mit vereinbarter Kündigungsfrist von
   a) 3 Monaten bis weniger als 6 Monaten höchstens 3⅛
   b) 6 Monaten bis weniger als 12 Monaten höchstens 3⅝
   c) 12 Monaten und darüber höchstens 4

III. Für Kündigungsgelder (§ 3 des Abkommens) mit einer Kündigungsfrist von mindestens

1. 1 Monat und weniger als 3 Monaten höchstens 2½
2. 3 Monaten und weniger als 6 Monaten höchstens 3
3. 6 Monaten und weniger als 12 Monaten höchstens 3½
4. 12 Monaten und darüber 3⅞

Diese Sätze haben auch für feste Gelder (§ 4 Abs. 1 des Abkommens) in Einzelbeträgen von unter 15 000 RM Gültigkeit.

IV. Für feste Gelder (§ 4 Abs. 1 des Abkommens), sofern der Betrag im Einzelfall mindestens 15 000 RM ausmacht, mit einer Laufzeit von mindestens

1. 30 bis 89 Zinstagen höchstens 1½
   unter dem am Tage der Hereinnahme geltenden oder höchstens 1½
   unter dem jeweiligen Reichsbankdiskontsatz,
2. 90 bis 179 Zinstagen höchstens 1
   unter dem am Tage der Hereinnahme geltenden oder höchstens 1
   unter dem jeweiligen Reichsbankdiskontsatz,
3. 180 bis 359 Zinstagen höchstens . . . . ½
   unter dem an Tage der Hereinnahme geltenden oder höchstens . . . . ½
   unter dem jeweiligen Reichsbankdiskontsatz,
4. 360 Zinstagen und darüber höchstens . . . . . ¼
   unter dem am Tage der Hereinnahme geltenden oder höchstens . . . . ¼
   unter dem jeweiligen Reichsdiskontsatz.

B. I. Auf Grund des § 2 Abs. 2 des Abkommens über die Berechnung der Zins- und Provisionssätze bei der Weitergabe von Geldern an Dritte (Sollzinsabkommen) vom 22. Dezember 1936 wird

der Normalsatz für den Sollzins auf 1 v. H. über Reichsbankdiskont

und der Normalsatz für die Kreditprovision auf 1/8 v. H. pro Monat festgesetzt.

II. Auf Grund des § 3 des Sollzinsabkommens wird der Normalsatz für die Spanne, die zur Errechnung des Nettozinssatzes zu dem gewogenen Durchschnitt der Zinssätze für hereingenommene Gelder hinzugeschlagen werden kann, für die folgenden Wirtschaftskammerbezirke wie folgt festgesetzt:

Für den Wirtschaftskammerbezirk:	v. H.
1. Ostpreußen	3½
2. Schlesien	3½
3. Brandenburg:	
a) ohne Stadt Berlin	3½
b) Stadt Berlin	3½
4. Pommern	3½
5. Nordmark:	
a) ohne Hamburg und die Kreise Land Hadeln, Stade, Harburg-Wilhelmsburg (Stadt) und Harburg Land	3½
b) die Kreise Land Hadeln, Stade, Harburg-Wilhelmsburg (Stadt) und Harburg Land	3
c) Hamburg	3½
6. Bremen	3½
7. Niedersachsen:	
a) ohne Oldenburg	3
b) Oldenburg	3½
8. Düsseldorf	3½
9. Westfalen und Lippe:	
a) ohne beide Lippe	3½
b) beide Lippe	3
10. Rheinland	3½
11. Hessen	3½
12. Mitteldeutschland (Magdeburg)	3½
13. Mitteldeutschland (Weimar)	3½
14. Sachsen	3½
15. Bayern	3½
16. Baden	3½

	v. H.
17. Württemberg und Reg.-Bez. Sigmaringen . .	3½
18. Saarpfalz	3½

C. Die vorstehenden Höchstzinssätze und Normalsätze treten am 1. Januar 1937 in Kraft.

h) Anordnung des Leiters der Reichsgruppe Banken über das Verfahren in Wettbewerbsstreitigkeiten innerhalb der Reichsgruppe Banken vom 20. Juli 1935.

In den von mir aufgestellten Richtlinien für die Tätigkeit der Landesobmänner der Reichsgruppe Banken, ihrer Stellvertreter und der Vertrauensmänner der Wirtschafts- und Fachgruppen habe ich darauf hingewiesen, daß es eine der wichtigsten Aufgaben der Reichsgruppe sowie der Wirtschafts- und Fachgruppen ist, Streitigkeiten auf dem Gebiete des Wettbewerbs zwischen den Kreditinstituten möglichst ohne Inanspruchnahme obrigkeitlicher Stellen auszugleichen. Es muß als ein Verstoß gegen den Gemeinschaftsgeist, den die Organisation der gewerblichen Wirtschaft zur Erfüllung der ihr gestellten Aufgaben von ihren Mitgliedern fordern muß, angesehen werden, wenn bei jeder Wettbewerbsstreitigkeit eine staatliche Instanz angerufen wird, ehe der Versuch gemacht worden ist, sie innerhalb der Reichsgruppe zur Erledigung zu bringen.

Aus diesem Grunde ordne ich nunmehr gemäß § 16 Abs. 3 der Ersten Verordnung zur Durchführung des Gesetzes zur Vorbereitung des organischen Aufbaues der deutschen Wirtschaft vom 27. November 1934 an, daß die unmittelbare Anrufung des Reichskommissars für das Kreditwesen in Wettbewerbsstreitigkeiten durch die einzelnen Kreditinstitute in Zukunft unterbleibt.

Sofern Wettbewerbsstreitigkeiten nicht innerhalb des Wirtschaftsbezirks durch Vermittlung der Vertrauensmänner der Wirtschafts- und Fachgruppen oder des Landesobmannes erledigt werden können, sind sie den beteiligten Wirtschafts- oder Fachgruppen vorzulegen.

Hält eine Wirtschafts- oder Fachgruppe die Vorlage des Streitfalls an den Reichskommissar für das Kreditwesen für erforderlich, so legt sie ihren Antrag dem Reichskommissar für das Kreditwesen durch Vermittlung der Reichsgruppe vor. Die Reichsgruppe kann vor der Weitergabe an den Reichskommissar Verhandlungen zur Beilegung des Streitfalls einleiten und die hierzu erforderlichen Anordnungen treffen.

i) Ergänzungsanordnung des Leiters der Reichsgruppe Banken vom 4. September 1935.

Zur Ergänzung der Anordnung vom 20. Juli 1935 über das Verfahren in Wettbewerbsstreitigkeiten innerhalb der Reichsgruppe Banken ordne ich folgendes an:

Wettbewerbsstreitigkeiten, die grundsätzliche Bedeutung haben, sind vor ihrer Schlichtung durch die Landesobmänner bzw. durch die Wirtschafts- oder Fachgruppen durch Vermittlung der Reichsgruppe dem Herrn Reichskommissar für das Kreditwesen zur Kenntnis zu bringen. Die Anordnung vom 20. Juli 1935, daß die Erledigung aller Streitfälle möglichst innerhalb der Reichsgruppe erfolgen soll, bleibt hiervon unberührt.

k) Anordnung des Leiters der Reichsgruppe Banken vom 16. Dezember 1935 über Errichtung eines Ausschusses für Wettbewerbsangelegenheiten.

1. Bei der Reichsgruppe Banken wird ein Ausschuß für Wettbewerbsangelegenheiten errichtet.

2. Der Leiter der Reichsgruppe ernennt nach Anhörung des Beirats der Reichsgruppe die Mitglieder des Ausschusses und bestimmt den Vorsitzenden des Ausschusses und seinen Stellvertreter.

3. Der Ausschuß hat die Aufgabe, die der Reichsgruppe von den Wirtschafts- und Fachgruppen sowie den Landesobmännern vorgelegten Wettbewerbsstreitigkeiten zu prüfen und zu begutachten, soweit sie nicht durch Vermittlung der Reichsgruppe auf gütlichem Wege erledigt werden können.

Der Ausschuß soll in der Regel in seinem Gutachten feststellen, daß eine bestimmte Wettbewerbsmaßnahme nach der Standesauffassung des Kreditgewerbes zulässig ist oder daß sie nicht zulässig ist.

4. Die Gutachten des Ausschusses werden den Wirtschafts- und Fachgruppen, den Landesobmännern und dem Kreditinstitut, gegen das sich die Beschwerde richtet, mitgeteilt.

5. Der Ausschuß entscheidet in der Besetzung durch den Vorsitzenden und zwei Beisitzern. Von den zwei Beisitzern soll in der Regel einer derjenigen Wirtschaftsgruppe angehören, dem das Institut angehört, gegen das sich die Beschwerde im Einzelfall richtet. Richtet sich die Beschwerde gegen ein Institut, dem ein Mitglied des Ausschusses als Inhaber, Vorstandsmitglied, Mitglied des Aufsichtsrats oder in ähnlicher Stellung angehört, so darf dieses Mitglied an der Beratung und Entscheidung nicht teilnehmen.

6. Der Vorsitzende des Ausschusses bestimmt, welche Mitglieder des Ausschusses jeweils an den Sitzungen als beschließende Beisitzer teilnehmen.

Den übrigen Mitgliedern des Ausschusses und den Mitgliedern des Beirats der Reichsgruppe ist unter Mitteilung der zur Verhandlung stehenden Beschwerdefälle von der Sitzung Kenntnis zu geben. Sie sind, unbeschadet der Bestimmung unter Ziff. 5 Abs. 2, berechtigt, an der Sitzung mit beratender Stimme teilzunehmen.

7. Der Vorsitzende des Ausschusses kann anordnen, daß vor der Entscheidung ein Vertreter des Instituts, gegen das sich die Beschwerde richtet, gehört wird. Die Anhörung kann schriftlich erfolgen. Der Ausschuß kann Sachverständige hören.

8. Über die Sitzungen des Ausschusses wird vom Geschäftsführer der Reichsgruppe eine Niederschrift geführt, in der die Gutachten des Ausschusses aufzunehmen sind. Die Niederschrift ist vom Vorsitzenden des Ausschusses und vom Protokollführer zu unterzeichnen.

Sachverzeichnis.

(Die Zahlen bedeuten die Seiten.)

A.

B.

D.

H.

Otto Walter, Buchdruckerei, Berlin SW 19

Nachweis wichtiger Gesetzesausgaben

mit und ohne Erläuterungen, größere und kleinere Kommentare, Lehrbücher, Sammelwerke, Entscheidungssammlungen, Zeitschriften

Walter de Gruyter & Co., Berlin W 35, Woyrschstr. 13 (ehem. Genthiner Str. 38)

Sommer 1936

Inhaltsübersicht

Die mit einem * bezeichneten Werke empfehlen wir besonderer Beachtung als vorwiegend aktuell und wichtig für den täglichen Bedarf im Sinne der neuesten Entwicklung.

I. Allgemeines, Sammelwerke.

Handwörterbuch der Rechtswissenschaft. Unter Mitberatung von Reichsgerichtspräsident Dr. Dr. E. Bumke, Reichsgerichtsrat Dr. L. Busch, Oberreichsanwalt Prof. Dr. Dr. L. Ebermayer, Geh. Rat Professor Dr. Dr. Fr. Endemann, Geh. Justizrat Professor Dr. Dr. E. Heymann, Senatspräsident am Reichsgericht Dr. O. Strecker, Präsident des Bayerischen Obersten Landesgerichts Staatsrat Dr. K. v. Unzner †, herausgegeben. 6 Bände. Lexikon-Oktav. 1926/29. 1. Ergänzungsband 1931 . . . . In Halbleder geb. RM. 312.—

*2. **Ergänzungsband:**
Die Rechtsentwicklung der Jahre 1933 bis 1935/36. Herausgegeben von Geh. Reg.-Rat Ministerialdirektor Dr. Erich Volkmar, Dr. jur. Alexander Elster und Amts- und Landgerichtsrat Dr. jur. Günther Küchenhoff. Erscheint in etwa 6 Lieferungen. Gesamtumfang etwa 50 Bogen. Gesamtpreis etwa RM. 40.—. 1. Lieferung. 144 Seiten. 1936. RM. 7.—
2. Lieferung. S. 145—288. 1936 . . . . RM. 7.—

„Es zeigt sich doch jetzt immer mehr, daß Ihr Handwörterbuch ein ganz großer Wurf war. Wie ich höre, wird es auch in der Praxis in steigendem Maße benutzt.“ Professor Dr. Nipperdey, Köln.

Die Reichsgerichtspraxis im deutschen Rechtsleben. Festgabe der juristischen Fakultäten zum 50jährigen Bestehen des Reichsgerichts (1. Oktober 1929), unter Mitwirkung der Professoren Gerhard Anschütz, Heidelberg, Ernst Heymann, Berlin, Theodor Kipp, Berlin, Wilhelm Kisch, München, Alfred Schultze, Leipzig, Heinrich Siber, Leipzig, herausgegeben von Otto Schreiber, weiland Professor in Königsberg i. Pr. 6 Bde. Groß-Oktav. 1929.
Geh. RM. 110.—, **in Halbfranz geb.** RM. 134.—
Die Bände werden einzeln abgegeben.

Fünfzig Jahre Reichsgericht am 1. Oktober 1929. Von Dr. Adolf **Lobe,** Senatspräsident am Reichsgericht i. R., M. d. R. unter Mitarbeit von Mitgliedern und Beamten des Reichsgerichts, der Reichsanwaltschaft und der Rechtsanwaltschaft am Reichsgericht. Mit 14 Porträts und 15 Abbildungen. Lexikon-Oktav. VI, 436 Seiten. 1929.
RM. 20.—, in Halbfranz RM. 24.—

***Neubert,** Reinhard, **Rechtsanwaltsordnung** vom 1. Juli 1878 in der am 1. April 1935 geltenden Fassung. Taschenformat. 160 Seiten. 1935. (Guttentagsche Sammlung Deutscher Reichsgesetze Nr. 195.) RM. 2.80
Neue Auflage in Vorbereitung.

***Fehr,** Hans, **Das kommende Recht.** Groß-Oktav. 28 Seiten. 1933. RM. 1.—

***Küchenhoff, Nationaler Gemeinschaftsstaat, Volkrecht und Volkrechtsprechung.** Oktav. 46 Seiten. 1933 . . . . RM. 2.—
Das aus der Weltanschauung des Nationalsozialismus stammende Recht hat sein eigenes neuartiges Gepräge. — Der Verfasser legt die allgemeinen geschichtlichen, weltanschaulichen und staatsrechtlichen Zusammenhänge dar, deren Kenntnis zum Verständnis des neuen Rechts unbedingt erforderlich ist. Seine Ausführungen werden dazu beitragen, weiter methodisch fundierte Grundsätze für die Rechtsanwendung im Dritten Reich zu gewinnen.

•**Schriften der Akademie für Deutsches Recht.** Herausgegeben vom Präsidenten der Akademie für Deutsches Recht Reichsjustizkommissar Dr. Hans Frank. Nr. 5: Meriggi, Lea, Faschismus und Recht. Vortrag, gehalten in der II. Vollsitzung der Akademie für Deutsches Recht am 29. Januar 1934. Oktav. 73 Seiten. 1934 . . . . RM. 1.80

•V. Gruppe. **Hildebrandt, Heinz, Rechtsfindung im neuen deutschen Staate.** Ein Beitrag zur Rezeption und den Rechtsquellen, zur Auslegung und Ergänzung des Gesetzes. Von Dr. jur. Heinz Hildebrandt, Privatdozent in Heidelberg, Gerichtsassessor. Oktav. 105 Seiten. 1935 . . . . RM. 5.—

•**Flügge,** Ludwig, **Erbbiologisches Denken in Justiz und Verwaltung.** Oktav. 58 Seiten. 1933 . . . . RM. 2.50

Bürgerliches Rechtslexikon. (Nach dem Bürgerlichen Gesetzbuch, dem Handelsgesetzbuch und sonstigen Reichs- und Landesgesetzen.) Von **E. Christiani,** weil. Amtsgerichtsrat. Vierte, durchgearbeitete und verbesserte Auflage von Dr. Alexander **Elster,** Rechtsanwalt Dr. Hugo **Hoormann,** Amtsgerichtsrat Georg **Krause.** Lexikon-Oktav. IV, 474 Seiten. 1930 . . . . Geb. RM. 15.—

Crisolli, Karl-August, **Verordnung des Reichspräsidenten über Maßnahmen auf dem Gebiete der Rechtspflege und Verwaltung vom 14. Juni 1932.** Textausgabe mit Einleitung, Vorbemerkungen und Sachregister. Taschenformat. 84 Seiten. 1932. (Guttentagsche Sammlung Deutscher Reichsgesetze Nr. 181.) . . . . RM. 2.15

Die Vierte Notverordnung. (Vierte Notverordnung des Reichspräsidenten zur Sicherung von Wirtschaft und Finanzen und zum Schutze des inneren Friedens. Vom 8. XII. 1931.) Erläuterte Textausgabe mit Durchführungsverordnungen. Taschenformat. XVI, 364 Seiten. 1932. Mit Nachträgen enthaltend die Änderungen bis April 1932. (Guttentagsche Sammlung Dtsch. Reichsgesetze, Nr. 180.) . . Geb. RM. 5.40

•**Hedemann,** J. W., **Einführung in die Rechtswissenschaft.** Zweite, erweiterte und umgestaltete Auflage. Oktav. XXII, 566 Seiten. 1927. (Lehrbücher und Grundrisse der Rechtswissenschaft Bd. IX.)
RM. 12,60, geb. RM. 14.40

•**Wegner,** Arthur, **Einführung in die Rechtswissenschaft.**
I. Band: Aufbau des Rechtes, geschichtlich und systematisch. Rechtswissenschaftliche Arbeitsweise. Bürgerliches Recht. Handelsrecht. Arbeitsrecht. 144 Seiten. 1931. (Sammlung Göschen Bd. 1047.)
Geb. RM. 1.62
II. Band: Drei Bücher Öffentliches Recht: Staat, Völkergemeinschaft, Kirche. 140 Seiten. 1931. (Sammlung Göschen Bd. 1048.)
Geb. RM, 1.62

•**Schröder,** Richard, und **Künßberg,** F., **Lehrbuch der deutschen Rechtsgeschichte.** Siebente Auflage. Groß-Oktav. Mit einer Abbildung im Text und einem Bildnis. IV, 1083 Seiten. 1932 . Geb. RM. 33.30

•**Fehr,** Hans, **Deutsche Rechtsgeschichte.** Zweite, verbesserte und ergänzte Auflage. Oktav. 416 Seiten. 1925. (Lehrbücher und Grundrisse der Rechtswissenschaft Bd. X.) . . . RM. 11.70, geb. RM. 13.—

•**Schröder,** Richard, und **Glitsch,** Heinrich, **Deutsche Rechtsgeschichte.** Zweite Auflage. Neudruck.
I. Bis zum Ende des Mittelalters. 160 Seiten. 1929. (Sammlung Göschen Bd. 621.) . . . . Geb. RM. 1.62
II. Die Neuzeit. 90 Seiten. 1929. (Sammlung Göschen Bd. 664.,
Geb. RM. 1.62

Giese, Friedrich, **Preußische Rechtsgeschichte.** Übersicht über die Rechtsentwicklung der preußischen Monarchie und ihrer Landesteile. Ein Lehrbuch für Studierende. Groß-Oktav. 256 Seiten. 1920. RM. 5.—, geb. RM. 6.50

von Mayr, Robert, **Römische Rechtsgeschichte.** I. Buch. Die Zeit des Volksrechtes. 1. Hälfte: Das öffentliche Recht. 150 Seiten. 1912. (Sammlung Göschen Bd. 577.) . . . . Geb. RM. 1.62
2. Hälfte: Das Privatrecht. 117 Seiten. 1912. (Sammlung Göschen Bd. 578.) . . . . Geb. RM. 1.62
II. Buch. Die Zeit des Amts- und Verkehrsrechtes. 1. Hälfte: Das öffentliche Recht. 158 Seiten. 1912. (Sammlung Göschen Bd. 645.) Geb. RM. 1.62
2. Hälfte: Das Privatrecht I. 122 Seiten. 1913. (Sammlung Göschen Bd. 646.) . . . . Geb. RM. 1.62
Das Privatrecht II. 150 Seiten. 1913. (Sammlung Göschen Bd. 647.) Geb. RM. 1.62
III. Buch. Die Zeit des Reichs- und Volksrechtes. 111 Seiten. 1913. (Sammlung Göschen Bd. 648.) . . . . Geb. RM. 1.62
IV. Buch. Die Zeit der Orientalisierung des römischen Rechtes. 155 Seiten. 1913. (Sammlung Göschen Bd. 697.) . . . . Geb. RM. 1.62

Schott, Richard, **Hilfsbüchlein für die Vorlesungen über Institutionen, Geschichte und Zivilprozeß des römischen Rechts.** 2. Auflage. Oktav. 42 Seiten. 1933 . . . . RM. 1.60

Stammler, Rudolf, **Lehrbuch der Rechtsphilosophie.** Dritte, vermehrte Auflage. Groß-Oktav. XVI, 396 Seiten. 1928. RM. 13.—, geb. RM. 15.—

Stammler, Rudolf, **Rechts- und Staatstheorien der Neuzeit.** Leitsätze zu Vorlesungen. Zweite, vermehrte und verbesserte Auflage. Oktav. IV, 116 Seiten. 1925 . . . . RM. 3.50, geb. RM. 4.50

Stammler, Rudolf, **Wirtschaft und Recht** nach der materialistischen Geschichtsauffassung. Eine sozialphilosophische Untersuchung. Fünfte, durch einen Nachtrag ergänzte Auflage. Oktav. VIII, 704 Seiten. 1924 . . . . RM. 14.—, geb. RM. 16.—

Friedrichs, Karl, **Der Allgemeine Teil des Rechts.** Eine Darstellung der gemeinsamen Lehren des öffentlichen und des privaten Rechts. Groß-Oktav. X, 306 Seiten. 1927 . . . . . . RM. 12.—, geb. RM. 13.50

Endemann, Friedrich, **Grundriß des römischen Privatrechts.** Oktav. X, 256 und 30 Seiten. 1925. (Lehrbücher und Grundrisse der Rechtswissenschaft Bd. XII.) . . . . RM. 8.10, geb. RM. 9.50

***Morelli**, Mario, **Die Geschäftsführung im klassischen römischen Recht.** Oktav. 68 Seiten. 1935 . . . . RM. 3.—

Stammler, Rudolf, **Aufgaben aus dem römischen Recht.** Der „Institutionenübungen für Anfänger" vierte Auflage. Oktav. IV, 92 Seiten. Mit Figuren im Text. 1919 . . . . Geb. RM. 5.—

II. Bürgerliches Recht

1. Bürgerliches Gesetzbuch

Lehmann, Heinrich, **Allgemeiner Teil des Bürgerlichen Gesetzbuches.** Vierte, vermehrte und verbesserte Auflage. Oktav. XVI, 512 Seiten. 1933. (Lehrbücher und Grundrisse der Rechtswissenschaft Bd. I.) Geb. RM. 14.—

Oertmann, Paul, **Allgemeiner Teil des Bürgerlichen Gesetzbuches.**
I. Einleitung. Lehre von den Personen und von den Sachen. Dritte, verbesserte Auflage. 136 Seiten. 1926. (Sammlung Göschen Bd. 447.) Geb. RM. 1.62
II. Erwerb und Verlust, Geltendmachung und Schutz der Rechte. Dritte, verbesserte Auflage. 147 Seiten. 1928. (Sammlung Göschen Bd. 448.) . . . . Geb. RM. 1.62

Plancks Kommentar zum Bürgerlichen Gesetzbuch nebst Einführungsgesetz. Bisher herausgegeben von E. Strohal. Bearbeitet von E. Brodmann, L. Busch, J. Ebbecke, F. Flad, M. Greiff, K. Gunkel, P. Knoke, M. Landois, A. Lobe, Fr. Oegg, H. Siber, O. Strecker, K. von Unzner. Vierte, völlig neubearbeitete Auflage. Lexikon-Oktav. Bisher sind erschienen:
I. Band: Allgemeiner Teil. 606 Seiten. 1913. RM. 15.—, geb. RM. 17.—
II. Band, 1. Hälfte: Recht der Schuldverhältnisse. (Allgemeiner Teil.) 640 Seiten. 1914 . . . . RM. 15.—, geb. RM. 17.—
II. Band, 2. Hälfte: Recht der Schuldverhältnisse. (Besonderer Teil.) 1296 Seiten. 1928 . . . . RM. 49.—, geb. RM. 52.—
III. Band: Sachenrecht. 5., völlig neubearbeitete Auflage. 1. Lieferung: Einleitung und §§ 854 bis 902. 321 Seiten. 1931 . . . . RM. 14.—
2. Lieferung: §§ 903—1017 und Verordnung über das Erbbaurecht. Seite 321—729. 1933 . . . . RM. 17.—
3. Lieferung: §§ 1018—1112. Seite XII, 729—941. 1933 . . RM. 12.—
4. Lieferung: §§ 1113—1163. Seite 943—1214. 1935 . . . RM. 17.—
IV. Band: Familienrecht. 1. Hälfte §§ 1297—1588. 701 Seiten. 1928. RM. 26.—, geb. RM. 28.—
V. Band: Erbrecht. Vierte, völlig neubearbeitete Auflage. Groß-Oktav. XII, 1136 Seiten. 1930 . . . . RM. 51.—, geb. RM. 54.—
Sonderprospekt **kostenlos.**

•**Das Bürgerliche Gesetzbuch** mit besonderer Berücksichtigung der Rechtsprechung des Reichsgerichts. Erläutert von Dr. Bessau, Dr. Hallamik, Dr. Lobe, Michaelis, Dr. Oegg, Sayn, Schliewen und Seyffarth, Reichsgerichtsräten und Senatspräsidenten am Reichsgericht. Achte, wesentlich umgearbeitete Auflage. 5 Bände. Lexikon-Oktav. XXIV, 3322 Seiten. 1934/35 . . . . . In Halbleder geb. RM. 143.—
„Der Standard-Kommentar zum BGB. . . . Daß im übrigen wie in den bisherigen Auflagen die Rechtsprechung der Praxis eingehend bearbeitet ist und höchstes Niveau gehalten wird, bedarf keiner besonderen Betrachtung, hat doch der Erfolg des Kommentars dies bereits in den früheren Auflagen hinreichend bestätigt. So kann auch die neue Auflage als schlechthin unentbehrlich für die Praxis bezeichnet werden. Der Wunsch eines vollen Erfolges sei ihr mit auf den Weg gegeben." Deutsche Justiz v. 16. 2. 34.

Achilles-Greiff, Bürgerliches Gesetzbuch nebst Einführungsgesetz. Mit Einleitung, Anmerkungen und Sachregister. Nach dem Tode des ersten Herausgebers Dr. A. Achilles in Verbindung mit J. Altstötter, Oberamtsrichter in München, O. Meyer, Oberlandesgerichtspräsident in Celle, Dr. J. Kieckebusch, Land- und Amtsgerichtsrat in Kassel, Dr. O. Strecker, Senatspräsident am Reichsgericht i. R. in Leipzig, herausgegeben von Dr. M. Greiff, Wirkl. Geh. Oberjustizrat, Oberlandesgerichtspräsident i. R. in Berlin. Dreizehnte, vermehrte und verbesserte Auflage. Mit Erläuterungen der Verordnung über das Erbbaurecht, des Gesetzes über die religiöse Kindererziehung und des Gesetzes für Jugendwohlfahrt. Groß-Oktav. XXIII, 1304 Seiten. 1930 und Nachträgen. (Guttentagsche Sammlung Deutscher Reichsgesetze Nr. 38/39.) . . . . Geb. RM. 21.60

***Bürgerliches Gesetzbuch nebst Einführungsgesetz.** Vom 18. August 1896 mit Berücksichtigung der bis Ende 1935 ergangenen Abänderungen. Textausgabe mit ausführlichem Sachregister. Siebzehnte Auflage. (67. bis 72. Tausend.) Taschenformat. XV, 771 Seiten. 1936. (Guttentagsche Sammlung von Textausgaben ohne Anmerkungen mit Sachregister.) . . . . Geb. RM. 3.60

Schulz, F. H., Bürgerliches Gesetzbuch und Einführungsgesetz. Taschenformat. Zweite, unveränderte Auflage. XI, 664 Seiten. 1931. (Lehrausgaben Deutscher Gesetze. Bd. I.) . . . . Geb. RM. 5.—

Lindemann, Otto, **Ausführungsgesetz zum Bürgerlichen Gesetzbuche** vom 20. September 1899 nebst einem Anhang: Verordnung zur Ausführung des Bürgerlichen Gesetzbuchs vom 16. November 1899. Nach dem Tode des früheren Herausgebers Kammergerichtsrat Dr. P. Siméon, erläutert von Geh. Oberjustizrat Otto Lindemann, Ministerialdirektor im Pr. Justizministerium. Vierte Auflage. Taschenformat. 208 Seiten. 1930. (Guttentagsche Sammlung Preußischer Gesetze Nr. 23.)
Geb. RM. 4.50

***Warneyer,** Otto, **Rechtsgrundsätze des Reichsgerichts.** Systematische Auswahl der für die heutige Praxis wichtigen Rechtssätze aus den Entscheidungen des Reichsgerichts in Zivilsachen. Bd. 51—140. Oktav. VIII, 649 Seiten. 1936 . . . . Geb. RM. 16.—

Die vorliegende Auswahl von Rechtsgrundsätzen des Reichsgerichts bringt aus den Entscheidungen der amtlichen Sammlung Band 51—140 alle diejenigen Rechtssätze, die noch jetzt von Bedeutung sind, die also weder durch spätere Entscheidungen oder infolge Gesetzesänderungen überholt sind noch im Widerspruch zur nationalsozialistischen Rechtsanschauung stehen. Die noch heute geltenden Rechtssätze, die in den Bänden 51 bis 140 veröffentlicht sind, werden in dieser Auswahl als Aussagesätze gebracht. Dadurch wird ihre unmittelbare Benutzbarkeit gewährleistet.

Juristischer Anschauungsstoff. Herausgegeben von Helmut Rühl, o. Prof. d. Rechte a. d. Univ. Göttingen.

Heft 1:
Rühl, H., **Bürgerliches Recht und Arbeitsrecht.** Groß-Oktav. VIII, 148 Seiten. 1931 . . . . RM. 4.—

Das erste Heft bringt 140 typische Beispiele für fast jedes Rechtsinstitut des BGB. und des Arbeitsrechts (Registereintragungen, Geschäftsbedingungen, Tarifverträge, Satzungen usf.). Die Anordnung folgt dem Gang des Gesetzes.

Schück, Richard. **Zivilrechtspraktikum.** Zum Selbststudium und zum Lehrgebrauch. Vierte, vermehrte Auflage. Herausgegeben von Gustav Schreiber. Groß-Oktav. 160 Seiten. 1930 . . . . Geb. RM. 6.—

von der Mosel, Heinrich, **Lösungen zu dem** von Kammergerichtsrat Dr. Richard Schück herausgegebenen **Zivilrechtspraktikum.** Nach dem Bürgerlichen Gesetzbuch bearbeitet für Studierende und Referendare. Fünfte Auflage. Oktav. 227 Seiten. 1931.
RM. 6.—, kart. RM. 6.50

Schwerin, Cl., v., Frhr., **Grundzüge des deutschen Privatrechts.** Zweite Auflage. Oktav. XII, 342 Seiten. 1928. (Lehrbücher und Grundrisse der Rechtswissenschaft Bd. XIII.) . . . . . RM. 8.50, geb. RM. 9.90

Wegner, Arthur, **Jugendrecht.** Ein Lehrbuch zur Einführung. Oktav. IX, 219 Seiten. 1929 . . . . RM. 5.40, geb. RM. 6.75

Schuldverhältnisse insbesondere

Hedemann, Justus, Wilh., **Schuldrecht des Bürgerlichen Gesetzbuches.** Zweite Auflage. Oktav. XXIV, 503 Seiten. 1931. (Lehrbücher und Grundrisse der Rechtswissenschaft Bd. II.) . RM. 13.—, geb. RM. 14.40
„... *Alles in allem gesehen, ein außerordentlich wertvolles Werk, auf das insbesondere die Studierenden nicht genug hingewiesen werden können.*“ *Der Referendar Nr. 4, v. 15. IV. 1932.*

Oertmann, Paul, **Schuldrecht.** (BGB. II.)
I. Allgemeine Lehren. Dritte, verbesserte Auflage. 142 Seiten. 1927. (Sammlung Göschen Bd. 323.) . . . . Geb. RM. 1.62
II. Die einzelnen Schuldverhältnisse. Dritte, verbesserte Auflage. 159 Seiten. 1929. (Sammlung Göschen Bd. 324.) . . . Geb. RM. 1.62

•**Mattern,** Gerhard. **Das landwirtschaftliche Schuldenregelungsgesetz.** Erläuterte Ausgabe. Zweite Auflage. Taschenformat. Etwa 400 Seiten. 1936. (Guttentagsche Sammlung Deutscher Reichsgesetze Nr. 187.) Geb. etwa RM. 8.—

Meyer, Otto, **Gesetz über die Enteignung von Grundeigentum** vom 11. Juni 1874 mit dem Gesetz über ein vereinfachtes Enteignungsverfahren vom 26. Juli 1922. Im Anhang: Verordnungen, Vertragsmuster, das Fluchtliniengesetz und das Wasserstraßengesetz. Textausgabe mit Anmerkungen und Sachregister. Vierte Auflage mit einem Vorwort über **die Nachträge** enthaltend **die Änderungen bis Frühjahr 1935.** Taschenformat. 272 Seiten. 1935. (Guttentagsche Sammlung Preußischer Gesetze Nr. 37.) . . . . Geb. RM. 4.80

Krieg, O., **Mietrecht und Wohnungsmangelgesetzgebung** im Reiche, in Preußen und in Berlin, einschließlich Hauszinssteuer, Kostenwesen und Rechtsentscheiden des Kammergerichts und des Obersten Landesgerichts. Zusammengestellt und mit ausführlichem Schlagwortregister versehen. Vierte Auflage. Taschenformat. XII, 594 Seiten. 1928. (Guttentagsche Sammlung Deutscher Reichsgesetze Nr. 156.) . . Geb. RM. 9.—

Nachtrag: **Gesetz über Mieterschutz und Mieteinigungsämter.** Änderungen seit der Bekanntmachung vom 17. Februar 1928 (Reichsgesetzblatt I S. 25). 1933 . . . . RM. 0.50

•**Crisolli,** Karl-August, Das Reichsgesetz, betreffend die **Abzahlungsgeschäfte** vom 16. Mai 1894. Mit Einleitung, Anmerkungen und Sachregister. Unter Mitwirkung von Julius Crisolli. Vierte, völlig umgearbeitete Auflage des Werkes von Hoffmann-Wilke. Taschenformat. 413 Seiten. 1931. (Guttentagsche Sammlung Deutscher Reichsgesetze Nr. 34.) . . . . Geb. RM. 7.20

Göppert, H., **Gesetz, betreffend die gemeinsamen Rechte der Besitzer von Schuldverschreibungen.** Zweite Auflage, bearbeitet von E. Trendelenburg. Taschenformat. 156 Seiten. 1915. (Guttentagsche Sammlung Deutscher Reichsgesetze Nr. 52.) . . . . . . Geb. RM. 1.35

Kruse, Fr. Vinding, **Das Eigentumsrecht.** Aus dem Dänischen übersetzt von Knud Larsen. Groß-Oktav. Band I: XXIII, 881 Seiten. 1931. Geb. RM. 25.—
Band II: Seiten XIII, 885—1765. 1935 . . . . Geb. RM. 25.—
Band III: Im Druck.

Beiträge zum ausländischen und internationalen Privatrecht, herausgegeben vom Institut für ausländisches und internationales Privatrecht.
Heft 7:
Arndt, Karl, **Zessionsrecht.** I. Teil: Rechtsvergleichung. Groß-Oktav. 175 Seiten. 1932 . . . . RM. 6.—

Heft 8:
Duden, Konrad, **Der Rechtserwerb** vom Nichtberechtigten an beweglichen Sachen und Inhaberpapieren im deutschen internationalen Privatrecht. Groß-Oktav. 137 Seiten. 1934 . . . . RM. 5.—

Heft 9:
Vertragsansprüche Dritter im französischen Recht unter Vergleichung mit dem deutschen Recht dargestellt an Hand der Fälle der action directe. Von Dr. Eduard Wahl, Privatdozent an der Universität Berlin, Referent am Institut für ausländisches und internationales Privatrecht. Oktav. IX, 227 Seiten. 1935 . . . . RM. 9.—

Heft 10:
Schlink, Clemens, **Die Ultravires-Lehre** im englischen Privatrecht. Groß-Oktav. XVI, 183 Seiten. 1935 . . . . RM. 6.—

Heft 11:
Wengler, Wilhelm, **Beiträge zum Problem der internationalen Doppelbesteuerung.** Die Begriffsbildung im internationalen Steuerrecht. Groß-Oktav. XIV, 198 Seiten. 1935 . . . . RM. 6.—

Heft 12:
Eckstein, Felix, **Das englische Konkursrecht.** XV, 351 Seiten. 1935. RM. 10.—

Sachenrecht insbesondere

Müller, G., **BGB. 3. Buch: Sachenrecht.** Oktav. 400 Seiten. 1936. (Grundriß-Kommentare, herausgegeben von Paul Sattelmacher, Band I.) . . . . Geb. RM. 4.50

Hedemann, Justus Wilh., **Sachenrecht des Bürgerlichen Gesetzbuches.** Oktav. XXXII, 507 Seiten. 1924. (Lehrbücher und Grundrisse der Rechtswissenschaft Bd. III.) . . . . RM. 10.80, geb. RM. 12.10

Kretzschmar, F., **Sachenrecht.**
I. Allgemeine Lehren. Besitz und Eigentum. Zweite, verbesserte Auflage. 142 Seiten. 1922. (Sammlung Göschen Bd. 480.) Geb. RM. 1.62
II. Begrenzte Rechte. 144 Seiten. 1923. (Sammlung Göschen Bd. 481.) Geb. RM. 1.62

Der Eigentumsvorbehalt in Wirtschaft und Recht. Herausgegeben von der Industrie- und Handelskammer zu Berlin. Oktav. 280 Seiten. 1931 . . . . RM. 4.—, geb. RM. 5.—

Lenzen, Georg, **Das Deutsche Pfandleihrecht.** Kommentar zum preußischen Pfandleihgesetz unter Berücksichtigung der außerpreußischen Gesetze. Oktav. XXVI, 266 Seiten. 1929 . . . . Geb. RM. 20.—

Günther, Hermann, **Erbbaurecht.** Taschenformat. 167 Seiten. 1919. (Guttentagsche Sammlung Deutscher Reichsgesetze Nr. 135.) Geb. RM. 1.80

Hesse, W., **Grundbuchordnung in der Bekanntmachung vom 5. August 1935** nebst Ausführungsverordnung, Grundbuchverfügung und Sachregister. Textausgabe mit Einleitung. Taschenformat. XVI, 172 Seiten. 1935. (Guttentagsche Sammlung von Textausgaben.) . . . . . RM. 1.80

Hesse, Saage u. Fischer, Kommentar zur Grundbuchordnung. (Früher Ausgabe von Fischer.) Von Dr. Hesse, Dr. Saage und Dr. Norbert Fischer. Taschenformat. Etwa 960 Seiten. 1936. (Guttentagsche Sammlung Deutscher Reichsgesetze Nr. 42.) . . . . Geb. RM. 12.—

Ricks, Gerhard, **Die Grundbuchpraxis.** Ein Handbuch für den täglichen Gebrauch in Grundbuchsachen. Achte Auflage. Groß-Oktav. XII, 412 Seiten. 1929. Mit Nachtrag 1936 . . . RM. 12.—, geb. RM. 14.— Nachtrag, enthaltend die seit Erscheinen der 8. Auflage ergangenen Neuerungen und Änderungen, bearbeitet von **Willy Kutzner.** 66 Seiten. 1936 . . . . RM. 2.50

Familienrecht, Erbrecht

Lehmann, Heinrich, **Familienrecht** des Bürgerlichen Gesetzbuches einschließlich Jugendfürsorgerecht. Oktav. XII, 352 Seiten. 1926. (Lehrbücher und Grundrisse der Rechtswissenschaft Bd. IV.) RM. 9.90, geb. RM. 11.25

Hildebrandt, Heinz, **Mitschuldklage** zugleich ein Beitrag zur Lehre von der Rechtskraft und dem Einheitsgrundsatz in Scheidungs- und Anfechtungssachen. Oktav. 80 Seiten. 1933 . . . . RM. 4.50

Endemann, H., **Erbrecht.** Oktav. XII, 166 Seiten. 1923. (Lehrbücher und Grundrisse der Rechtswissenschaft Bd. V.) RM. 2.70, geb. RM. 4.—

„Dieser Leitfaden behandelt den spröden Stoff des schwierigen Erbrechts in meisterhafter, fesselnder Darstellung."
Zeitschrift des Bundes Deutscher Justizamtmänner v. 15. III. 1924.

Blume, Wilh. v., **Erbrecht.** (BGB. V.)
I. Einleitung. Die Grundlagen des Erbrechts. 75 Seiten. 1913. (Sammlung Göschen Bd. 659.) . . . . Geb. RM. 1.62
II. Die Nachlaßbeteiligten. Mit 23 Figuren. 131 Seiten. 1913. (Sammlung Göschen Bd. 660.) . . . . Geb. RM. 1.62

***Wagemann,** Gustav, und **Hopp,** Karl, **Reichserbhofgesetz** vom 29. September 1933 nebst den Durchführungsverordnungen und den verfahrensrechtlichen Vorschriften des Reichsgesetzes über die Angelegenheiten der freiwilligen Gerichtsbarkeit, erläutert. Dritte, nach dem Tode Wagemanns von Dr. Hopp unter Berücksichtigung sämtlicher Ausführungs- und Verwaltungsbestimmungen neu bearbeitete Auflage des Bäuerlichen Erbhofrechts von Gustav Wagemann. Mit einem Geleitwort des ehem. Preuß. Justizministers Hanns Kerrl, Reichsminister und Preuß. Staatsminister, Mitglied des Reichsbauernrats und einem Beitrag von Staatsrat Dr. Roland Freisler, Staatssekretär im Reichs- und Preuß. Justizministerium, M. d. R. Taschenformat. 562 Seiten. 1935. (Guttentagsche Sammlung Deutscher Reichsgesetze Nr. 185.) Geb. RM. 10.—

„. . . Das Buch steht in der ersten Reihe des erbhofrechtlichen Schrifttums und verdient uneingeschränkte Empfehlung."
Recht des Reichsnährstandes vom 25. Mai 1935.

***Hopp,** Karl, **Der Geschäftsgang in Erbhofsachen.** Ein Handbuch für die anerbenrechtliche Praxis mit aktenmäßig durchgeführten Beispielsfällen nebst einem Abdruck der wesentlichsten Verwaltungsvorschriften des Reichs und der Länder. Oktav. 180 Seiten. 1934. Geb. RM. 5.50

„Dieses Buch des Sachbearbeiters für das Erbhofrecht im Preußischen Justizministerium, das der Verfasser dem Gedächtnis seines Kampfgenossen Gustav Wagemann gewidmet hat, kommt für die Praxis der mit dem Reichserbhofgesetz befaßten Stellen wie gerufen. Es ist mit seinen Musterbeispielen ein eigentlich praktisches Buch, dabei völlig frei von den Fehlern der herkömmlichen langweiligen Formularbücher.

Der Inhalt ist so ausgestaltet, daß er für die außerpreußischen Benutzer gleich wertvoll ist. Auch der Abdruck sämtlicher zum Erbhofrecht erlassenen irgend bedeutenden Verwaltungsvorschriften macht das Buch für alle Dienststellen der Justizverwaltung und des Reichsnährstandes unentbehrlich." *Deutsche Justiz, Nr. 28, 1934.*

2. Handelsrecht.

***Crisolli**, Karl-August, **Entwurf eines Gesetzes zur Vereinheitlichung, Bereinigung und Reinhaltung des Handelsregisters.** Groß-Oktav. 72 Seiten. 1934. . . . . RM. 2.—

„. . . *Der vorliegende Entwurf beschreitet neue Wege. Er geht von einem einheitlichen Registergericht für ganz Deutschland aus, das in jedem Falle der zuständigen Industrie- und Handelskammer Gelegenheit zur Stellungnahme zu geben hat, ein Vorschlag, der die Einheitlichkeit der Rechtsprechung mit der Achtung vor der Vielgestaltigkeit landschaftlich entstandener Handelsgebräuche verbindet. Auch weitere Anregungen werden von dem Verfasser gegeben, so daß der Entwurf geeignet ist, als Grundlage für die gesetzgeberischen Maßnahmen zu dienen.*"

Ministerialblatt d. preuß. inneren Verwaltung, Nr. 22, 1934.

Gierke, Jul., v., **Handelsrecht und Schiffahrtsrecht.** Vierte, vollständig neubearbeitete Auflage. XV, 865 Seiten. 1933. Mit neuzeitlichen Ergänzungen. 1936. (Lehrbücher und Grundrisse der Rechtswissenschaft, Band VI.) . . . . Geb. RM. 20.—

— — Ergänzungen apart. Oktav. 78 Seiten. 1936 . . . RM. 2.—

„*Wer das Buch kennt, wird sich über diesen durchschlagenden Erfolg kaum wundern. Es verdient durchaus die führende Stellung, die es sich unter den Kurzlehrbüchern des Handelsrechts erworben hat. Das pädagogische Geschick, die meisterhafte Konzentrierung des gewaltigen Stoffes auf das praktisch Wesentliche ohne darunter die wissenschaftliche Gründlichkeit leiden zu lassen, die klare methodische Behandlung von Streitfragen — alles das ist schon an früheren Auflagen gerühmt worden und gilt in gleicher Weise für die jetzige vierte Auflage.*"

Jurist. Wochenschrift Nr. 15/16 v. 15./22. IV. 1933.

Hein, Joh., **Die Zusammenhänge zwischen Steuerrecht und Handelsrecht und ihre Entwicklung,** untersucht an dem Gewinn und an der Bewertung. Eine bilanzrechtliche und bilanzkritische Darstellung mit praktischen Beispielen. Groß-Oktav. X, 280 Seiten. 1928.
RM. 10.—, geb. RM. 12.—

Die Vierte Notverordnung. (Vierte Notverordnung des Reichspräsidenten zur Sicherung von Wirtschaft und Finanzen und zum Schutze des inneren Friedens. Vom 8. XII. 1931.) Erläuterte Textausgabe mit Durchführungsverordnungen. Taschenformat. XVI, 364 Seiten. 1932. Mit Nachträgen enthaltend die Änderungen bis April 1932. (Guttentagsche Sammlung Dtsch. Reichsgesetze, Nr. 180.) . . . . . Geb. RM. 5.40

Staubs Kommentar zum Handelsgesetzbuch. Vierzehnte Auflage. Bearbeitet von Wilhelm Gadow, Eduard Heinichen und Anderen. Vier Bände. Lexikon-Oktav. 1932/33 . . . In Halbleder RM. 140.—

„*Alles in allem genommen haben die Bearbeiter der Neuauflage es verstanden, das berühmte Werk auf der ragenden Höhe zu halten, auf die es sein genialer Erstherausgeber gestellt hat. In schwierigen Zweifelsfragen wird der Praktiker niemals ohne Erfolg nach seinem 'Staub' greifen.*" *Deutsche Richterzeitung Nr. 2, 1933.*

Gierke, Jul., v., **Handelsgesetzbuch** nebst Wechselordnung und Scheckgesetz. Mit systematischen Paragraphenüberschriften und ausführlichem Sachregister. Oktav. VIII, 295 Seiten. 1931. (Lehrausgaben Deutscher Gesetze, Bd. IV.) . . . . Geb. RM. 5.—

Heymann, Ernst, **Handelsgesetzbuch** (ohne Seerecht) (früher Mosse). Mit den ergänzenden Vorschriften des Bürgerlichen Gesetzbuchs und einem Anhang, enthaltend das Einführungsgesetz, das Depotgesetz, die Be-

stimmungen über Börsentermin- und Differenzgeschäfte u. a. Nebst Erläuterungen. Siebzehnte Auflage. Unter Mitwirkung von Dr. Karl-August Crisolli in Berlin. (Guttentagsche Sammlung Deutscher Reichs-
Neue Auflage in Vorbereitung.

Handelsgesetzbuch nebst Einführungsgesetz vom 10. Mai 1897, unter Berücksichtigung der bis 15. Juni 1930 ergangenen Novellen. Textausgabe mit Sachregister. Zwölfte Auflage. 370 Seiten. 1930. (Guttentagsche Sammlung von Textausgaben ohne Anmerkungen mit Sachregister.) . . . . Geb. RM. 3.15

Schreiber, Otto, **Handelsrechtliche Nebengesetze.** Taschenformat. VIII, 1002 Seiten. 1926. (Guttentagsche Sammlung Deutscher Reichsgesetze Nr. 162.) . . . . Geb. RM. 12.60

Zahn, Johannes, C. D., **Wirtschaftsführertum und Vertragsethik im neuen Aktienrecht.** Anregungen zum Neubau des deutschen Aktienrechts auf Grund einer vergleichenden Darstellung des deutschen und nordamerikanischen Aktienrechts. Oktav. II, 227 Seiten. 1934.
RM. 10.—

Brodmann, Erich, **Aktienrecht.** Kommentar. Groß-Oktav. XII, 580 Seiten. 1928. (Gewerbe- und Industrie-Kommentar Bd. IV.)
RM. 28.—, geb. RM. 30.—

Brodmann, Erich, **Die Sanierung unseres Aktienwesens.** Groß-Oktav. 46 Seiten. 1931 . . . . RM. 3.—

Brodmann, Erich, **Gesetz, betr. die Gesellschaften mit beschränkter Haftung.** Kommentar. Zweite Auflage. Groß-Oktav. VIII, 304 Seiten. 1930. (Gewerbe- und Industrie-Kommentar Bd. I.)
RM. 16.—, geb. RM. 18.—

„Die Ausführungen sind, wie man es bei diesem Autor gewohnt ist, tief durchdacht und lassen bei Bekämpfung gegenteiliger Ansichten erkennen, daß das Für und Wider an der Hand voll ausgeschöpfter Rechtsprechung und Literatur überall zu seinem Recht kommt." *Leipziger Ztsch. f. dtsch. Recht v. 1. VI. 1931.*

Das Reichsgesetz betr. die Gesellschaften mit beschränkter Haftung in der am 15. Juni 1936 geltenden Fassung. Textausgabe (früher von Parisius-Crüger). Mit Erläuterungen und einer alphabetischen Übersicht über die handelsregisterrechtliche Praxis nebst einem Anhang der wichtigsten Nebengesetze von Hans Groschuff. Im Anhang: Die steuerrechtliche Behandlung der GmbH. von Ernst Kaemmel. Taschenformat. Etwa 360 Seiten. 1936. (Guttentagsche Sammlung Deutscher Reichsgesetze Nr. 32.)
Geb. RM. 4.50

Starke, Arthur, **Offene Handelsgesellschaften, Kommanditgesellschaften und stille Gesellschaften** von der Errichtung bis zur Auflösung. Nebst Vertrags- und Anmeldeformularen und mit Berücksichtigung des Steuerrechts. Oktav. XIV, 167 Seiten. 1928 . . . . RM. 5.—
Eine systematische Darstellung für Studium und Praxis.

•**Staub-Stranz, Kommentar zum Wechselgesetz.** Dreizehnte Auflage des Kommentars zur WO., völlig neubearbeitet für das Wechselgesetz vom 21. Juni 1933 von Martin Stranz. Groß-Oktav. XII, 835 Seiten. 1934 . . . . Geb. RM. 24.—

„So bildet der Kommentar . . . ein Erläuterungswerk allerersten Ranges und einen sicheren, nie versagenden Führer für alle, die sich mit wechselrechtlichen Fragen zu beschäftigen haben."
Reichsgerichtsrat Dr. Warneyer im Archiv für Rechtspflege 1934, Nr. 4.

Wechsel- und Scheckgesetz nebst Wechselsteuergesetz und Verordnungen. Taschenformat. 115 Seiten. 1936. (Guttentagsche Sammlung von Textausgaben ohne Anmerkungen mit Sachregister.) . . . . RM. 1.20

Keßler, Burghard, **Wechselsteuergesetz vom 2. Sept. 1935,** nebst dem Wechselgesetz vom 21. Juni 1933, den Durchführungsbestimmungen zum Wechselsteuergesetz vom 2. Sept. 1935 und den sonstigen Vorschriften, die bei der Anwendung des Wechselsteuergesetzes in Betracht kommen. Für die Praxis erläutert. 152 Seiten. 1935. (Guttentagsche Sammlung Deutscher Reichsgesetze Nr. 197.) . . . . RM. 3.—

***Schwerin,** Frhr. Claudius von, **Wechsel- und Scheckrecht** einschließlich der Grundbegriffe des Wertpapierrechts. Zweite Auflage des Rechtes der Wertpapiere. Oktav. 146 Seiten. 1934 . . . . Geb. RM. 5.— (Lehrbücher und Grundrisse der Rechtswissenschaft Band 7.)

„. . . Hervorzuheben ist, daß überall bei der Behandlung der schwierigen Fragen in glücklicher Weise auf das Verständnis der Lernenden Rücksicht genommen worden ist, ohne daß dadurch die Vertiefung litte. Das Buch kann daher nur empfohlen werden."
Deutsche Richterzeitung, November 1934.

Schiffahrtsrecht

Schaps, Georg, **Das deutsche Seerecht.** Kommentar zum vierten Buche des Handelsgesetzbuches (als Ergänzung zu Staub's Kommentar) nebst Erläuterungen zu den seerechtlichen Nebengesetzen. Zweite, vollständig umgearbeitete Auflage.
I. Band. (Handelsgesetzbuch: Viertes Buch.) Groß-Oktav. VIII, 1041 Seiten. 1921 . . . . RM. 25.—, geb. RM. 28.—
II. Band. (Seerechtliche Nebengesetze mit Nachtrag zur Ergänzung des I. Bandes nach dem Stand von 1929.) Bearbeitet von J. Sebba. XVI, 1108 Seiten. 1929 . . . . RM. 52.—, geb. RM. 55.—

Kaczmarzyk, Max, **Die Haftung für die Verkehrssicherheit der Reichs-Wasserstraßen** (öffentl. Binnenwasserstraßen). Zugleich eine Untersuchung zur Frage der rechtlichen Natur des Eigentums des Deutschen Reiches an seinen Wasserstraßen. Oktav. XIX, 197 Seiten. 1936 . . RM. 9.—

Allgemeine Deutsche Seeversicherungs-Bedingungen. Im Jahre 1919 herausgegeben von den deutschen Seeversicherern nach Beratung mit deutschen Handelskammern und Fachverbänden unter Vorsitz der Handelskammer Hamburg. 16.—20. Tausend. 50 Seiten. 1925 . RM. 2.—

General Rules of Marine. Insurance 1919 adopted by the German Underwriters. Authorised Translation by Dr. Alfred Sieveking, larger in Hamburg. 64 Seiten. 1920 . . . . RM. 3.—

Liebig, Eugen, v., **Die Transportversicherung.** Teil I: Die Seeversicherung. Systematische Darstellung des Seeversicherungswesens. Groß-Oktav. VIII, 226 Seiten. 1914 . . . . RM. 5.—

Bene, F., **Der Begriff des Versicherungsfalles in der Seeversicherung.** (Hamburger Rechtsstudien, herausgegeben von Mitgliedern der Rechts- und Staatswissenschaftlichen Fakultät der Hamburgischen Universität, Heft 1., Groß-Oktav. 75 Seiten. 1928 . . . . RM. 4.50

Genossenschaften

Parisius, Ludolf, **Crüger,** Hans, **Crecelius,** Adolf, und **Citron,** Fritz, **Das Reichsgesetz, betreffend die Erwerbs- und Wirtschaftsgenossenschaften.** Kommentar zum praktischen Gebrauch für Juristen, Genossenschaften und ihre Mitglieder. Zwölfte, neubearbeitete Auflage.

Groß-Oktav. XVI, 605 Seiten. 1932. Mit Nachträgen 1934. RM. 25.20, geb. RM. 27.—

Der große Parisius-Crüger ist nach wie vor das unentbehrliche Nachschlagewerk für jeden auf dem Gebiete des Genossenschaftsrechtes tätigen Juristen und praktischen Genossenschaftsleiter.

***Parisius,** Ludolf, und **Crüger,** Hans (später Hans Crüger und Adolf Crecelius), **Das Reichsgesetz, betr. die Erwerbs- und Wirtschaftsgenossenschaften.** Erläuterte Textausgabe mit Einleitung und Sachregister. Zweiundzwanzigste, neubearbeitete und erweiterte Auflage von Joh. **Lang** und Ludwig **Weidmüller.** XI, 348 Seiten. 1936. (Guttentagsche Sammlung Deutscher Reichsgesetze Nr. 29.) . . . . Geb. RM. 4.50

Das Genossenschaftsgesetz ist in den letzten Jahren vielfach geändert worden. Die zahlreichen Neuerungen bedingten die Herausgabe der Neuauflage, die in allen Teilen gründlich durchgesehen und überall neu bearbeitet wurde. Der Stand von Gesetzgebung und Rechtsprechung ist bis Mai 1936 berücksichtigt.

Verschiedenes

Staffel, W., **Verordnung gegen Mißbrauch wirtschaftlicher Machtstellungen** vom 2. November 1923. Kommentar. Oktav. 108 Seiten. 1927. (Guttentagsche Sammlung Deutscher Reichsgesetze Nr. 167.) . Geb. RM. 3.15

Lusensky, F., **Gesetz über die Handelskammern.** Taschenformat. (Guttentagsche Sammlung Preußischer Gesetze Nr. 21.) Neue Auflage in Vorbereitung.

Behlert, Heinz, **Der Konnossement-Teilschein.** Groß-Oktav. 79 Seiten. 1930. (Hamburger Rechtsstudien, Heft 5.) . . . . RM. 5.—

Bank und Börse

Koch, R., und **Schacht,** Hjalmar, **Die Reichsgesetzgebung über das Münz- und Notenbankwesen.** Textausgabe mit Anmerkungen und Sachregister, Siebente, völlig neubearbeitete Auflage. Taschenformat. XVIII, 617 Seiten. 1925. (Guttentagsche Sammlung Deutscher Reichsgesetze Nr. 26.) . . . . Geb. RM. 12.60
Ergänzungsband 1932. 144 Seiten. RM. 3.—. (Guttentagsche Sammlung Deutscher Reichsgesetze Nr. 26a.)
Ergänzungsband 1934. 46 Seiten. RM. 1.20. (Guttentagsche Sammlung Deutscher Reichsgesetze Nr. 26b.)

Das Devisennotrecht in Rechtspflege und Wirtschaft. Herausgegeben von der Verwaltungs-Akademie Berlin. Groß-Oktav. 87 Seiten. 1933. RM. 2.—

Göppert-Seydel, Hypothekenbankgesetz vom 13. Juli 1899 (mit den Änderungen durch die Gesetze vom 14. Juli 1923, vom 26. Januar 1926 und 21. Dezember 1927). Textausgabe mit Einleitung, Anmerkungen und Sachregister. Dritte Auflage bearbeitet von Dr. **Martin Friedlaender.** Taschenformat. VIII, 202 Seiten. 1929. (Guttentagsche Sammlung Deutscher Reichsgesetze Nr. 51.) . . . . . . Geb. RM. 4.50

***Fischer,** O., Chr., **Das Reichsgesetz über das Kreditwesen.** Kommentar mit ausführlicher Einführung, Erläuterungen und Sachregister unter Berücksichtigung der Durchführungsverordnung vom 9. Februar 1935. Taschenformat. VIII, 231 Seiten. 1935. (Guttentagsche Sammlung Deutscher Reichsgesetze Nr. 192.) . . . . . RM. 5.—, geb. RM. 6.—

„. . . *Der Kommentar des Gesetzestextes behandelt mit großer Sorgfalt alle Einzelvorschriften, die zu Zweifelsfragen Veranlassung geben oder der Ergänzung bedürfen. Der praktische Wert der handlichen*

Taschenausgabe, der eine weite Verbreitung zu wünschen ist, wird erhöht durch den Abdruck des gesamten Zins- und Wettbewerbsabkommens in einer Fassung, die der Regelung nach dem Stande vom 1. März 1935 entspricht."

Staatsrat Friedrich Reinhart im „Bank-Archiv" Nr. 13 vom 1. April 1935.

Deumer, Robert, **Das Gesetz über die Gewinnverteilung bei Kapitalgesellschaften (Anleihestockgesetz)** vom 4. Dezember 1934. Taschenformat. 70 Seiten. 1935. (Guttentagsche Sammlung Deutscher Reichsgesetze Nr. 191.) . . . . RM. 2.50

„. . . Neben Angaben über die steuerliche Behandlung der bar ausgeschütteten Beträge sowie der dem Anleihestock zugeführten Beträge ist noch die amtliche Begründung aufgeführt, so daß der Kommentar alles Wissenswerte über die geltenden Vorschriften enthält." Zeitschrift der Akademie für deutsches Recht, April 1935.

Lusensky, F., **Gesetz, betreffend die Pflichten der Kaufleute bei Aufbewahrung fremder Wertpapiere (Depotgesetz).** Neue Auflage in Bearbeitung. (Guttentagsche Sammlung Deutscher Reichsgesetze Nr. 40.)

Frohner, G., **Aktiensonderdepot und Legitimationsübertragung.** (Hamburger Rechtsstudien, herausgegeben von Mitgliedern der Rechts- und Staatswissenschaftlichen Fakultät der Hamburgischen Universität, Heft 3.) Groß-Oktav. VII, 114 Seiten. 1929 . . . . RM. 7.—

Dannert, Eduard, **Gesetz über Zwecksparunternehmungen** vom 17. Mai 1933 nebst den dazu ergangenen Durchführungs- und Ergänzungsverordnungen. Textausgabe mit Erläuterungen. Taschenformat. 88 Seiten. 1934 . . . . RM. 2.50 (Guttentagsche Sammlung Deutscher Reichsgesetze Nr. 188.)

III. Grenzgebiete des bürgerlichen Rechts

1. Privat- und Sozialversicherung

Koenige, Heinrich, und **Petersen,** A., **Gesetz über die privaten Versicherungsunternehmungen** vom 12. Mai 1901. Textausgabe mit Anmerkungen und Sachregister. Dritte, umgearbeitete Auflage. Taschenformat. 856 Seiten. 1927. (Guttentagsche Sammlung Deutscher Reichsgesetze Nr. 62.) . . . . Geb. RM. 18.—

Ein für Theorie und Praxis der Privatversicherung unentbehrliches Hilfsmittel.

Ergänzt durch:

Koenige, Heinrich, **Petersen,** A. und **Wirth,** K., **Gesetz über die Beaufsichtigung der privaten Versicherungsunternehmungen und Bausparkassen** vom 6. Juni 1931. Textausgabe, enthaltend den vollständigen, geltenden Gesetzestext sowie Erläuterungen zu den neuen, auf dem Gesetz vom 30. März 1931 beruhenden Vorschriften. Nachtrag zu Koenige-Petersen, Private Versicherungsunternehmungen, dritte Auflage (Bd. 62 der Sammlung). Taschenformat. 238 Seiten. 1931. (Guttentagsche Sammlung Deutscher Reichsgesetze Nr. 62a.) . . . . Geb. RM. 5.40

Bruck, E., **Reichsgesetz über den Versicherungsvertrag** nebst dem zugehörigen Einführungsgesetz vom 30. Mai 1908. Siebente, neubearbeitete Auflage. Taschenformat. 576 Seiten. 1932. (Guttentagsche Sammlung Deutscher Reichsgesetze Bd. 83.) Geb. RM. 12.60

Moldenhauer, Paul, **Das Versicherungswesen.**
I. Allgemeine Versicherungslehre. Vierte Auflage. 152 Seiten. 1925. (Sammlung Göschen Bd. 262.) . . . . Geb. RM. 1.62

II. Die einzelnen Versicherungszweige. Zweite Auflage. 130 Seiten. 1923. (Sammlung Göschen Bd. 636.) . . . . Geb. RM. 1.62

Die Entwicklung des privaten Versicherungswesens in dem Jahrfünft 1902—1906. Groß-Oktav. 53 Seiten. Mit 3 Tafeln. 1909. RM. 2.—
— in dem Jahrfünft 1907—1911. Groß-Oktav. 61 Seiten. 1912. RM. 2.50

Veröffentlichungen des Reichs-Aufsichtsamts für Privatversicherung. Groß-Oktav. 30. Jahrgang. 1931. 1932 . . . . RM. 25.50
31. Jahrgang. 1932. Nr. 1 bis 4. 1932 . . . . RM. 25.25
32. Jahrgang. 1933. Nr. 1 bis 4. 1933 . . . . RM. 24.25
33. Jahrgang. 1934. Nr. 1 bis 3. 1934 . . . . RM. 18.50
34. Jahrgang. 1935. Nr. 1, 1935 . . . . RM. 3.—
34. Jahrgang. 1935. Nr. 2, 1935 . . . . RM. 11.—
34. Jahrgang. 1935. Nr. 3, 1935 . . . . RM. 3.60
34. Jahrgang. 1935. Nr. 4, 1936 . . . . RM. 4.—

Gesamtregister zu den Veröffentlichungen des Reichs-Aufsichtsamts für Privatversicherung. 1912—26. 184 Seiten. 1928 . . . . . RM. 14.—

Versicherungsstatistik für 1902 über die unter Reichsaufsicht stehenden Unternehmungen. Herausgegeben vom Reichsaufsichtsamt für Privatversicherung. Lexikon-Oktav. LXXVII, 384 Seiten. 1905. RM. 10.—
— für 1902 bis 1917 . . . . Je Jahrgang RM. 10.—
— für 1928 bis 1929. 1930 . . . . RM. 24.—
— für 1930. 1931 . . . . RM. 13.—
— für 1932. 1933 . . . . RM. 16.—
— für 1933. 1934 . . . . RM. 18.—
— für 1934. 1935 . . . . RM. 19.—

Liebig, Eugen, v., **Das deutsche Feuerversicherungswesen.** Groß-Oktav. 211 Seiten. 1911 . . . . RM. 5.—

Weygand, J., **Die Grundzüge der Kundenversicherung.** (Generalversicherung der Speditions- und Lagergüter.) Mit einer Einleitung über das Interesse als Element der Sachversicherung. Groß-Oktav. 162 Seiten. 1914 . . . . RM. 4.—

Tsirintanis, Alexander, **Die Order-Polize.** Groß-Oktav. 95 Seiten. 1930. (Hamburger Rechtsstudien, Heft 6.) . . . . RM. 6.—

Lippmann, Karl, **Die Reichsversicherungsordnung** nebst dem Einführungsgesetze, den wichtigsten Ausführungsvorschriften, den ergänzenden Gesetzen und Verordnungen sowie den Verordnungen über das Verfahren. **Nach dem Stande vom 8. Dezember 1931.** Textausgabe mit Anmerkungen, Einleitung (Übersicht über den Inhalt der Reichsversicherungsordnung) und Sachregister. Taschenformat. XVI, 767 Seiten. 1932. (Guttentagsche Sammlung Deutscher Reichsgesetze Nr. 161.) Geb. RM. 16.20

Reuß, Max, und **Hense,** Fritz. **Das Reichsknappschaftsgesetz** vom 1. Juli 1926 nebst Einführungsgesetz. 2. Aufl. Taschenformat. XVI, 640 Seiten. 1926. (Guttentagsche Sammlung Deutscher Reichsgesetze Nr. 155.) Mit Nachtrag 1931 . . . . Geb. RM. 10.80

Embden, Helmuth, **Versicherung für Rechnung wen es angeht.** Groß-Oktav. VIII, 39 Seiten. 1930 . . . . RM. 3.— (Hamburger Rechtsstudien, Heft 8.)

Angestelltenversicherungsgesetz vom 28. Mai 1924. Zweite Auflage. Taschenformat. 143 Seiten. 1927. Mit Nachtrag. (Guttentagsche Sammlung Deutscher Reichsgesetze. Textausgaben ohne Anmerkungen.) Geb. RM. 2.25

Schmeißer, Herbert, **Das Gesetz über Arbeitsvermittlung und Arbeitslosenversicherung** in der Fassung der Notverordnung vom 1. Dezember 1930. 2 Bände. Taschenformat. Band I: XVI, 639 Seiten. 1931. Geb. RM. 13.50
Band II. 792 Seiten. 1932. (Guttentagsche Sammlung Deutscher Reichsgesetze Nr. 165/165 a.) . . . . Geb. RM. 20.—
Nachtrag zu Band I. und II. enthält die Änderungen bis Januar 1935.

2. Arbeitsrecht

*Kalckbrenner, **Otto, **Gesetz zur Ordnung der nationalen Arbeit mit sämtlichen Durchführungsbestimmungen.** Textausgabe mit Einleitung, zahlreichen Verweisungen und Sachregister. 3. Auflage. Im Anhang: Gesetz zur Ordnung der Arbeit in öffentlichen Verwaltungen und Betrieben und den Duchführungsbestimmungen. Taschenformat. 144 Seiten. 1936. (Guttentagsche Sammlung von Textausgaben ohne Anmerkungen mit Sachregister.) . . . . RM. 1.20

Kalckbrenner, Otto, **Gesetz über die Heimarbeit vom 23. März 1934.** Textausgabe mit Einleitung, Durchführungsverordnung und Sachregister. Taschenformat. 64 Seiten. 1934. (Guttentagsche Sammlung von Textausgaben ohne Anmerkungen mit Sachregister.) . . . . . . RM. 0.80

Depène, Hans, u. **Rohlfing,** Theodor, **Arbeitsgerichtsgesetz, Kommentar.** Zweite, völlig neubearbeitete Auflage. Taschenformat. 884 Seiten. 1932. (Guttentagsche Sammlung Deutscher Reichsgesetze Nr. 168.) Geb. RM. 15.—

Arbeitsgerichtsgesetz in der Fassung der Bekanntmachung vom 10. April 1934. Nachtrag zu Band 168 der Guttentagschen Sammlung Deutscher Reichsgesetze: Arbeitsgerichtsgesetz. 2. Aufl. 56 Seiten. 1934. RM. 0.80

Günther, Adolf, und **Schneider,** Richard, **Arbeiterschutz und Arbeitsrecht.** Zweite Auflage. Taschenformat.
I. Teil: **Arbeitszeitschutz.** Das Arbeitszeitnotgesetz und die übrige arbeitszeitrechtliche Gesetzgebung des Reichs seit dem 9. November 1918. 386 Seiten. 1927 . . . . Geb. RM. 6.75
II. Teil: Gesetz über die **Beschäftigung Schwerbeschädigter** nebst den einschlägigen gesetzlichen Bestimmungen. 404 Seiten. 1928. (Guttentagsche Sammlung Deutscher Reichsgesetze Nr. 138 a/138 c.) Geb. RM. 7.20
IV. Teil: **Betriebsstillegungsverordnung.** 240 Seiten. 1929. (Guttentagsche Sammlung Deutscher Reichsgesetze. Nr. 138 d.) . Geb. RM. 5.85

Tilly, Dr. Helmuth Tczerclas von, Internationales Arbeitsrecht. Unter besonderer Berücksichtigung der Internationalen Arbeitsorganisation. 120 Seiten. 1924. (Sammlung Göschen Bd. 882.) . . . . Geb. RM. 1.62

v. Ungern-Sternberg, Die Auflösung und Fusion von Berufsvereinen und ihre arbeitsrechtliche Bedeutung. Oktav. IV, 52 Seiten. 1931. RM. 3.50

3. Gewerberecht

Hiller, Fr., und **Luppe,** H., **Gewerbeordnung für das Deutsche Reich nebst Kinderschutzgesetz und Hausarbeitsgesetz** sowie den für das Reich und Preußen erlassenen Ausführungsbestimmungen. Einundzwanzigste, veränderte Auflage. (143. bis 148. Tausend.) Taschenformat. 931 Seiten. 1928. Mit Nachtrag vom 11. 2. 1929. (Guttentagsche Sammlung Deutscher Reichsgesetze Nr. 6.) . . . . Geb. RM. 9.90

Ergänzungsband. Abgeschlossen am 15. April 1934. Taschenformat. 87 Seiten. 1934 . . . . RM. 1.50

Gewerbeordnung für das Deutsche Reich nebst Gaststättengesetz, Kinderschutzgesetz und Hausarbeitsgesetz. Textausgabe mit Einleitung und Sachregister. Taschenformat. IV, 200 Seiten. 1932. (Guttentagsche Sammlung von Textausgaben ohne Anmerkungen mit Sachregister.) . . . . Geb. RM. 3.—

Brassert, H., Allgemeines Berggesetz für die preußischen Staaten mit Kommentar. Zweite Auflage, bearbeitet von Hans Gottschalk. Groß-Oktav. XXIX, 1291 Seiten. 1914. RM. 27.—, geb. RM. 30.—

Friedrichs, Karl, Gaststättengesetz vom 28. April 1930 mit den Durchführungs- und Ausführungsverordnungen des Reichs und Preußens. Taschenformat. VIII, 144 Seiten. 1930. (Guttentagsche Sammlung Deutscher Reichsgesetze Nr. 176.) . . . . RM. 3.15

Voß, Werner, Die reichs- und landesrechtlichen Bestimmungen auf dem Gebiete des Gesundheitswesens. Taschenformat. 608 Seiten. 1929. (Guttentagsche Sammlung Deutscher Reichsgesetze Nr. 172.) Geb. RM. 9.90

4. Geistig-gewerblicher Rechtsschutz.

***Kaiser, Felix, Erfinder und Patent im neuen Staat.** Oktav. 144 Seiten. 1934 . . . . RM. 3.50

„. . . Die Schrift enthält eine Fülle neuer Gedanken, die hier nur stichwortartig angedeutet werden können. . . . Die Arbeit wird einen wertvollen Beitrag für die Reformarbeiten auf dem Gebiete des Patentrechts darstellen. . . . Sie ist nicht nur dem Patentrechtler und Techniker, sondern allgemein jedem Juristen warm zu empfehlen." *Deutsche Justiz vom 22. 3. 35.*

***Elster, Alexander, Urheber- und Erfinder-, Warenzeichen- und Wettbewerbsrecht.** (Gewerblicher Rechtsschutz.) Zweite, stark erweiterte und völlig umgearbeitete Auflage. Mit Abdruck der Gesetzestexte. Oktav. XII, 611 Seiten. 1928. Mit Nachträgen bis Juni 1936. (Lehrbücher und Grundrisse der Rechtswissenschaft Bd. VIII.) RM. 16.20, geb. RM. 17.50

„Seit Kohler und Osterrieth endlich wieder das lang entbehrte Lehrbuch. Hier unternimmt ein wahrhaft selbständiger und ideenreicher Kopf den Versuch, eine wirkliche Synthese zu schaffen." *Juristische Rundschau Nr. 1, v. 1. 1. 1929.*

Daude, Paul, Die Reichsgesetze über das Urheberrecht an Werken der Literatur und der Tonkunst und das Verlagsrecht vom 19. Juni 1901 in der Fassung des Gesetzes vom 22. Mai 1910 zur Ausführung der revidierten Berner Übereinkunft. Oktav. VIII, 293 Seiten. 1910. RM. 6.—

Lindemann, O., Gesetz, betr. das Urheberrecht an Werken der Literatur und der Tonkunst. Vierte Auflage. Taschenformat. 171 Seiten. 1921. (Guttentagsche Sammlung Deutscher Reichsgesetze Nr. 60.) Geb. RM. 1.60

***Wollenberg, Ernst, Gutachten der fünf preußischen Sachverständigenkammern für Urheberrecht.** Eine Auswahl. Groß-Oktav. VIII, 210 Seiten. 1936 . . . . RM. 5.—

Andritzky, Christoph, Die Rechtsstellung des Drehbuchautors. Oktav. XI, 80 Seiten. 1931 . . . . RM. 3.50

Reininger, G., Der Schutz des Urheberrechts im deutschen Rundfunk. Oktav. 88 Seiten. 1929 . . . . RM. 4.—

Giesecke, Hans, **Die juristischen Probleme des Bildfunks.** Oktav. 90 Seiten. 1932 . . . . RM. 3.60

Elster, A., Das deutsche Urheber- und Verlagsrecht. 128 Seiten. 1923. (Sammlung Göschen Bd. 863.) . . . . Geb. RM. 1.62

„Erstaunlich ist, wie Elster diese beiden so viel umstrittenen Gesetze auf so engem Raum in vortrefflicher Weise zur Darstellung gebracht hat." Deutscher Journalistenspiegel Nr. 17, v. 5. VI. 1927.

Heymann, E., Die zeitliche Begrenzung des Urheberrechts. Oktav. 74 Seiten. 1927. (Sitzungsberichte der Preußischen Akademie der Wissenschaften zu Berlin.) . . . . RM. 5.—

Pietzcker, Eduard, **Patentgesetz und Gebrauchsmusterschutzgesetz.** Kommentar unter Berücksichtigung der vorgeschlagenen und weiter beantragten Abänderungen des Patentgesetzes. Erster Halbband: §§ 1—12 PatG. Groß-Oktav. 427 Seiten. 1929. (Gewerbe- und Industrie-Kommentar Bd. V, 1.) Der zweite, das Werk abschließende Band ist in Bearbeitung . . . . RM. 26.—, geb. RM. 28.—

„Die überall zutage tretende geistige Leistung macht Pietzckers Kommentar für jeden, der sich mit diesem Rechtsgebiet zu beschäftigen hat, zum unentbehrlichen Rüstzeug."
Markenschutz und Wettbewerb Nr. 4, April 1929.

***Lutter,** R., **Patentgesetz vom 5. Mai 1936.** Kommentar. Zehnte, völlig neubearbeitete Auflage. Mit Anhang, enth. das Gebrauchsmustergesetz vom 5. Mai 1936, erläutert von Dr. jur. Alexander Elster. Taschenformat. Etwa 600 Seiten. 1936. (Guttentagsche Sammlung Deutscher Reichsgesetze Nr. 22.) . . . . Geb. etwa RM. 10.—

Elster, A., Das deutsche Erfinderrecht. (Patent- und Musterschutzrecht.) 118 Seiten. 1924. (Sammlung Göschen Bd. 891.) . . Geb. RM. 1.62

***Elster, A., Gesetz gegen den unlauteren Wettbewerb vom 7. Juni 1909.** In der Fassung vom 9. März 1932. Kurzer Kommentar für Praxis und Studium. Neunte, durchgearbeitete und wesentlich ergänzte Auflage der erläuterten Textausgabe von Justizrat Dr. Albert Pinner und Dr. Alexander Elster. Taschenformat. 392 Seiten. 1932. Mit Nachträgen 1933/34. (Guttentagsche Sammlung Deutscher Reichsgesetze Nr. 37.) . . . . Geb. RM. 6.75

„Der Umfang der erläuterten Textausgabe ist wieder sehr gestiegen, so daß sie nun mit Recht die Bezeichnung kurzer Kommentar führt. Obwohl für die Praxis bestimmt und im wesentlichen auf den Ergebnissen der Rechtsprechung fußend, zeigt das Werk — besonders in der Einleitung, aber auch in den einzelnen Ausführungen — die grundsätzliche Einstellung des Verfassers zu der Rechtsnatur des Wettbewerbsrechts. Für das Studium sowie als erstes Nachschlagewerk für die Praxis ist das Werk hervorragend geeignet."
Juristische Wochenschrift Nr. 18 v. 26. VI. 1932.

Elster, A., Gesetz über das Zugabewesen vom 12. V. 1933. Ergänzung zu Elster, Unlauterer Wettbewerb, und Elster, Zugaben-Verordnung. 1933 . . . . RM. 0.20

Elster, A., Zugaben-Verordnung. (Erster Teil der Verordnung des Reichspräsidenten zum Schutze der Wirtschaft vom 9. März 1932.) Taschenformat. 80 Seiten. 1932. (Guttentagsche Sammlung Deutscher Reichsgesetze Nr. 37a.) . . . . RM. 1.80

Hagens, Alfred, **Warenzeichenrecht.** Kommentar. Groß-Oktav. VIII, 408 Seiten. 1927. (Gewerbe- und Industrie-Kommentar Bd. III.)
RM. 22.—, geb. RM. 24.—

"Eine ausführliche Darstellung, die zeigt, daß der Verfasser das gesamte Fachschrifttum und die reichhaltige Rechtsprechung restlos beherrscht. Ich habe gefunden, daß nicht ein einziger Fall von Bedeutung fehlt." Markenschutz und Wettbewerb Nr. 12. 1927.

Elster, A., **Warenzeichengesetz** vom 5. Mai 1936. 1936. Textausgabe mit Einleitung, erläuternden Hinweisen auf die Änderungen und Sachregister. Taschenformat. 48 Seiten. 1936. (Guttentagsche Sammlung von Textausgaben ohne Anmerkungen mit Sachregister.) . RM. 1.—

Born, A., **Reichspreßgesetz** vom 7. Mai 1874 in der jetzt geltenden Fassung nebst den einschlägigen Bestimmungen der Reichsverfassung, des Reichsstrafgesetzbuches, der Gewerbeordnung usw. Mit Kommentar und Sachregister. Vierte, veränderte Auflage. Taschenformat. 234 Seiten. 1931. (Guttentagsche Sammlung Deutscher Reichsgesetze Nr. 53.) . . . . Geb. RM. 5.40

IV. Zivilprozeß

Fischer, Otto, **Lehrbuch des deutschen Zivilprozeß- und Konkursrechts.** Groß-Oktav. XII, 488 Seiten. 1918 . . . . RM. 8.—, geb. RM. 10.—

Kisch, Wilh., **Deutsches Zivilprozeßrecht.**
I. Band. Vierte Auflage. Mit Ergänzungen bis Juli 1934. 117 Seiten. 1929—1934. (Sammlung Göschen Bd. 428.) . . Geb. RM. 1.62
II. Band. Vierte Auflage. Mit Ergänzungen bis Juli 1934. 175 Seiten. 1929—1934. (Sammlung Göschen Bd. 429.) . . Geb. RM. 1.62
III. Band. Vierte Auflage. Mit Ergänzungen bis Juli 1934. 158 Seiten. 1929—1934. (Sammlung Göschen Bd. 430.) . . Geb. RM. 1.62

***Sydow,** R., **Busch,** L., **Zivilprozeßordnung** und **Gerichtsverfassungsgesetz** nebst Anhang, enthaltend Entlastungsgesetze. Handkommentar unter besonderer Berücksichtigung der Entscheidungen oberster Gerichte. Begonnen von Dr. R. Sydow. Weiterbearbeitet von Dr. L. Busch, weil. Reichsgerichtsrat. Einundzwanzigste Auflage, fortgeführt von Dr. Walter Krantz, Landgerichtspräsident in Nordhausen, und Franz Triebel, Senatspräsident am Reichsgericht. Zwei Bände. Groß-Oktav. 1935.
Band I: **Einführungsgesetz und ZPO.** Buch 1—7 (§§ 1—703). XVI, 804 Seiten. Geb. RM. 14.—
Band II: **Zivilprozeßordnung** §§ 704—1048. **Gerichtsverfassungsgesetz.** Anhang. Sachregister . . . . Geb. RM. 15.—
Der Bezug des ersten Bandes verpflichtet zur Abnahme beider Bände. (de Gruytersche Sammlung Deutscher Gesetze, Handkommentare.)

„Erfreulicherweise liegt nunmehr auch der altbewährte Kommentar von Sydow-Busch in neuer, dem Stand des Verfahrensrechts vom 1. Januar 1935 angepaßten Auflage vor. Es ist die 21. Auflage, und das sagt viel für den Erfolg, den sich der Kommentar durch seine Gediegenheit und Zuverlässigkeit verdientermaßen errungen hat. In dieser Hinsicht braucht über ein seit Jahrzehnten bewährtes Werk hier nichts wiederholt zu werden. . . ."
Min.-Rat E. Staud i. d. Deutschen Justiz v. 10. 5. 35.

***Zimmerle,** Ludwig, **Die Zivilprozeßordnung** in der ab 1. Januar 1935 geltenden Fassung nebst Gerichtsverfassungsgesetz und den wichtigsten Nebengesetzen. Textausgabe mit Einleitung, Verweisungen und Sachregister. 2. Auflage. Taschenformat. XXXI, 464 Seiten. 1935. (Guttentagsche Sammlung von Textausgaben ohne Anmerkungen mit Sachregister.) . . . . Geb. RM. 3.50
Die neue Auflage enthält die neueste Fassung der ZPO. mit allen Änderungen und Neuerungen des Zwangsvollstreckungsrechts in übersichtlicher Darstellung und absolut zuverlässiger Wiedergabe der Gesetzestexte.

Der neue Entwurf einer Zivilprozeßordnung. Veröffentlicht durch das Reichsjustizministerium. Lexikon-Oktav. 561 Seiten mit 2 Paragraphen-Verzeichnissen. 1931 . . . . RM. 10.—, geb. RM. 12.—

***Die Grundgedanken der Zivilprozeßreform** vom 27. Oktober 1933. Ein Vortrag von Privatdozent Dr. jur. Heinz Hildebrandt, Gerichtsassessor, Heidelberg. Oktav. 36 Seiten. 1934 . . . . . . RM. 2.—

„Eine ausgezeichnete Schrift! Verfasser gibt nicht nur einen Überblick über die Entwicklung unseres Prozeßrechts, sondern zeigt, mit wertvollen Hinweisen auf ausländische Rechte, die Grundgedanken der Prozeßreform und die von ihr erhofften Auswirkungen in der Praxis des täglichen Lebens. . . . Auch sonst kann der Schrift nur zugestimmt und ihre Durcharbeitung empfohlen werden."

Badische Rechtspraxis vom 15. 9. 34.

Welzel, Hans, Die Wahrheitspflicht im Zivilprozeß. Ein Vortrag. Oktav. 27 Seiten. 1935 . . . . RM. 2.—

„Eine Grundlage unseres zivilen Verfahrensrechts wird hier streng wissenschaftlich untersucht und dabei doch so klar und wirklichkeitsnah, daß auch die unmittelbare Praxis daraus Anregungen und Erkenntnisse schöpfen kann. Für die Reformarbeit ist besonders wertvoll, in welcher Art der Verfasser die bisherige Verneinung der Wahrheitspflicht auf ihre Wurzel im alten Denken zurückführt. . ."

Deutsche Richter-Zeitung v. 15. 6. 1935.

Sydow, R., Busch, L., und Krantz, W., Gerichtsverfassungsgesetz mit Einführungsgesetz. Unter besonderer Berücksichtigung der Entscheidungen des Reichsgerichts. Zehnte Auflage. Taschenformat. 347 Seiten. 1925. (Guttentagsche Sammlung Deutscher Reichsgesetze Nr. 14.) Geb. RM. 5.40

Sydow, R., Busch, L., und Krieg, O., Die Deutsche Gebührenordnung für Rechtsanwälte, das Gesetz, betreffend die Erstattung von Rechtsanwaltsgebühren in Armensachen, und die Preußische Landesgebührenordnung mit Erläuterungen. Auf der Grundlage der Sydow-Busch'schen Textausgabe mit Anmerkungen in dreizehnter Auflage unter Mitaufnahme des Gesetzes über die Erstattung in Armensachen neubearbeitet. Taschenformat. 496 Seiten. 1929. (Guttentagsche Sammlung Deutscher Reichsgesetze Nr. 17.) . . . . Geb. RM. 8.10

Sydow, R., Busch, L., und Krieg, O., Deutsches Gerichtskostengesetz nebst Gebührenordnung für Gerichtsvollzieher und für Zeugen und Sachverständige in den neuesten Fassungen. Auf der Grundlage der Sydow-Busch'schen Textausgabe mit Anmerkungen neubearbeitet in elfter Auflage. Taschenformat. XI, 433 Seiten. 1928. (Guttentagsche Sammlung Deutscher Reichsgesetze Nr. 15.) . . . . . . Geb. RM. 6.75

Freiwillige Gerichtsbarkeit

Jastrow, Hermann, und Günther, Hermann, Die Gesetze des Reiches und Preußens über die freiwillige Gerichtsbarkeit. Textausgabe mit Einleitung, Anmerkungen und Sachregister. Siebente, vermehrte Auflage. Taschenformat. 548 Seiten. 1928. (Guttentagsche Sammlung Deutscher Reichsgesetze Nr. 46.) . . . . Geb. RM. 8.10

***Beyer, Gerhard, Das Verfahren der Freiwilligen Gerichtsbarkeit,** dargestellt an praktischen Fällen der Familien-, Vormundschafts- und Jugendwohlfahrtsrechts. Oktav. VIII, 141 Seiten. 1935. RM. 4.—

Erfahrungen bei der Ausbildung des juristischen Nachwuchses und bei der Tätigkeit in Sachen der Freiwilligen Gerichtsbarkeit lassen immer wieder erkennen, wie wenig der Jurist im allgemeinen Gelegenheit nimmt, sich mit den Wesensmerkmalen und Grundzügen der Frei-

willigen Gerichtsbarkeit vertraut zu machen. Dieser Einstellung zu einem wesentlichen Teil unserer Rechtsordnung muß jedenfalls in einer Zeit entgegengewirkt werden, der als Ideal richterlicher Tätigkeit der königliche Richter vorschwebt. Kein anderes unserer Verfahrensrechte ist diesem Ideal bisher so nahe gekommen. Diese Erkenntnis sollte vor allem den juristischen Nachwuchs dazu veranlassen, sich eingehender mit diesem Rechtsgebiet zu befassen. Um die Einarbeitung in das Rechtsgebiet der Freiwilligen Gerichtsbarkeit gerade an vorhandenen praktischen Fällen zu erleichtern und um zu zeigen, wie auch hier folgerichtiges Rechtsdenken mit praktischem Blick und Verständnis für die Vorgänge des Lebens gepaart sein muß, ist dieses Buch geschrieben worden.

Die Gesetze des Reiches und Preußens über die freiwillige Gerichtsbarkeit. Textausgabe mit Sachregister. Taschenformat. 108 Seiten. 1930. (Guttentagsche Sammlung von Textausgaben ohne Anmerkungen mit Sachregister.) . . . . RM. 2.70

Lindemann, Otto, **Reichskostenordnung.** Verordnung über die Kosten in Angelegenheiten der freiwilligen Gerichtsbarkeit und der Zwangsvollstreckung in das unbewegliche Vermögen vom 25. November 1935. Taschenformat. 195 Seiten. 1936. (Guttentagsche Sammlung Deutscher Reichsgesetze Nr. 198.) . . . . Geb. RM. 3.50

Konkursordnung und Zwangsvollstreckung.

•**Jaeger,** Ernst, **Kommentar zur Konkursordnung** und den Einführungsgesetzen. Mit einem Anhang, enthaltend das Anfechtungsgesetz, die Vergleichsordnung, Auszüge aus den Kostengesetzen, Ausführungsgesetze und Geschäftsordnungen. Sechste und siebente, neubearbeitete Auflage. Lexikon-Oktav.
Erster Band: §§ 1—46. XXVIII, 828 Seiten. 1928—1931.
RM. 49.—, geb. RM. 54.—
Zweiter Band: § 47—244, Einführungsgesetze, Richtlinien, Nachtrag und Sachregister. XIX, 1057 Seiten und 14 Seiten Nachtrag
RM. 46.—, geb. RM. 51.—
Band I/II komplett RM. 95.—, geb. RM. 105.—
(Der Kauf des ersten Bandes verpflichtet zum Bezug des ganzen Werkes (2 Bände).

„. . . *Kurz gesagt: das Buch ist das unübertreffliche Standardwerk.*"
Deutsche Richterzeitung Nr. 1, v. 15. I. 1929.

Jaeger, Ernst, **Lehrbuch des Konkursrechts.** Achte, erweiterte Auflage des Grundrisses zur Vorlesung über Konkursrecht. Groß-Oktav. 253 Seiten. 1932 . . . . Geb. RM. 13.50

„. . . *Jedes Wort des Lobes über dieses Werk erscheint mir überflüssig. Der anerkannt beste Kenner und Förderer des Konkursrechts, ein ausgezeichneter Pädagoge, ein Meister der deutschen Sprache hat uns ein Lehrbuch geschenkt, das nicht nur den Studierenden in unvergleichlicher Weise in das schwierige Gebiet des deutschen Konkursrechts einführt, sondern das auch dem gereiften Juristen durch häufige geschichtliche und rechtsvergleichende Hinweise und durch die Art, wie es die systematischen Zusammenhänge hervortreten läßt, die treibenden Kräfte der Rechtsgestaltung aufdeckt und zu den zahlreichen Streitfragen des Konkursrechts in stets klarer und belehrender Weise Stellung nimmt, eine überaus reizvolle, anregende und genußreiche Lektüre gewährt.*" *Deutsche Juristen-Zeitung Nr. 22, 1932.*

Entwurf einer Vergleichsordnung nebst Einführungsgesetz und Begründung. Veröffentl. durch das Reichsjustizministerium. Groß-Oktav. 94 Seiten. 1933. C. H. Beck'sche Verlagsbuchhandlung (Oskar Beck),

München, J. Bensheimer in Mannheim, Walter de Gruyter & Co. in Berlin, Carl Heymanns Verlag, Otto Lehmann, J. C. B. Mohr (Paul Siebeck) in Tübingen, W. Moeser Buchhandlung in Leipzig, J. Schweitzer Verlag in München, Julius Springer in Berlin, Georg Stilke in Berlin, Franz Vahlen in Berlin . . . . RM. 2.—
Auslieferung bei: Walter de Gruyter & Co., Berlin und Leipzig.

***Sydow, R., Busch, L., und Krieg, O., Konkursordnung,** Vergleichsordnung und Anfechtungsgesetz mit Erläuterungen. Auf der Grundlage der Sydow-Buchschen Textausgabe mit Anmerkungen in sechzehnter Auflage. V, 870 Seiten. 1932. (Guttentagsche Sammlung Deutscher Reichsgesetze Nr. 13.) Mit Nachtrag, enth. die neue Vergleichsordnung . . . . Geb. RM. 10.80
„. . . erfüllt alle Anforderungen, die man an einen Handkommentar stellen kann, der rasch und zuverlässig über alle Rechtsfragen unterrichtet, ohne bis ins kleinste den einzelnen Streitfragen wie ein großer Kommentar nachzugehen. Für den praktischen Gebrauch ist das Werk ausgezeichnet . . .“ Juristische Wochenschrift Nr. 18/19, 1933.

Krech, J., und Fischer, O., Die Gesetzgebung, betr. die Zwangsvollstreckung in das unbewegliche Vermögen im Reiche und in Preußen. Textausgabe mit Einleitung, Anmerkungen und Sachregister. Zehnte Auflage, bearbeitet von O. Fischer. Taschenformat. 266 Seiten. 1929. (Guttentagsche Sammlung Deutscher Reichsgesetze Nr. 43.) Geb. RM. 4.50

Blomeyer, Karl, **Zwangsvollstreckung.** Oktav. XII, 187 Seiten. 1932. Geb. RM. 4.50
(Lehrbücher und Grundrisse der Rechtswissenschaft, Bd. XV.)

***Schultze,** Fritz und **Seifert,** Fritz, **Der gesamte Vollstreckungsschutz.** Ausführlicher Kommentar mit allen Texten, Einleitungen und Sachverzeichnis, einschließlich der einschlägigen ZPO.-Vorschriften. Taschenformat. XXIV, 608 Seiten. 1934. (Guttentagsche Sammlung Deutscher Reichsgesetze Nr. 185.) . . . . Geb. RM. 12.—

***Fischer-Fischerhof,** Hans, **Die Schadensersatzpflicht des Vollstreckungsgläubigers bei ungerechtfertigter Zwangsvollstreckung.** Zugleich ein Beitrag zur Lehre von den Besitzverhältnissen an gepfändeten Sachen. Oktav. 99 Seiten. 1934 . . . . RM. 3.60

Huyke, W., **Offenbarungseid und Haft im Zivilprozeß.** Taschenformat. 173 Seiten. 1930. (Guttentagsche Sammlung Deutscher Reichsgesetze, Nr. 177.) . . . . Geb. RM. 3.60

V. Strafrecht und Strafprozeß

Strafgesetzbuch

***Ebermayer,** Ludwig, **Lobe,** Adolf und **Rosenberg,** Werner, **Das Reichsstrafgesetzbuch,** Leipziger Kommentar mit besonderer Berücksichtigung der Rechtsprechung des Reichsgerichts. Fünfte, vermehrte und verbesserte Auflage. Lexikon-Oktav.
Band I: Allgemeiner Teil nebst systematischer Einführung von Dr. Adolf Lobe, Senatspräsident am Reichsgericht i. R. Oktober 1933 mit Nachtrag 1934. Lexikon-Oktav. 472 u. 28 Seiten. 1933. Geb. RM. 21.80

Lobe, Adolf, **Gesetz gegen gefährliche Gewohnheitsverbrecher** und über Maßregeln der Sicherung und Besserung v. 24. Nov. 1933 sowie Ausführungsgesetz vom gleichen Tage. Lexikon-Oktav. 28 Seiten. 1934. RM. 1.80
In der autoritativen Art des Leipziger Kommentars zum Strafgesetzbuch eine eingehende Erläuterung des neuen für die Strafpraxis wichtigen Gesetzes. Die Ausgabe dient zugleich als Nachtrag zum Leipziger Kommentar zum Strafgesetzbuch.

•**Lobe,** Adolf, **Einführung in den Allgemeinen Teil des Strafgesetzbuches.** (Zugleich Einleitung zu dem StGB.-Kommentar v. Ebermayer-Lobe-Rosenberg.) Oktav. II, 201 Seiten. 1933 . . . . . . Geb. RM. 6.—

„In klaren Ausführungen führt hier der Verfasser in das gesamte Strafrecht ein und erläutert die zur Zeit geltenden Strafrechtsgrundsätze. . . Zum Studium kann das Werk bestens empfohlen werden, trotz der zur Zeit mit Eifer betriebenen Arbeiten der amtlichen Strafrechtskommission." *Deutsches Recht Nr. 3, 1934.*

•**Kohlrausch,** Eduard, **Strafgesetzbuch für das Deutsche Reich mit Erläuterungen und Nebengesetzen.** Früher von Dr. Fr. v. Liszt † u. Dr. E. Delaquis. Zweiunddreißigste Auflage. Taschenformat. Etwa 600 Seiten. 1936. (Guttentagsche Sammlung Deutscher Reichsgesetze Nr. 2.) . . . . Geb. etwa RM. 7.20

„. . . Der handliche Taschenkommentar weist die alten Vorzüge auf, die dem Buche zu hohem Rang und Ansehen verholfen haben; die durchgreifende Überarbeitung hat es auf den neuesten Stand der Gesetzgebung gebracht, Rechtsprechung und Schrifttum sind bis in die letzte Zeit hinein berücksichtigt."
Deutsches Polizei-Archiv Nr. 12, 1934.

Strafgesetzbuch, Strafprozeßordnung, Gerichtsverfassungsgesetz nebst den wichtigsten Nebengesetzen. Zusammengestellt im Reichsjustizministerium. Oktav. VII, 544 Seiten. 1935 . . . . Geb. RM. 3.60

„Alle auf strafrechtlichem Gebiet Arbeitenden werden dem Reichsjustizministerium dankbar sein, daß es den Text der gesamten, z. Zt. in Deutschland gültigen Strafgesetze und strafprozessualen Gesetze in einem gut gebundenen und trotzdem sehr billigen Buch zusammengestellt hat. . . Durch zahlreiche Verweisungen unter dem Text ist dafür Sorge getragen, daß der Leser sich mühelos in dem Dickicht der ineinandergreifenden Hauptgesetze und Nebengesetze zurechtfindet. . ."
Archiv f. Kriminologie v. 5. 6. 1936.

v. Liszt, Fr., **Lehrbuch des deutschen Strafrechts.** Sechsundzwanzigste, vollkommen neubearbeitete Auflage (49.—51. Tausend), von Dr. E. Schmidt, Professor der Rechte in Hamburg.
I. Band: Einleitung und Allgemeiner Teil. Oktav. 496 Seiten. 1932. RM. 11.70, geb. RM. 13.50
II. Band: In Vorbereitung.

Gerland, H., B., **Deutsches Reichsstrafrecht.** Ein Lehrbuch. Zweite, völlig umgearbeitete Auflage. Oktav. XX, 732 Seiten. 1932. (Lehrbücher und Grundrisse der Rechtswissenschaft Bd. XVI.)
RM. 15.—, geb. RM. 16.50

„Durch knappe, geradezu klassische Kürze zeigende Darstellung gelang es Gerland, auf engem Raume eine ungeheure Fülle des Stoffes zu bieten und auf jede Frage Antwort zu geben."
Juristische Wochenschrift v. 11. X. 1925.

Gerland, H. B., **Der Entwurf 1925.** Allgemeiner Teil. Kritische Bemerkungen. Oktav. 96 Seiten. 1925 . . . . RM. 5.—

Aschrott, P. F., u. **Kohlrausch,** Ed., **Reform des Strafrechts.** Kritische Besprechung des Amtlichen Entwurfs eines Allgemeinen Deutschen Strafgesetzbuchs. Auf Veranlassung der Deutschen Landesgruppe der Internationalen Kriminalistischen Vereinigung unter Mitwirkung erster Fachgenossen herausgegeben. Gr.-Oktav. V, 415 S. 1926. RM. 18.—

•**Rittau,** M., **Militärstrafgesetzbuch,** mit besonderer Berücksichtigung der Rechtsprechung des früheren Reichsmilitärgerichts und des Reichsgerichts in Strafsachen. 2. Auflage. 215 Seiten. 1935. (Guttentagsche Sammlung Deutscher Reichsgesetze Nr. 196.) . . . . RM. 4.80

Zur Einführung in das neue Recht und dessen Anwendung in der Praxis wird die Ausgabe, deren Herausgeber auf dem einschlägigen Gebiet besonders sachkundig ist, den interessierten Stellen als verläßliches Hilfsmittel gute Dienste leisten.

Sammlung außerdeutscher Strafgesetzbücher in deutscher Übersetzung. Herausgegeben von den Schriftleitungen der Zeitschrift für die ges. Strafrechtswissenschaft u. d. Mitteilungen der Internationalen Kriminalistischen Vereinigung. Nr. 1—43. 1881—1914 . . Preise auf Anfrage.

Nr. 44:
Japanische Strafgesetze. I. Schwurgerichtsordnung vom 18. April 1923 und strafrechtliche Nebengesetze. Übersetzt von Hyoichiro Kusano, Reichsgerichtsrat in Tokio, Tadao Sugiura, Oberlandesgerichtsrat in Sapporo, und Dr. jur. Fritz Bartelt in Berlin. II. Strafvollzugsgesetz vom 28. März 1908 nebst Ausführungsverordnung vom 16. Juni 1908. Übersetzt von Dr. jur. Toshita Tokiwa, Gerichtsassessor in Tokio und Dr. jur. Werner Gentz, Justizrat beim Strafvollzugsamt in Kiel. Groß-Oktav. 55 Seiten. 1927. RM. 3.—

Nr. 45:
Die Auslieferungsgesetze Norwegens, Schwedens und Finnlands. Mit einer systematischen Darstellung der Grundzüge des nordischen Auslieferungsrechts im Hinblick auf den Erlaß eines deutschen Auslieferungsgesetzes. Von Dr. jur. Ernst Wolgast, Privatdozent in Königsberg i. Pr. Groß-Oktav. VIII, 487 Seiten. 1928 . . . RM. 20.—

Nr. 46:
Das Türkische Strafgesetzbuch vom 1. März 1926. Gesetz Nr. 765. (Türkisches Gesetzblatt Nr. 320 vom 13. März 1926.) Das Ausführungsgesetz zum Türkischen Strafgesetzbuch vom 26. April 1926. Deutsche Übersetzung von Dr. K. Ziemke. Groß-Oktav. 138 Seiten. 1927 . . . . RM. 5.—

Nr. 47:
Entwurf eines griechischen Strafgesetzbuches. Übersetzt und eingeleitet von Demetrius G. Venturas, Rechtsanwalt in Korfu, Griechenland. Groß-Oktav. 123 Seiten. 1928 . . . . RM. 7.—

Nr. 48:
Italienischer Vorentwurf zu einem neuen Strafgesetzbuch. (Progetto di un nuovo codice penale.) In deutscher Übersetzung von Dr. K. Bunge, Landgerichtsrat in Berlin. Groß-Oktav. XXXII, 244 Seiten. 1928 . . . . RM. 10.—

Nr. 49:
Strafgesetzbuch (Ugolownyi Kodex) **der Russischen Sozialistischen Föderativen Sowjet-Republik** (R.S.F.S.R.) vom 22. November 1926, übersetzt von Dr. Wilhelm Gallas, Gerichtsassessor in Berlin. Groß-Oktav. 68 Seiten. 1930 . . . . RM. 4.—

Nr. 50:
Das Italienische Strafgesetzbuch vom 19. Oktober 1930. In deutscher Übersetzung von Dr. K. Bunge, Landgerichtsdirektor in Berlin. Groß-Oktav. 227 Seiten. 1933 . . . . RM. 7.—

Nr. 51:
Das italienische Jugendgerichtsgesetz vom 20. Juli 1934 mit Erläuterungen und einem geschichtlichen Überblick über das italienische Jugendstrafrecht. Von Dr. Erich Pritsch, Ministerialrat im Reichsjustizministerium, Berlin. Oktav. 51 Seiten. 1935 . . . . . . RM. 2.—

Nebengesetze

Lindemann, Otto, **Sammlung der wichtigsten preußischen Strafgesetze.** Zweite Auflage. Taschenformat. 372 Seiten. 1912. (Guttentagsche Sammlung Preußischer Gesetze Nr. 34.) . . . . . . Geb. RM. 3.15

Lindemann, Otto, **Polizeiverordnungen in Preußen.** Zweite Auflage. Taschenformat. 189 Seiten. 1912. (Guttentagsche Sammlung Preußischer Gesetze Nr. 36.) . . . . Geb. RM. 2.25

* **Handwörterbuch der Kriminologie** und der anderen strafrechtlichen Hilfswissenschaften. Unter Mitberatung von Professor Dr. Graf Gleispach, Berlin, Generalstaatsanwalt Dr. Hafner, Karlsruhe, Oberverwaltungsgerichtsrat Dr. Hagemann, Berlin, Reichsgerichtsrat Dr. Hartung, Leipzig, Professor Dr. Kohlrausch, Berlin, Professor Dr. Müller-Heß, Berlin, herausgegeben von Dr. jur Alexander **Elster** in Berlin und Oberstaatsanwalt Heinrich **Lingemann** in Essen. Lexikon-Oktav.
Das „Handwörterbuch der Kriminologie" wird zwei Bände umfassen und erscheint in Lieferungen zum Preise von je RM. 6.—.
I. Band: Aberglaube bis Kriminalpsychologie. Mit Sachregister zu Band I . . . . RM. 50.—, geb. RM. 55.—
Das Werk wird im Sommer 1936 mit dem II. Bande abgeschlossen vorliegen.
„. . . Die sorgsame Auswahl der Mitarbeiter verbürgt die gewissenhafte Behandlung und die wissenschaftliche Durcharbeitung der Themen. Es handelt sich um eine Enzyklopädie, die für den Kriminalisten, den Richter, den Sozialpolitiker, den Mediziner, den Beamten der Polizei ein wertvolles Nachschlagewerk werden wird. Das lassen bereits die Buchstaben A—D erkennen. . ."
Archiv f. Kriminologie Bd. 91 Nr. 1/2.

Sachliche Beweise bei der Klärung von Todesfällen. Von Dr. B. **Kenyeres**, Professor der gerichtlichen Medizin an der Universität Budapest. Mit 83 Abbildungen. Groß-Oktav. V, 216 Seiten. 1935. Geb. RM. 12.—
„Jeder Kriminalist wird dem Verfasser zustimmen, wenn er in seinem Vorwort betont, daß in der kriminalistischen Tatbestandsermittlung, und ganz besonders bei der Aufklärung von Todesfällen sich vielfach herausstellt, daß persönliche Beweisführung, insbesondere die Angaben von Zeugen trotz besten Willens unzuverlässig sind. Der Verfasser behandelt in seinen Ausführungen diese Fragen, unterstützt durch zahlreiche Bilder, in außerordentlich klarer Weise und gibt daher dem Kriminalisten wertvolle Fingerzeige." *Der deutsche Polizeibeamte vom 15. 6. 35.*

Abhandlungen des Kriminalistischen Instituts an der Universität Berlin. Herausgegeben von Dr. **Franz von Liszt**, o. Professor der Rechte. Sonderverzeichnis kostenlos. Vierte Folge. I. Band.
IV. Folge. 3. Band.
Heft 1:
Lange, Richard, **Der moderne Täterbegriff und der deutsche Strafgesetzentwurf.** Oktav. VI, 79 Seiten. 1935 . . . . RM. 3.50
Heft 2:
Schinnerer, Erich, **Schutz von Staat und Volk im englischen Recht.** Im Zusammenhang mit einer rechtsvergleichenden Untersuchung der Verratsverbrechen. Oktav. VIII, 99 Seiten. 1935 . . . . RM. 4.50
Heft 3:
Schönke, Adolf, **Beiträge zur Lehre vom Adhäsionsprozeß.** Oktav. XIV, 180 Seiten. 1935 . . . . RM. 6.50
Heft 4:
Bockelmann, Paul, **Hegels Notstandslehre.** Oktav. VI, 69 Seiten. 1935. RM. 3.—
IV. Folge, 4. Band.
Heft 1:
Burchardt, Hans Hermann, **Kriminalität in Stadt und Land.** Oktav. 168 Seiten. 1936 . . . . RM. 8.—

Heindl, Robert, **System und Praxis der Daktyloskopie** und der sonstigen technischen Methoden der Kriminalpolizei. Dritte, neubearbeitete und vermehrte Auflage. 900 Abbildungen im Text und 21 Bildertafeln. 780 Seiten. Groß-Oktav. 1927 . . . . . . RM. 36.—, geb. RM. 40.—

Kleine kriminalistische Bücherei.

Band 1:

Schneickert, Hans, **Die strafrechtlichen Aufgaben der Polizei.** Für den Polizeiunterricht und die Polizeipraxis. Taschenformat. 182 Seiten. 1921. RM. 2.—

Band 2:

Philipp, Lothar, **Beobachtungs- und Ermittlungspraxis im Polizei- und Detektivdienst.** Taschenformat. 180 Seiten. 1923 . . . . . . RM. 2.—

Band 3:

Manteuffel, H. v., **Falschspieler.** Formen und Technik des Spielbetruges, nebst einem Anhange: Der Spielprofessor und sein angeblich sicheres System beim Spiele gegen eine öffentliche Roulettebank. Taschenformat. 90 Seiten. 1923 . . . . RM. 2.—

Band 4:

Schneickert, Hans, **Kriminalistische Spurensicherung.** Sammlung dienstlicher Anweisungen und sachverständiger Ratschläge für den Dienstgebrauch und für Polizeischulen. Zweite, vermehrte und verbesserte Auflage. Taschenformat. 96 Seiten. Mit 2 Abbildungen. 1925. Geb. RM. 3.—

Band 5:

Rehfeld, P., **Gerichtsärztliche Tatbestandsfeststellungen** im Dienste der Polizei. Ein Leitfaden für Polizei- und Kriminalbeamte. Taschenformat. 133 Seiten. 1927 . . . . Geb. RM. 3.50

Strafprozeßordnung

•**Kohlrausch,** Eduard, **Strafprozeßordnung** und Gerichtsverfassungsgesetz. Textausgabe mit Einleitung, Anmerkung und Nebengesetzen. Vierundzwanzigste Auflage. Taschenformat. Mit 1 Tafel. XII, 579 Seiten. 1936. (Guttentagsche Sammlung Deutscher Reichsgesetze Nr. 12.) Geb. RM. 6.75

„Diese allgemein bekannte und verbreitete Textausgabe mit Anmerkungen hat nunmehr eine Auflageziffer von 100 000 Exemplaren überschritten, sicherlich doch wohl der beste Beweis für die Beliebtheit, Wertschätzung und Anerkennung, deren sie sich in weitesten Kreisen erfreut. Die schon oft anerkannten Vorzüge dieser Erläuterungsausgabe lassen sie für jeden Juristen, mag er in der Praxis stehen oder sich erst noch im Studium oder in der Ausbildung befinden, von gleich großem Wert erscheinen.“

Mitteilungen d. Preuß. Richtervereins Nr. 6, v. 20. VI. 1930.

•**Doerner,** Karl, **Die Strafprozeßordnung** in der ab 1. September 1935 geltenden Fassung nebst Gerichtsverfassungsgesetz und den wichtigsten Nebengesetzen. Textausgabe mit Einleitung, Verweisungen und ausführlichem Sachregister. 2. Auflage. Taschenformat. XXVII, 352 Seiten. 1935. (Guttentagsche Sammlung von Textausgaben ohne Anmerkungen mit Sachregister.) . . . . . RM. 2.50

Das Buch gibt den neuesten Stand der Gesetzgebung auf dem Gebiete des Strafverfahrensrechts und des dazugehörigen Nebenrechts wieder.

Beling, E., **Deutsches Reichsstrafprozeßrecht** mit Einschluß des Strafgerichtsverfassungsrechts. Oktav. XIV, 568 Seiten. 1928. (Lehrbücher und Grundrisse der Rechtswissenschaft Bd. XVII.) RM. 13.50, geb. RM. 14.80

Rosenfeld, E. H., **Deutsches Strafprozeßrecht.** 2 Bände. 128 und 148 Seiten. 1926. (Sammlung Göschen Bd. 938/939.) . . Geb. je RM. 1.62

***Löwe,** F., **Hellweg,** A., und **Rosenberg,** Werner, **Die Strafprozeßordnung für das Deutsche Reich** vom 22. März 1924 nebst dem Gerichtsverfassungsgesetz. Kommentar. Neunzehnte, völlig umgearbeitete Auflage. Von Hans Gündel, Senatspräsident am Reichsgericht, Dr. jur. h. c. Fritz Hartung, Reichsgerichtsrat, Heinrich Lingemann, Oberstaatsanwalt, Emil Niethammer, Reichsgerichtsrat. Lexikon-Oktav. XII, 1544 Seiten. 1934. Mit Ergänzungen. 1935.
In Halbleder geb. RM. 63.—

Ergänzungsband, enthaltend das Gesetz zur Änderung von Vorschriften des Strafverfahrens und des Gerichtsverfassungsgesetzes vom 28. Juni 1935 sowie die seit Erscheinen der 19. Auflage ergangenen Änderungen und Neuerungen. Von Hans Gündel, Fritz Hartung und Emil Niethammer. Groß-Oktav. III, 194 Seiten. 1935.
RM. 10.—, geb. RM. 12.—

„... des rühmlich bekannten Erläuterungsbuches, das zum unentbehrlichen Rüstzeug jedes Strafrechtspraktikers gehört ... Daß das Werk dem neuesten Stand der Rechtsprechung und Wissenschaft entspricht, bedarf kaum der Hervorhebung. Das Werk wird seinen bisherigen hohen Rang in verstärktem Maße behaupten."
Preuß. Justiz vom 28. 9. 33.

Aschrott, P. F., **Die Reform des Strafprozesses.** Kritische Besprechungen der von der Kommission für die Reform des Strafprozesses gemachten Vorschläge. Auf Veranlassung der Internationalen Kriminalistischen Vereinigung, Gruppe Deutsches Reich. Groß-Oktav. XII, 120 und 784 Seiten. 1906 . . . . RM. 12.—

Beiträge zur Reform des Strafprozesses. Herausgegeben von Dr. **Franz Adickes,** Dr. P. F. **Aschrott,** Dr. K. **von Lilienthal,** Dr. Fr. **von Liszt.** 2 Bände. Groß-Oktav. I. Bd. Heft 1—6. 1908. RM. 9.70. — II. Bd. Heft 1—5. 1909. RM. 15.10.

Boehringer, Margrit, **Die Eidesreform im Strafprozeß und Strafrecht.** Oktav. 203 Seiten. 1931 . . . . RM. 10.—

Frede, L., u. **Grünhut,** M., **Reform des Strafvollzugs.** Kritische Beiträge zu dem Amtlichen Entwurf eines Strafvollzugsgesetzes. Oktav. VII, 264 Seiten. 1927 . . . . RM. 10.—

VI. Öffentliches Recht.

1. Staats- und Völkerrecht.

Fischbach, O. G., **Allgemeine Staatslehre.** Zweite Auflage. 136 Seiten. 1928. (Sammlung Göschen Bd. 358.) . . . . . Geb. RM. 1.62

Fischbach, O. G., **Allgemeines Staatsrecht.**
1. Teil. 139 Seiten. 1923. (Sammlung Göschen Bd. 415.) Geb. RM. 1.62
2. Teil. 151 Seiten. 1923. (Sammlung Göschen Bd. 416.) Geb. RM. 1.62

Bühler, Ottmar, **Staatsrechtliche Gesetze** des Reiches und Preußens nebst **Gewerbeordnung und Gaststättengesetz.** Textausgabe mit einführenden Bemerkungen, Paragraphenüberschriften und Sachregister. Taschenformat. XI, 748 Seiten. 1931. (Lehrausgaben Deutscher Gesetze, Bd. 3a.) . . . . Geb. RM. 7.—

Bühler, Ottmar, **Staatsrechtliche Gesetze** des Reiches und Preußens nebst **Gewerbeordnung und Gaststättengesetz.** Textausgabe mit einführenden Bemerkungen, Paragraphenüberschriften und Sachregister. Taschenformat. XII, 1430 Seiten. 1931. (Lehrausgaben Deutscher Gesetze. Bd. 3 u. 3a.) . . . . Geb. RM. 14.—

***Bühler,** Ottmar, **Neue staatsrechtliche Gesetze** des Reichs und Preußens (1933). Nebst den wichtigsten neuen Verwaltungsgesetzen Preußens (1932/1933). Textausgabe mit Paragraphenüberschriften und Sachregister. Oktav. 126 Seiten. 1933. Lehrausgaben Deutscher Gesetze 3b (Ergänzung zu den Bänden 3 und 3a: Staats- und verwaltungsrechtliche Gesetze des Reichs und Preußens sowie Gewerbeordnung) . . . . RM. 3.—

Die Verfassung des Deutschen Reichs vom 11. **August 1919 mit den wichtigsten Nebengesetzen.** Textausgabe mit Einleitung und Sachregister. Dritte Auflage. Taschenformat. 104 Seiten. 1931. (Guttentagsche Sammlung von Textausgaben ohne Anmerkungen mit Sachregister.) . . . . RM. 0.90

Paterna, E., Neuerungen zur Reichsverfassung. Textausgabe mit Einleitung und Sachregister. (Zugleich Nachtrag zu den Ausgaben der Reichsverfassung in der Guttentagschen Sammlung Deutscher Reichsgesetze). Abgeschlossen am 31. Juli 1933. Taschenformat. II u. 78 Seiten. RM. 1.80

Arndt, Adolf, **Die Verfassung des Deutschen Reiches.** Dritte Auflage. Taschenformat. 1927. (Guttentagsche Sammlung Deutscher Reichsgesetze Nr. 137.) . . . . RM. 7.20

Arndt, Adolf, **Die Verfassung des Freistaats Preußen** vom 30. November 1920. Mit Einleitung, vollständigem Kommentar, Landeswahlgesetz und Sachregister. Taschenformat. 158 Seiten. 1921. (Guttentagsche Sammlung Preußischer Gesetze Nr. 1.) . . . . Geb. RM. 1.80

Veröffentlichungen der Vereinigung deutscher Staatsrechtslehrer.
Heft 1: Der deutsche Föderalismus. Oktav. 1924 . . . . RM. 5.—
Heft 2: Der Schutz des öffentlichen Rechts. Oktav. 1925. RM. 12.—
Heft 3: Die Gleichheit vor dem Gesetz. Der Einfluß des Steuerrechts auf die Begriffsbildung des öffentlichen Rechts. Oktav. 1927. RM. 7.—
Heft 4: Das Recht der freien Meinungsäußerung. — Der Begriff des Gesetzes in der Reichsverfassung. Oktav. 1928 . . . . . RM. 10.—
Heft 5: Wesen und Entwicklung der Staatsgerichtsbarkeit. — Überprüfung von Verwaltungsakten durch die ordentlichen Gerichte. Oktav. 1929 . . . . RM. 12.—
Heft 6: Bundesstaatliche und gliedstaatliche Rechtsordnung. Verwaltungsrecht der öffentlichen Anstalt. Berichte von Fritz Fleiner, Josef Lukas, Lutz Richter und Arnold Köttgen. Verhandlungen der Tagung der deutschen Staatsrechtslehrer zu Frankfurt a. M. am 25. und 26. April 1929. Mit einem Auszug aus der Aussprache. Oktav. IV, 166 Seiten. 1929 . . . . RM. 9.—
Heft 7: Entwicklung und Reform des Beamtenrechts. — Die Reform des Wahlrechts. Berichte von Hans Gerber, Adolf Merkl, Heinrich Pohl und Gerhard Leibholz. Verhandlungen der Tagung der Deutschen Staatsrechtslehrer zu Halle am 28. und 29. Oktober 1931. Mit einem Auszug aus der Aussprache. Oktav. IV, 212 Seiten. 1932. RM. 10.80

Edler v. Hoffmann, H., Deutsches Kolonialrecht. 150 Seiten. 1907. (Sammlung Göschen Bd. 318.) . . . . Geb. RM. 1.62

Anzilotti, D., Lehrbuch des Völkerrechts. Übersetzt und herausgegeben vom Institut für ausländisches öffentliches Recht und Völkerrecht. Berlin. I. Band. Groß-Oktav. 444 Seiten. 1829. RM. 17.—, geb. RM. 18.—

Niemeyer, Theodor, **Völkerrecht.** 168 Seiten. 1925. (Sammlung Göschen Bd. 865.) . . . . Geb. RM. 1.62

***Panunzio,** Sergio, **Allgemeine Theorie des faschistischen Staates.** Oktav. 154 Seiten. 1934 . . . . RM. 6.—

•**Meriggi, Lea, Faschismus und Recht.** (Schriften der Akademie für Deutsches Recht. Herausgegeben vom Präsidenten der Akademie für Deutsches Recht Reichsjustizkommissar Dr. Hans Frank. Nr. 5.) 73 Seiten. Groß-Oktav. 1934 . . . . RM. 1.80

„. . . Die kleine Schrift bietet eine Fülle von Anregungen. Ihr besonderer Reiz liegt darin, daß allenthalben das warme Gefühl und die edele Begeisterung der Verfasserin zu spüren ist. Die Darstellung gewinnt dadurch ungemein an Anschaulichkeit und Überzeugungskraft." Juristische Wochenschrift vom 1. Juni 1935.

Kraus, H., Internationale Schiedssprechung. Eine Sammlung der für das Deutsche Reich verbindlichen Verträge und Vertragsbestimmungen, die sich auf internationale Gerichtsbarkeit, Schiedsgerichtsbarkeit, sowie Vergleichsverfahren beziehen, nebst den dazugehörigen deutschen Regierungsdenkschriften. Taschenformat. XXXVI, 348 Seiten. 1929. (Guttentagsche Sammlung Deutscher Reichsgesetze Nr. 174.) . . . . Geb. RM. 9.—

Sering, Max, Deutschland unter dem Dawes-Plan. Entstehung, Rechtsgrundlagen, wirtschaftliche Wirkungen der Reparationslasten. Oktav. VIII, 237 Seiten. 1928 . . . . RM. 10.—

2. Verwaltungsrecht.

Küchenhoff, Günther, und Berger, Robert, Deutsche Gemeindeordnung. Vom 30. Januar 1935. Nebst amtlicher Begründung. In Fortsetzung des Erläuterungsbuches von von Lympius und Küchenhoff zum Preuß. Gemeindeverfassungs- und Gemeindefinanzgesetz. Taschenformat. XII, 500 u. 18 Seiten. 1935. Mit Nachtrag 1936. (Guttentagsche Sammlung Deutscher Reichsgesetze Nr. 194.) . . . . Geb. RM. 9.—

Die Ausgabe hat in ihrer ersten Auflage als einziger Kommentar des preuß. Gemeindeverfassungsgesetzes, des Vorläufers des jetzigen Reichsgesetzes, der Praxis hervorragende Dienste geleistet. Die nach den gleichen Gesichtspunkten bearbeitete zweite Auflage, die eine sachgemäße Erläuterung und wissenschaftliche Durchdringung des gesamten Gesetzesstoffes bietet, wird daher besondere Beachtung in den interessierten Kreisen finden.

Fischbach, O. G., Das Reichsbeamtengesetz vom 31. März 1873 in der Fassung der Bekanntmachung vom 18. Mai 1907 mit allen Abänderungen und Ergänzungen. Taschenformat. 311 Seiten. 1930. (Guttentagsche Sammlung Deutscher Reichsgesetze Nr. 82.) Geb. RM. 5.40

Fischbach, O. G., Das Reichsgesetz zur Wiederherstellung des Berufsbeamtentums vom 7. April 1933 in der Fassung des Reichsgesetzes vom 23. Juni 1933 nebst allen Durchführungsverordnungen. Taschenformat. VIII, 134 Seiten. 1933. (Guttentagsche Sammlung Deutscher Reichsgesetze Nr. 82a.) . . . . Geb. RM. 3.—

Dieser Band der Guttentagschen Sammlung bringt eine ausführliche und sachkundige Erläuterung des „Gesetzes zur Wiederherstellung des Berufsbeamtentums" vom 7. 4. 1933 und der dazu erlassenen Durchführungsverordnungen. Er bietet als selbständiger Erläuterungsband allen Dienststellen der Behörden und der Beamtenschaft die notwendige Unterrichtung über Inhalt und Tragweite jeder einzelnen einschlägigen Bestimmung. Darüber hinaus dient die Ausgabe als Ergänzung der in fast allen Behördenbüchereien vorhandenen Handausgabe des Reichsbeamtengesetzes von Fischbach aus dem Jahre 1930.

Fischbach, O. G., Änderung von Vorschriften auf dem Gebiete des allgemeinen Beamten-, Besoldungs- und Versorgungsrechts. Reichsgesetz vom 30. Juni 1933. Taschenformat. 276 Seiten. 1933. (Guttentagsche Sammlung Deutscher Reichsgesetze, Nr. 82b.) . . . . RM. 6.—

Durch eingehende und sachkundige Erläuterungen, die u. a. die amtliche Begründung berücksichtigen, ferner durch Abdruck von einschlägigen Gesetzen, Verordnungen und Durchführungsbestimmungen und durch Anfügung eines Sachregisters wird die Ausgabe zu einem in das Gesetz einführenden und jede Zweifelsfrage zuverlässig beantwortenden Berater der Behördenpraxis.

Delius, H., **Die Beamtenhaftpflichtgesetze** des Reiches und der Länder. Vierte, vermehrte und vollkommen neubearbeitete Auflage. Taschenformat. 384 Seiten. 1929. (Guttentagsche Sammlung Deutscher Reichsgesetze Nr. 94.) . . . . Geb. RM. 9.—

Blume, E., und **Weirauch,** W., **Die Eisenbahn-Verkehrsordnung** vom 16. Mai 1928 mit Allgemeinen Ausführungsbestimmungen sowie dem Internationalen Übereinkommen über den Eisenbahnfrachtverkehr vom 30. Mai 1925 und dem Internationalen Übereinkommen über den Eisenbahn-Personen- und Gepäckverkehr vom 12. Juni 1925. Textausgabe mit Anmerkungen. Vierte Auflage. Taschenformat. X, 482 Seiten. 1928. (Guttentagsche Sammlung Deutscher Reichsgesetze Nr. 91.) Geb. RM. 8.10

Fischer, D., und **Staedler,** E., **Die deutsche Post- und Telegraphengesetzgebung.** Teil I: Postrecht (mit Ausschluß des internationalen Rechts). Siebente Auflage. 47*, 586 Seiten. 1929. Mit Nachtrag 1932. (Guttentagsche Sammlung Deutscher Reichsgesetze Bd. 7.) Geb. RM. 13.50
Teil II: **Telegraphen- und Fernsprechrecht** (mit Ausschluß des internationalen Rechts). Taschenformat. 495 Seiten. 1930. (Guttentagsche Sammlung Deutscher Reichsgesetze Nr. 7a.) . . . . . . RM. 11.70

Busse, Rudolf, **Luftrecht einschließlich Luftverkehrsgesetz und Pariser Luftverkehrsabkommen.** Taschenformat. XVIII, 448 Seiten. 1928. (Guttentagsche Sammlung Deutscher Reichsgesetze Nr. 170.) Geb. RM. 9.—

***Volkmann,** Kurt, **Die Reichsstraßenverkehrsordnung** mit Ausführungsbestimmungen und eingehenden Erläuterungen und Zeichnungen von Oberbaurat Helmuth in Düsseldorf. 2. Auflage. Taschenformat. 316 Seiten. 1935. (Guttentagsche Sammlung Deutscher Reichsgesetze Nr. 175.) . . . . Geb. RM. 5.60

„. . . Zusammenfassend ist folgendes zu sagen: Die Guttentagsche Sammlung hat hier sicherlich ein Bändchen herausgebracht, welches in gutem Papier, ordentlichem Druck, schöner Übersichtlichkeit, gediegenem Inhalt und insbesondere auch erschöpfendem Inhaltsverzeichnis für Juristen, wie Laien bestens empfohlen werden kann."
Juristische Wochenschrift vom 2. 2. 1935.

Holzapfel, W., **Die Siedlungsgesetzgebung** im Reich und in Preußen. 347 Seiten. 1920. (Guttentagsche Sammlung Deutscher Reichsgesetze Nr. 140.) . . . . Geb. RM. 2.70

Wegner, Arthur, **Jugendrecht.** Ein Lehrbuch zur Einführung. Oktav. IX, 219 Seiten. 1929 . . . . RM. 5.40, geb. RM. 6.75

Pritsch, Erich, **Das italienische Jugendgerichtsgesetz** vom 20. Juli 1934 mit Erläuterungen und einem geschichtlichen Überblick über das italienische Jugendstrafrecht. 51 Seiten. 1935. (Sammlung außerdeutscher Strafgesetzbücher, Nr. 51.) . . . . RM. 2.—

Drewes, Paul, und **Sandré,** Emil, **Das Reichsgesetz für Jugendwohlfahrt** vom 9. Juli 1922 und **Jugendgerichtsgesetz** vom 16. Februar 1923 nebst Nebengesetzen. Zweite Auflage. Taschenformat. XVI, 496 Seiten. 1928. (Guttentagsche Sammlung Deutscher Reichsgesetze Nr. 154.) Geb. RM. 9.90

Sandré, Emil. **Verordnung über die Fürsorgepflicht.** Vom 14. Februar 1924. Mit Einschluß der für die Durchführung dieser Verordnung in Frage kommenden reichs- und landesgesetzlichen Bestimmungen. Taschenformat. 342 Seiten. 1925. (Guttentagsche Sammlung Deutscher Reichsgesetze Nr. 160.) . . . . Geb. RM. 5.40

Wündisch, Ernst, **Das Gesetz über Schußwaffen und Munition** vom 12. April 1928 (RGBl. I S. 143) nebst der Ausführungsverordnung der Reichsregierung vom 13. Juli 1928 (RGBl. I S. 198) und dem Preußischen Erlaß zur Durchführung des Gesetzes vom 7. September 1928 (MBliV. S. 925). Taschenformat. 139 Seiten. 1928. (Guttentagsche Sammlung Deutscher Reichsgesetze Nr. 173.) . . . . Geb. RM. 4.50

***Saure,** Wilhelm, **Reichsnährstandsgesetz.** Die Gesetze und Verordnungen über den vorläufigen Aufbau des Reichsnährstandes nebst den einschlägigen Anordnungen und Bekanntmachungen sowie den Beitragsordnungen. Textausgabe mit Einleitung, Anmerkungen und Sachverzeichnis. Taschenformat. 176 Seiten. 1935. (Guttentagsche Sammlung Deutscher Reichsgesetze, Nr. 189.) . . . . RM. 3.—

„... Anlage, Druckanordnung und nicht zuletzt ein (bei solcher Stoffülle besonders wertvolles) 20 Seiten umfassendes Sachverzeichnis sichern dem Buche eine praktische Verwendbarkeit, wie man sie besser nicht wünschen kann. Amtswalter des Reichsnährstandes, Gerichte, Behörden, Rechtsanwälte, nicht zuletzt aber Studenten der Rechte und Referendare finden nirgendwo ein Werk, das geeigneter wäre, sie in dieses neu erstandene Rechtsgebiet zuverlässig und schnell einzuführen. Der geringe Preis wird die Verbreitung, die das Buch verdient, noch erleichtern."

Recht des Reichsnährstandes, Juni 1935.

Voß, Werner, **Die reichs- und landesrechtlichen Bestimmungen auf dem Gebiete des Gesundheitswesens.** Zusammengestellt und mit Anmerkungen versehen. Taschenformat. 608 Seiten. 1929. (Guttentagsche Sammlung Deutscher Reichsgesetze Nr. 172.) . . . . Geb. RM. 9.90

Skopnik, H. von, **Das deutsche Reichs-Tierschutzgesetz** vom 24. November 1933 mit Begründung. Mit einem Vorwort von Horst Kuhlwein von Rathenow, Vorsitzender d. Deutschen Tierschutzvereins zu Berlin. Taschenformat. 59 Seiten. 1934. (Guttentagsche Sammlung Deutscher Reichsgesetze, Nr. 186.) . . . . RM. 1.50

***Stölzle, H., und Gramlnger, M., Viehkauf (Viehgewährschaft) nach Bürgerlichem Gesetzbuch und ausländischem Recht.** Mit Kaiserlicher Verordnung vom 27. März 1899, betr. die Hauptmängel und Gewährfristen beim Viehhandel. Von Eugen Fröhner. Siebente Auflage. Taschenformat. 471 Seiten. 1935. (Guttentagsche Sammlung Deutscher Reichsgesetze Nr. 50.) . . . . Geb. RM. 10.—

„... Auch in der neuen Form wird der Stölzle bleiben, was er bisher war: ein unentbehrliches, absolut zuverlässiges Hilfsmittel der Praxis, zu dem alle Beteiligten in streitigen Fragen immer wieder greifen werden." Mecklb. Ztsch. f. Rechtspflege, März 1935.

Hippel, W. von, **Reichsviehseuchengesetz** vom 26. Juni 1909 nebst Ausführungsvorschriften und dem preußischen Ausführungsgesetz. Zweite Auflage. Taschenformat. 486 Seiten. 1913. (Guttentagsche Sammlung Deutscher Reichsgesetze Nr. 103.) . . . . Geb. RM. 3.60

Boxberger, L. von, **Vogelschutzgesetz** vom 30. Mai 1908 nebst den das Flugwild betreffenden Bestimmungen der Preußischen Jagdordnung. Taschenformat. 57 Seiten. 1909. (Guttentagsche Sammlung Deutscher Reichsgesetze Nr. 89.) . . . . Geb. RM. 0.90

Bitter, von, Handwörterbuch der Preußischen Verwaltung. Dritte, vollständig umgearbeitete Auflage. Unter Mitwirkung zahlreicher hoher Reichs- und preußischer Staatsbeamten herausgegeben von Dr. Bill Drews, Staatsminister a. D., Präsident des Pr. Oberverwaltungsgerichts, und Dr. Franz Hoffmann, Wirklicher Geheimer Oberregierungsrat, Berlin. Lexikon-Oktav. 1928.
RM. 30.—, in Halbleder geb. RM. 36.—
(Im Verlage der Firmen: Walter de Gruyter & Co., Berlin; Carl Heymanns Verlag, Berlin; Roßbergsche Verlagsbuchhandlung, Leipzig.)

Reichelt, H., Verwaltungsgesetzbuch für Preußen. Systematische Zusammenstellung der wichtigsten Verwaltungsgesetze und Verordnungen für Praxis und Unterrichtszwecke. Lexikon-Oktav. VII, 1302 Seiten. 1914 . . . . Geb. RM. 7.60

Friedrichs, K., Die Gesetzgebung über die allgemeine Landesverwaltung und Zuständigkeit der Verwaltungs- und Verwaltungsgerichtsbehörden. Dritte, durchgesehene Auflage. Taschenformat. XXIII, 295 Seiten. 1927. (Guttentagsche Sammlung Preußischer Gesetze Nr. 42.)
Geb. RM. 4.50

Pfafferoth, Carl, Preußische Beamtengesetzgebung. Fünfte Auflage. XIV, 280 Seiten. 1916. (Guttentagsche Sammlung Preußischer Gesetze Nr. 2.) . . . . Geb. RM. 2.15

Everling, F., und Behnke, K., Die preußische Beamtendienststrafordnung in der ab 1. Oktober 1934 geltenden Fassung. Textausgabe mit einer Einleitung, Hinweisen und Sachregister. 90 Seiten. 1934. (Guttentagsche Sammlung von Textausgaben ohne Anmerkungen mit Sachregister.) . . . . RM. 1.50

„... *So leistet die Textausgabe von Everling und Behnke gute Dienste und ist allen Interessenten, insbes. allen unmittelbaren und mittelbaren nichtrichterlichen Staatsbeamten, die ja der Beamtendienststrafordnung unterstehen, zu empfehlen.*"
Juristische Wochenschrift vom 16. 2. 35.

Everling, Friedrich, Berufsständische Ehrenordnungen. Oktav. 96 Seiten. 1936 . . . . RM. 3,50

Hagemann, Rudolf, Hinterlegungsordnung vom 21. April 1913. Taschenformat. 175 Seiten. 1914. (Guttentagsche Sammlung Preußischer Gesetze. Nr. 53.) . . . . Geb. RM. 2.—

Aschrott, P. F., Gesetz über die Fürsorgeerziehung Minderjähriger. Vom 2. Juli 1900. Nebst Ausführungsanweisungen. Dritte Auflage. Taschenformat. 374 Seiten. 1917. (Guttentagsche Sammlung Preußischer Gesetze Nr. 28.) . . . . Geb. RM. 2.50

Marcks, A., Gesetz, betr. die Unterhaltung der öffentlichen Volksschulen. Taschenformat. 194 Seiten. 1906. (Guttentagsche Sammlung Preußischer Gesetze Nr. 39.) . . . . Geb. RM. 1.60

Ledermann, W., und Brühl, L., Die Städteordnung für die sechs östlichen Provinzen Preußens. Zweite Auflage. Taschenformat. 593 Seiten. 1913. (Guttentagsche Sammlung Preußischer Gesetze Nr. 32.)
Geb. RM. 5.40

Wölbling, P., Bildung der neuen Stadtgemeinde Berlin. Zweite Auflage. Taschenformat. 114 Seiten. 1920. (Guttentagsche Sammlung Preußischer Gesetze Nr. 59.) . . . . Geb. RM. 1.15

Meyer, O., Gesetz, betr. die Anlegung und Veränderung von Straßen und Plätzen in Städten und ländlichen Ortschaften. Taschenformat. 211 Seiten. 1913. (Guttentagsche Sammlung Preußischer Gesetze Nr. 50.)
RM. 2.70

•**Strauß-Torney**, Hugo von und **Saß**, Carl, früher **Friedrichs**, R., **Gesetz, betr. Anlegung und Veränderung von Straßen und Plätzen** in Städten und ländlichen Ortschaften. (Straßen- und Baufluchtengesetz.) Vom 2. Juli 1875. Kommentar. Siebente, neubearb. Auflage. Groß-Oktav. 368 Seiten. 1934 . . . . Geb. RM. 12.—

„. . . *Im übrigen ist die Bearbeitung durch diese Verfasser so rühmend bekannt, daß es keiner weiteren Empfehlung bedarf. Die Ausstattung ist ausgezeichnet.*"

Baupolizeiliche Mitteilungen Nr. 5, 1934.

Saß, Enteignung auf dem Gebiete des Städtebaues nach der dritten Notverordnung Kapitel III (zweite Verordnung des Reichspräsidenten zur Sicherung von Wirtschaft und Finanzen) vom 5. Juni 1931. Nachtrag zum Straßen- und Baufluchtengesetz von v. Strauß und Torney und Saß. 6. Aufl. . . . . RM. 0.90

Meyer, O., **Gesetz, betr. Enteignung von Grundeigentum.** Dritte Auflage. Taschenformat. 249 Seiten. 1927 . . . . Geb. RM. 4.95

Heine, H., **Die preußischen Baupolizeigesetze** nebst den sonstigen einschlägigen Reichs- und Landesgesetzen. Taschenformat. 404 Seiten. 1928. (Guttentagsche Sammlung Preußischer Gesetze Nr. 64.)

Wulff, G., und **Herold**, F., **Wassergesetz** vom 7. April 1913. Mit Einleitung, Erläuterungen und Sachregister. Zweite, umgearbeitete Auflage von G. Wulff. Taschenformat. XVI, 665 Seiten. 1928. (Guttentagsche Sammlung Preußischer Gesetze Nr. 52.) . . Geb. RM. 10.80

Skopnik, H. von, **Großmann**, L., **Kuhlwein von Rathenow**, H., **Tier- und Pflanzenschutzverordnung** vom 10. März 1933. (Gesetzsammlung S. 71) mit Einführungserlaß vom 15. Mai 1933. Taschenformat. 64 Seiten. 1933. (Guttentagsche Sammlung Preußischer Gesetze Nr. 66, Kommentare und erläuterte Textausgaben.) . . . . RM. 1.40

Holtgreven, A., und **Wolff**, Th., **Das Wildschadengesetz** vom 11. Juli 1891. Kommentar. Vierte, vermehrte und verbesserte Auflage. Oktav. VIII, 216 Seiten. 1902 . . . . RM. 4.—

Born, A., **Das preußische Fischereigesetz** vom 11. Mai 1916 in der geltenden Fassung. Taschenformat. 428 Seiten. 1928. (Guttentagsche Sammlung Preußischer Gesetze Nr. 62.) . . . . Geb. RM. 6.75

Born, A., **Die preußischen Jagdgesetze** in ihrer geltenden Fassung. Mit Erläuterungen versehen. Taschenformat. 433 Seiten. 1928. (Guttentagsche Sammlung Preußischer Gesetze Nr. 63.) . . . Geb. RM. 7.20

Holzapfel, W., **Umlegungsordnung.** Taschenformat. 144 Seiten. 1921. (Guttentagsche Sammlung Preußischer Gesetze Nr. 60.) . . RM. 1.60

Holzapfel, W., **Gesetz über Landeskulturbehörden.** Taschenformat. 176 Seiten. 1919. (Guttentagsche Sammlung Preußischer Gesetze Nr. 57.) Geb. RM. 1.80

3. Steuerrecht

Nieberl, A., **Die Reichsabgabenordnung.** Dritte, neubearbeitete Auflage. Taschenformat. 642 Seiten. 1932. (Guttentagsche Sammlung Deutscher Reichsgesetze Nr. 143.) . . . . Geb. RM. 12.—

•**Hog**, Hermann, und **Riewald**, Alfred, **Einkommensteuer, Körperschaftsteuer, Bürgersteuer.** Mit systematischer Einführung versehen und erläutert. Taschenformat. XV, 386 Seiten. 1935 . . . . RM. 4.50 (Guttentagsche Sammlung Deutscher Reichsgesetze Nr. 190a.)
Nachtrag, enthaltend Durchführungsbestimmungen, Veranlagungsrichtlinien usw. XX, 146 Seiten. . . . . RM. 1.80 (Guttentagsche Sammlung Deutscher Reichsgesetze Nr. 190a II.)

•**Arens,** Richard, **Vermögensteuergesetz** vom 16. Oktober 1934 und **Erbschaftsteuergesetz** in der Fassung des Gesetzes zur Änderung des Erbschaftsteuergesetzes vom 16. Oktober 1934. Mit systematischer Einführung versehen und erläutert. Taschenformat. VII, 203 Seiten. 1935. RM. 2.80
(Guttentagsche Sammlung Deutscher Reichsgesetze Nr. 190b.)

•**Renzi,** Max, **Reichsbewertungs- und Bodenschätzungsgesetz.** Textausgabe mit Einführung und Erläuterungen. Taschenformat. VII, 194 Seiten. 1935 . . . . RM. 2.80
(Guttentagsche Sammlung Deutscher Reichsgesetze Nr. 190c.)

•**Hog,** Hermann, **Umsatzsteuergesetz** vom 16. Oktober 1934 nebst Durchführungsbestimmungen mit systematischer Einführung und Erläuterungen versehen. Taschenformat. VIII, 211 Seiten. 1935 . . . . RM. 2.50
(Guttentagsche Sammlung Deutscher Reichsgesetze Nr. 190d.)
Nachtrag, enthaltend Durchführungsbestimmungen usw. zu beiden Gesetzen. Taschenformat. VIII, 167 Seiten. 1935 . . . . RM. 2.—

•**Keßler,** Burghard, **Kapitalverkehrsteuergesetz** vom 16. Oktober 1934. Nebst den zu dem Gesetz erlassenen Durchführungsbestimmungen und den sonstigen Vorschriften über die Kapitalverkehrsteuer. Taschenformat. XVI, 352 Seiten. 1935 . . . . RM. 7.—
(Guttentagsche Sammlung Deutscher Reichsgesetze.)

Lindemann, Otto, **Grunderwerbsteuergesetz** (neueste Fassung) mit den Ausführungsbestimmungen. Zweite, völlig umgearbeitete Auflage. Taschenformat. 186 Seiten. 1926. Mit Nachtrag 1927. (Guttentagsche Sammlung Deutscher Reichsgesetze Nr. 139.) . . . . Geb. RM. 3.60

Hagelberg, E., und **Krämer,** L., **Grunderwerbsteuergesetz** vom 12. September 1919 (RGBl. S. 1617) in der Fassung des Gesetzes vom 11. März 1927 (RGBl. I S. 72) nebst Einleitung, Sachregister und Ausführungsbestimmungen und den einschlägigen Vorschriften des Finanzausgleichs-Steuermilderungsgesetzes und Steuerstrafrechts. Für die Praxis erläutert. Zweite, völlig umgearbeitete und erweiterte Auflage. Groß-Oktav. 355 Seiten. 1928 . . . . Geb. RM. 15.—

Hagelberg, E., und **Krämer,** L., **Wertzuwachssteuerrecht.** Kommentar. Groß-Oktav. 256 Seiten. 1929 . . . . . RM. 12.—, geb. RM. 13.50

Mattern, Gerhard, **Beitreibungsordnung.** Mit Verordnung über die Kosten des Mahn- und Zwangsverfahrens nach der Abgabenordnung. Oktav. 435 Seiten. 1933. (Guttentagsche Sammlung Deutscher Reichsgesetze, Nr. 186.) . . . . Geb. RM. 7.80

Hoepker, Heinrich, **Die Industriebelastungsgesetze** vom 30. August 1924 nebst den Durchführungsbestimmungen zum Gesetz über die Industriebelastung. Taschenformat. XV, 200 Seiten. 1925. Mit Nachträgen. (Guttentagsche Sammlung Deutscher Reichsgesetze Nr. 159.) Geb. RM. 3.60

von Lympius, W., **von Elbe,** K., **Das Kommunalabgabengesetz und das Kreis- und Provinzialabgabengesetz.** Dargestellt in der Rechtsprechung des Oberverwaltungsgerichts. Groß-Oktav. X, 440 Seiten. 1930. RM. 22.50, geb. RM. 24.—

•**Loeck,** P., und **Eiffler,** K., **Urkundensteuergesetz** (früher Preußisches Stempelsteuergesetz) mit den gesamten Ausführungsbestimmungen. Unter besonderer Berücksichtigung der Entscheidungen der Verwaltungsbehörden und der Gerichte. 12., neubearbeitete Auflage. In Bearbeitung.

Eiffler, Kurt, **Staatliche Verwaltungsgebühren.** Gesetz über staatliche Verwaltungsgebühren vom 29. September 1923 nebst Gebührenordnungen und Ausführungsbestimmungen. Taschenformat. 192 Seiten. Mit Nachtrag 1925. (Guttentagsche Sammlung Preußischer Gesetze Nr. 61.) Geb. RM. 5.40

•**Eiffler,** Kurt, **Urkundensteuergesetz** vom 5. Mai 1936 mit Durchführungsbestimmungen vom 6. Mai 1936. Textausgabe mit amtlicher Begründung und Sachregister. Oktav. Etwa 270 Seiten. (Guttentagsche Sammlung von Textausgaben ohne Anmerkungen mit Sachregister.) . Geb. RM. 4.50

Wündisch, Friedrich, **Das Tabaksteuergesetz** vom 12. September 1919 nebst den Ausführungsbestimmungen vom 26. Februar 1920. Taschenformat. 286 Seiten. 1920. Mit Nachtrag 1925. (Guttentagsche Sammlung Deutscher Reichsgesetze Nr. 146.) . . . . Geb. RM. 3.60

VII. Entscheidungs-Sammlungen und Zeitschriften.

Entscheidungen des Reichsarbeitsgerichts. Herausgegeben von den Mitgliedern des Reichsarbeitsgerichts.
Band I—XII . . . . Je RM. 6.50, geb. RM. 8.—
Erscheint in einer Heft- und einer Bandausgabe. Jährlich 2—3 Bände. Oktav.
I.—XIII. Band: Heftausgabe: je Band RM. 6.90. Einbanddecke: je Band RM. 1.—
Bandausgabe: je Band geh. RM. 6.50, geb. RM. 8.—.
Ab Band 14 Heftausgabe: je Band . . . . RM. 5.90
Bandausgabe: je Band . . . . geh. RM. 5.50, geb. RM. 7.—

Entscheidungen des Reichsgerichts. Herausgegeben von den Mitgliedern des Gerichtshofes u. d. Reichsanwaltschaft. Oktav. (2 Sammlungen.)
1. **Entscheidungen in Zivilsachen.** (Werden in Heften im Umfange von etwa 5 bis 6 Bogen sowie in vollständigen Bänden, geheftet und gebunden, ausgegeben. Jährlich 4 Bände.) 1.—150. Band. Je RM. 6.50, geb. RM. 8.—
Ab Band 144: RM. 5.90, geb. RM. 7.—.
Generalregister zum 111.—120. Bände der von den Mitgliedern des Gerichtshofes und der Reichsanwaltschaft herausgegebenen **Entscheidungen des Reichsgerichts in Zivilsachen.** Bearbeitet von **Hans Triebel.** Oktav. XXIII, 509 Seiten. 1929 . . RM. 15.—, in Halbleder RM. 18.—
— **Zum 121.—130. Bande. Oktav. XXIV, 755 Seiten. 1931.** Geb. RM. 22.—
— Zum 131.—140. Bande. Oktav. 504 Seiten. 1933. Geb. RM. 16.—
2. **Entscheidungen in Strafsachen.** (Werden in Heften im Umfange von 5 bis 6 Bogen sowie in vollständigen Bänden, geheftet und gebunden, ausgegeben. Jährlich 1 Band.) 1.—68. Band. Je RM. 6.90, geb. RM. 8.—
Ab Band 69: . . . . RM. 5.90, geb. RM. 7.—
Generalregister zum sechsundfünfzigsten bis fünfundsechzigsten Bande der von den Mitgliedern des Reichsgerichts und der Reichsanwaltschaft herausgegebenen **Entscheidungen des Reichsgerichts in Strafsachen.** Bearbeitet von Hans Gündel. Oktav. 458 Seiten. 1932. In Halbleder geb. RM. 16.—

•**Warneyer,** Otto, **Rechtsgrundsätze des Reichsgerichts.** Systematische Auswahl der für die heutige Praxis wichtigen Rechtssätze aus den Entscheidungen des Reichsgerichts in Zivilsachen. Bd. 51—140. Oktav. VIII, 649 Seiten. 1936 . . . . Geb. RM. 19.—
Die vorliegende Auswahl von Rechtsgrundsätzen des Reichsgerichts bringt aus den Entscheidungen der amtlichen Sammlung Band 51—140 alle diejenigen Rechtssätze, die noch jetzt von Bedeutung sind, die also weder durch spätere Entscheidungen oder infolge Gesetzesänderungen überholt sind noch im Widerspruch zur nationalsozialistischen Rechtsanschauung stehen. Die noch heute geltenden Rechtssätze, die in den Bänden 51 bis 140 veröffentlicht sind, werden in dieser Auswahl als Aussagesätze gebracht. Dadurch wird ihre unmittelbare Benutzbarkeit gewährleistet.

Schiedsgericht für Oberschlesien. Trybunal Rozjemczy dla Górnego Slaska. Amtliche Sammlung von Entscheidungen des Schiedsgerichts für Oberschlesien, veröffentlicht gemäß der Bestimmung des Art. 592 des Genfer Abkommens vom 15. Mai 1922. Zbiór urzedowy orzeczeń Trybunalu Rozjemczego dla Górnego Ś.aska oglaszony wedle postanowienia art. 592 Konwencji Genewskiej z dnia 15 maja 1922r.
Oktav. Band I und II. 1930. 1931 . . . . . . Pro Band RM. 12.—
Band III. 1932/33 . . . . RM. 12.—
Band IV. 1934 . . . . RM. 12.—
Band V. 1935 . . . . RM. 12.—

Zeitschrift für die gesamte Strafrechtswissenschaft. Gegründet von Fr. von **Liszt** und **A. Dochow.** Unter ständiger Mitarbeiterschaft hervorragender Fachmänner herausgegeben von Prof. Dr. **Ed. Kohlrausch,** Prof. Dr. **W. Graf Gleispach,** Prof. Dr. **W. Gallas** u. Prof. Dr. **F. Schaffstein.** Der Jahrgang besteht aus 6 Heften. Quart.
Bd. 1—43. 1881—1922. Je RM. 15.—. Bd. 44. 1922. RM. 25.—. Bd. 45. 1924. RM. 21.—. Bd. 46—49. 1925—1929. Je RM. 30.—. Bd. 50. 1929/30. Bd. 51. 1931. Je RM. 36.—. Bd. 52. 1932. Bd. 53. 1933. Bd. 54. 1934. Bd. 55. 1935. Bd. 56. 1936. Je RM. 32.—

Deutsches Gemein- und Wirtschaftsrecht. Rechtspflege und Rechtspolitik. Ergänzungsblatt zur „Deutschen Justiz" auf dem Gebiet des Gemein- und Wirtschaftsrechts. Herausgegeben von **Roland Freisler.** (Fortsetzung der Juristischen Rundschau.) Erscheint am 1. und 15. jeden Monats.
Vierteljährlich RM. 3.50. Einzelheft RM. 1.50
Mit Höchstrichterlicher Rechtsprechung gemeinsam . . . . RM. 7.—
Höchstrichterliche Rechtsprechung. Herausgegeben von Eugen **Friedrichs,** Senatspräsident, Breslau. **Hans Gündel,** Senatspräsident am Reichsgericht und **Eberhard Staud,** Ministerialrat im Reichsjustizministerium. — Erscheint am 1. und 15. jeden Monats.
Vierteljährlich RM. 5.—, Einzelheft RM. 1.50
Mit „Deutsches Gemein- und Wirtschaftsrecht" gemeinsam RM. 7.—

Zeitschrift für ausländisches öffentliches Recht und Völkerrecht. Herausgegeben in Gemeinschaft mit Prof. **Carl Schmitt** und Prof. **Heinrich Triepel,** wissenschaftlichen Beratern des Instituts, Prof. **Friedrich Glum,** wissenschaftlichem Mitglied des Instituts, **A. Graf v. Mandelsloh,** Abteilungsleiter im Institut, **B. Schenk Graf v. Stauffenberg,** wissenschaftlichem Mitglied des Instituts, von **Viktor Bruns,** Professor an der Universität Berlin, Leiter des Instituts, und **Ernst Schmitz,** stellv. Direktor und Leiter der völkerrechtl. Abteilung des Instituts. Lexikon-Oktav.
Band I. 1929 . . . . RM. 97.—
Band II. 1931 . . . . RM. 105.—
Band III. 1932 . . . . RM. 95.—
Band IV. 1934 . . . . RM. 25.—
Band V. 1935 . . . . RM. 25.—
Band VI. 1936 . . . . RM. 25.—
Die Bände sind einzeln lieferbar.

Zeitschrift für ausländisches und internationales Privatrecht. Herausgegeben in Gemeinschaft mit **Ernst Heymann, Heinrich Titze,** ordentliche Professoren an der Universität Berlin, wissenschaftliche Berater des Instituts, **Max Pagenstecher,** o. Professor an der Universität Hamburg, **Franz Schlegelberger,** Staatssekretär im Reichsjustizministerium, Honorarprofessor an der Universität Berlin, von **Ernst Rabel,** Direktor des Instituts. Jährlich 6 Hefte im Umfang von etwa 65 Bogen.
Preis des neunten Jahrganges RM. 45.—
Vom 9. Jahrgang ab beträgt der Bezugspreis jährlich RM. 45.—.

Sonderhefte: **Die deutsche Rechtsprechung auf dem Gebiete des internationalen Privatrechts in den Jahren 1926 und 1927.** 1928 . . RM. 8.— do. **im Jahre 1928.** 1929. RM. 11.—, do. **im Jahre 1929.** 1930. RM. 12.50, do. **im Jahre 1930.** 1931. RM. 14.—, do. **im Jahre 1931.** 1932. RM. 13.—, do. **im Jahre 1932.** 1933. RM. 13.—, do. **im Jahre 1933.** 1934. RM. 10.—; do. **im Jahre 1934.** 1935. RM. 12.—.

Sonderheft 1932:

Deutsche Landesreferate zum Internationalen Kongreß für Rechtsvergleichung im Haag 1932. Herausgegeben von Prof. Dr. **Ernst Heymann,** Berlin. 1932 . . . . RM. 14.—

Sonderheft zum 9. Jahrgang:

Rabel, Das Recht des Warenkaufs. 1. Bd. XXXII, 533 Seiten. 1936. RM. 18.—

Zeitschrift für Bergrecht. Bis zu seinem Tode herausgegeben von dem Wirkl. Geh. Rat, Berghauptmann a. D. Dr. jur. H. Brassert. Redigiert und herausgegeben von den rechtskundigen Ministerialräten der Bergabteilung des Reichs- und Preußischen Wirtschaftsministeriums. Jährlich ein Band von mehreren Heften. Die Hefte erscheinen in zwangsloser Folge. Jahrgang 75. 1935. . . . . RM. 19.—

Zeitschrift für Bergrecht. Register zu Jahrgang 37—70 . . . RM. 14.—

Bank-Archiv, Zeitschrift für Bank- und Börsenwesen. Unter Mitwirkung von hervorragenden Fachmännern herausgegeben. Schriftleitung: Landrat a. D. Dr. jur. **Carl Tewaag,** Geschäftsführer des Centralverbandes des Deutschen Bank- und Bankiergewerbes. Quart. Jährlich 24 Nummern. XXXV. Jahrgang. 1935/36 . . . . Pro Vierteljahr RM. 5.—

Für Mitglieder der Wirtschaftsgruppe Privates Bankgewerbe — Centralverband des Deutschen Bank- und Bankiergewerbes pro Vierteljahr . . . . RM. 4.—

Veröffentlichungen des Reichs-Aufsichtsamts für Privatversicherung. Groß-Oktav. 30. Jahrgang. Heft 1—4 . . . . RM. 25.50
31. Jahrgang. 1932. Nr. 1—4 . . . . RM. 25.25
32. Jahrgang. 1933. Nr. 1—4 . . . . RM. 24.25
33. Jahrgang. 1934. Nr. 1—3, 1934 . . . . RM. 18.50
34. Jahrgang. 1935. Nr. 1, 1935 . . . . RM. 3.—
34. Jahrgang. 1935. Nr. 2, 1935 . . . . RM. 11.—
34. Jahrgang. 1935. Nr. 3, 1935 . . . . RM. 3.60
34. Jahrgang. 1935. Nr. 4, 1936 . . . . RM. 4.—
35. Jahrgang. 1936. Nr. 1 . . . . RM. 11.—
Jahrgang 1—29. Preise auf Anfrage.

FSC
www.fsc.org
MIX
Papier | Fördert
gute Waldnutzung
FSC® C083411

Kolibri 360 GmbH
Ferdinand-Jühlke-Straße 7
99095 Erfurt, Deutschland
produktsicherheit@kolibri360.de